好古の瘴気

近代奈良の蒐集家と郷土研究

黒岩康博

慶應義塾大学出版会

目次

師範ネットワークと雑誌

装丁図版
カバー：真菅校の郷土資料（国立国会図書館所蔵、奈良県高市郡真菅校郷土室編『大和真菅村中曾司遺跡遺物図録』同、昭和九年、口絵より）
表　紙：資料整理中の高田十郎（『まほろば』第一六号、一九七三年三月、口絵より）

序章　郷土に何が起こったか

明治五年（一八七二）五月二七日、京都東寺の公人筆頭の出たる好古家で、当時文部省八等出仕であった蜷川式胤《のりたね》（天保六年〈一八三五〉～明治一五年〈一八八二〉）は、翌年のウィーン万国博覧会への出品に向けた古社寺宝物調査に従事すべく、東京を出立した。その終了後にまとめられたと思しき調査日記の冒頭、蜷川は江戸末期の我が身を振り返りつつ、次のように記している。

世の中静かにして、公事に加る勤め更ニ無りしかは、只徒らニ古きを好て、空敷年月を送り、文久二年大和なる（闕字）御陵を拝し、又ハ吉野の花や神社仏閣に傳る処の古器物を求め見むとて、同し年の三月末つかたより四月の初めニ至りて国を巡周セしム、野中ニ而道しるへも無き二又道ニ而ハ、毎度困り而、土人ニ行へを尋ぬるに、百姓と山かつと云問う処の方角を語り而、其序ニ四方へ指を差して、名所旧跡の故事をあかせる事詳かニして、国中の人情を察するに、他国の人と見れハ昔しの事を弁解して、是れをほこる巳、依而自ら上古の事を尊へり、是れが為自ら古器の保護となれり、依而三都の外ニ大和の国ニ常備館を設け度見込を主張す[1]（後略）

まさに若くして「玩古の癖」があったという彼の面目躍如たる文章であるが、末尾の主張が明治二八年に開館した奈良帝室博物館の設置へと繋がったということ以外にも、この序には注目すべき点がある。それは、「名所旧跡の故事」「昔しの事」に詳しく、「上古の事」を尊び、「古器の保護」に努める、という大和国の「人情」に対する蜷川の驚嘆である。羽賀祥二が指摘するように、一九世紀前半には「地方名望家」により自家の由緒調査が行われるなど、歴史意識の高まりが見られたし[2]、また近世の大和についても、奈良奉行所の与力が編纂した史料が、茶道・和歌・俳諧などを通じて成立した奈良町のサロンにおいて公開されていたことを、幡鎌一弘が明らかにしている[3]。しかし、蜷川が強い印象を受けたのは、そうした知識人たちに限定された活動ではなく、「百姓と山かつ」すら「他国の人と見れハ昔しの事を弁解して、是れをほこる」という国中の尚古の気風そのものであった。京都の生まれであり、なお且つこの時の調査では一ヶ月以上を同地調査に費やしたにもかかわらず、日記に「奈良之筋道」というタイトルを付けていることからも、その衝撃の大きさは分かるであろう[4]。

その約五〇年後の大正一三年（一九二四）四月、平城宮阯を中心とする奈良県内史蹟を調査すべく、同県の嘱託として赴任した福井県生まれの考古学者上田三平（明治一四年〈一八八一〉～昭和二五年〈一九五〇〉）は、現地で自らを取り巻くただならぬ雰囲気に気付く。

県庁内では新事業とはいひながら平城宮阯の工事は委託によるものであるし、新たに置かれた嘱託は如何なる任務を帯びて来たものかわからず机も椅子もありあわせのものを並べて他人扱ひをしてゐる。そして〔教育課〕課員の空気は何となく香ばしくない。時々既設の奈良県史蹟調査会の委員といふのが来て課長と何か話して帰る。時の課長は少壮の土井章平氏であって私の計画に対しては何もいはれない。暫くすると内務省から出京の命があり、委員其他から奈良に於て為すべき私の仕事を示され、その実施と報告とを委託された。／それから私は安んじて調査に着手した。処がどうも課の空気が面白くない。（中略）主任嘱の辰巳〔義直〕君はサッパリした人物だが背後に例の史蹟調査会の先輩が糸を引いてゐるらしい。（中略）又民間学者の団体にも大和史学会其他があって複雑なものである。そこへ北陸の天地しか知らなかった私が侵入して新事業をやるといふのだから空気の険悪なことは当然である[5]。

昭和二年（一九二七）三月の退任までに、上田は草案二冊も含めると六冊ほどの調査報告をまとめているが、こちらも「私の仕事は県内多数の郷土史家達の十分理解に至らず何だか飛入の風来坊の如く感ぜられ」たのだろうと振り返っている。[6]「内務省の奈良県駐在官」のような形での赴任とは言え、この知の客人を取り巻く空気の変化は、一体何によるのだろうか。結論から言えば、著者はその原因を、一九世紀後半から二〇世紀にかけて確立した近代郷土研究――柳田国男の言う「郷土で」の研究――のスタイルにあると考えており、本書は奈良県におけるその形成過程を、各章で躍動する人物の営為を通して描くものである。

顕彰のモニュメント

近世三都のうちの二つに隣接していた大和国は、明治に入り大和鎮台・大和国鎮撫総督府・奈良府などを経、同四年に五條県・田原本県ほかを合わせて、一度現在の形の奈良県となった。しかし同九年（一八七六）四月に堺県（旧和泉国）に合併され、一四年二月には大阪府に編入されるという雌伏の時を過ごし、二〇年一一月にようやく元の奈良県として再設置される。こうした管轄庁の紆余曲折の陰で、神仏分離・廃仏毀釈政策と上知令（明治四年）の組み合わせは、大和国内寺院の什宝や古書・珍籍の散佚を招き、学侶をはじめとする僧侶の復飾や神官転任をもたらしたが、特に大きな打撃を受けた興福寺や金峰山寺は、明治一〇年代をその復興に費やすこととなった。[7]こうした苦境があった訳だが、彼の訪問の翌年、石上神社（明治一六年四月より神宮）へ大宮司として赴任した国学者菅政友（文政七年〈一八二四〉～明治三〇年〈一八九七〉）は、むしろそうした状況を助けとし、社宝である七支刀の調査・研究を行っている。[9]

先の蜷川式胤による「古社大寺ト云へ共、矩則不立、依テ宝物ヲウリ勝手ノコト」[8]という東京への申達の裏には、

「大和学」という言葉の当否はともかく、池田源太がその慧眼により該学の「種子」と見た菅の営為とは異なり、

蛯川やその後継として明治一三〜二一年に集中する岡倉天心・フェノロサらの古社寺（宝物）調査は、日に日に喪われつつあった旧都伝来の価値を、何とか保護しようという内向きの施策であった。それに対し、明治一〇年の天皇大和行幸を契機とする陵墓の治定・整備や橿原神宮創建などは、国家にとっては同じく自らの主導による「旧慣」保存策と言えるのかも知れないが[10]、大和という土地にとっては、建造物を伴う新たな価値の創出――表面上古色蒼然としていようとも――という側面を持っていた。

第一章「**平城神宮創建計画と奈良――「南都」と「古京」をつなぐもの――**」で取り上げる平城神宮も、まさにそうした施設として構想された。「保存」の歴史のみが語られがちな平城宮跡において、棚田嘉十郎・溝辺文四郎らを中心とする奈良の有志が主体――地主との相克はあるが――となり、奈良時代・平城京を「顕彰」すべく計画した積極的な記念施設が、同神宮なのである。溝辺家に今も残る元明天皇像は、幻に終わった神宮の創設運動における苦闘の証であるが、平城神宮というランドマークは、郊外ではあるが史蹟にあふれる「古京」というゾーン――大正一一年（一九二二）に宮域東半部が史蹟指定される――と、隣接する奈良町方の「南都」というゾーンとを繋ぐ施設となる可能性を秘めていた。

平城神宮が範とした平安神宮（明治二八年〈一八九五〉）や橿原神宮は、近代に作られた創建神社であるが、それらのうち明治に入って最初期に建てられたのは、明治五年の湊川神社をはじめとする、南朝功臣を顕彰する諸社であった[11]。楠木正成、新田義貞に続き、南朝正統を唱えて『神皇正統記』を著した北畠親房も、子の顕家にあわせて祀られた（明治一四年福島県霊山神社、同一五年大阪府阿部野神社）が、先の菅政友がわざわざ「北畠親房卿ノ官幣社ニ列セラレン〻ヲ請フノ書」[12]（同一七年稿）を書き起こしたように、親房のみを主祭神とする神社は、この時点では創られていなかった。

その代わりにクローズアップされたのが、顕彰されるべき史蹟としての親房墳墓なのだが、第二章「**南朝史蹟の**

考証と地域社会―北畠治房と賀名生村―」では、親房の後裔と称する北畠治房と伝親房墓を擁する賀名生村との、墓所をめぐる争論の構造を検討した。それぞれ、自家のものを含む文献史料と多分にインスピレーションを含んだ実地調査、口碑とアカデミズムからのお墨付きを主たる根拠に、双方は自らと親房との由縁・由緒を証明しようとするのだが、そこで重要だったのは、考証自体の正しさというよりは、顕彰すべき人物との関係をいかに強固にすることができるか、という点であった。そういう意味では、親房墓は、羽賀祥二が言うように、「新しい神話を増幅」するモニュメントだったのである。(13)

第一・二章で取り上げた創建神社と南朝史蹟は、近代国家日本としては共にその企てを憎からず思うもの、また時には強く要請するものであろうが、その構想の実現が目指される場や地域の思想・行動が一枚岩ということはなかなかなく、実際棚田嘉十郎や北畠治房のように、自らの主張・要求を実現するため、該件に関して国や中央との間に形成されたパイプを利用して一点突破を図る、「雖千萬人吾往矣」プランを発動させる人間も存在した。近世末には尚古の気風に満ちていたという大和国は、明治に入って大阪との合併や廃仏毀釈などにより政治・社会的に大きなダメージを蒙る一方、文化的には国威を輝かせるための良質な素材を抱いた地として熱い視線を受けることとなったが、元々あった知を好む空気を次代に引き継いだのは、外からもたらされた近代学知というよりは、むしろモノや場所に強烈に執着した「土着」の知のありようを体現する、彼らのような「突破者」であった。

師範ネットワークと雑誌

とは言え、幕末生まれの職人・商人である棚田と溝辺、文字通り「天保の老人」であった北畠らが、寺子屋や私塾などでの学習・学問を基礎として得た知識をフル活用し、『追親王跡去昇天我父之経歴』や『古蹟弁妄』といった怪書を残した現地にも、学制以降近代教育システムは徐々に普及していき、奈良県再設置後は税所篤・小牧昌業・古沢滋という歴代知事による督励も受け、明治二〇年代に小学校就学率は大きく上昇した。そうして増加した学童に普く教育を施すべく、明治三〇年（一八九七）一〇月に公布された師範教育令に基づき、奈良県師範学校は教員養成の増強に着手、同三五年には女子部も開設（同三八年女子師範学校として独立）する。長尾宗典は、明治二〇年代後半の知的空間の変容を、民権期以来の強い政治志向を内包した「書生社会」から、文芸雑誌を中心とした非政治的・文学的な活字コミュニケーションを特徴とする「読書社会」への転換とし、その流れで明治二〇年代から三〇年代にかけて校友会雑誌が隆盛したと指摘するが、[14]確かに同校でも同窓会（明治二三年結成）とは別に、同三四年校友会が組織され、会誌が発行されている。[15]

こうした読書社会の薫陶を受け、県内各地へ教員として赴任した県師範の卒業生たちは、そこで地方誌（史）編纂に遭遇する。「郡誌」の時代である。奈良県における郡誌編纂は、初期の『大和北葛城郡史』（明治三七〜三八年）・『大和山辺郡史』（大正二〜五年）のような一人の編著者による「史」の単独執筆・編集というスタイルを経て、「各町村長及ビ各小学校長並ニ有志諸士ノ賛助」[16]により編まれる「史料」「誌」へとシフトして行き、大正天皇の大典があった同四年（一九一五）から郡制が廃止される大正末までに、添上・生駒郡を除いた六つの郡誌が刊行された。そのほとんどを校閲した「大和の生き字引」水木要太郎（奈良女子高等師範学校教員）の下、県師範卒の教員たち——大半は小学校——は、編纂・調査委員や「協力者」として該事業に従事したが、彼らの多くは、『奈良県磯城郡誌』と同じく即位大礼記念事業の一つであった『奈良県風俗誌』の調査にも動員されている。

そして奈良県教育会が企画したその『風俗誌』の編纂を託されたのが、**第三章「高田十郎『なら』に見る近代大和の「地域研究」ネットワーク」**の主役、県師範教員高田十郎である。明治四〇年（一九〇七）同校に国語・漢文科担当として赴任し、前出水木の次世代に当たる高田は、本業とは別の「学術生活、趣味生活のあとかた」として、謄写版個人雑誌『なら』（大正九年〈一九二〇〉八月〜昭和八年〈一九三三〉一〇月）を作り、先学や同好の士へと頒布した。同誌は民俗研究と金石文研究を大きな柱としており、前者では編纂を託された『風俗誌』調査の成果や県師範教職員・卒業生・在学生とのネットワークが活用され、その仕事を認めた柳田国男やその周辺との交流へとつながっていく。後者は、帝室博物館学芸員や朝鮮総督府古蹟調査委員、県内の考古遺物蒐集家といったモノを専門に扱う人たちによる教示に大いに助けられ、また金石自体が多く存在する社寺の神職・僧侶の支えがなければ不可能であった。

こうした高田の営為は、まず直接の教え子へと影響を与えていく。**第四章**「**「うまし国奈良」の形成と万葉地理研究**」と**第六章**「**蒐集家崎山卯左衛門の郷土研究**」は、高田に学んだ小学校教員辰巳利文・崎山卯左衛門の物語である。辰巳も本務の合間を縫って雑誌『奈良文化』（大正一一年二月〜昭和一一年六月）を主宰し、帝国大学等のアカデミシャンの絶大な支持を受けて、同誌と著書を舞台に万葉地理研究というジャンルの開拓と、万葉歌枕の周知に努めた。高田との違いは、雑誌を通じた交際だけではなく、万葉歌枕を撮影した「大和万葉古跡写真」の頒布というヴィジュアル面への注力と、小学校教員が多くを占める受講者を一度に万葉歌枕において臨地指導すべく、自ら夏季講座を開催したことである。万葉歌枕を風景写真で楽しみ、実地踏査で味わうという現在ポピュラーなスタイルは、この時辰巳により作り上げられたとしても過言ではない。**第五章**「**奈良万葉植物園の創設過程**」で取り上げた春日社境内の万葉植物園も、大正末以降多岐に亘るようになった万葉集研究の成果が、明治末以来の奈良公園における植物園設置構想や、昭和大典記念・天平文化宣揚運動などと結合して実現したものである。

第六章の崎山は、辰巳がひたすら机上ではなく実地研究の必要性を唱えて外へと飛び出したのに対し、フィールドで得られた資料を職場へ持ち込み、小学校の郷土室という小宇宙を作り上げていった。土器・石器・瓦などの遺物を校区で収集し、伝説・風習・民謡・童謡などを郡内で採集して、学級通信風のガリ版冊子も作っていた崎山は、高田の正統な後継者と言えるかも知れない。ただそれぞれの実践現場を見ると、考古遺物の収集が、森本六爾の主宰する東京考古学会の奈良県支部「大和考古学会」の会員として行われるという側面もあったのに対し、年中行事の実見や替え歌の採集などは多く児童と共になされている。これは、昭和五・六年に郷土研究施設費の交付とカリキュラムへの「地方研究」導入により、全国の師範学校を舞台に始まった郷土教育運動が、正しく管内の小学校へと伝播していることを如実に示すものであった。

奈良県童話聯盟と高田が編纂した『大和の伝説』（昭和八年〈一九三三〉）を絶賛した柳田国男は、日露戦後の明治四三年（一九一〇）新渡戸稲造の肝煎りで始められた研究会「郷土会」の舵取りを経験した後、大正二年（一九一三）に雑誌『郷土研究』（第一期―大正二年三月～六年三月）を創刊したが、日本における民俗学の黎明を告げる同誌に、奈良県から唯一投稿を続けていた県師範卒業生の田村吉永は、大正一三年に刊行された『奈良県宇智郡誌』の調査委員をつとめており、高田の存在を柳田に教えたのは他ならぬ彼であった。高田が、帝国大学教員から市井のコレクターに至るさまざまな研究者との間だけではなく、師範卒業生とも築いた研究・趣味のネットワークは、地方史の形が「史」から「誌」・「史料」へと移っていったように、明治末以降の郷土の研究においては、知や情報を採集・編集するネットワークを組織する力が重要となっていることを端的に示している。

明治三〇年に公布された古社寺保存法により本格的に始まった文化財保存の動きは、政財界の名士による帝国古蹟取調会（同三三年～三七年四月）が日露戦争勃発に伴い活動を中止した後、内務官僚と学者が主導する史蹟名勝天然紀念物保存協会の設立（同四四年）を経て、大正八年四月の史蹟名勝天然紀念物保存法公布へとつながっていく。[17] 多くの史蹟を抱える畿内、殊に奈良県の場合は、右の運動の影響を受けて大正二年に奈良県史蹟勝地調査会が設置され、県内郡誌の校閲者であった水木要太郎がその委員に選ばれていたこともあり、史蹟保存を郷土の歴史へとストレートにつなげて考えがちだが、[18] これまで見てきた地域と古蹟との関係とに鑑みると、平城神宮（第一章）―北畠親房墓（第二章）―万葉歌枕（第四章）という顕彰の系譜も強固に存在し、それらを軽視することはできない。いや、この系譜が念頭になければ、平城宮跡に朱雀門や第一次大極殿正殿などが次々に復原され、祭典の会場として地域に受け入れられているという事実を、理解することは難しいであろう。また佐藤健二は、ガリ版をも含む「地方雑誌」を舞台とする小さなネットワークが日本民俗学史の基底を作り上げていたとするが[19]、高田の『なら』に明らかなように、戦間期に形作られていく郷土研究は、民俗研究だけにとどまらず、金石文・考古遺物研究といった「モノに強い」学問を軸としており、それは崎山の郷土教育という実践へも繋がっていった。

雄飛する心身

冒頭上田の回顧にある「大和史学会」は、大正一二年（一九二三）、高田と田村吉永・森本六爾らに大和の大コレクター保井芳太郎を加えて発足し、佐藤が言う「小さな広場」であった機関誌『やまと』（のち『大和史学』と改）を発行したが、上田が感じた険悪な空気とは、彼自身が他郷の出身であること――水木・高田もそれぞれ愛媛県・兵庫県生まれである――によると言うよりは、師範学校を中心とするサークルの稠密性・排他性によるものであろう。こうした「郷土」の閉鎖性は各地に遍在すると思われるが、奈良県の場合は、その裏で古代・中興の史蹟に富み（第一・二章）、ノスタルジックな田園風景が広がる「ふるさと」として国民へ開かれる（第四章）ほか、植民地を抱える「帝国日本」を所与の背景に、モノと知識を求めて雄飛する研究者によって、海の外の世界へと繋がっていた。

そうした近代日本社会が孕む「国際性」を、いわば先取りしていたものとして喧伝されたのは、第五章でもその宣揚運動を取り上げた奈良屈指の文化資源たる天平文化であった。その中心となる仏教美術は、先述した如く蜷川式胤から岡倉天心・フェノロサへと至るラインで調査され、天心と高橋健三が明治二二年（一八八九）に創刊した本邦初の東洋・日本美術専門誌『国華』を皮切りに、「本邦美術ノ粋」として広く内外に紹介されていく。近代日本における美術メディア、特に大判の図版を売りとするものは、この後『真美大観』（明治三一～四一年）や『東洋美術大観』（明治四一～大正七年）といった美術全集の形で生み出されていくが、村角紀子はその過程で「美術行政・教育の関係者」が掲載作品の選択・鑑定を担当し、「仏教関係者」の関与する余地がなくなっていくとする。[20]**第七章「雑誌『寧楽』の仏教美術研究―郷土文化と請来古物―」**は、仏教研究者・学僧による（仏教）美術研究が、中央の「国家的事業」と同様に地方においてもそのような道をたどるか否かを、郷土美術雑誌を材料として検討したものである。

同章で取り上げた『寧楽』（大正一三年〈一九二四〉一二月～昭和九年〈一九三四〉七月）は、第三章の『なら』、第四章の『奈良文化』と並んで長命を保った雑誌で、創刊の辞で謳うように、「古典的芸術の王国」日本のさらに中心である奈良の「郷土文化の紹介」を使命としていたが、それは「奈良の古美術」＝仏教美術の研究を必然的に中心とした。南都七大寺の僧を編輯同人とする体制を、昭和三年に至る天平文化宣揚運動の盛り上がりに沿うような形で築き上げながら、同誌は望月信亨・小野玄妙ら仏教学者の論考を載せるほか、県内大寺社の協力を得て口絵・挿図として多くの写真を掲げ、秘宝の特別拝観や美術写真頒布などを売りとした夏期講演会を催した。仏教学者の寄稿には、仏教（文化）がそもそも外来であるため、その伝来した軌跡をたどるものも少なくなかったが、編輯同人筒井英俊・橋本凝胤のように、実際に大陸へ渡り、古物を請来する者もいた。

しかし、『寧楽』への寄稿者で最も朝鮮半島・中国大陸での古物蒐集に熱心だったのは、学僧大屋徳城である。同誌に一一篇の文章を寄せた大屋は、大正一一年に朝鮮半島、翌一二年に朝鮮・中国大陸の仏教史蹟を踏査して典籍・古瓦・磚・拓本・仏像などをもたらした。旅行記の一部が『寧楽』に掲載されたが、そこから窺えるのは、請来品が既定の言説に再検討を迫る可能性のある仏教（美術）史上の貴重な史料であり、県内の古物蒐集家を結び付ける核となったこと。巡歴者が古物を手に語り記す経験は、モノと相俟って「慶州＝奈良」という図式の類似や系譜関係を想起させ、本人のみならず聞き読む人の精神を古代世界に遊ばせる効果があったことである。明治三五年（一九〇二）から始まる大谷探検隊を継ぐものという面でも、こうした渡海学僧の活動は等閑視できないであろう(21)。

大屋が西方の洛陽・長安に恋い焦がれたように、海のない奈良で「激しく南の海洋を憧憬」したのが、**第八章「宮武正道の「語学道楽」―趣味人と帝国日本―」**の宮武正道である。製墨商の家に生まれ、従来マレー語の研究者として知られていた宮武だが、その前歴として切手・絵葉書収集やエスペラントへの熱中があり、殊に後者は昭和五年（一九三〇）天理外国語学校馬来語部へ入学しても続いた。同校に在籍しながら奈良エスペラント会を主宰し、ガリ版機関誌『EL NARA』を刊行する中でパラオから天理教校への留学生エラケツと知り合った宮武は、彼からの聞き取りを通じてパラオの言語・土俗の研究へとのめり込み、南の海へと惹かれて行く。その知的渇望は、昭和七年のジャワ・セレベス（スラウェシ）島旅行を経て実用マレー語の研究へと収斂し、更に日本の南進政策を背景として、現地でのカナ普及やローマ字綴りの日本風改変提唱へと広がって行った。また**付録「インドネシアからの手紙―兵士と言語研究者―」**で取り上げたインドネシア派遣兵の手紙からは、宮武の研究が現地情報の綿密な採集から成り立っていたことがよく分かる。

自覚の有無にかかわらず、彼らの営為は帝国日本の版図を維持・拡張する知として機能したが、それらは第三章から六章までで見てきた諸研究と何の違和感もなく並び立って、近代奈良の学問を構成した。以上のように、「突破者」による史蹟顕彰に始まり、主に戦間期に形作られた奈良県の郷土研究は、各章の登場人物が民俗学を土俗学に、考古学や美術研究を古物趣味へと変換しつつ裾野をどんどん拡大したことにより、「学知の宝箱」否「知のゴモクズシ」の観を呈していったのである。そこで信条とされたのは、強烈な現物・現場主義――宮武のマレー語も「実用」を目指した――であり、全国的にその傾向を帯びやすい郷土研究の中でもその程度が殊の外強い奈良県において、上田三平が現地のサークルへ参入できなかったのは、彼自身がコレクターには縁遠いストイシズムを秘めていたことも、大きな要因だったように思われる。
近代の奈良県に通底する知の構造を略説するつもりが、随分長くなってしまったようだ。ここらで黒子は消え、後は各章のプレイヤー達に存分に暴れて頂くこととしよう。

註

（1）米崎清美『蜷川式胤「奈良の筋道」』中央公論美術出版、二〇〇五年、二頁。蜷川の略歴や明治五年調査の概要については、特に註記しない限り同書解題を参照。
（2）羽賀祥二『史蹟論―19世紀日本の地域社会と歴史意識―』名古屋大学出版会、一九九八年、第四章など。
（3）幡鎌一弘『寺社史料と近世社会』法蔵館、二〇一四年、三九八～四〇〇頁。
（4）蜷川は、京都には六月二四日に入り、八月八日に人力車で出立して奈良大和や重兵衛方に落ち着き、当麻寺調査を最後に九月五日河内道明寺へと達している。
（5）上田三平『史跡を訪ねて三十余年』小浜市立図書館、一九七一年、三二～三三頁。もとは一九五〇年に謄写印刷して関係者に贈られた私家版。
（6）同右、三八頁。上田と地域社会との相克については、齋藤智志『近代日本の史蹟保存事業とアカデミズム』（法政大学出版局、二〇一五年）の第一〇章に詳しい。
（7）和田萃・安田次郎・幡鎌一弘・谷山正道・山上豊『奈良県の歴史』山川出版社、二〇〇三年、三二五～三二九頁。
（8）米崎清美、前掲書、二五五頁。
（9）菅政友による七支刀研究については、藤井稔『石上神宮の七支刀と菅政友』（吉川弘文館、二〇〇五年）を参照。
（10）高木博志『近代天皇制の文化史的研究―天皇就任儀礼・年中行事・文化財―』校倉書房、一九九七年、二六四～二六六頁。
（11）岡田米夫「神宮・神社創建史」神道文化会編『明治維新神道百年史』第二巻、同、一九六六年。
（12）国書刊行会編『菅政友全集』同、明治四〇年、五六三頁。
（13）羽賀祥二、前掲書、一六五頁。

（14）長尾宗典『〈憧憬〉の明治精神史―高山樗牛・姉崎嘲風の時代―』ぺりかん社、二〇一六年、六八〜六九頁。書生社会に関しては中野目徹『政教社の研究』（思文閣出版、一九九三年）、読書社会については永嶺重敏『雑誌と読者の近代』（日本エディタースクール出版部、一九九七年）も参照。
（15）奈良教育大学創立百周年記念会百年史部編『奈良教育大学史―百年の歩み―』奈良教育大学創立百周年記念会、一九九〇年、二一五頁。
（16）奈良県吉野郡役所編『奈良県吉野郡史料』同、大正八年、例言。
（17）丸山宏「『史蹟名勝天然紀念物』の潮流―保存運動への道程―」復刻版『史蹟名勝天然紀念物 解説・総目次・索引』不二出版、二〇〇三年。
（18）吉井敏幸「水木要太郎と大和郷土史研究」久留島浩・高木博志・高橋一樹編『文人世界の光芒と古都奈良―大和の生き字引・水木要太郎―』思文閣出版、二〇〇九年。
（19）佐藤健二『柳田国男の歴史社会学―続・読書空間の近代―』せりか書房、二〇一五年、三二五〜三二六頁。
（20）村角紀子「審美書院の美術全集にみる「日本美術史」の形成」『近代画説』第八号、一九九九年。
（21）仏教史学会編『仏教史研究ハンドブック』法蔵館、二〇一七年、三三九頁。

顕彰のモニュメント

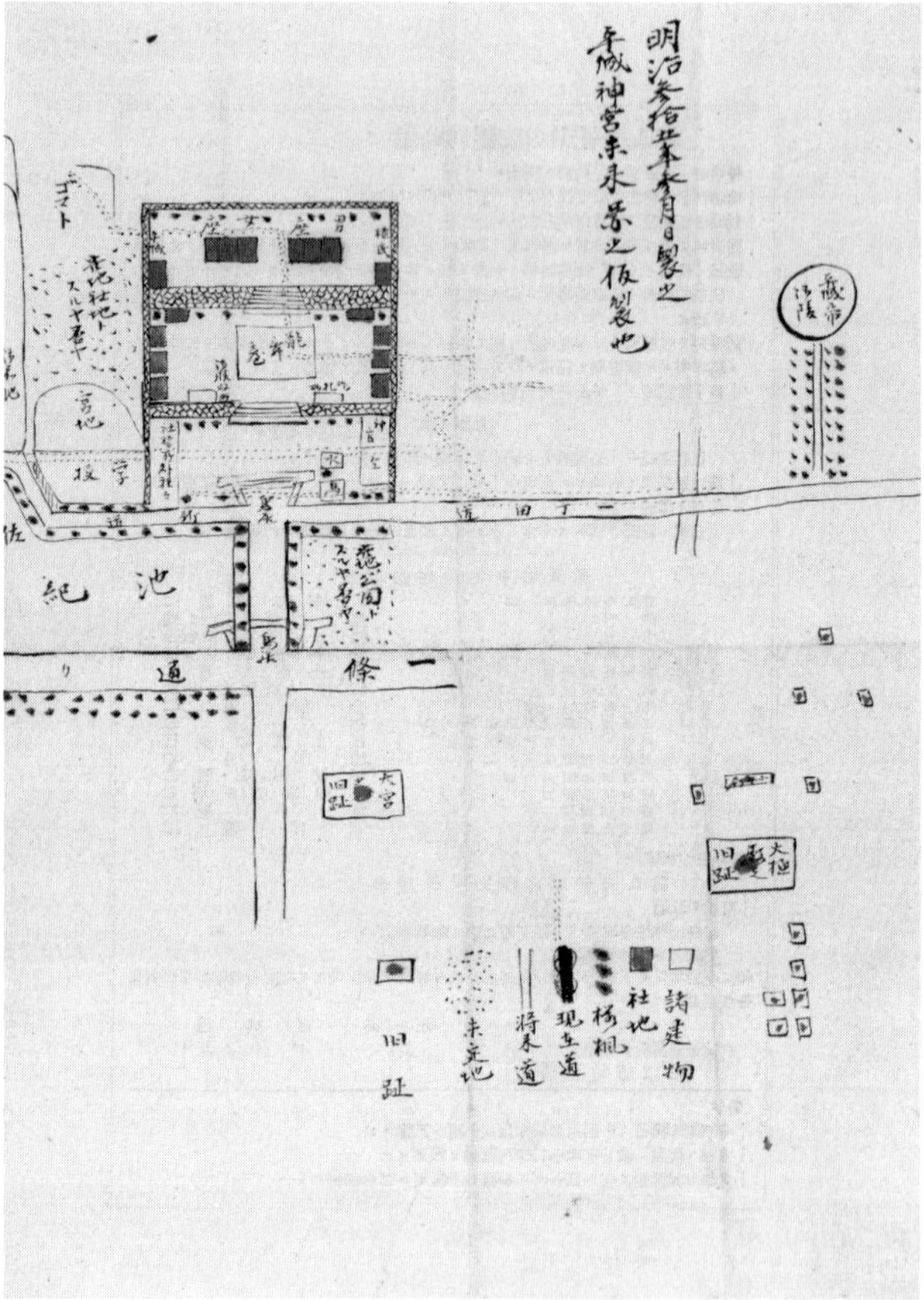

平城神宮未来図（溝辺家資料）
第一章註（32）参照

第一章　平城神宮創建計画と奈良
――「南都」と「古京」をつなぐもの――

はじめに

去る二〇一〇年は、平城遷都一三〇〇年という節目の年であった。奈良市内のみならず、県内各地で半年以上にわたって記念イベントが催され、のべ二一四〇万人の来場者を得たという。中でも奈良市に位置する平城宮跡は、三六三万の人を集め、メイン会場としての役割を担った（『朝日新聞』二〇一一年二月一八日付）。周知の如く、平城宮跡は一九五二年に国の特別史跡に指定され、「古都奈良の文化財」の一つとして一九九八年世界遺産に登録されていたが、復元された朱雀門や第一次大極殿を擁する「観光資源」としての潜在力を、この時にまざまざと見せつけることになったと言えよう。著者は、期間中イベントに参加することは残念ながら叶わなかったが、同年明治～大正期に宮跡の顕彰・保存運動を主導した棚田嘉十郎（万延元年〈一八六〇〉～大正一〇年〈一九二一〉）と溝辺文四郎（嘉永六年〈一八六三〉～大正七年〈一九一八〉）の聞き書きと日記の翻刻（奈良文化財研究所編『明治時代平城宮跡保存運動史料集―棚田嘉十郎聞書・溝辺文四郎日記―』同、二〇一一年。以下『保存運動史料集』と略）に当たって校正・註解に携わり、宮跡顕彰・保存の沿革に関する理解を深めることができた。

しかし、その経験の後、これまでの宮跡顕彰・保存運動史の語られ方について一つの大きな疑問、否不満が湧き起こってきた。それは、該史の多くにおいて、「平城神宮」創建計画が軽んじられていることである。奈良県が運営する情報サイト「平城宮跡クイックガイド」に見られる、「明治から大正時代にかけては、棚田嘉十郎（たなだかじゅうろう）や溝辺文四郎（みぞべぶんしろう）など地元の人々による大極殿跡の保存活動にも支えられました」（「奈良平城宮跡保存の歴史」の項）[1]という、近代の「保存」運動史についてのごく短い概要においては、多少仕方がない部分もあろう。しかし、平城宮跡内にあり、二〇一〇年にリニューアルオープンした平城宮跡資料館の展示でも、平城神宮のことが一言も触れられていないのには、同宮が結局成らなかったとは言え、少々疑問を抱かざるを得ない。現地で平城神宮創建計画が存在したことを知るには、朱雀門の南東に立つ棚田嘉十郎像の説明板――「平城神宮の造営をめざしたが、資金面で行き詰まる」――を読むしかないのが現状である。

平城神宮は、宮跡顕彰・保存運動の初期に計画された創建神社[2]であるが、平城神宮建設会（以下、建設会とのみ記す時は同会を指す）については「時期尚早のため翌年に解散を余儀なくされた[3]」や、単に「資金不足から頓挫[4]」のように書かれ、これまでその試みへの評価は高いとは言えなかった。結論から言えば、そうした低評価の大きな要因は、宮跡（宮域東半部）が大正一一年（一九二二）に史蹟指定され、戦後特別史跡となったという事実からフィードバックした、大正以降の「現状保存」という運動方針の絶対視である。しかし以下明らかにするように、「奈良の有志による市民運動だった明治年間[5]」には、むしろ由緒ある地には標木・石碑・神社のような何らかの建造物を設けて顕彰しようという動きが、確固として存在していた。そうした意志の大いなる現れとして、平城神宮創建計画は到底無視できるものではない。

もう一つ、平城神宮創建計画の孕む重要性として、近世以来「巡歴地」奈良の抱えてきた二面性との関係がある。表智之は、近世の大和を巡る地誌・名所記や紀行文において中心に据えられた、東大寺・興福寺・春日社といった名所群を抱え、「少なくとも元禄期には観光名所として定着し、多くの旅行者が訪れる」ようになっていた奈良町方をカッコ付の「南都」とし、一八世紀末以降に盛行する金石文収集・考証において注目されるようになる、「薬師寺や唐招提寺、元明天皇陵」といった寺社や旧跡が存在する、西の京などの郊外を「古京」として、対比的に捉えている。(6)表は、「奈良の町方の名所を観光する一般の旅行者にとっては、奈良とは観光都市「南都」であったが、金石文に関心を寄せる考証家たちにとって奈良とは、平城京の痕跡をとどめる「古京」にほかならなかったのではないか」と、後者の側面により重点を置き、代表的な金石文収集家である屋代弘賢・藤貞幹・狩谷掖斎のものした『金石記』（寛政五年〈一七九三〉）・『好古小録』（寛政七年）・『古京遺文』（文政元年〈一八一八〉成稿）をとり上げて、「18世紀末に興隆するある種の歴史熱――日常の何気ない風景の中に「史蹟」を見出していくようなまなざし――」を明らかにしようとした。(7)

こうした「古京」への熱いまなざしが、平城宮跡顕彰・保存の前史として触れられることはこれまで全くなかったが、まさしく「古京」の「痕跡」たる宮跡に、新たに名所となり得る「南都」的な建造物を造るという近代のプランには、歴史都市奈良の構造を再編する可能性が充分にあったのではないだろうか――著者はそのように考える。よって以下本章では、従来未完のものとして軽視されてきた平城神宮創建計画について、奈良市内の植木職棚田嘉十郎よりの聞き書き（以下棚田聞書と略）と、大極殿跡のある生駒郡都跡村大字佐紀（現奈良市佐紀町）の住人溝辺文四郎の日記（以下溝辺日記と略）を柱とし、溝辺宛の書簡や建設会発起人の一人である奈良市の漢方医石崎勝蔵(8)（弘化四年〈一八四七〉～大正九年〈一九二〇〉）の残した文書などを併せ用いて、詳細に追うこととする。第一節では平城神宮建設会の発足した明治三四年（一九〇一）から、日露戦争終結頃までの創建計画を、第二節では同三八年の建設建議（奈良県会）と国庫補助請願運動（帝国議会）から、同四二年の石碑建設計画への縮小決定までの動きを明らかにし、平城神宮が「南都」「古京」の近代的展開において秘めていた可能性について、考察したい。

第一節　明治三四〜三八年の創建計画

1　平城神宮建設会と「地元」有志

奈良国立文化財研究所編『平城宮跡保存の先覚者たち—北浦定政を中心として—』(同、一九七六年)に典型的だが、かつては近代の平城宮跡保存・顕彰運動の起こりを、奈良県技師関野貞(慶応三年〈一八六七〉〜昭和一〇年〈一九三五〉)が明治三三年(一九〇〇)一月一日付の『奈良新聞』に発表した、「古の奈良　平城宮大極殿遺址考」という論説に求める記述が多かった[9]。同論説の学界における価値はさて措き、保存・顕彰運動史という観点からすれば、二〇一〇年に柳沢文庫で催された展示「明治30年代〜大正期の平城宮跡保存運動」でも明らかになったように、明治一〇年代から大極殿跡のある佐紀村(明治二二年に横領・南新・北新・尼辻・五条・六条・砂・七条村と合併して都跡村となる)において、字「大黒殿」周辺の芝地を村の共有地としていたことは、重要である[10]。「明治十五年調製」の奥書がある「大和国添下郡佐紀村誌」(奈良文化財研究所所蔵)でも、「古跡」の項の筆頭に「平城宮址」はあり、次のように記されている(句読点を除き原文ママ)。

> 全村ノ南方字京内、内裏宮、大宮殿内、大黒殿、竹ヶ花、カウノコ、二ノ坪、八ノ坪、神明野等ノ地名尚存ス。爰ニ平城宮ノ有ル所ノ本ナリ。此宮ハ東ハ添上郡、西ハ添下郡也三代実録。孝謙帝皇居超昇寺村[11]ニ在テ、地名内裏大和誌。蓋シ平城宮ノ濫觴ハ、元明天皇和銅元年九月菅原ニ行幸奈良巡幸シ玉ヒ、都城造営ノ地形ヲ叡覧アリ。
>
> (後略)

村誌のこうした記述だけでなく、寛政三年(一七九一)刊行の秋里籬島『大和名所図会』の記事[12]などで流布したことも与ってか、宮跡を法華寺と誤解していた棚田嘉十郎が、佐紀の山下鹿蔵から「私ノ村ハ昔奈良朝ノ都跡ダト申シマス、其ノ証拠ニハ私ノ宅ノ前ニ大極ノ芝ト申ス芝ガアリマス、其ノ北後ニ小安ノ芝ガアリ、南ニハ十二堂ト云フ芝ガアリ、又西ノ方ニハ大ノ宮（大野ノ宮）ト云フ森ガアリマス」【棚―12】[13]と聞く明治二九年の冬よりも以前に、佐紀に宮跡があることを、多くの村人は知っていた。そして都跡村の有志は、より具体的に宮跡顕彰へ向けて動き始める。同三四年四月三日、大極殿址芝地に[14]「旧蹟探訪之士ノ便ニ供シ将又無智田夫ノ鍬鋤ノ害ヲ防ガン為メ」、村有志惣代岡島彦三・戸尾善右衛門・大沢菅二・松田利三郎・飯田岩次郎の名の下に、標木が建てられることになったのである。[15] 建標式には芝地へ植え付ける楓と桜を寄付した棚田も出席したが、その際一同に「関野工学士ノ測量図」と、奈良県郡山中学校教諭水木要太郎が作成した建標趣意書（趣意書①）が配付されたという【棚―15】[16]。この趣意書は、『奈良市史』通史四において一部引用されたのみなので、少し長いが以下に全文を記す（石崎家資料。印行奈良活版所、句読点・傍線著者、／は本来の改行を表す）。

平城宮趾建標之趣旨

謹テ惟ルニ、我／皇室ルノ神聖ナ○臣民《○ル（朱筆）》トシテ誰カ尊敬セザランヤ。抑中古以来大権ノ武門ニ移リシヨリ、／畏クモ／皇威振ハズ且畏レ多クモ／皇室ノ神聖ヲ毀フモノナキニアラズ。蓋シ宮趾ノ如キ、山陵ノ如キ或ハ荒廃ニ帰シ或ハ湮滅ニ瀕セントス。

然リ而シテ、／允文允武ナル（闕字）今上陛下御位ヲ継セ給ヒシヨリ、大権ヲ回復シ文化日ニ開ケ、内ニハ泰平ヲ謳歌シ外ニハ国威ヲ輝カシ、夙トニ／至仁至孝ナル大御心ヲ／歴代山陵ノ事ニ注ガセ給ヒ、其経営ノ周到森厳ナル日モ尚ホ足リ給ハザルガ如シ。嗚呼／陛下鴻徳ノ旺ナル、誰カ感戴セザランヤ。吾ガ奈良県生駒郡都跡村大字佐紀ノ地タルヤ、／奈良朝七代宮居シ給ヒシ平城宮趾ニシテ、今ヲ去ルコト殆ンド一千二百ノ星霜ヲ経タリ。居民素ヨリ／尊王ノ志厚ク是カ廃滅ヲ歎キ、時来ラバ大ニ保存ノ道ヲ立ントスルヤ久矣。今ヤ其機熟／シ、同志相謀リ先ヅ／大極殿ノ遺趾ヘ一大標木ヲ建設シ、生等微志ノアル所ヲ発表シ、尚ホ漸次其規摸ヲ広メ／終ニハ一大社殿ヲ創建シ、以テ奈良朝七代ノ／聖霊ヲ奉祀シ、／皇室規摸ノ尊厳ナルト／聖代ノ隆盛ヲ千世万代ニ顕彰セン〻、是レ生等ガ企図スル所ノ願望ナリ。希クハ大方ノ／諸彦幸ニ賛助シ給ハラン〻ヲ。聊建標趣旨ノ一斑ヲ謹述スル〻爾リ。

明治三十四年三月

建標有志者

これを読めば明らかなように、地元都跡村の有志が目指していたのは、建標ひいては神社の創建による皇室の顕彰である。しかし、この段階では村内少数の願望に過ぎなかったためか、「村ノ田地ガツブレルトテ小作人等ガ彼レ之レト申シ居ルニ付キ保存ノ事ハ出来マセン、一時見合セル」【棚―16】という宣言の下、同年一一月彼らから先述した関野の測量図と水木の趣意書が棚田に譲り渡され、保存・顕彰運動も一任されたという。この間、棚田は当時神戸市で商店を営んでいた溝辺文四郎（佐紀に実家）を「同志者」【溝―99】とすることに成功し、その溝辺が都跡村の戸尾・岡島・岡田庄松・溝口吉太郎・沢村栄太郎に、「訪問又ハ書面ヲ以テ該事業ノ再挙セン事ヲ再三催」【溝―100】すこととなる。そして同三五年（一九〇二）一月一八日、戸尾宅に都跡村村民有志等が集まり、棚田の活動に共感した奈良県会議員青木新治郎（北葛城郡選出）の「諸君ハ姑息ナ事バカリ口ニシテ金ハアリ教育モアル有志等ガナゼ御奔走ナサランカ」【棚―17】という喝もあって、三四年三月の村内建標有志に新たに青木、村戸賢徳（県会議員・生駒郡選出）、宇陀又二郎（新大和社社長）、土方直行（四條畷神社宮司）、石崎勝蔵（漢方医）、北浦儀十郎（宮内省諸陵寮守長）、吉田雄熊（大和新聞社社長）が加わって発起人となり、平城神宮建設会が組織されたのである。

同年二月、都跡村役場において建設会の第一回会合が開かれ、発起人村戸の「村ノ名モ都跡ト云フ以上其ノ実ヲ現ハサネバナラヌ、村有志ノ奮起モ勿論ダガ、郡長トシテモ知ラヌ顔ハ出来ナイ」【棚―18】という主張に従い、堀之内高潔生駒郡長を会長に選出し、岡島村長を副会長とした【溝―96】[17]。しかし、そうした村戸の熱意にもかかわらず、発起人を中心とした会議の多くは流会や「小田原評定」【棚―18】に終わり、溝辺も「東奔西走百方手ヲ尽スト雖モ慥成成功之見込不立、先ツ着手ノ印トシテ十二堂址及其他へ建標《松六角寸》」【溝―96】して、同月は過ぎた。そして翌三月二〇日、村役場で開かれた発起人総会において、この状況を打破すべく、青木から「平城神宮建設スルニ付テハ京都ニ於テ曩キニ建設サレタ平安神宮ノ設計等ヲ調査シテ置ク必要ガアルト思フカ如何」【棚―18〜19】という意見が出されて満場の賛成を得、堀之内郡長に調査方一切が委任された。

　ここから平安神宮に範を取った平城神宮創建計画が、都跡村に奈良市内を加えた有志、県会議員らによって具体的に動き始めるが、溝辺も同年五月には発起人中に加えられ【棚―19】、建設会幹事[18]となって創建計画に携わっていく。実際に溝辺も出席した同月二一日の幹事会（於石崎勝蔵邸）の様子[19]を見てみよう。まずこの会では、平城神宮の祭神が決められている。正殿は「七朝天皇」（元明・元正・聖武・孝謙〈称徳〉・淳仁・光仁天皇）、相殿は和気清麻呂、末殿は和気広虫と路真人豊永で、二つの別宮はそれぞれ平城天皇と「宇佐大神」。摂社は四座あり、それぞれ、藤原永手・吉備真備・藤原百川・藤原蔵下麻呂・坂上苅田麻呂（一座）、舎人親王（一座）、太安万侶・稗田阿礼（一座）、橘諸兄・大伴家持（一座）が祀られる。一見して分かるように、天皇以外では藤原広嗣・仲麻呂を討つか、もしくは道鏡を却けるのに一役買ったとされる功臣と、古事記・日本書紀・万葉集の編纂に携わった人物が挙げられており、誰を平城京を象徴する人物として選ぶのか、という点から見て非常に興味深い。また、併せて以下箇条書きの九項も決議されている（句読点等適宜挿入）。

　一神宮建設ノ期ハ、明治三十二《（四十三）》年ハ旧平城宮創立ヨリ千二百年ニ相当スルヲ以テ、今ヨリ七年間ヲ期シ《ニ於テ》竣成スルヿヲ期ス

一平城神宮建設会設立ノ議ヲ奈良県ニ出願シ、認可ヲ受クルヿ
一水野（木）要太郎氏草案之趣意書〔趣意書②〕[20]ヲ取捨シ、弘ク賛成者ヲ求ムルヿ
一賛成ヲ求ムルハ、貴衆両院議員・県会議員・公園改良諮問会員・多額納税者、其他県下有力者トス
一賛成調印ヲ求ムル会員名簿ヲ調製スルヿ（鞘表紙　奉書用紙）
一建設会発企ニ関スル会合ハ、会員各自弁当持参トシ、且ツ禁酒トス
一建設会発企者他出ノ際ハ、充分節約ヲ守ラシメ、車馬賃ト宿泊料ノ実費ヲ給ス
一神宮建設設計書ハ、帝国工科大学教授関野貞氏ニ嘱托スルヿ
一紀念トシテ平城史ヲ編纂スルヿ。参考ノ為メ、斎藤氏編纂ニ係ル大和史（志料）ヲ県庁ヨリ借入ル、ヿ

第一～五項は以後大略引き継がれていく方針であるが、それ以外に見られるこの時点の特色としては、平城神宮の設計は関野貞に依頼する予定であったことと、記念誌を編纂する計画があったことがある。[21]そして、前記のような祭神を筆頭とする平城神宮のコンセプトを具体化するため、平安神宮という最も身近な成功例を参照すべく、明治三五年（一九〇二）六月、堀之内会長・岡島副会長・岡田庄松発起人総代が、調査員として元大阪府知事西村捨三[22]のもとへ派遣される。大極殿址の古瓦二個と関野作図面・水木作趣意書を印刷した根来塗の扇子一対（二本）という手土産は、棚田が用意した【棚—19】。

ところが、彼ら三名は同年六月一〇日に西村を訪うも門前払いを食って止むなく大阪に一泊し、翌日は平安神宮に参拝して一泊、一二日は東京帝国大学文科大学教授三上参次に面会し、「平城宮建設ノ議ヲ諮リ」【棚—20】また一泊して、一三日に帰村することとなる。これはほとんど物見遊山に近く、七月一日に三名が「何等ノ要領ヲ得ナクシテ只ダ費用ヲ百七拾円ヲ要シタ」[23]【棚—20】ことを復命した際、棚田ほか多くの発起人が不満を訴えたのも当然であろう。その後も、棚田聞書や溝辺宛書簡を見ると、同年中には事業予算協議会や幹事会といった諸会議が

度々催されているが、会長らによる濫費が引き金となって「常ニ集合スルモノ六七名」【溝―100】で、事業への賛成者を求めるために調製した桐箱入三冊の帳簿（以下「賛成簿」と称）の題字を、寺原長輝県知事から得ることすら果たせないといった有様であった【棚―20】。そして翌三六年三月一五日、発起人会が催されたものの、「何レモ頗ル冷淡、遂ニ止ムナク平城神宮建設会ヲ解散」【棚―20】することとなってしまう。大極殿址芝地への建標から約二年後のことである。

2　貴顕と地主

都跡村に置かれた平城神宮建設会の解散に伴い、棚田は事業を継続すべく「賛成簿」の譲渡を望むも反対者のために叶わなかったため、明治三六年（一九〇三）六月の河野忠三新知事（～三九年七月）の赴任を機会として「平城宮旧趾紀念翼賛簿」（以下「翼賛簿」と略）を作成し、題字と水木要太郎撰文の趣意書（趣意書③）を奈良市水門町在住の陸軍少将（のち中将）大久保利貞に揮毫してもらうこととなる。[24]この趣意書は、平城遷都一二〇〇年記念の建碑計画（後述）のための寄付募集開始に合わせて印刷された「平城宮址建碑計画趣意書」（『保存運動史料集』口絵13、奈良文化財研究所所蔵　棚田嘉十郎関係資料〈以下棚田家資料と略〉。趣意書④）とほぼ同文であるが、「霊址に一大紀念物を建て」「清穆なる紀念物を建立し」と、神宮建設に含みを残している。そうしてできた新帳簿に、堀之内・岡田ら元建設会員は署名はしたが、棚田が運動費用として「建設準備金」残金の貸与を願っても各員は承知せず、溝辺が和解に奔走するも、「前会員諸氏ト棚田氏トノ間何レトナク関係悪敷」【溝―97】なったという。そして同年七月、陵墓参拝のため来寧した宮内省調査課課長足立正聲や宮内大臣田中光顕が棚田宅を訪れ、「翼賛簿」に記名捺印したが、元幹事大沢菅二らは保持していた「賛成簿」に田中の記名捺印を得られなかった【棚―22～23】ため、「各員ト益々不和」【溝―101】となり、棚田は建設運動の中心を宮跡の地元都跡村外へ移すこととなる。

田中宮相が来寧した七月の末、棚田の訪問を受けた元発起人の戸尾善右衛門は、棚田が「既に本県知事以下県会議長等其是八十名（中略）高等官にては〔内務省〕宗教局長〔斯波淳六郎〕其他知名之士十数名」[25]の賛成を得た「翼賛簿」を目にし、自らも記名捺印している。しかし、建設運動初期の明治三五年五月に、小松宮から直接激励された【棚―15】ことや、足立・田中といった宮中に近い要路者の賛成を受けたことに加え、建設を計画しているものが古代の天皇・貴族を祀る神社だということもあり、これ以降棚田は賛同者募集の方向を、徐々に宮家や旧公家が多く住まう東京方面へと移していく。「東京なる宮内省御歌所三考《参候》文学博士小杉〔榲邨〕殿より当地に罷り越されなば、私より侯伯の爵位に在る人々三十有名の賛成を得せしむると申され候間、何れ上京致し度候」[26]と東京行の欲望を隠さない棚田は、元発起人北浦儀十郎が旧幹事連に提案した「若干ノ費用給与シテ棚田氏ヲ上京セシメ運動ヲ依頼スル事」が、出金のことから不調に終わった【溝―102】ことを機に、溝辺ら一二有志者の補助を受けて、同三六年八月二八日初めて上京する【棚―24】。

棚田は同年一〇月にも上京し、かつて宮中顧問官や宮相を務め、宮中に太いパイプをもつ土方久元（天保四年〈一八三三〉～大正七年〈一九一八〉）らの賛成を得ることに成功する。[27]翌三七年一月二一日にも棚田は上京することになるが、これら連続した上京の間、一度「大極殿芝地奈良公園ふぞく公園とうんどう致居候」という詳細不明の件が見られる外は、「日本国のせんど《先祖》とゆことのしらぬ村わ村のはじ也。又わ平城宮こおしつ《皇室》のこと也。佐き村人わいくらさんせ《賛成》がせなくてもじぎ《事業》ヨのせいこ《成功》についてわなんのいとい《厭い》もこりなく候」と佐紀への憤懣を抱えながらも、平城神宮創建の意志は継続している。[28]棚田が帰寧直後の同年一月三〇日付で溝辺に出した手紙（溝辺家資料）では、「せいき《設計》わ奈良県ノつか本松治郎氏とまたせきの氏とうちやわせてせいきくださることとあいなり」と、神宮の設計には、建設会で嘱托する予定であった関野に、奈良県の古社寺修理技術者である塚本松治郎[29]（文久元年〈一八六一〉～昭和六年〈一九三一〉）も加わることを明らかにしている。

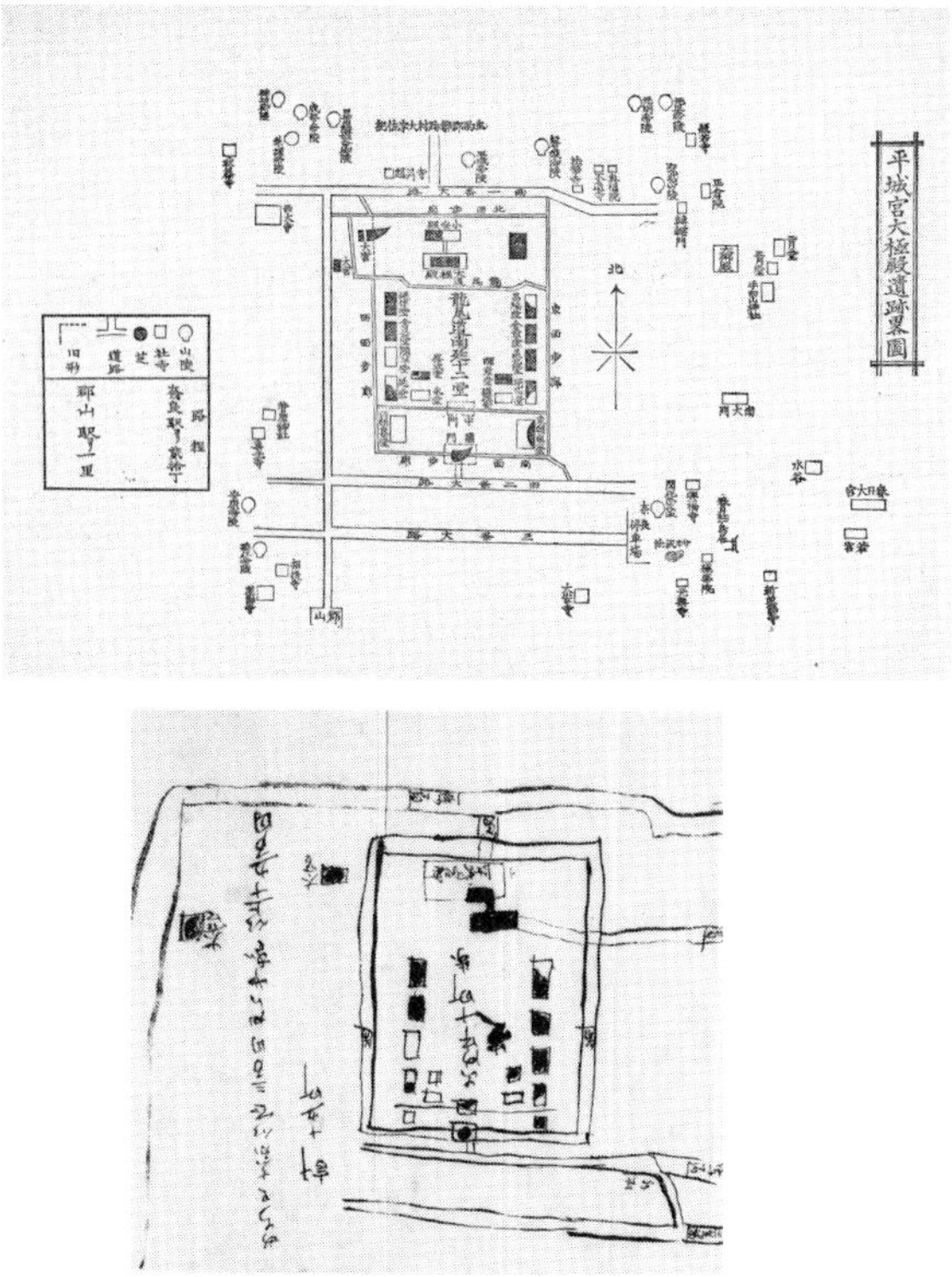

図１　「遺跡略図」と「平城宮神《ママ》」建設予定地（棚田家・溝辺家資料）

設計に塚本が携わり、溝辺が日露戦争勃発の前日、明治三七年（一九〇四）二月九日に神戸から佐紀の実家へと戻ると、創建計画に初めて具体的な数字があらわれる。

　田のかいやぎ《買い上げ》村ヨリ拾■《五》町、神宮ノきんちく《建築》の代金と田ノいいやぎ《ママ》金と道の代と名代金木材金いさい《一切》で拾壱万円、きほん金四万円、村ヨリ拾五万円のヨさんにて■せいきと《設計》、ぎし《技師》ノかんがい《考え》にてづめんできました。三月十五六日ごろにせき野様おいでにあいなり、づめんノいかんとところわせき野様ニテそざん《相談》ノウい《上》にてていせいすることとあいなり申候[30]。

　関野は同三四年九月に離寧して東京帝国大学工科大学助教授となっており、先述した如く建設会は当初関野に神宮設計を依頼する予定であったが、実際は右のように関野はアドバイザーで、基本的設計は同二七年から建築・土木技術者として奈良県庁にあった塚本が担当した、という可能性は充分ある。この書簡の末尾には、「平城宮大極殿遺跡略図」によく似たラフなスケッチが描かれており（図1）、第二次大極殿・小安殿跡のすぐ北側に隣接して平城神宮を建てる、という計画になっている。(32) 棚田は同三八年二月、「旅順港モ開城シタレハ最早運動之時期来レリ」【溝―103】と「翼賛簿」を溝辺に送り、自らは開戦後捗々しくなかった建設計画を再び推進すべく、ロシアがアメリカの講和勧告を受諾した翌日の同年六月一三日、上京の途につく【溝―104】。

しかし、右のプランを実現するに当たり、最も重要なのは用地の確保であり、これはいかに東京の貴顕の支持を取り付けたとしても、宮址のある佐紀の地主と交渉しなければならないことであった。そして、「平城宮ノことわ■てしつ《（帝室）》のじ《（事カ）》ニテ村ノ人のふウさんせ《（不賛成）》ノ人にあたまさぎ《（げ）》てたのむしつよ《（必要）》わなし、ふウさんせノ先村わ村《（ママ）》ノはじになるだき《（け）》ニテ、心のなき人たのむことわしつよなし也(33)」と言い放つ棚田に代わってその役目を果たしたのが、溝辺である。溝辺は同三八年七月、「佐紀大字ノ元幹事」（後に登場する沢村栄太郎ヵ）より「先年既ニ費消シタル金額」を事業成功後か時期を限って棚田・溝辺が返金し、その代わり大極殿址・各芝地の寄付を手配する、という旨の提案を受けるが、棚田はそれに対し、土地の寄付に加え、返金はせずさらに若干の現金を貸与して欲しいと希望したため、この件は立ち消えとなる【溝―104～105】。

棚田はさらに、同年一〇月の上京中に「内務省神社局長ノ井上様(34)」より、「神宮建設スルニハ参万円ト云フ基本金ヲ要スル（中略）夫レニハ保存会トカ建設会トカノ土台ヲ造ツテ置カナケレバ、参万円ト云フ大金ハ容易ニ醵出スル事ハ困難デアロウト思フ」と言われたことをうけ、「大極殿保存会」の組織を企てており【棚―33】、同会に「在東京各位及ヒ奈良市有力者発起人トシテ加入」させるため、「佐紀大字ノ各位ハ可然多人数ニテモ加名願度、又大極殿址及各芝地ノ寄附此際頼ミ度」という希望を溝辺に託している【溝―105】。しかし、棚田と溝辺が依頼した

「発起人去就及ヒ芝地寄附」に関する都跡村集会（同年一一月二五日）[35]は、建設会時代の借用金を旧幹事連が皆済しない限り、土地の寄付を村民に相談することはしないという、用地については前記の同年七月時点と同じ回答で、発起人を都跡村から出す件も、「奈良市ノ発起加名者ノ顔ヲ見テ」決めると保留される【溝―106】。こうして用地の確保が進まない中、溝辺は「四条畷神社建設ニ係ル精算報告書」を同宮司で元建設会発起人の土方直行より受け取り【溝―106】、県会・帝国議会への建議・請願へと動き始める。

第二節　明治三八～四二年の創建計画

1　建議と請願――県会と帝国議会――

棚田が発起人を募って組織しようとした「大極殿保存会」は不発に終わったが、棚田と溝辺・塚本が相談した結果、建設資金国庫補助請願書の帝国議会への呈出へと運動方針は転換される【棚―33】。明治三八年（一九〇五）一二月九日、溝辺は棚田同道にて塚本を訪い、平城神宮本殿図面・設計書を受け取った後石崎勝蔵宅を訪れ、「願書」に共に調印している【溝―107】[36]。この後、石崎が初代奈良町長で奈良市会議員も務めた中村雅真、絹布・麻布卸の豪商にして奈良市参事会員の関藤次郎らの賛成を取り付けてくれたこともあり、計二一名から調印を得ることができたが、その中に大字佐紀の住人は溝辺と戸尾の二人のみで、奈良市内の人間が中心であった[37]。さらに棚田は同年末に上京、現地で「請願発起人」を募り、東久世通禧・小杉榲邨・亀谷聖馨[38]といった従来の建設運動支持者に加え、米田実・島田三郎（衆議院。米田は奈良県選出）、正親町実正伯爵・岡部長職子爵・鳥居忠文子爵・松平乗承子爵（貴族院）ら帝国議会の議員から賛同を得ることに成功し[39]、塚本が作成した「平城神宮創建及大極殿遺址敷地囲工

表1　平城神宮創建及大極殿遺址敷地囲工費見積書（溝辺家資料）

費　目	金　額	詳　細						
		木工之部	石工之部	塗工之部	葺工之部	金物之部	工料之部	雑之部
本殿新築工費	2万4490円	1万1374円34銭	1649円82銭	46円	1285円56銭	2525円70銭	5252円50銭	2356円　8銭
中門及透塀新築工費	1万8202円	7705円71銭	1858円71銭	—	1989円30銭	852円	3770円	2034円28銭
拝殿新築工費	6720円	3225円94銭	291円80銭	53円20銭	612円74銭	630円	1206円	735円42銭
神饌所新築工費	2450円	1000円45銭	236円84銭	40円50銭	129円60銭	5円	799円	238円86銭
社務所新築工費	6330円	3121円50銭	411円93銭	69円90銭	388円　8銭	25円10銭	1559円50銭	753円99銭
神庫新築工費	7400円	5532円85銭	345円33銭	—	135円	15円	734円	637円80銭
手水舎新築工費	1240円	462円26銭	109円　8銭	—	260円	122円50銭	172円70銭	113円40銭
祭器庫新築工費	2345円	1314円94銭	157円82銭	121円	116円40銭	10円	355円	369円84銭
鳥居及瑞垣新築工費	1万2998円	6910円77銭	1773円91銭	—	—	103円60銭	3774円	435円72銭
大極殿各堂及廻廊囲石垣費	3万9500円	大極殿址・龍尾壇等の地覆石・側石・葛石・昇段石、基礎栗石、職工・人夫雇など						
大極殿敷地平均費	9845円20銭	敷地・道路地均し、豆砂利						
土地買上ケ費	2万1944円	合計4万3620坪（うち宅地120坪）						
橋梁及暗渠新築費	6400円	木橋2つ、石造り暗橋22ヶ所						
工作小屋及其他雑費	3155円80銭	工作小屋（10間×5間。平屋杉皮葺）10棟ほか						
樹木植附費	4980円	松（10年苗）1000本、ケヤキ・楠・カシ（5年苗）各1000本、桜6000本、楓3900本、サツキ5000本、霧島ツツジ5000本						
祭器具費	5000円	不明						
諸雑費	1万2000円	不明						
総　計	18万5000円							

＊各費目の金額と詳細各部の合計とが一致しないものが間々見受けられるが、いずれが正しいか不明のためそのままとした。

費見積書」（表1。以下「見積書」と略）も用意して、請願呈出へ向けて万全の体制を整える。

また、溝辺が石崎を介して奈良市内で請願への賛同者を集めていたのと同じ頃、棚田は同三八年一一月一五日に開かれた奈良県の通常県会（〜一二月一四日）で「平城神宮創建ニ関スル建議」(40)がなされるよう働きかけ、「四新聞(41)社員ト協力通過ヲ謀」【溝―108】ったという。「平城神宮ヲ創建シ永ク平城ノ旧趾ヲ留メン」ことに県会は賛成であるから知事も事業成功のため可成便宜を図るべし、という当たり障りのない内容だったためか、同建議は会期最終日、特に異論も出されず第一読会のみにてあっさり可決された。建議可決を見守った棚田は、年も改まった三九年一月二〇日再び上京し、二ヶ月弱にわたり「見積書」を片手に請願運動を展開する。棚田は、今回の請願では、

　今氏もじつにきのどく、よるへるなしのはたらき。奈良市やさき村《人が》あたりからはじめて東京きてウんどしたなりば、壱万円ぐらいな金もつてきたところで、よれ《り》つくところもなし候。やはり今日までごた《ママ》がいに七年かんくるしゆ《ママ》んだ御かぎ《げ》ニテ、東京ノおもなる新聞社わ三新聞社〔報知・東京朝日・東京日日新聞〕ができるかき《限り》でほねおりてくださることとなり候。(42)

と、元大和新聞社編集長の今武治郎という人物と彼が東京のマスメディアに持つコネクションを大いに頼りにしており、今の乗る人力車の料金も溝辺に無心する程であった。(43)

それに対し、上京の際溝辺に「御貴殿の御親ルイニテモ又他の人ニテモ発起人之印ヲ此長面《ママ》へ御モライ下され」(44)と頼んだにもかかわらず、棚田は奈良市を中心とする請願「発起人」に運動費用を出してもらうことは、頑なに拒んでいる（同年一月二五日付溝辺宛棚田書簡〈溝辺家資料〉）。

　奈良市ノほき人やまたいろいろのほき人ノ人に、どど《どうぞ》今金だささぬよにたのめます。三四拾人よりて百弐百■《は》したのかねノためにできたとゆわり《言われ》てわ、あなた様又わたくしの今までくろし《苦労》ながら、しよらい《将来》ノこともおいば二百三百の金今だささぬほがよろし。

肝心の請願書は、第二二回通常議会（明治三八年一二月二八日〜三九年三月二七日）で鉄道国有法案の審議が大詰めとなった（閉会後の三月三一日公布）上、凶作による岩手県等五県の地租免除や地方の招魂社建設など他の請願も多かったため、提出が延び延びになっていた。そして、一月に東京まで様子伺いに出掛けた塚本の、請願は「都合能進ミタル」【溝―109】という楽観や、衆議院での「せいんしよきねいん《（戦勝記念）》なりば、こんどやらねばやるときなし」[45]という声も空しく、「平城神宮創建国庫補助ノ請願」は、衆議院では「請願委員会ニ於て賛成し、参考として政府ニ送附することに相決し」【溝―111】ただけで、議院へ呈出することすら叶わなかったのである[46]。

失意の棚田と溝辺は、県会の建議可決にもかかわらず不熱心な河野忠三知事に代わり、「拙者〔棚田〕之云フ事ヲきゝ取りて実ニよろこび、今より寄附金ツノリテいよ〳〵建設ニかゝる事ニ相成候」[47]と神宮建設に乗り気な県第一部長濱田恒之助に一縷の望みをかける。しかし、同三九年五月一五日に県内で最初の会合が持たれた「平城神宮しより《（処理カ）》会」は、初回こそ松井元淳奈良市長や鍵田忠次郎県会議長、市参事会員の木本源吉・関藤次郎・中村雅真らの出席を得たものの、六〜七〇名に及ぶ神宮建設予定地の「可成ハ地主不残請待」（同年同月三一日付溝辺宛塚本書簡〈溝辺家資料〉）と大量の招待状を出して迎えた第二回（同年六月二日）には、佐紀最大の地主戸尾善右衛門をはじめ地主の多くは参加せず、松井・鍵田も欠席して、流会同様となってしまう[49]。

このように、その名の如くもはや神宮建設事業の後始末の観を拭えなかった同会は、濱田の引き立てにより県官吏が多く出席した第三回（同年七月一日）の頃から「平城宮址保存会」（以下宮址保存会と略）と名を変えている。そして、溝辺と塚本が生駒郡長・都跡村長に佐紀住民への取りなしを依頼したにもかかわらず、「佐紀ノ有志者ハ神社罷メ旧址保存而巳ハ地所ヲ潰シテ益ナシト不服ヲ唱ヱ、次《（第）》席ニ出席致サス」【溝―122】といった状況の同年七月一九日、興福寺での会合において「小希望ニシテ保存会ヲ起スノ方針」が確定し、塚本は従来の設計を変更するよう依頼される【同】。ここに平城神宮の建設を計画する組織は、完全に消滅することとなるのであった。

2　霊像と溝辺

大正以降の平城宮跡「保存」運動に焦点を当てた、正式報告書とも言うべき国府種徳編『奈良大極殿阯保存会事業経過概要 附事業計数報告』（奈良大極殿阯保存会、大正一二年）や、宮跡保存工事の副産物である『史蹟精査報告第二 平城宮阯調査報告』（内務省、同一五年）では、明治三九年（一九〇六）七月の宮址保存会発足により、「宮阯保存を主とし平城神宮建設の計画は之を他日に譲ることとなつた」[50]としているが、組織ではなく個人による神宮創建計画は、密かに継続していた。溝辺によるものである。溝辺は、宮址保存会成立直後から同年一〇月初旬頃まで「病気ノ為メ運動不致」【溝―122】状況であったが、一一月からは宮址保存の方向でひとまず運動を再開する。しかし、都跡村では岡島彦三村長に「大字佐紀人民及本人共協力賛成ノ件再三再四依頼シタル決《結》果、本人〔岡島〕ハ其場承諾致サレ、其後書面以断」【溝―122】られるなど冷淡にあしらわれ、奈良市の方でも「市長松井君（ホテル創設）運動、塚本君地方へ出張」【同】と、神宮建設から宮址保存に変わっても、否それ故か、宮跡を舞台とした事業はなかなか進行しなかった。

そして翌四〇年一月一〇日、宮址保存の件につき大字佐紀の評議員会で詳細を協議するよう同惣代沢村栄太郎より依頼され[51]、溝辺は同会に出頭するが、「種々示談訪《報》答決《結》果不調ニ決ス、愈々佐紀大字ハ旧址保存ハ不賛成ト確定」【溝―123】してしまう。同年四月二七日、塚本が溝辺のもとを訪れ、保存の「一件尚小事業ニ変交《ママ》シテ至急取究メ可致」相談したが、大字佐紀の「不賛成」に加え、奈良市の有志者は市に大事業の[52]多いことを理由に「中止之決議」をし、濱田ら「御助力ノ県官ハ転勤トナリ、不得止再挙ヲ期シテ罷ム」という有様であった【溝―124】。このように、旧址保存に向けて事態が悪化する一方、同年二月二六日、日本美術院第二部（奈良市）で仏像の彫刻・修理を手がけていた明珍恒男から届いた手紙は、溝辺の神宮への熱意を再燃させる。

元明帝御座像の義ハ昨冬中村君〔雅真カ〕より話し有之、小生も承諾の旨答へ置候処、爾後俗務多端容易に着手仕るを得ず、此儘遷延仕り候てハ甚だ不本意に付き、如何可致やと考へ居り候に、幸ひ小生同門の士本多修平（俊平カ）氏奈良興福寺国宝修繕工場へ昨年晩秋より勤務され居り候間、小生より同氏へ依頼仕り、既に大部分ハ出来上り居り候次第に有之候間、来三月始めにハ竣成仕る事と存じ居り候へハ、左様御承知被下度候。[53]

この便りを受けて、溝辺は同年五月、宮址（大極殿址・十二堂址・小安殿址など）への建標と霊像を安置する「御仮殿」の建設・維持に必要な経費を勘考し、棚田・塚本・土方直行に相談している【溝―124～125】[54]。本多による丈一尺の元明天皇像自体は、同四一年四月とかなり遅れてはいるが完成し、溝辺は像の写真を撮って「事業賛成ノ諸君」【溝―126】へと送り、意見を求めている。その写真を受け、最も懇切なる書信を送ったのは、京都帝国大学文科大学講師の喜田貞吉（明治四年〈一八七一〉～昭和一四年〈一九三九〉）であった。喜田は明治三九年一月、文部省編修官として「大極殿址及ヒ諸堂址并都城区域ト取調ノ為出張」した際初めて溝辺と対面し、「当地之地景（形）及口伝碑等（口伝・口碑）」について聴取しており【溝―119】、この手紙の直前にも、引率した学生への「平城宮大内裏址並に附近の地形御陵古墳墓等」の案内を溝辺に依頼している[55]。溝辺は元明天皇像に関し、①風俗・容貌の考証、②神式と仏式のいずれで拝すべきか、という問題について質問をしていたようで、この四一年六月四日付の返書（溝辺家資料）には、それらへの回答が記されている（傍線著者）。

御申越の元明天皇御像の義、当時の風俗の事も今日よりはよくわかり不申、御容然とても同じく今日より想像し奉ること出来不申義に候へば、貴下が元明天皇御像として御依頼になり技術家が元明天皇御像として彫刻致し候上は、其双の方の精神により彼の御像を天皇御像として崇拝致すに何等の不可之なかるべくと存じ候。但之を拝するに仏式にすへきか神式にすべきかの問題につきては、小生等の判断に及ぶ限りに無之候。つまり問題は寺とすべきか神社とすべきかといふに帰することにて、それにはそれ〳〵に手続形式のあるものに候べく候。平安神宮橿原神宮の例によれば、神社の建設尤も適当かと存じ候へども、これとても個人の私社と官社との別もあるべく、一概には申難かるべき歟。仏式とするならばむしろ薬師寺などに奉納して崇敬する方然るべくや。草庵の類にもせよ一寺建立は大分面倒なる事かと承知致し居り候。

①に対する何ともおざなりな見解はさて措き、②に対して喜田は、神社建設の可能性については明言を避け[56]、一寺建立は「大分面倒」だから既存の寺院へ奉納することを勧めているのである。どうやらこのような喜田の見解は、先述の「御仮殿」計画が「何分地元ノ不承知ナルヲ以事ナラス」【溝―125】に終わったこと、神宮の設計者にして創建計画全体にも深く関与していた塚本が四〇年七月に内務省宗教局（「古社寺係リ」【同】）へ転じたこと等と併せて、溝辺に神宮建設を完全に断念させたようである。四一年八月からは、「家内ニ之レヲ安置奉祀シ朝夕礼拝スル事ニ決心」【溝―126】し、同像は現在も溝辺家が所蔵している（図2）。その後、同年一一月に奈良盆地一帯で展開された陸軍特別大演習によるさらなる宮址保存会の活動停滞を経て、四二年三月、平城遷都一二〇〇年を記念して石碑を建立することを、棚田と溝辺は計画する。

図2　元明天皇像（溝辺家蔵／奈良文化財研究所撮影）

十年以来拙者も苦心シ、亦貴殿も大ニ御賛同御昼《(尽)》力被下候平城宮跡保存の件、本《(翌)》年ハ奈良朝遷都千二百年ニ相当り申候故、

その紀念トシテ何か建設致度考にて、長サ二間一尺五寸角の石碑紀念トシテ設立可致決定シ、北畠〔治房〕男
爵ト相談の決（結）果決定セシヿニテ、拙者本月中ニ亦上京可致考ニ候。[57]

棚田の言う「紀念トシテ何か」には、前掲趣意書②・③にある「紀念物」のように、神社を含む可能性はもはやなくなっていたことは言うまでもない。そして翌四三年一一月二〇日、平城奠都千二百年紀念祭と併せて執り行われた平城宮阯建碑地鎮祭における記念標木の建立を経て、大正二年（一九一三）二月に奈良大極殿阯保存会が発足して以降は、平城宮跡は何よりも「保存」を目指す土地となるのである。

おわりに

以上のように、平城神宮建設計画は、明治三四年（一九〇一）四月の大極殿址建標時に胚胎し、四二年三月以降平城遷都一二〇〇年記念の建碑計画が進行する中で完全に消滅するという、約八年にわたるものであった。その間計画主体は、平城神宮建設会→「平城神宮しより会」（棚田・溝辺・塚本）→溝辺とどんどん先細りになっていくが、後に主となる宮跡の「保存」運動とは常に一線を画す「顕彰」運動であった。平城神宮が成らなかった最大の原因は、これまで見てきたように、最後まで建設予定地である大字佐紀の地主から用地を買い上げられなかったことにあるのは明らかである。神宮創建に向けて、建設会・「大極殿保存会」・請願発起人・「平城神宮しより会」・「平城宮址保存会」といったグループが次々と組織された訳だが、市長や市参事会員といった奈良市内の有力者が、宮址「保存」が主眼となり事業多端となる明治四〇年頃までは、建設計画に非常に好意的であるのに対し、戸尾善右衛門などのごく一部――戸尾も最後は離れるが――を除いて、佐紀の地主は一貫して建設計画には反対若しくは冷淡であった。これは、単に地主の言い値で土地を買い上げられなかったという問題ではなく、彼らが土地を差し出し

た上に造られる施設が引き起こす地域社会構造の変革について、顕彰運動を主導する側が全くヴィジョンを示すことができなかったことに起因すると思われる。

棚田は、帝国議会での請願が失敗に終わって帰寧した頃、「世間」の「棚田サン其ノ運動ハモウ御止メナサレ、同ジナサルナラバ奈良ノ公園地ニ建設ナサイ、公園地ニ平城神宮ヲ建テラルレバ市民挙ツテ同意シマス」(58)【棚―38】という声を、「私ハ疑者《（擬物）》ノ大極殿即チ平城神宮ヲ建設スル考ハアリマセン、現在ノ奈良〔市内〕ニハ大極殿ノ址ハアリマセヌ、尊キ宮殿ノ址ハ佐紀村《（ママ）》ニ歴然タル址アリ、貴殿等ノ云ハレル事ハ矛盾ノ甚シキナリ」【同】と撥ね付けているが、棚田ら平城神宮建設会がモデルにしようとしていた平安神宮こそは、社殿が平安宮大極殿址とは少しも縁のない場所に建つ(59)、全くの「擬物」であった。自らが奈良市民であり、何万枚もの「平城宮大極殿遺跡略図」を旅行者に配り、宮跡の「観光案内人」とも言える存在であった棚田には、そうした日常的活動の延長として、平城神宮というすぐれて「南都」的な施設――たとえ立地は正しくとも――の創建に携わっているのだという自覚が、少しは必要だったのではないだろうか。

右のような奈良市民の声や、日露戦争前に一度見られた大極殿芝地を「奈良公園ふぞく公園」とする計画（第一節2）は、平城神宮や郊外の宮跡を「南都」に組み込もうという考えであり、都市側からのアプローチと言えよう。それに対し、郊外側からも、宮跡の単なる「保存」を越えた「活用」策が示されたケースがあった。平城電気軌道敷設計画である(60)。同軌道は明治四三年（一九一〇）、平城神宮建設会の発起人も務めた県会議員村戸賢徳を含む計七名（大阪の一名を除いてみな奈良県民）が敷設特許を願ったもので、その計画路線は、王寺停車場（北葛城郡）から「竜田ヲ始メトシ、法隆寺、三井ノ法輪寺、岡本ノ法起寺、小泉ノ石州侯〔片桐貞昌〕ノ遺跡及庚申堂、郡山ノ城趾、薬師寺、唐招提寺、菅原天満宮、西大寺、佐紀ノ大極殿趾、法華寺、其他数多ノ御陵地等、古来著名ナル巨刹旧跡ヲ連絡(61)」して奈良停車場に至り、油阪から奈良市街に入って東進し、若草山の南中腹に至るという、「古京」

を巡る旅人には垂涎のコースであった。

　その敷設出願理由書に、

　之レ等ノ著名地ハ実ニ一千有余年前ノ建築物ニ係ルモノ多ク、参詣探旧ノ旅客常ニ絶ユルコトナカリシニ、近来頓ニ訪客ノ減少ヲ来シ、其衰頽見ルニ忍ヒザルモノアリ、之レ全ク交通機関ノ設備ナキニ基因スベク、折角ノ古器美術モ徒ラニ塵裡ニ没セシメ、稀有ノ霊地モ遂ニ世人ノ忘却スル所トナルヤ必セリ、頗ル遺憾トスル処ナリ、若シ一タビ此処ニ交通機関ノ具備スルアラバ如上ノ勝区ハ勿論、附近ノ村落モ其霑ニ浴スルコトヲ得ベク、随テ地方繁栄ノ一助トモナルベキハ瞭然タル処ナリ(62)

とあるように、ここでは佐紀の大極殿址は、「地方繁栄」に資する重要な観光資源と考えられていた。これらのことから考えると、平城宮跡の創建神社である平城神宮は、「南都」と「古京」とを結び付ける重要な施設と言え、竣成していればその後の「奈良」アイデンティティや都市構造に大きな変化を齎していた可能性は、充分にあったのである。

　しかし神宮は成らず、奈良大極殿阯保存会の主導により宮跡の土地は徐々に確保され、大正一一年（一九二二）一〇月一二日に宮域東半部分（内裏・第二次大極殿・東区朝堂院などの跡地）が史蹟名勝天然紀念物保存法により史蹟に指定された。現状の改変が原則不可能な確固たる空間が、「南都」の直近に現れたのである。こうして命脈を保った「南都」と「古京」だが、天平改元一二〇〇年、すなわち昭和三年（一九二八）の天平文化宣揚運動を待って一つにまとまることとなる。天平文化記念講演会（大阪朝日新聞社主催）講演録の「緒言」は言う。(63)

　我社〔大阪朝日新聞社〕は前述天平改元千二百年の回顧宣揚が、大に現代の文化運動に資するところあるべきを信じ、大礼奉祝記念のため天平文化記念会を組織して大いに宣揚に努め、朝野多数の協賛を得て立所に成立、同会事業の一として、〔昭和三年〕三月十四日より連日朝日会館に天平文化記念講演会を開き、更に五月十二日より奈良帝室博物館、東大寺、戒壇院、三月堂、新薬師寺、薬師寺、菅原寺、唐招提寺、平城宮址等に臨地講演を開催、斯界の権威たる諸先生の講演を請ひ、熱心なる多数の聴講生を集め、展覧会と相並んで大いに宣揚の実を挙ぐるを得た。(64)

臨地講演会場に明らかなように、天平文化顕彰の下では、もはや「南都」と「古京」の別はなかった。それら二つは止揚されて、現在の「古都奈良」へと繋がる百花爛漫の「平城京」となっているのである。その先走るイメージを追うように現実の都跡村が奈良市へと編入されるのは、昭和一五年のことであった。

註

（1）http : //heijo-kyo.com/know/history/（二〇一七年八月二五日閲覧）

（2）岡田米夫は、創建神社とは、「明治元年以降百年の間に、維新の精神に基いて創建された神宮・神社」のことで、「ここにいふ維新の精神に基くとは、天皇を中心とする大義名分を明らかにすること」とする（「神宮・神社創建史」神道文化会編『明治維新神道百年史』第二巻、同、一九六六年、五頁）。

（3）鈴木良・山上豊・竹末勤・竹永三男・勝山元照『奈良県の百年』山川出版社、一九八五年、一一〇頁。

（4）内田和伸『平城宮大極殿院の設計思想』吉川弘文館、二〇一一年、二七八頁。

（5）奈良文化財研究所編『明治時代平城宮跡保存運動史料集―棚田嘉十郎聞書・溝辺文四郎日記―』同、二〇一一年、一八七頁。

（6）表智之「近世における「南都」と「古京」」久留島浩・高橋一樹編『国立歴史民俗博物館　共同研究「水木コレクションの形成過程とその史的意義」２００１年度～２００３年度研究成果要旨集』国立歴史民俗博物館、二〇〇四年、五四頁。

（7）同右。

（8）石崎勝蔵（号杏陰）は明治四年（一八七一）、医師である養父の後を嗣いで奈良後藤町に開業し、髷を結い馬で往診に出る奇人として名を馳せた。奈良にて漢学研究会や和漢薬研究会を起こしたことでも知られるが、やはり特筆すべきは和書・漢籍を公衆の閲覧に供した私立石崎文庫（蔵書は一九五一年大阪府立図書館が購入）の経営であろう（大和タイムス社編『大和百年の歩み』社会・人物編、同、一九七二年、五九一～五九四頁）。

（9）同論の概要は、奈良文化財研究所編前掲書の二一〇頁を参照。

（10）柳沢文庫'10年新春企画展示「明治30年代～大正期の平城宮跡保存運動」解説資料。永島福太郎『奈良県の歴史』（山川出版社、一九七一年）には、「明治二十年代に宮跡の顕彰運動」があった旨記されている（五二頁）が、詳細は不明。

（11）添下郡の内にあり、明治九年、古超昇寺村・新超昇寺村・門外村・常福寺村と合併して佐紀村となる。

（12）「皇居の跡ハ今の奈良の町にハあらず興福寺の西超昇寺郷二条村の南街道の巽に築地の内といふ字の地あり今も田を作らず又此所に内裏乃宮と呼ぶ小祠あり」（巻之一「南都之濫觴」の項。秋里籬島『大和名所図会（版本地誌大系）』臨川書店、一九九五年、二〇頁）。

（13）以下本章で出典が前掲『保存運動史料集』所収の棚田聞書・溝辺日記の場合は、それぞれ【棚―頁】【溝―頁】と表記する。

（14）奈良市史編集審議会編『奈良市史』通史四（奈良市、一九九五年）では、大極殿址を含むより広い範囲の「朝堂院趾」に建てられたとされている（二三五頁）。

（15）「平城宮大極殿旧趾建標式案内状」（石崎直司旧蔵 石崎勝蔵関係資料。以下石崎家資料と略）。棚田聞書では、有志の発起人は「岡島彦三・戸尾善右衛門・宇佐美和三郎・大沢萱次《（二）》・松田利三郎・沢村栄太郎等」【棚―14】となっている。なお、「建標式案内状」を含めた石崎家資料の全容については、吉川聡「平城宮跡保存運動のはじまり―石崎勝蔵関係資料から―」（『奈良文化財研究所紀要2012』二〇一二年六月、五六～五七頁）参照。

（16）同日の関野の日記によると、式典は「〔寺原長輝〕知事・菅〔正懿〕技師・〔生駒郡〕相葉〔陽〕郡長其他数十百名列席ス」（関野貞研究会編『関野貞日記』中央公論美術出版、二〇〇九年、一〇九頁）と盛況であった。後に奈良女子高等師範学校（現奈良女子大学）教授となり、「大和の水木か水木の大和か」と謳われた文化人水木要太郎の活動については、本書第三章及び国立歴史民俗博物館編『収集家一〇〇年の軌跡―水木コレクションのすべて―』（同、一九九八年）、久留島浩・高木博志・高橋一樹編『文人世界の光芒と古都奈良―大和の生き字引・水木要太郎―』（思文閣出版、二〇〇九年）を参照。

（17）村戸は、同月楯石駿二郎県書記官にも面会して「本事業ノ発展ニ付テ種々談」じたり、大字尼ヶ辻の中西方に村民を集めて宮跡について演説をする【棚―18】など、都跡村のある生駒郡選出議員として、建設会の初期に非常に積極的な動きを見せている。

（18）明治三五年五月一〇日付の溝辺宛平城神宮建設会事務所差出書簡（文末岡島の印あり）にて、溝辺は同月二一日の幹事会への出席を依頼されている（溝辺文昭所蔵 溝辺文四郎関係資料。以下溝辺家資料と略）。

（19）以下、明治三五年五月二二日付石崎勝蔵宛溝口吉太郎書簡（石崎家資料）による。出席者は、岡島彦三・松田利三郎・大沢萱二・溝口吉太郎・豊田善三郎・沢口秀松・沢村栄太郎・川村善五郎・棚田・岡田庄松・松田義三郎・溝辺・宇佐美林三郎・石崎勝蔵・石崎迅男・吉田雄熊の一六名。

(20)　この趣意書（後掲史料）は、すでにいくらか「取捨」された段階のものかも知れないが、溝辺日記第一冊の一丁裏から始まる「平城宮址顕彰会趣意書」【溝―93～95】のことと思われる。内容は後述の「平城宮旧趾紀念翼賛簿」にある趣意書（趣意書③）と重なる部分が多く、神武天皇以来一定の首府がなかったところ、英明なる元明天皇が「四禽図ニ叶ヒ三山鎮ヲ作セル平城ノ地ヲトシテ帝都ヲ経営」し、「初メテ大帝都ノ軌範ヲ立テ」た。遷都後幾何もなく都城は田畝に変じたが、戦乱を経て永く大極殿の跡すら分からなくなった平安京に比べ、奈良の都は「条防（坊）猶田塍ノ間ニ存シテ地ニ旧称ヲ呼ブモノ」が少なくなく、「千百余年ノ久シキ田夫ノ犂鋤モ之ヲ侵スコトナク歴々トシテ当時ノ形象ヲ想見スルニ足ルモノアル」。奈良朝七〇年は「李唐交通ノ影響ヲ蒙リテ淳樸ノ風漸ク散シ、歴代勤倹ノ后ヲ承テ豊富前代ニ絶スルモノ」があり、宗教・文学の大いなる発展を見たが、その舞台となった場所は「必スヤ之ヲ顕彰シ之ヲ保存シテ永ク瞻仰景慕ノ誠意ヲ尽スノ道ヲ講セサルヘカラサルナリ」、と述べる点では同じである。ただ「顕彰会趣意書」の方は、平城遷都一二〇〇年の年に「仁慈ナル帝室ノ輔助」を仰いで、「平城神宮ヲ創建シテ元明天皇ノ神霊ヲ祭リ、元正天皇以下平城朝歴代ノ神配祀シ奉ラン」や、「清穆ナル神殿ヲ営構シテ歴朝ノ英霊ヲ鎮祭シ奉ル」のように、明確に神社を創建するということを謳っており、その点は異なる。

(21)　第九項の「平城史」がいかなる体裁を採るつもりだったのかは詳らかにし得ないが、参考として挙げられている『大和志料』は、大神神社宮司斎藤美澄による地誌（明治二七年脱稿。奈良県教育会により上下二冊が刊行されたのは大正三～四年）で、収録範囲は大和国全体にわたっている。

(22)　西村が平安神宮建設に大きな役割を果たしたことは、小林丈広が明らかにしている（「平安遷都千百年紀念祭と平安神宮の創建」『日本史研究』第五三八号、二〇〇七年六月、一八頁）。また大阪府知事時代に四條畷神社創建に関わったことについては、鈴木栄樹「旧彦根藩士西村捨三における〈京都の祝祭〉、そして彦根」（丸山宏・伊從勉・高木博志編『近代京都研究』思文閣出版、二〇〇八年）を参照。

(23)　これらは、大字佐紀の共有財産である軍事公債四二〇円のうち、三八〇円を戸尾善右衛門個人に売却して作った「建設準備金」の中から支出されたという【棚―19～20】。

(24)　溝辺日記に「麁抹〔末〕ナル帳簿ヲ調ヘ大久保将軍ノ趣意書ヲ乞ヒテ賛成ヲ求ム」【溝―96】とあることなどから誤解しやすいのだが、明治三六年七月四日に棚田が揮毫を求めて大久保宅を訪問した時の様子として、棚田聞書に、就テハ此文章ハ謀〔某〕ガ作ラレタノデアルカト御尋ガアリマシタ、之レハ郡山中学校教諭水木要太郎氏デアルト申上ゲマシタ処ガ、閣下ニハ、水木先生ガ作ラレタラ其ノ先生ニ書キテ貰ッタラ如何ダト申サレタ、其時私ハ、水木先生モ結構デスガ、陸軍中将ノ閣下ニ書テイタヾキ軍人ノ精心ヲ御筆ニ願ヒタイノデス、夫レナラバ君ノ云ハレル通リ筆ヲ取ルガ、石崎勝蔵先生ト談ジテ二三字加ヘ度シ、明日石崎先生ノ宅ヲ訪問シテ六七ノ両日ノ内ニ書テ置クト申サレマシタ【棚―21〜22。傍線著者】

とあるように、「翼賛簿」の冒頭にある趣意書は、大久保と石崎が手を加えた可能性はあるものの、全体の原型は前掲「平城宮趾建標之趣旨」「平城宮址顕彰会趣意書」と同じく水木によるものと見てよいであろう。

（25）明治三六年七月三一日付溝辺宛戸尾善右衛門書簡（溝辺家資料）。

（26）明治三六年八月二五日付溝辺宛棚田書簡（溝辺家資料）。溝辺日記によると、この頃溝辺は居住地の神戸で、山本繁造兵庫県参事会員・田寺敬信県会議長、「奈良県出身者共和会員代表者正副会長」ほかの賛成を得て「追々手続キ中」であったという【溝―101】。

（27）明治三六年一一月一五日付溝辺宛棚田書簡（溝辺家資料）には次のようにある。

さんせしやわ東京

伯爵土方〔久元〕殿、伯爵松浦〔詮〕殿、子爵田中〔光顕〕殿、子爵水野〔忠敬〕殿、子爵杉〔孫七郎〕殿、子爵東園〔基愛〕殿

帝室博物館長（総長）股野〔琢〕殿、りきしふちョ長（歴史部長）三宅〔米吉〕殿、美術部長今泉雄作殿、歴史（部脱）次次長重田定一殿、歴史部技手黒川〔真道〕殿

宮内省内事課近藤久敬殿、式部職掌典宮地厳夫殿、御ウたどころ大口鯛二殿

わたくし上京文（分）わただ（け）いまこりだきニテ御さ候。

（28）前者は明治三六年一〇月一六日付、後者は同年同月八日付の溝辺宛棚田書簡（溝辺家資料）。

（29）明治二七年から県庁に勤めた建築技術者で、関野貞が同三〇年六月に県技師として赴任後は、県庁内で古社寺保存行政を取り仕切った（関野貞研究会編、前掲書、七一六・七五〇頁）。

（30）明治三七年二月二四日付溝辺宛棚田書簡（溝辺家資料）。

（31）明治二九年に発行された塚本作製「奈良町実測全図　八千分之一」が、地図資料編纂会編、岩田豊樹・清水靖夫解題『明治・大正　日本都市地図集成』（柏書房、一九八六年）に収められている。

（32）「平城宮大極殿遺跡略図」（『保存運動史料集』口絵11〈棚田家資料〉）は、明治三四年四月の建標式で配付された関野作の「測量図」にいくらか修正を施して印刷され、棚田により旅行者等に頒布されたもの（同書、二〇四頁）。由来不詳だが同三五年三月作製の記がある所謂「平城神宮未来図」（同書口絵10〈溝辺家資料〉。扉図版）では、「第一次大極殿（「大宮旧趾」）の北方、御前池の東側に神社を建設し、神社・平城天皇陵周辺に桜・楓を植え、第一次大極殿と、第二次大極殿・朝堂院地区の建物基壇跡を整備する計画」（同右、二〇三頁）であり、このスケッチと遺跡へのスタンスが全く異なる。「未来図」における平城神宮社地設計の詳細は、内田和伸前掲書の二七八頁を参照（ただし、こちらでは『平城宮建設計画仮図』となっている）。

（33）明治三六年一〇月五日付溝辺宛棚田書簡（溝辺家資料）。

（34）当時の神社局長は、後に内務大臣・朝鮮総督府政務総監などを務める水野錬太郎。この「井上」は同省地方局府県課長で、地方改良運動をリードした内務官僚井上友一のことと思われる。井上はその後神社局長に就任しており、実際はどちらに面会したのかは不明。

（35）出席者は松田芳太郎（村惣代）、岡田庄松・戸尾善右衛門・沢村栄太郎（評議員）と溝辺。岡島彦三村長（出張）、豊田（善太郎カ。病気）、溝口（吉太郎カ）は欠席【溝―106】。

（36）これらについては、残念ながら現在所在不明である。

（37）棚田聞書によると、請願への調印者は中村、石崎、木本源吉、関、鍵田忠次郎、塚本松治郎、松井元淳、溝辺、青木新治郎、土方直行、田畑孝七《（幸七カ）》、畑野吉次郎、白井和助、福井清蔵《（精三）》、吉田雄熊（大和新聞社社長）、宇陀又二郎（新大和社社長）、岡本兼次郎《（兼治郎カ）》（奈良朝報社社長）、赤堀自助（奈良新聞社社長）、村戸賢徳、北浦儀十郎、戸尾である【棚―34】。

（38）井上哲次郎の知友であった在野の華厳研究家亀谷聖馨（天尊。安政五年〈一八五八〉～昭和五年〈一九三〇〉）は、明治二五年に東大寺で華厳哲学を研究した後、中外電報社（京都）主幹を経て、同二九年に東京朝日新聞記者となり主に宮内省・貴族院を担当、同三九年に朝日新聞社を退いてからは、東久世らと資金集めをした財団法人名教学会の設立に尽くした（石井公成「大東亜共栄圏に至る華厳哲学―亀谷聖馨の『華厳経』宣揚―」『思想』第九四三号、二〇〇二年一一月）。

（39）明治三八年一二月二九日付溝辺宛棚田書簡（溝辺家資料）。

（40）奈良県議会史執筆委員会編『奈良県議会史』第一巻（奈良県議会、一九九一年）の二〇三～二〇四頁に全文翻刻されており、『明治三十八年通常奈良県会会議録』（奈良県、明治三九年四月）においては建議者の一人を「木谷元次郎」と誤っている箇所も、「木谷三治郎」と訂正されている。

(41) 前掲註37の請願に社長が調印した大和新聞社、新大和社、奈良朝報社、奈良新聞社の県内四社のことであろう。

(42) 明治三九年一月二九日付溝辺宛棚田書簡（溝辺家資料）。報知新聞は同年二月二日付の一面で、「平安宮址《（ママ）》の保存　神宮設置の請願」という記事を、三段にわたり掲載している。

(43) 明治三九年一月二五日付溝辺宛棚田書簡。「なにのじきよ《（事業）》ニテも新聞わかんじん」（同）や「なにのことでも新聞社のちからおか《（り）》れませぬと、せかい《（政界）》の人わいごきませぬ」（同年二月四日付同書簡）といった、新聞（社）の持つ影響力自体への期待も多く見られる（ともに溝辺家資料）。

(44) 明治三九年一月二〇日付溝辺宛棚田書簡（溝辺家資料）。

(45) 明治三九年一月二九日付溝辺宛棚田書簡（溝辺家資料）。

(46) 貴族院では請願委員より議院に呈出され、「願意ノ大体ハ採択スヘキモノ」との意見書を付して政府へ送付された（『明治期帝国議会貴族院委員会議録』19、臨川書店、一九九五年復刻、一九〇頁）。ただし、諸願通り実際に国庫より一五万円の補助を受けることはなかった【溝―111〜113】。

(47) 明治三九年三月二一日付溝辺宛棚田書簡（溝辺家資料）。

(48) 戸尾善右衛門家は、明治四三年の所得額調査において都跡村で唯一特等にランク付けられた大地主（渋谷隆一編『都道府県別資産家地主総覧　奈良編』日本図書センター、一九九一年、二五頁）で、大正一一年（一九二二）一〇月に「平城宮阯」が史跡指定された際も、一五〇筆が同家の土地であった（『官報』第三〇六一号、大正一一年一〇月一二日）。

(49) 初回の出席者は、松井・木本・鍵田・関・中村・石崎勝蔵・棚田・塚本・溝辺。第二回は濱田恒之助・土方直行・源融（生駒郡長代理）・石崎・畑野吉三郎《（吉次郎カ）》・新聞記者二名・中村・関・田中章（農工銀行頭取）・棚田・塚本・溝辺・岡島彦三・沢村栄太郎・松田芳太郎・大沢菅二で、溝辺以降が都跡村からの出席者【溝―120〜121】。

(50) 『史蹟精査報告第二　平城宮阯調査報告』内務省、大正一五年、八頁。『奈良大極殿阯保存会事業経過概要　附事業計数報告』にもほぼ同様の文章がある（六〜七頁）。

(51) 明治四〇年一月一〇日付溝辺宛沢村栄太郎書簡（溝辺家資料）。

(52) 都ホテル（京都）の所有者西村仁兵衛が明治三九年九月に設立した大日本ホテル株式会社により、大乗院跡地に奈良ホテルが建設され（設計辰野金吾。同四二年一〇月一七日開業）、木本源吉が誘致に力を尽くした歩兵第五三聯隊が四二年に設置されるなど、確かに同時期には大事業が立て込んでいた（奈良市史編集審議会編、前掲書、一八〇〜一八一、二五一〜二五二頁）。

(53) 明治四〇年二月二五日付溝辺宛明珍恒男書簡（溝辺家資料）。

(54) 後者にかかる経費として、「畑地祭祀地買入」（一千坪）に四〇〇円、「土工及樹木植附」に二〇〇円、「道ノ敷石及石段」五〇〇円、「台石」（二ヶ所）二〇〇〇円、霊像「男帝」（三体）・「女帝」（三体）に六〇〇〇円、「御仮殿」一〇〇〇円、「設計ヨリ終局之至《ママ》祭典」（技師給料・運動費・祝典費など）九〇〇円、「維持費」四〇〇〇円の、合計一万五〇〇〇円を計上している。

(55) 明治四一年五月二八日付溝辺宛喜田貞吉書簡（溝辺家資料）。

(56) 内田和伸「古代遺跡の履歴と風景—国分寺・国分尼寺跡と宮跡の近世・近代—」（『研究論集』X〈奈良国立文化財研究所学報第五八冊〉奈良国立文化財研究所、一九九九年一二月）が示すように、そもそも喜田は諸宮跡への建碑や神社創建については慎重な態度を取っている（一三七頁）。

(57) 明治四二年三月三日付溝辺宛棚田書簡（溝辺家資料）。

(58) 本書第五章第一節1でも触れるが、明治四二年の東京帝国大学農科大学教授本多静六（造林・造園学）による奈良公園改良計画以降、公園内には動物園・植物園という娯楽施設すら設ける動きが起こる（奈良公園史編集委員会編『奈良公園史』第一法規出版、一九八二年、二四七〜二六三頁）。

(59) 自治体史の嚆矢である『平安通志』（明治二八年）の編纂を発議した京都府属湯本文彦は、平安遷都千百年紀念祭祭場を平安宮大極殿址（現在の上京区千本丸太町上ル周辺）とし、そこに桓武天皇を祀る「平安宮」を造営すべきと主張したが、実際平安神宮が建てられたのは、同年開催される第四回内国博覧会の会場となる岡崎地域であった（小林丈広「『平安通志』の編纂と湯本文彦—十九世紀末京都における「知」の交錯—」明治維新史学会編『明治維新と歴史意識』吉川弘文館、二〇〇五年、一二四〜一二六頁）。

(60) 以下同計画については、特に註記しない限り、王寺町史編集委員会編『新訂王寺町史』本文編（王寺町、一九九〇年）の二六一〜二六三頁を参照。

(61) 王寺町史編集委員会編『新訂王寺町史』資料編、王寺町、一九九〇年、八五九頁。

(62) 同右。

(63) 同運動については、本書第五章第一節2を参照。

(64) 鎌田敬四郎『天平の文化』朝日新聞社、昭和三年、緒言。

史料　「平城宮址顕彰会趣意書」（趣意書②【溝―93～95】）

恭シク惟ミルニ

神武天皇鴻基ヲ開キテ都ヲ橿原ニ奠メ給シヨリ千有余年ノ間、列聖多クハ其平常ノ居ヲ都トシ給ヒテ別ニ一定ノ首府ヲ置キ給ハス、蓋シ上古百事簡素ニシテ宮殿官舎ノ如キ更ニ営構ノ煩ナカリシニ由ルナリ、大化改新ノ後制度漸ク定リテ官司職ヲ分チ、文物漸ク備リテ民俗大ニ革ル、万機ノ発スル所内ニ自尊厳ヲ保ザルヘカラス、百邦ノ朝スル所外ニ自ラ威容ヲ示サヽルヘカラス、是レニ於テカ首都ノ規模亦旧時ノ簡樸ニ安シテ屢所ヲ徙スヲ許サヽルナリ、

元明天皇茲ニ見給フ所アリ、群臣ノ議ヲ納レテ遷都ノ事ヲ決シ給フニ及ヒ、四禽図ニ叶ヒ三山鎮ヲ作セル平城ノ地ヲトシテ帝都ヲ経営シ給フ、京域、添上・添下（今ノ生駒郡）両郡ヲ《(ニ)》跨リ広袤一里ニ及ヒ、大内裏北端ニアリ、殿堂甍ヲ列ネ経営ノ大ナル、我国古来始テ見ル所ナリ、爾後七拾有余年ニシテ桓武天皇都ヲ平安ニ遷シ給ヒシモ、其規画《(格)》平城京ノ上ニ出サリキ、去レハ

元明天皇ハ初メテ大帝都ノ軌範ヲ立テ給ヒシモノト謂フベシ、其英断ト偉業ト豈欽仰セサルベケンヤ、其後幾許モナクシテ都城道路変シテ田畝トナリ亦旧時ノ観ヲ留メス、（世の中は常なきものと今そしる）ノ詠ハ奈良ノ都ハ今盛りなりノ歌ノ地、猶オ臣《(巨)》社大刹ヲ遺シシ《(衍)》長ク南都ノ称アリ、条防《(坊)》猶田塍ノ間ニ存シテ地ニ旧称ヲ呼ブモノ尠カラス、内裏ノ址之ヲ大宮ト呼ヒ大極殿ノ址之ヲ大極殿ノ芝ト称ス、独リ龍尾ノ壇・左右ノ廊等ノ形跡ヲ認ムヘキノミナラス、十二堂亦多クハ其址ヲ存ス、夫レ平安京ハ千載不動ノ帝都ヲ以テ隆昌本邦ニ冠タリシモ、猶戦乱ノ世ヲ経テ皇室ノ式微ニ会スルヤ、大内裏ノ旧域全ク凌《(陵)》夷シテ永ク大極殿ノ址スラ知ル能ハザリキ、然ルニ平城ノ帝都ハ今日ニ至ル迄儼トシテ其霊蹟キ《(ヲ)》遺スコト此ノ如ク、千百余年ノ久シキ田夫ノ犂鋤モ之ヲ侵スコトナク歴々トシテ当時

ノ形象ヲ想見スルニ足ルモノアル、豈ニ驚異セサランヤ、永ク之ヲ荒蕪ニ委シテ空シク古ヲ懐フ、固ヨリ忠愛ナル臣君ノ至情ニ非ズ、亦郅隆ナル昭代ノ美事ニアラス、必スヤ之ヲ顕彰シ之ヲ保存シテ永ク瞻仰景慕ノ誠意ヲ尽スノ道ヲ講セサルヘカラサルナリ、及（乃）明治四拾二（三）年ハ恰モ平城遷都ヨリ千二百年ニ当ルヲ以テ、此時ニ際シ茲ニ平城神宮ヲ創建シテ元明天皇ノ神霊ヲ祭リ、元正天皇以下平城朝歴代ノ神配祀シ奉ラントス、夫レ元明天皇ハ英主天智天皇ノ皇女ヲ以テ明君文武・元正両帝ノ生母タリ、恭倹己ヲ持シ至誠物ニ及ビ、淑徳以テ万民ノ母タルヘク、英資以テ天下ニ監（臨）ムベシ、独リ遷都ノ大業ヲ遂ケ給ヒシノミナラス、屢百姓ヲ給恤シ忠孝ヲ旌表シ、官司ヲ飭励シ農桑ヲ勧奨シ、奸利ヲ禁ジ法律ヲ厳ニシ礼義ヲ重シ給ヒ、貨幣ノ制始メテ立ツ、国史・風土記ノ撰茲ニ成ル、善政嘉謨挙ルニ遑アラス、至隆ノ治亦多ク（＊）（覲（観）舜ト謂、亦宜ナルカナ）、且夫レ奈良朝七拾余年ノ間李唐交通ノ影響ヲ蒙リテ淳樸ノ風漸ク散シ、歴代勤倹ノ后ヲ承テ豊富前代ニ絶スルモノアリ、我国ノ文物燦然トシテ面目ヲ改ム、宗教ハ仏教漸ク形ヲ変シテ永ク国教トナルノ基礎ヲ固フスルアリ、文学ニハ雄健荘重ナル歌謳ノ発達スルアリ、国威ノ顕赫タル、古来多クアラサル所ナリ、当代ノ盛時豈永ク記憶ニ存シ（衍）テ之ヲ欽仰セサルヘケンヤ、叡慮ノ深ク留リテ国家ノ標トナリタル所、清穆ナル神殿ヲ営構シテ歴朝ノ英霊ヲ鎮祭シ奉ル、庶幾クハ列聖ノ遺徳ヲ発揚シ鴻恩ノ万一ニ酬ユルヲ得ンカ、茲ニ仁慈ナル帝室ノ輔助ヲ仰キ奉リ、忠良ナル帝国人士ノ同情ニ訴ヘテ景慕瞻仰ノ誠意ヲ全フセントス、四方ノ君子幸ヒ微意ノ存スル所ヲ諒セラレテ翼賛ヲ賜ランコト切ニ冀望シテ已マサル所ナリ、謹白、

（＊）「多ク（覲」と「舜ト謂」の間に脱落。「翼賛簿」趣意書（趣意書③）には「多く観さる所なり、論者は元正天皇と併称して女中の堯舜と謂ふ、亦宜なる哉」とアリ。

第二章　南朝史蹟の考証と地域社会

――北畠治房と賀名生村――

はじめに

「是は、現代生活記録の一部面として、年来きゝあつめた「はなし」の内、主として人物の言行逸事に属するものを取り、聊か分類経緯して一巻とした」と緒言で謳う、奈良県師範学校教諭高田十郎の『随筆民話』（桑名文星堂、昭和一八年）には、「北畠男のかたきうち」と題するエピソードが収められている。原敬が鉄道院総裁だった頃（明治四四年〈一九一一〉八月～大正元年〈一九一二〉一二月）、関西本線王寺駅で乗り換え列車が予定より一分早く出発したため、乗り遅れてしまった「北畠男」の話。

北畠男爵は、ノソ〳〵と駅の事務室に踏込んでいつた。例の調子で、

「オイ、汽車ちふもンは、規定より早う出しても、エ丶もンかい。」

と鴨居ぎはのヒゲの中から、皮肉な声を落しかけた。ところが其夜の当番は、かねて知つた駅長ではなしに、当時新任の助役で、まだ「法隆寺の雷」を知らなかつた。横柄極まる田舎爺とでも思つたか、ブツキラボウに、

「そりや時の都合で、早く出さうと、おそく出さうと、駅長の勝手だ。」

「さうか。」

と男爵はオトナシく引きさがった。(1)

ここは「オトナシく」退いた男爵であったが、後発の列車で到着した法隆寺駅では駅長に一くさり文句を言い、それでは収まらず原総裁へ手紙まで出したため、二三日経たないうちに新任だった王寺駅助役は免職となった、という。

画家出田白水から聞いたというこの大人げない「かたきうち」の主人公で、文中「法隆寺の雷」と称されるのは、男爵北畠治房（天保四年〈一八三三〉～大正一〇年〈一九二一〉）である。旧名平岡鳩平、中宮寺宮仕人の家に生まれた治房は、各地に遊学した後天誅組に参加するも敗走して潜伏。維新後は司法省に出仕し、いわゆる大隈系官僚と目され、(2)明治一四年政変に際して下野するが、ほどなく司法界へ復帰、明治二九年男爵を授けられる。大阪控訴院長（明治二四年五月～三一年六月）を最後に官界より引退したが、隠棲した郷里での存在感は、先のエピソードを見るに無視できないものがあったようである。「かたきうち」で示されるのは、現役時代に誇っていた権力の残滓とも言えようが、引退後の治房自身が力を注ぎ、積極的に発信していたのは、史蹟にまつわる考証であった。明治三〇年代に奈良県技師をつとめ、平城宮跡の研究も手がけた東京帝国大学工科大学教官関野貞（本書第一章第一節1参照）の奈良時代（明治二九～三四年）の日記には、隠居を控え早くも雷が閃く様子が見られる。

午後二時法隆寺ニ至リ西院諸伽藍ヲ観ル。寺務所ニテ北畠治房氏ニ面ス。仝氏カ例ノ法螺話ヲ傾聴スルヿ二時間、同氏連リニ諸伽藍ノ再建ニアラサル理由ヲ談ス。卓上ノ議論亦聴クヘキ所アリ、多少ノ利益ヲ得タリ(3)（明治三〇年一〇月三日）

法隆寺再建・非再建論争(4)に始まり、治房は大和の史蹟にまつわる考証を手がけていく。該論争に次ぐものとしては、「蘇我馬子雪冤」「日陵葬三疑弁」「史家文士弁妄」を三つの柱とし、「紀の本文を分ちて七段と為し字々に弁斥を加」（緒言）え、法隆寺管主佐伯定胤（本書第三章第二節4参照）の名で発行された『倉梯山廼凩』（明治三八年）が挙げられよう。同書は再建論争を経た治房にとって、本格的な考証の嚆矢と言えるもので、その基となったと思われる「読崇峻天皇紀弁疑（第一稿加修正本）」や「崇峻紀新論（崇峻帝紀太故話続）」、果ては「崇峻天皇陵につき宮内大臣へ上申案」という手稿も残されており、それらは現在天理大学附属天理図書館が所蔵している。同館の「北畠治房関係史料」（特別本「近世文書」中）には日記や回想録なども含まれるが、その実に多くを占めるのは、こうした史蹟考証に関する稿本である。崇峻天皇（陵）関係以外では、「南山踏雲録異事難問筆記」「南山踏雲録齟齬問答」など、天誅組の同志であった国学者伴林光平による挙兵の顛末記『南山踏雲録』の「誤謬」を訂すべく執筆した諸論考（後述）が重要であるが、最も目に付くのは自らの先祖とする北畠親房の墓に関する考察であり、その数は二〇本以上に及ぶ。以下本章では、治房が執念とも言うべき熱意を見せた北畠親房墓の比定について、「北畠治房関係史料」中の草稿及びそれらの集大成である『古蹟弁妄』を手がかりに、彼の考証の手法と問題点を明らかにしつつ、史蹟がある地域社会でどのように発見され、周知され、定着するか、そのメカニズムを順に追うこととする。まずは日本近代における功臣顕彰の流れから見ていこう。

第一節　南朝功臣の中の北畠親房

1　親房墓の「発見」と『古蹟弁妄』

北畠親房（正応六年〈一二九三〉～正平九年〈一三五四〉）は言わずと知れた南朝の功臣であり、南朝の正統性を唱える史書『神皇正統記』（延元四年〈一三三九〉ごろ成立）を著し、同朝を理論的にも支えた人物である。よってその死没地や墓が「南朝史蹟」と目され、考証の対象となり、剰え顕彰されることは、近世後期以降の国学の勃興状況に鑑みれば、なんら不思議なことではなかった。しかし、戦地で敗死した訳ではないためか、親房の顕彰は近代に入ってもすぐには進まず、神社を建てられ、明治政府によって真っ先に「功臣」として顕彰されたのは、楠木正成であった(5)。明治五年（一八七二）五月、正成を祀る別格官幣社湊川神社が戦死した神戸湊川の地に建てられて以降、南朝武臣の顕彰は続き、同九年一一月に新田義貞を祀る藤島神社（福井県。別格）が創建され、正成は同一三年七月、義貞は一五年八月、ともに正一位を追贈される。親房を祀る霊山神社が福島県に創建されたのは、ようやく同一四年五月になってからで、翌一五年一月にも同人を祀る阿部野神社（大阪府。別格）も建てられたが、前者は親房の子北畠顕家が義良親王を奉じて根拠地とした霊山城址、後者は顕家の戦没伝承地に鎮座しており、顕家に由縁が深い場所に親房が併せて配祀される形になっている。維新期に石上神社（のち神宮）の大宮司をつとめて七支刀銘文の解読に貢献し(6)、上京後は修史館・帝国大学において政府の修史事業に従事した歴史家菅政友（文政七〈一八二四〉～明治三〇年〈一八九七〉）も、明治一七年一一月二一日稿の「北畠親房卿ノ官幣社ニ列セラレンヿヲ請フノ書」において、こう述べる。

明治以来忠臣義士ノ、苟モ心ヲ王事ニ尽シ、力ヲ皇国ニ致セシモノ、官社ニ列シ贈位ニ預リ、既《ママ》ク顕家モ官幣ノ栄ニアヘルニ、乃父親房却テ其典ニ漏タルハ、是亦某等殊ニ遺憾ヤムヿ能ハズ(7)

父ではなくあくまでも子が主と史官も捉えていたのである。

こうして、功臣の中では明治一七年時点で「其典ニ漏タル」と認識されていた親房だが、同時期に奈良県における南朝の拠点において、その墳墓がにわかに注目されることとなる。しかし、そもそも文献上では親房の墓（及び薨去地）はどこだと記されていたのだろうか。根拠とされる記録類は主に次の四つであるが、それぞれは以下のように比定している(8)。

①『常楽記』：鎌倉期の末に起稿され、そこから室町期にわたる人物の没年月日を記した過去帳。著者は醍醐寺の僧侶の可能性が高いとされている。その文和三年（南朝正平九年〈一三五四〉）四月一七日条に「北畠入道一品准后覚空於紀州賀名生円寂」(9)とある。

②「北畠准后伝」：室町期に成立した親房の伝記で、平泉澄をして「正に古伝を存して誤まらない」(10)と評価せしめた記録。同書は、「中院一品准后親房公者閑居和州宇陀郡福西荘灌頂寺阿弥陀院、而九月十五日薨、春秋六十二歳」と文和三年の条に記している。

③「北畠親房卿伝記」：七世の後胤北畠材親（永正八年〈一五一一〉没）の手になると奥に記す伝記。親房の最期については、「正平十四年夏」六七歳で吉野に薨ず、と書く(11)。

④『先進繍像玉石雑誌』巻第一：屋代弘賢の教えも受けた国学者栗原信充が、元弘以来の「文武聞人達士奇伎名工」二四人について編纂した伝記集で、天保一四年（一八四三）の序がある。親房はその筆頭に掲げられているが、その末尾を見てみよう。

正平十四年北朝延文四年四月十八日庚辰春秋六十七歳にして林鶯軒に薨せられしとかや林鶯軒ハ即紀州和歌山御小人町に今林鶯山憶西院長覚寺と云東本願寺御坊留守居是なり寺中に師重卿御墓あり　天保壬寅に至て四百八十四年正平九年薨と常楽記にある八信しかたし(12)

死没の日についても、③と④が延文四年（南朝正平一四年〈一三五九〉）四月一八日で一致するに過ぎないのであるが、肝腎の没所はというと四種四様、バラバラである。③は「吉野」とかなり漠然とした地域を指しているに過ぎず、④は堺遊学時代にその存在を知った青年治房が現地を探索するも発見できなかった(13)、という曰く付きの場所である。①・②は成立時期が古く記述が比較的詳細であるため、後述するようにそのまま比定の根拠となったり、考証の俎上に載せられることとなったが、そのうち地域社会を挙げて終焉の地と墳墓を「発見」し、親房顕彰の動きをリードしていったのは、①の「賀名生」であった。奈良県吉野郡賀名生村（現奈良県五條市西吉野町賀名生）は、現代においても「後醍醐天皇の延元元年（一三三六）十一月の短時日と後村上天皇の正平三年（一三四八）九月より同九年十月までの六ヵ年の皇居の地」[14]と南朝との深い関わりを誇る土地であるが、就中近世後期から近代にかけて、自家を媒介にしてその由緒を根付かせることに貢献してきたのが、字和田の堀家である。南朝の忠臣堀信増の後裔という出自をもつ堀家は、文化四年（一八〇七）八月、自邸が後醍醐・後村上・後亀山天皇の行宮であるとして、その遺跡保存補助の嘆願書を、ちょうど桜井村へ投宿していた江戸役人へ差し出している。[15]この嘆願の結末は不明だが、慶応四年（一八六八）五月朔日付にて、新政府の大和国鎮撫総督府により「大和国賀名生郷堀孫太郎居宅地即往昔後醍醐天皇後村上天皇後亀山天皇為行在所而祖先忠臣之由」をもって、六石六斗三升の租税を免除されており、明治一六年（一八八三）三月には、年来の主張が認められ、宮内卿徳大寺実則の名で三帝「行宮遺蹟」である堀重信邸保存のため、二〇〇円が下賜される旨が通達される。[16]

このように、まず堀家が「行宮遺蹟」であると公式に認められ、南朝故地という国家のお墨付きを得た賀名生では、その内実をより豊かにするに適したものとして、先述の通りかつてよりその所在候補地と見られていた、北畠親房墓が注目を浴びることとなる。そして墓は首尾良く「発見」されることになるのだが、それに対して猛烈な批判と非難を浴びせたのが、北畠治房とその著作『古蹟弁妄』（以下『弁妄』と略）であった。本章「はじめに」で親房墓考証の「集大成」とした『弁妄』の初稿が成ったのが明治四四年（一九一一）、補訂の上大正四年（一九一五）に完成し、大隈重信へも謹呈されている。[17]同書は、凡例で「一地物ノ所在」の「是非ヲ弁論スルニハ先ツ其提出者ノ所見ニ就テ余ガ非違トスル所ヲ弁ゼザルベカラズ」と宣言しているが、ごく一部伴林光平『南山踏雲録』の記述に対する反駁を含むほかは、[18]ほぼ全編が親房墓に関する考証に費やされている。目次と本文の内容に沢山の齟齬（つまり目次が当てにならない）があったり、章・節の分け方が独特（漢数字・いろは・甲乙丙丁の用い方に統一性がない）で非常に読みにくかったりと、同書には難点も多いのだが、賀名生の親房墓がどのように「発見」され定着していくかを、あくまでも治房の視点からであるが、明らかにしてくれる貴重な一冊である。『弁妄』によれば、ことの起こりは明治一七年（一八八四）の秋であった。

去ル明治十七年、堀重信、同〔和田村カ〕小字辻上ト称スル総墓地ニ在リシ此五輪塔ヲ、其支配者タル正覚寺住職某ニ辻上某ト云ヘルヲ遣ハシ、彼ノ塔ハ本ト華蔵院ニアリタリ。是レ南北朝時代有名ナル北畠准后公菩提ノ為メニ建立セラレシモノ、即親房公此華蔵院ニ薨セラレ葬リアルガ為メナリ。現今到処古名将ノ墓ノミナラズ、苟クモ歴史ニ関係アル所々ハ、皆碑ヲ建テ以テ其村ノ美ト為ス。我郷ハ即チ南朝御歴代ノ行宮アリシ所ノ故ニ、史家有志者其蹟ヲ問ヒ来ルモノ多シ。然レド一モ夫レト指示スベキモノナシ。セメテハ親房公ノ墓ダケデモ存シ置タシ。依テ彼ノ塔ヲモトアリシ所ニ還サバヤト有志一同内決セリ。御房ニ於テ異議ナキヤ奈何ト言ハシメシカバ、和尚之ヲ聞キ云ク、コレ総墓地ニアルモノ、寺ニ於テ何ノ異議カアル、宜シク復旧シテ大字ノ美ヲ《ト》ナスベシト、即同情ヲ表セリト云フ。茲ニ於テ、秋夜窃ニ此部落ノ若者ヲシテ蓮台石ノ他残ラズ此夜運ビ移シタリト云フ（『弁妄』21ウ～22表[19]）。

治房は右を「明治四十一年十月十一日余実地往見ノ際村長青木某得意ノ談」（『弁妄』22ウ）としているが、これは五輪塔地輪（最下層の四角い石）の「法華経衆」「文中二年〔一三七三〕」などの刻字を気にして「刻字ノ見エザルマデ打破スベシ」（同22表）と唱える堀に対し、打痕が新しいのはすぐに分かってしまうし、文中は南朝の年号であるから、たとえ親房没の一九年後であっても「是レ乱世時代ノ事ナレバ、斯ル遅速ハ気ニスル輩ナカラン」（同22ウ）と説得したことも併せての、「得意ノ談」だったようである。右の経緯は、明治一七年という時期が仮に正しいとすると、そこから二〇年以上を経てからの証言であり、いくら当事者らしい人物からの聞き取りとは言え、当然全てを鵜呑みにすることはできない。しかし少なくとも二つ重要な点を看取することは可能であろう。一つは、ここで親房墓とされた五輪塔には、「法華経衆」「文中二年」という刻字があることが、その内容の具体性から鑑みて、確からしいということ。これは後々治房側の反論の大きな根拠となっていく。もう一つは、「我郷ハ即チ南朝御歴代ノ行宮アリシ所ノ故ニ、史家有志者其蹟ヲ問ヒ来ルモノ多シ。然レド一モ夫レト指示スベキモノナシ。セメテハ親房公ノ墓ダケデモ存シ置タシ」という、賀名生村民の郷土認識と史蹟「発見」のメカニズムである。青木の談話では、この部分は堀重信を含めた有志の意向であることになっており、村民全体のアイデンティティとするには少し留意が必要かも知れない。しかし、探訪者である「史家有志者」の存在がさらなる史蹟整備へ向かう意志を生み出していく、という力学が「発見」の根本にあったということは言えそうである。そして、当事者たちも不都合だと思う瑕疵がある賀名生親房墓にお墨付きを与えたのは、まさしく勃興途上にあったアカデミズムであった。次項ではこの点を詳しく見ていこう。

2　学界の認定

恐らく親房の賀名生墓を最初に実見した「史家有志者」は、当時内閣臨時修史局編修であった星野恒であると思われる。明治二一年（一八八八）帝国大学文科大学教授となり、同時に臨時編年史編纂掛の編纂委員もつとめた星野は、後に「明治十九年史料蒐集として近畿諸州を巡回せし時、此地に至りしが、当時堀氏は不在なりしも郡衙よりの案内にて華蔵院の旧址を訪ひ此墓を拝せり」[20]と往時を回顧しているが、明治二〇年二月付の京都府・大坂府（現在の大阪府及び奈良県全域）・滋賀県史料採訪復命書を見ると、実際「吉野ヲ経テ十津川ニ至リ[21]」と近辺を通過しているようである。星野の明治一九年時点の賀名生墓への評価は別として、「郡衙よりの案内にて」とあるように、墓の存在自体は郡内で周知が進んでいたことが窺える。治房はこの星野の明治一九年の対応について、

氏〔星野〕ノ自信カ強キノ結果トシテ、唯恭礼一拝ニ止メタルノ失チ（ママ）遂ニ爾ク速了セルニ至レルカ。若シ此時五輪塔婆ノ体裁奈何ヲ鑑ムル識アラマセバ、先ヅ其塔婆ニ通式トシテ必ズアルベキ蓮台ノ無[22]キニ着目スルト

同時ニ、又進ンデ其草莱ヲ分ケ、刻字奈何ニ注視セラルベカリシニ。惜哉君子（『弁妄』123表～124ウ）。

と、墓とされている五輪塔そのものに対する調査の甘さを嘆いている。たしかに『弁妄』を見ると、蓮台のない賀名生墓と、地輪刻字の拓本の写真が挿入されており（13・14丁間。図1）、蓮台を備えるのが通式という治房の認識には大いなる疑問があるが、刻字「千部法華経／衆　二十五人／（梵字）／文中弐年癸巳／十月各々敬白」の明瞭さは疑うべくもない。「此刻字ハ即法華徒二十五人協同シテ建テタ」（『弁妄』10表）塚であることは明白、と治房は喝破するのであるが、それは星野の訪問から二〇年以上を経てからのことであった。

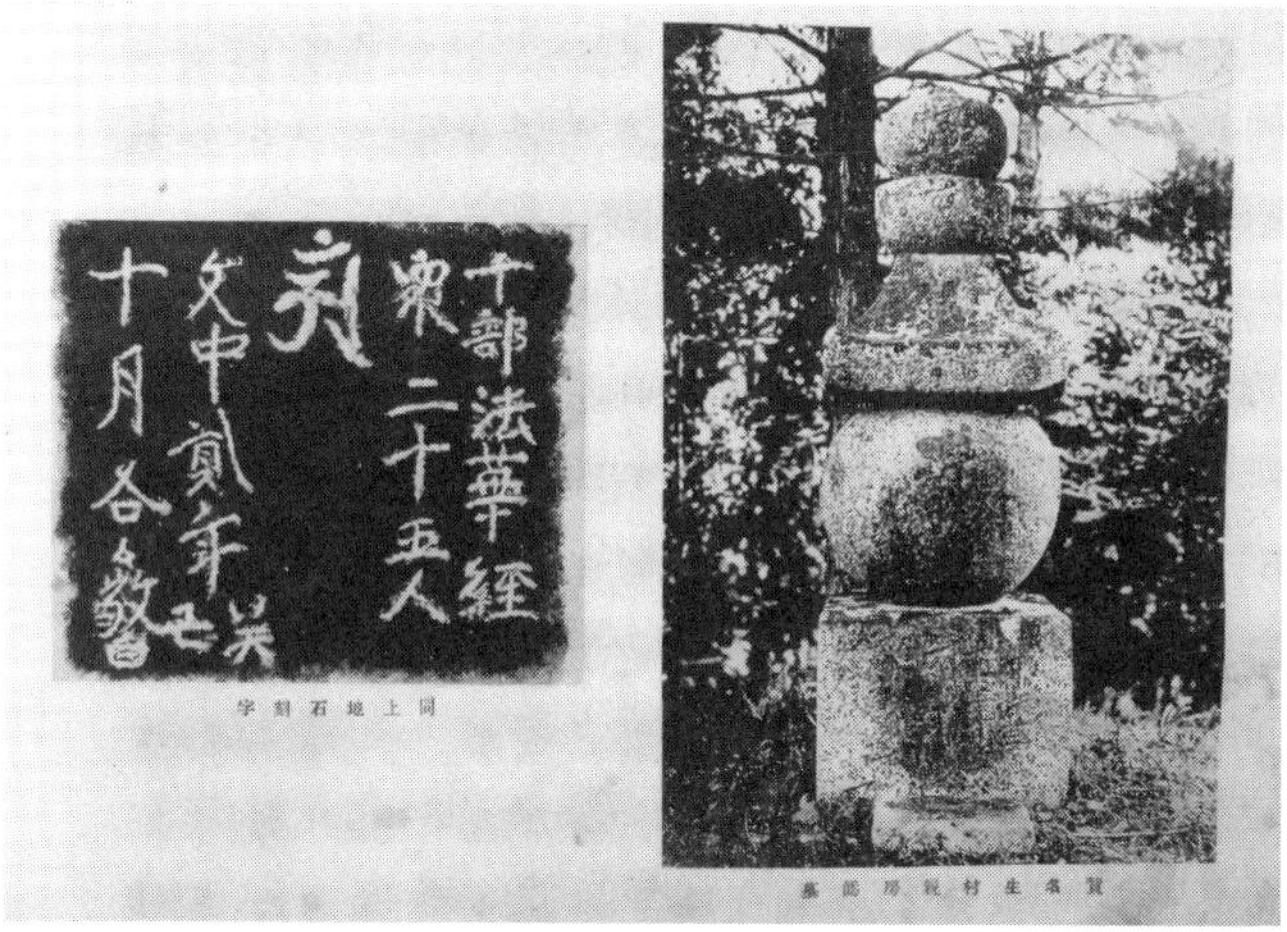

図１　明治期の賀名生墓と地輪の刻字（『弁妄』）

とまれ、星野が賀名生墓を実見した事実は後々効いてくるのであるが、この時点では学者の訪問どころか賀名生墓の存在すら知らない治房も、独自に祖先親房の墓を探し始めていた。明治二四年（一八九一）に刊行された地誌、川井景一選編『大和国町村誌集』四（愛国館）の宇陀郡室生村大字室生の項に「多気国主墓」とあるのを見た治房は、同じ頃室生寺住職丸山完長に会い、この墓について問い合わせている。丸山は、二基の五輪塔があり、それらは「北畠国司墓ト伝承スルノミ。其誰ト指名スベキ伝記未ダアラズ。又土人ニ聞クモ之ヲ知ルモノナシ」（『弁妄』138ウ）と答えているが、治房は自ら所蔵する「家譜」に、歴代伊勢国司をつとめた北畠氏のうち「独リ顕能〔初代〕墓ヲ記セザル」（『弁妄』

138ウ）こと、二基に梵字・漢字の一つも刻まれていないのは、南朝方の武将であった西阿の墓（大御輪寺址にありとする）と同じで、「南北朝時代兵馬ノ執権者ハ皆斯ノ如キモ亦当時ノ通習」（同139表）であることなどを勘案し、室生寺の二基を親房・顕能（三男）父子の墓と推定する。この時は、控訴院長という要職に就いていたこともあり、実地検分に及ぶことはなかったが、治房の中で前記①〜④以外に室生寺が新たな候補地として浮上することとなった。[23]

明治三一年六月、治房は大阪控訴院長を休職となり、一切の公職から身を退いて斑鳩で隠居生活を始めることとなるが、同三三年、その後親房墓の帰趨に関して決定的な仕事をする有志団体が発足する。帝国古蹟取調会である。同会は、「名士・官僚・地方民間人などを糾合した最初の全国的な史蹟の調査・保存団体」[24]だが、その機関誌『帝国古蹟取調会会報』の創刊号（同年一二月。のち『古蹟』と改題）では、「歴朝聖皇の皇居山陵、王公名士の墳墓遺蹟等、すべて我国史と離るべからざる旧址を保存顕彰するは是れ我帝室の尊厳を万世に維持し、国家の光彩を永遠に発揚せしむる所以なり」（発刊の辞）と述べている。ここからも明らかなように、同三〇年六月に公布された古社寺保存法――附則第一九条に「名所旧蹟ニ関シテハ社寺ニ属セサルモノト雖仍本法ヲ準用スルコトヲ得」とあり――及び内務省が計画立案した「古墳旧蹟保存法」と、三二年七月の条約改正により外国人の内地旅行が自由化されたことが、結成への大きな契機となっていたのである。[25]同会は、会長九條道孝（公爵）、副会長長岡護美（子爵）、顧問西郷従道（内務大臣、侯爵）・土方久元（前宮内大臣、伯爵）という貴顕をトップとし、そこに東京・地方評議員（のち協議員）、庶務を担当する六名の幹事を加えて構成される評議員会（のち協議員会）が会の運営方針を決定するという形で発足したが、[26]『会報』創刊号の役員一覧によると、治房は創設時その東京評議員の一人であった。

すでに郷里に居ながら、何故地方評議員でなく、伊藤博文・九鬼隆一・近衛篤麿らとともに東京評議員となっていたのかについては定かではないが、明治三五年（一九〇二）九月の役員・規約刷新により、治房は評議員から外れている（『会報』第二号、同年一〇月）[27]。『弁妄』にはこの東京評議員時代への言及は全くなく、第三代会長長岡護美が来寧し、「本県ノ事ヲ嘱スルニ重キヲ以テ」（『弁妄』緒言1ウ）した会組織刷新翌年の秋のことが詳しく記されている。治房は、これまでにも陵墓比定の再考を当局者に度々建白したこと、末松謙澄による源義経＝ジンギスカン説への「同情」と徳島県の静御前墓に対する疑義、阿部野・四條畷神社の鎮座地と祭神北畠顕家・楠木正行戦没地の齟齬などをまくし立てた後、「今ヤ余老タリ。山川跋渉ニ堪ヘズ。殊ニ久シク他郷ニ在テ本土ノ史実浅識寡聞高嘱ニ応ズル資格ナシ」（『弁妄』緒言4ウ）として、以前の地方評議員に類すると思しき重職を辞退している。帝国古蹟取調会は、同三五年二月に宮内省より一〇〇〇円が下賜された後、同年五月に奈良支部、七月頃に京都支部を設置、九月の会務刷新時に古蹟の真偽やその保存方法を議論・検討する「調査会」（本部）を設けるが、この変化によりそれまでは「学事顧問」という名目上の役職に就いていた歴史学者・考古学者たちは、調査会を構成する「調査員」となり、古蹟の認定に深く関与していく[28]。長岡の委嘱の背景にはこうした同会事業の転換があったと思われ、治房は後年この依頼を回顧して、通常会員[29]にでもなっておれば「誤謬」はなかりしをと後悔したが、実際長岡訪寧の頃から親房墓、殊に賀名生墓は大きな画期を迎えることとなる。

星野恒が拝した賀名生親房墓のある丘の麓に住む堀重信が、親房五五〇年祭を賀名生墓前で執り行う計画を治房に話し、援助を乞うたのは、『弁妄』によると明治三五年（一九〇二）の冬のことであった。この時点では賀名生墓の存在を知らない治房は、堀が『常楽記』を引用する『大日本史』を墓地の根拠としていることの愚を嗤い、賀名生墓の在所である華蔵院址の別名「黒木御所址」という名の由来を、「是或ハ三上皇〔北朝の光厳・光明・崇光上皇〕方ノ御幽居所ノ名残ニ非ル乎」（『弁妄』11表）と推測し、御座所があったかも知れないかかる狭隘の地に、臣下を埋葬するという非礼を犯す可能性の薄さを説く。黒木御所址は後醍醐天皇の行宮址である、と墓の真偽とはズレた主張をして譲らない堀に対し、天誅組の生き残りである治房は、止めの言葉を口にする。

准后公ハ我家ノ祖宗ナリ。之ヲ捜索スル年アリ。而シテ未ダ適当ト認ムル真墓ニ符合セザルヲ憾ミトス。況ンヤ余文久癸亥〔三年＝一八六三年〕秋南山ニ事アリ。即攻守利害考究ノ為、此界隈渉猟ノ際此丘ニ立登リシトキ、釣鐘堂ノ外何物モ眼ニ触ル、ナカリニシ於ヲヤ云々（『弁妄』11表〜ウ）[30]。

落胆して去った堀は、翌年四月一七日に行われる記年祭の招待状を治房に送るが、「素ヨリ応ズベクモアラズ」（同11ウ）と反応は冷たかった。

こうして治房には一顧だにされなかった賀名生墓を後援したのは、帝国古蹟取調会に集う専門家たちであった。記年祭の迫った明治三六年二月、『古蹟』第二巻第二号に東京帝国大学文科大学助教授田中義成の「古蹟巡覧小記（一）」という史蹟実見記録が掲載されたが、その冒頭が「北畠親房卿の墓」であった。同会の事業たる史蹟認定に関わる重要な記録なので、少し長いが半ば過ぎまで引用しよう。

層巒畳暲として、雲烟繚繞し、水清く石激し、別に一境を開く、これを吉野の賀名生村となす、その間に一山あり、断崖壁立して、丹生川に臨み、眺矚甚だ佳なり、上に平圃あり、広さ数百畝ばかり、字を華蔵院といへり、蓋し同院のありたる処ならん、吉野旧事記、大和志等、みな此山を後醍醐天皇の皇居の址とせり（中略）その寺いつしか廃絶して、今は纔に鐘堂を存せるのみ、鐘堂の傍に、古墳あり、五輪塔を安置せり、土人相伝へて、北畠親房公の墓となし、敢てこれを犯すものなしといへり、常楽記に、文和三年四月拾七日北畠入道於紀州〇大和の誤賀名生円寂、とありて、公が此地に薨せられしヿ明かなれば、土人の伝ふる所誣ゆべからざるに似たり、然るに、吉野旧事記以下の書に、これを載せざるは何ぞや、思ふに、公が絶代の偉人たるヿを知らずして、これを録せざりしか、否らざれば、偶、これを漏らしゝならん、余は寧ろその漏れたるを喜べり、何となれば、大凡、吉野の事を記しゝものは、妄誕附会の説多し、故に一たびその中に混載せらるゝときは、玞珉を弁ずるヿ難し、幸にして公の墓は、かゝる記載に汚されず、敦厚樸茂なる土人の口碑によりて存せるは、反て信を徴するに足れり（三四～三五頁）。

田中の実見は、明治二四年（一八九一）と一二年前のことであったが、[31]「本欄〔雑録欄〕に収むる所は未だ調査会議に上らざるものなり」（三四頁）とあるように、後の古蹟認定に向けた掲載であったことは間違いない。その内実は、右に明らかなように、『常楽記』の記事と「土人」の口碑の重視であるが、「吉野の事を記しゝものは、妄誕附会の説多し」と述べながら、華蔵院の丘を後醍醐天皇皇居址とする根拠を『吉野旧事記』に求めていたり、文字史料について懐疑的な割に出自の不明な「敦厚樸茂なる土人の口碑」は鵜呑みにしていたりと、その考証手法には問題が多いように思われる。しかし、この「北畠親房公の墓」については、一度の延期を経た明治三六年六月一八日、帝国古蹟取調会第八回調査会議（『古蹟』第二巻第七号、同三七年二月、七三～七七頁に掲載。以下会議録からの引用は頁数のみを示す）の議題として取り上げられ、古蹟認定が諮られることになる。当日の出席者は、会長長岡護美、調査員木村正辞（帝国学士院会員）・中田憲信・井上頼圀（華族女学校教授）・田中義成・坪井正五郎（東京帝国大学理科大学教授）・星野恒・吉田東伍（早稲田大学講師）で、「足利公園内の古墳」についての判断が保留となった後、井上を議長として議論が始まった。最初に田中から「古蹟巡覧小記（一）」と同趣旨の見解が述べられた後、

今更云ふ迄もなく、公の事蹟勲功は、調査すればする程益々増大するなり。即ち陸奥より九州の端迄南軍の進退は主として公が操縦せられたるにて、南朝五十余年の基礎は、実に公によりて建設せられたるなり。かゝる大人物の墓所にして地誌にも見えず、世人にも多く知られず、独りかゝる草莽の間に存する事、実に慨嘆に堪へざるなり（七五～七六頁）。

として、「堀氏の所有地」に立つ賀名生墓の保存が提議される。

田中の主張を援護する形で、中田が「余は去る十五年奈良に在勤し、其六七月頃管内を巡回せる際、堀氏の案内にてこの墳墓には参拝したり。此墳墓が北畠准后の墳墓なることは、堀氏は勿論、彼の地方の人士は誰も疑を存せ

ず」（七六頁）と述べた上で、堀家と賀名生村民と南朝との由縁に鑑みて彼らから聴取した口碑伝説は信頼に足ると続け、星野が先述した明治一九年の回想を披露して、『常楽記』の記事と華蔵院が行在所となった「縁故」から「公を此域内に埋葬せしは事実に於てあり得べきことにして、決して疑ふべきに非ず」（同）と断言する。これらの意見を聞き、議長の井上は、親房の墓はこの地よりほかに見えず、『常楽記』は著者も「南朝にも往復」していて信用できる書だとして、「賀名生の親房公の墓と称するものを以て正確なる墓と認め、追て会長の名を以て其筋に交渉する」（七七頁。圏点原文ママ）と決定を下す。会議の最後で、次回の議題として「北畠顕家卿戦死の地及び其墓所」（同）が挙げられているが、ここに来てようやく父親房は子顕家に先んじたのである。そして、この会議が終わると、取調会の動きは迅速であった。四日後の同年六月二二日付で、寺原長輝奈良県知事に「華蔵院跡の五輪塔は北畠親房公の墳墓と認候条相当の保護を加へ候様致度」と建議し、堀重信ほか一名へ「華蔵院跡の五輪塔は北畠親房公埋骨の地と認定致し、既に奈良県知事にも及建議置候条、相当の保存顕彰相成度」と通知している。(32)

取調会はその後調査会議を同じ明治三六年内に三度開催し、「武蔵国比企郡吉見の百穴」について協議する様子が窺える(33)が、これらを最後に同会議は開かれず、機関誌『古蹟』も日露戦争勃発による「多事」を理由として、第三巻第四号（明治三七年四月）で中止となる。前掲田中「小記」の存在をようやく明治四四年（一九一一）初夏に知ったという治房は、調査会議での議長井上の決断を、

常楽記ノ如キ只円寂ト言フノミニシテ、別ニ墓ト記載ナキニ武断ヲ下シ、死セバ必ズ其処ヲ以テ墓トナシ、如ク強弁スルノミナラズ、此常楽記作者ハ南朝ニ往復セシトハ是恰モ川柳ガ句ニ「見テ居タ様ナ嘘ヲ吐キ」トアル駄弁ヲ弄シ、議場ヲ瞞着シ以テ暗ニ決定ヲ促サレシ如キハ余ノ疑訝ニ堪ヘザル所ナリ（『弁妄』141ウ〜142表）

と口を極めて非難し、古蹟認定後の行動についても、「其蹟ノ隠レタル無吊霊ヲシテ有吊ナラシメント」する篤志のある「史家ノ団社」が、「此至難ノ事業ニ向ツテ如上一編ノ文一会ノ議ヲ以テ、当該官庁ニ通告ヲ決行センコト

ヲ促サレシ妄断」に恐懼している。[34] このような治房の憤懣は彼らには届かず、実際は取調会の活動中止後、賀名生墓の保存・顕彰をめぐる動きは、県（庁）が舞台の中心となっていく。

3　奈良県会と策命使派遣

日露戦争が終結した翌年の明治三九年（一九〇六）一二月、奈良県会に「抑我大和は皇祖建国発祥の地にして、文化の淵叢と称へらる、就中中世史上最著名なる賀名生古行宮は、今尚旧時の態を存して、当年至尊蒙塵の跡を留め、到り訪ふものをして追懐悲憤の涙を灑かしむ」という一文で始まる、賀名生古蹟保存建議案（史料1）[35]が提出される。同案は、右のように日本の中の大和国、大和国の中の賀名生という地の持つ意義を述べ、それにもかかわらず南朝天皇の行宮とされる堀家・黒木御所が荒廃しており、保存維持が急務であることを説いた後、賀名生墓に話は及んでいく。

又親房公は賀名生に薨ぜられてより、茲に五百五十余年の星霜を閲するも、其墳墓は尚未だ寒烟蔓草の裡に埋没せられ、空しく狐狸の蹂躙に委す、公は果して地下に瞑すべきか、国家は果して忠臣を遇するの道を得たりと云ふべきか、嗟国民教育は其根本を愆《あやま》れりと云ふべし矣、茲に於てか保存会は蹶然として起る、之れ大に吾人の意を得たる所、県民は最も宜敷率先して以て同感を表すべきなり。

ここにある「保存会」＝賀名生古蹟保存会は、日露戦争の影響で事業を進めることができなかったが、同戦争の勝因は「発しては万朶の桜となり、凝ては百錬の鉄となる」という「挙国一致尊王愛国の一精神」であり、その精神は「遠く延元正平の昔、南風競はず国歩艱難の秋に当て、堀家の祖先か至尊を擁立して天下に呼号し、兵馬倥偬の際、親房が神皇正統記を著はして、大義名分を絶叫し、勤皇の志気を激励し、遂に天日を既墜に回し、範を後世に貽《のこ》したる」ことに由来するという。

日露戦争勝利の淵源且つ国民教育の貴重な素材である賀名生古蹟を保存・維持するのは県民の責任である、という趣旨の右の案は、全会一致で可決された。地方議会での建議案可決だけでは、保存のための資金調達という点では特段足しにはならないということは、平城神宮創建運動を扱った本書第一章でも指摘したことだが、明治の当事者たちもそれを理解していたのだろう、明治四〇年三月堀重信と前村会議員青木俊之は、賀名生古行宮・黒木御所の保存、親房賀名生墓の修理及び社殿造営に対する国庫補助（三万円）請願書の、貴族院提出を計画している。(36) この請願は実を結ばなかったが、翌四一年七月、川路利恭に代わって県知事となった青木良雄（明治四一年七月〜四三年六月在任）の下、賀名生墓の存在は確固たるものとなっていく。この件に関して青木知事が最初に携わったのは、北畠親房への位階追贈に関する当局とのやり取りであった。同年九月九日、親房に正一位が追贈され、ようやく正成・義貞らと肩を並べることとなるが、該件に関し叙位を管轄する宮内省爵位寮より県（知事）へ親房墓所在地について下問が行われた。この際青木は「彼ノ古蹟会長ノ通告〔明治三六年六月の通知〕ニ基キ、賀名生ニ在リト奉答」（『弁妄』142ウ）したらしく、それに基づき贈正一位の策命使（ここでは三位以上の贈位の宣命を墓前で唱える勅使のこと）が賀名生墓に差遣される運びとなった。

さて、策命使派遣を同四一年（一九〇八）一〇月四日付の『大阪朝日新聞』で知ったという治房は、直ちに県庁を訪れ、事の真偽を吏員に尋ねている。「最前墓地ノ下問アリ当時知事ヨリ奉答セラレシ結果ナリ。然レドモ其策命使差遣ノ日ハ未定ナリ」（『弁妄』12ウ）との返答を受け、治房は青木を知事官舎に訪ね、社寺属が示した『古蹟』の関連記事を見ただけで、知事が「予テ設ケアル〔奈良県〕史蹟調査委員(37)ハ勿論、当局〔社寺係〕吏員ニモ諮議セズ独断以テ報答」（同143表）したことを糾弾し、県及びその首長の採るべき途を示す。

古蹟会報ハ宮内省ニモ時々奉呈セルコト同報ニ見ル。而シテ其本県ニ特ニ下問アル所以ハ《ノ》モノハ実地実物奈何ニ在リ。知事トシテ之ニ答フルニハ机案上ノ謂ニ非ズ。即本県知事ノ要ハ実際臨検ニ在リ。即其五輪堂（ママ）ノ有無

及ビ其体裁ヲ精査セシメ以テ之ヲ報答スベキハ相当ナリ（同143表〜ウ）

自ら現地に赴いて実見していない、とその調査の杜撰を四時間にわたって責められる中で、青木は「本案ノ如キ亦専門家学者ノ説、且宮内省下問書中ニモ賀名生トアリ、依テ同村役員等ヲ呼ビ之ヲ聞クモ同ジクアリト云ヘリ」（同142ウ〜143表）という反論を絞り出すのがやっとであった。

この策命使派遣予定が公になったことにより、治房は初めて賀名生墓の実地検分に赴き、報道から一週間後の同月一一日に先述した明治一七年五輪塔移動秘話＝「青木某得意ノ談」を耳にすることとなる。治房は賀名生墓は真墓ではないとして青木知事に再調査を乞うたが、素人である行政官は専門家の意見を採用せざるを得ない、として拒否される[38]。「専門家トハ誰ゾヤ。知事ヲシテ斯ル不当ノ答申ヲナサシメタルモノ、余豈専門家ト信ゼンヤ。君ハ異言ヲ聞テ是非判断ノ明ナク、再考熟慮ノ意ナク国家ノ失策ヲ敢行セラル、モノナリ」（『弁妄』12ウ〜13表）と言い放って立ち去った治房は、同月一三日付で宮内省爵位頭岩倉具定宛に「親房墓地并策命使之儀ニ付上申案」を送り、賀名生墓への派遣猶予を願う。猶予が不可ならば、吉野山如意輪寺にある後醍醐陵下の「一石ニ宣命セシメラレ[39]、異日真墓発見ニ至ルマデソノ宣旨口宣案ハ、吉野宮ノ神庫ニ格護セシメ置カレタシ」（同13表）という途方もない要求が容れられることはなく、同月二五日、青木知事が策命使として賀名生墓を訪れ、奉告祭が挙行された。その宣命は言う。

曩にいまし命を始め、親子四柱〔父北畠親房と子顕家・顕信・顕能〕の霊を、靖国神社に合せ祀りて、尚奥州には霊山神社と崇め祭り、別格官幣社に列ね、又摂津大阪の阿部野にも、いまし命と顕家の霊とを祇《ママ》りて、同じく別格官幣社に列ね給ひしかど、猶飽きたらず、特に正一位を贈り、位記を授け賜ふ[40]

明治二〇年代、先述したように『大和国町村誌集』や「家譜」などから直観は得たものの、それ以上室生寺五輪塔の一つを親房墓と断言できる材料を持たず、爵位頭への上申も奏功しなかった治房だが、同四一年自ら室生寺墓を実見した上で作成した「北畠親房墓所在異見」と題する活字小冊子を、より高位の当局者へ送付して、策命使まで派遣された賀名生墓の非を訴えている。[41] 宛先の一人である首相桂太郎にはわざわざ面会も求め、そもそも宗秩寮（正しくは爵位寮）の下問に対し青木知事が「粗忽」な返答をしたことが事の発端である、との言質は取ったが、「知事ヨリ先ヅ前ノ奉答粗忽ノ次第、並ニ爾后其非ヲ発見セル由ヲ詳具陳謝シ、且ソノ真墓ト信ズル所アラバ之ヲ具シ、又未ダ信ズル所アラサレバ再調査スベキノ要アル旨上申スベキハ順序ニシテ、又コレ地方官タルモノ、責任ナリ」（『弁妄』13ウ）という以後の手続きの原則が示されたのみで、最終的には今中央政府ではどうにもできないと回答される。翻って賀名生墓の方はというと、明治四一年（一九〇八）一一月一三日、奈良県における陸軍特別大演習の際、明治天皇により鷹司熙通侍従武官が墓前に差遣されて祭粢料が下され、[42] 翌四二年八月に刊行された奈良県庁編『大和人物志』（同）では、「〔正平〕九年四月十七日、親房遂に賀名生に薨じぬ、時に年六十二」「〔正一位追贈〕奉告祭を賀名生の墓前に挙行せり」（二九九・三〇一頁）と記されるなど、着々とその地歩を固めていった。そして同四三年六月、治房に難詰されながらも策命使をつとめた青木良雄知事が退き、若林賚蔵（明治四三年六月～大正二年六月在任）が新たに就任して、県による関与は一段落することとなる。

第二節　古蹟の中の親房墓

1　帝国議会と神社創建計画

こうした「公認」を経てますます増大するのは、補助金の必要性である。先に堀重信と青木俊之が、賀名生における南朝史蹟の保存・修理に対する国庫補助を得べく貴族院に請願書を提出しようとして失敗している（本章第一節3）が、次は衆議院がその舞台となった。明治四四年（一九一一）三月一四日、衆議院議員東武（号牧堂。北海道選出、政友会）が、第二七回衆議院本会議に「准三后北畠親房公墳墓修理竝南朝三帝ノ宮址賀名生皇居ヲ特別保護建造物編入ニ関スル建議案」を、奈良県選出同院議員井上信作朗（政友会）と共に提出する。ここまで註で度々参照している『南山余録』（民友社、明治四五年）[43]の著者であり、堀重信と同じく「南朝ノ遺臣」（同書小川默淵による序）でもある東は、建議理由をこう述べる（傍線著者）。

延元元年ヨリ元中九年迄実ニ五十有七年南風競ハス事世相乖キ回天ノ事業遂ニ成ラサリシト雖区々此ノ小天地逆賊敢テ犯ス能ハス龍体以テ寧カリシ所以ノモノ実ニ我カ国史ノ精華ニシテ国体ノ淵源亦茲ニ在テ存ス。鳴呼此ノ名蹟星霜已ニ六百年茅舎竹椽依然トシテ旧態ヲ存スト雖風惨雨蝕柱傾キ門墻破レテ転夕感慨ニ禁ヘサルモノアリ今ヤ古社寺保存法制定セラレ国粋ノ保全ヲ期セラルルト雖歴史上最著名ナル賀名生皇居ノ遺蹟ハ元来民家タルノ故ヲ以テ政府ノ保護ニ霑フ能ハス、明治十六年宮内省ヨリ特ニ金二百円ヲ下賜セラレタルノミ

（中略）

今ヤ照代ノ余徳トシテ天下ノ功臣皆旌表ノ挙アリ各宏壮ナル官社ニ鎮祭セラレ百世廟食シテ其ノ終リヲ全フセサルモノナシ独リ賀名生ニ於ケル親房公ノ墳墓ハ空シク青苔ニ鎖サレテ徒ニ狐狸ノ跳梁ニ委スルノミ況ヤ阿部野ハ顕家カ戦死ノ地霊山亦公ノ子孫ヲ祀ル所共ニ官幣社ニ列シテ祀典具ニ備ルト雖親房公ハ僅ニ此ノ両社ニ合祀セラルルノミ是レ即チ子孫ノ幣ニ伴食スルモノニシテ果シテ国家大忠臣ヲ遇スルノ道ヲ得タリト謂フヘケムヤ[44]

「我カ国史ノ精華ニシテ国体ノ淵源」である賀名生皇居＝堀家に費用を投じての保存（特別保護建造物）と、「新田楠両氏ノ上ニアル」（一七八頁）功臣親房の賀名生墓を修築して「別格官幣社トシテ永ク奉賽セラレムコト」（一七九頁）の二つが主な要求である。これらは宮内省の管轄事項であり建議案が通れば同省官吏の職務怠慢を問責す

ることになるのでは（鈴木力）、という危惧が示されたものの、同案は東を委員長とする特別委員へ付託されることとなり[45]、三月一六日に委員会が開かれた[46]。冒頭東から再度南朝と賀名生という土地の関係、堀家・賀名生墓の沿革とその現状が説明され、「危険思想ナドノ段々世ノ中ニ殖エルト云フヤウナ場合」（一九七頁）に両者を保存することの意義を強調する。それに次いで、天誅組の変の直後「十津川街道ノ五條ヨリ二三里奥ニ入ツタ所」（一九八頁）にあった「南朝ノ忠臣方ノ墓所」（一九九頁）に詣でたことがあるという乾亀松が、賀名生史蹟、殊に堀家に関する政府の取調・取扱方針について尋ねたところ、斯波淳六郎内務省宗教局局長は、同じく南朝史蹟である天野山旧蹟（現大阪府河内長野市）の「建造物等ガ其当時ノモノデアラバ非常ニ結構ト思フテイロ〳〵調ベサセ」てみると「甚ダ残念ニ心得ルヤウナトコロ」が出て来たので、賀名生に関しても慎重に調査中であると答えている（二〇二頁）。また斯波は、古社寺保存法第四条――社寺ノ建造物及宝物類ニシテ特ニ歴史ノ証徴又ハ美術ノ模範トナルヘキモノハ古社寺保存会ニ諮詢シ内務大臣ニ於テ特別保護建造物又ハ国宝ノ資格アルモノト定ムルコトヲ得――を応用して国庫補助する可能性もなくはないが、「建物ノ優秀ト云フヤウナコトニナリマスト、一見シテ直グニ定メルコトガ出来マス、ドウモ此歴史ノ事ニ至リマスルト調査ガ長ビク」（二一四頁）と、あくまでも慎重な姿勢を崩さない。

委員の中には、笠置山の後醍醐天皇行在所や大覚寺（南北朝合一の場所）、楠木正成家臣の恩地左近といった自らの選出府県の南朝史蹟・功臣について、どさくさ紛れに質問している者もいるが、それに対して斯波は、それらは同じく調査中であると重ねて述べた上で、保存の対象となる旧蹟が私人の土地にある場合はそのための法整備も必要であるし、「幾分ノ費用ハドウシテモ無クバナカ〳〵保存ハ十分ニ出来ヌ、是ハ丁度申サバ民間ノ有志ノ方ト相待ツテ、国庫カラモ幾分カ費用ヲ支出スルヤウニ成ナラナケレバ、到底主意ヲ貫徹スルコトガ出来ヌ」（二〇七頁）と政府の懐事情を率直に吐露している。これは親房の賀名生墓に関しても同様で、墳墓を基に官幣大社を創設する

場合の手続きについて東に問われた井上友一内務省神社局長兼地方局府県課長は、

全ク親房卿ノ特別ナル御事跡ニ対シテハ、当局者ハ相当ノ心配ヲ致シテ居ル次第デアリマス、今日新タニ宮ヲ造ルト云フコトニナリマストナカ〳〵容易ナラヌコトデアリマシテ、或ハ創立費ニ五万円ヲ費シ維持費トシテモ、又其位ノ額ヲ要スルノデアリマシテ（中略）申上ルマデモナク現在百六十社バカリ官国幣社ガアリマスガ、何レモ歴史上最モ崇敬スベキ宮デアリマシテ、是ガ修繕及保存スベキ箇所ノモノガ沢山アリマスガ、何分ニモ今日神社ニ対スル経費ハ法律上制限ガアリマシテ、四十九年マデハ二十二万円ヲ超ユルコトヲ得ズト云フヤウナ保存費ノ沿革カラ、斯ノ如キ制限ヲ置カレテアルノデアリマス（中略）時節柄此ノ如キ事ニ御同情下サイマシテ、敬神ノ思想ヲ厚クスル訓育ヲ授ケルト云大体ノ御精神ハ悦バシク感ズルノデアリマスガ、現在ノ宮モ其修繕ニ差支ヘルト云フヤウナコトデ、新タニ造ルト云フコトニナリマスト、創立費維持費ト云フモノヲ十分求メマセンケレバ、直チニ此事ハ成立致サヌノデアリマス（二一六〜二一八頁）

のように、やはり国費のみに頼った新規創建は難しく、有栖川宮・北白川宮・天智天皇・坂上田村麻呂らを祀る神社創設の請願も既に提出されている中、造立するにしても「時代ノ順序」を考慮せねばならない、という実状も明らかにしている。

東委員長は、賀名生史蹟の調査に関して当局者の怠慢を詰り、「国体根源」（二二二頁）であるから経費如何は問題ではないと最後に放言して、全会一致の可決で委員会を締め括ったが、最後まで政府委員は右の姿勢を崩さなかった。該建議案は委員会の二日後、明治四四年（一九一一）三月一八日に多数を以て本会議で可決され、政府に建議された。当然その内容がこの時点で実施されることはなかったのだが、この様子を外からじっと見守っていた者がいる。治房である。「余其親房ガ余裔トシテ之ヲ慶喜スベキ筈ナルモ、両ナガラ正史実録及ビ事実理想上ニ全然反スルヲ以テ、政府者ガ兎角ノ辞柄ヲ設ケ、快諾セザリシヲ幸トスルモノナリ」（『弁妄』12表）とホッと胸をなで下ろした彼は、その年の夏頃、前掲「北畠親房墓所在異見」と「対古蹟会杜撰之檄」という冊子を添えて、若林知事に「准三后源親房公墓再調査請願」を提出する。[47]「杜撰之檄」は、前出の田中義成による賀名生巡覧記の存在を知った直後に記された、三〇丁にも及ぶ「当局ニ匡正ヲ請ハント欲スル」（緒言）文章で、田中の記事と調査会を経た帝国古蹟取調会の決定を子細に検討して反駁し、図示される室生寺墓を含む独自の候補地を挙げる。「再調査請願」は文字通り「本県下ニ真墓ト認メ得ヘキ処有之ニ付再調査ヲ願フ」もので、刻字に明らかな賀名生墓の問題から始まり、病と称し策命使派遣に関して充分な対応を取らなかった青木前知事への非難、田中巡覧記・調査会の批判と同会が既に存在しないことへの切歯と続き、最後にこう述べている。

所詮其取捨ハ本県知事ニアリシモノトスレハ彼ノ会ニ拘ハリ躊躇スベキニ非ルヲ以テ即乙号対古蹟会杜撰之檄其マ丶甲号〔「北畠親房墓所在異見」〕ニ取添ヘ進呈候間右御熟覧御調査ノ上果シテ前知事ニ於テ粗忽ノ答申ニ帰スルモノト御諒解相成候暁ハ一日モ速カニ（闕字）聖上ノ恩旨地下ノ霊鬼ニ感載セシメラレンコトヲ上司ニ具状ノ程悃冀之至ニ禁ス

2　奈良県史蹟勝地調査会と墳墓の発掘

このように、帝国議会での補助金獲得が失敗に終わったことを追い風に、治房が知事へ取調会の決定を白紙とした上での再調査を求めたことで、親房墓をめぐる議論の舞台は、再び県へと戻ってくる。大正期に入ると、「再調査請願」提出の翌元年（一九一二）一一月に堀重信が死去するという大きな変化もあって、[48]治房の矢の催促は主に奈良県史蹟勝地調査会が受け止めることとなる。日露戦後、中断していた帝国古蹟取調会の事業は内務省が引き継ぐ形となり、明治四二年の地方長官会議では地方の有志・団体による史蹟勝地の調査・保存等について、大正四年には各府県知事に名所旧蹟・古墳墓等の保存顕彰に関し、それぞれ内務大臣より指示があったが、[49]それらを受けて奈良県でも大正二年七月に史蹟勝地調査会規則が公布される（訓令第五三号）。その第一条は「史蹟勝地調査会ハ知事ノ命ヲ承ケ史蹟名勝地及天然記念物等ニ関スル事項ヲ審査シ又ハ其ノ諮問ニ応シ意見ヲ開申ス」[50]というものだったが、早くも翌三年一一月一三日の調査例会において、諮問案第三号「北畠男爵提出ニ係ル北畠親房墓所在異見ニ関スル件」が審議されている。この時の同会については、決議事項一覧のみで議事録が見当たらないため、調査委員間でなされた議論の詳細は判然としないが、決議の内容は「吉野郡ニ於ケル墓地〔賀名生墓〕ハ相違セルコトハ断言スルヲ憚カラザルモ又北畠男ノ如ク宇陀郡室生ノ地ナリト決定スルヲ得ザルヲ以テ県ニ於テハ尚研究中ナル旨ヲ記シ不取敢進達シ控一部調製シ置クコトニ決ス」というものであった[51]。

ここで史蹟勝地調査会はあっさりと賀名生墓を「相違」と否定しているが、大正三年十二月二六日付川口彦治奈良県知事宛北畠治房伺書[52]によると、先の「准三后源親房公墓再調査請願」を容れ、若林知事は再調査委員[53]を設けて改めての調査を指示している。そしてその結果、①賀名生墓は治房建議の通り偽墓、②室生寺墓の方は「周囲ノ事情」（本章第一節2参照）は治房の言う通りで、塔婆が無記名のため断定は難しいが、立派な造りであるので発掘すれば墓誌が出るかも知れず、それ以外に確かめる術はない、という復命を既に明治四五年七月に受けていたという[54]。大正三年の県史蹟勝地調査会における決議はそれを継いだものであるが、今回は同年一二月五日付で「本件ニ関シテハ当県ニ於テモ目下調査中ニ有之候得共至急進達方ニ付○熱心《○本人ヨリ》ナル申出ノ次第モ有之候条」[55]と県では少々持て余し気味である様子を醸しながら、意見書「北畠親房墓所在異見書」を「北畠親房墓所在異見」「対古蹟会杜撰之檄」の両冊子を添えて文部大臣へ進達している。右の進達の「調査中」という文言に対し、もう結論の出た①についてもそうなのかと難癖をつけつつ、治房は明治四四春に初稿を完成させていた『古蹟弁妄』を、大正四年夏に補訂の上世に問うのであった。

同書末尾の「結論」において、治房は「コレ其真墓ノ所在ニ就テハ余ガ再調査ヲ請ヒシ所以ニシテ、即末章第七ニ図シ粗々ソノ所在ヲ開示セル如キハ、尤モ調査ニ必要欠クベカラザル一所タリ」（『弁妄』144ウ）と写真まで挿入して室生寺墓の存在を主張するが、明治末の委員による再調査復命書の見解を汲むならば、彼に残された方法は室生寺墓を掘ることしかなかった。『弁妄』刊行の翌大正五年（一九一六）三月二〇日、治房は同日付で木田川奎彦県知事（大正四年七月〜一一年一〇月在任）宛に「古墳ノ墓誌銘発見願書」(56)を『弁妄』に添えて提出する。同願書は「之〔室生寺墓〕ヲ発イテ以テ墓誌銘ヲ見ント欲スル所以ノ事情ト理由」として、（一）家譜・『大和国町村誌集』・「北畠准后伝」に照らすと、親房が賜って以来伝領の宇陀郡に、死後屍に鞭打つ者を恐れて無銘の墓を建てたのは何ら不思議なことではない、（二）室生寺墓は『太平記』に見える「伊勢前司宗貫」のものではという疑義もあるようだが、墓の規模・形式から見て妥当ではない、という年来の主張に加えて、

大凡塔婆ニ記名セザルモノハ古今ニ通シテ必其下ニ墓誌銘ノ存スルヲ常トセリ此二塔婆モ亦必之アルベシト断信スル所乃チ発イテ以テ宿按ニ適合スルヤ否ヲ実検セント欲スルニ在リ苟クモ其支流余裔ニシテ祖宗ノ墓処所在ト思量シツ、忽諸ニ付スベカラス

つまり、（三）無銘の塔婆の下には通常墓誌が埋まっている、を挙げ、追伸に「本願認可ヲ得タル暁ハ右二塔解崩且原状ニ組立人夫及使用器械借入料等ハ勿論願人ニ於テ支弁スルモノト心得居候事」と並々ならぬ意気込みを見せている。ここに親房墓の考証は、発掘という新局面を迎えることとなった。

『弁妄』を四部も添えられ恐れ戦いたに違いない。県は同年六月八日付教第一四六九号「古墳発掘ノ儀ニ付伺」(57)をもって管轄の宮内省へ照会しており、「古来妄説多キ重要問題ノ事ニモ有之旁以テ○（当該寺院ノ承諾ヲ得ハ）史学研究上ノ参考○（ニモ可相成）ニ資スル為願意差許候共別ニ不都合無之ト相認候条至急何分ノ御指揮相仰度」とある案文からは、早急に白黒を付けたい県の様子が窺える。この伺は、同年七月六日付宮内省諸陵頭山口鋭之助名で許可され、同月一一日付で「発掘ニ関シテハ予メ当該寺院ノ承諾ヲ需ムヘシ」「発掘ノ日時決定ノ上予メ当庁ヘ届出ヘシ」との但し書きを付し、「発掘ノ件

聴届ク」旨が治房へ通知された。そして同年九月七日、奈良県史蹟勝地調査委員水木要太郎・西崎辰之助を伴い、住職高間一明立ち会いのもと室生寺墓の発掘が行われる。その位置は「室生寺灌頂堂の西南二十間を距る雑林中」で、「壇上に立てる大五輪塔を首位とし順次南方に宝篋印塔五輪塔並列」[58]する中の「大五輪塔」こそが目指す室生寺墓であった（図2）。発掘報告については、同行した調査委員西崎が記した県知事宛「復命書」（同年九月一二日付）[59]、『奈良県史蹟勝地調査会第四回報告書』（大正六年三月）に掲載された水木・西崎の「宇陀郡室生村室生寺境内墳墓発掘報告」もあるが、治房自身の手になる室生寺墓発掘報告書（史料2）が発掘自体の様子を最も詳細に教えてくれるので、以下ではそれを見ていくことにする。

図2　室生寺墓（右端。西崎辰之助「復命書」附図）

先ず最初に、治房は大五輪塔そのものと蓮台石の下にある敷石を取り除き、骨壺を発見する。骨壺の中には「飴色ノ黒ビタルモノ」が八分目ほど入っており、治房は壺を木片で叩くなどしていたが、そこで水木が骨壺があった場所の下にも大石があり、それを取り除いたら墓誌が埋まっているかも知れない、と助言した。しかし治房は、助言に感謝しながらも、地形を見るにこの大石は傾斜を調整するための単なる土台石であり、墓誌は「必骸壺ノ傍側ニ置クヲ例トス」るから大石の下にはないであろうし、「縦令墓誌ヲ発見セサルモ、他ニ既ニ親房ガ真墓ト断定スベキ徴証ノ在ルアリ」と、本来の発掘の趣旨を覆すような驚きの言葉を口にする。そして何を思ったか、骨壺の中身を用いて様々な実験を始めてしまうのであった。

　軈テ其壺ヲ取揚ゲ灌頂堂ノ椽《(縁)》側ニ安置シ、住職ニ嘱シテ清浄ナル薬液五合許ヲ得テ、先ヅ之ヲ一合五勺許リ壺中ニ注キ、五分時ヲ経テ徐ロニ木片ヲ以テ攪拌スルニ、夫ノ凝固体ノモノ手ニ応ジテ融解シ、木片壺底ニ達セリ。更ニ一合許リ振リ注クニ、漸ク壺中其量二升四五合許ノ物粘稠トナリ、其色恰モ飴ノ如シ。乃チ自由ニ攪拌シツヽ、長サ凡五寸幅四分許ノ板一枚ト、骨片長一寸二三分広凡ソ三分半許、其状〔骨片図〕ノ如キモノ一個トヲ探リ得タリ。斯クテ此粘稠物ノ少許ヲ取リテ顕微鏡下ニ検スルニ、茶《(荼)》毘後其骸骨ヲ粉末ニシ、以テ漆ヲ混和シタルモノト認メラル。又間々細微ノ刺針状ノ物アリ。是レソノ骨片ノ偶々此状ヲ保有セルモノノ如シ。

　治房は「北畠准后伝」を根拠に、親房の「墓所」ではなく「薨処」は宇陀郡福西荘灌頂寺阿弥陀院であり、当時該地の風習に従い「茶《(荼)》毘後其骨粉ヲ漆ニ和シ茲ニ納壺シタルモノ」が骨壺の内容物で、棺を漆詰めにした上杉謙信などの史実に徴して不自然ではないと考察する。続いて水輪（下から二つ目の円形石）からは木製・水晶製の五輪塔が見つかり、殊に「至小ノ円形内ニ又此ノ如ク円満ニ鑿腔スル」という作りの後者を治房は「舎利塔」として、こうした精巧なものは一朝一夕には成らないため「用意ハ常時之ヲ為シ置ケリシモノ」であると判断。また茶毘に付した際「髄膏ノ白骨上ニ蒸溜スルモノ凝固シテ玉質ノ球トナル」が、経験によればこの髄膏＝舎利は、七〇歳未満では得られたとしてもごく微量で、享年六二の親房の舎利塔が非常に小さいことも合点がいく、と述べる。先の宮内省への照会「古墳発掘ノ儀ニ付伺」に、この雑木林の五輪塔二基のいずれかが「北畠親房、顕能ノ墓ナリ」とあるように、治房は最初から五輪塔の双方を発掘する腹積もりであったが、実際により小さな方の五輪塔も敷石の下から骨壺を発掘し、中には砕かれた男性の骨が納められていることが分かった（図3）。

　そして、大五輪塔を発掘した影響で中央の宝篋印塔が傾いてしまったため、人夫が復旧作業に当たったところ同塔下からも骨壺が見つかり、治房は「コレ発堀《（ママ）》允許以外」だが「破損ノ虞ヲ避ケンガ為メ、防護ノ次其壺中ヲ撿スル」こととした。同壺は大五輪塔のように混和物もなく、即座に「正シク女性ノ納骨」であることが分かったが、供養塔であり墓塔ではないと考えていた同塔に納骨があったことにより、治房は、

図3　骨壺と木製・水晶製五輪塔（西崎辰之助「復命書」附図）

此中間ノ塔婆ハ女儀埋骨ノ為ナルヲ知ルヲ以テ、之ヲ昭穆ノ儀[60]ニ照スニ、親房ノ妻顕能ノ生母行子刀自ノソレタルヲ疑フベカラズ。家譜ヲ案スルニ、親房長子顕家ノ譜下ニ「母ハ権中納言藤原為行女従一位行子」トアル是ナリ（中略）其薨去ノ年次未ダ審ニセズト雖、此墓ノ位置ヨリ推ストキハ、親房ニ後レ顕能ニ先タチシヤ必セリ矣。

という示唆を得る。以上が発掘の全容だが、「伊勢国司墓」という寺伝・口碑に、漆の混和された骨壺、精巧な造作の舎利塔、五輪塔と宝篋印塔の並びが体現する「昭穆ノ儀」というこれら新たな三つの「証憑」をあわせ、治房はこの三基は「親房夫妻及顕能ガ墓タルコト昭々乎トシテ明カ」と断定する。満足が過ぎたのか、報告書の最後は、

他人ノ誌銘モ亦更ニ有ラザリシニ因リ、熟々考フルニ奈良朝以来ノ墓誌銘ナルモノ咸ナ文臣ニ関スルモノノミニシテ、其武臣ニ係ルモノハ余ノ管見未ダ曽テ目睹耳聞セザル所、亦即チ歴世ノ規矩斯ノ如クナリシヲ察知スベシ。是レ亦此墳墓発掘（ママ）ニ由リテ其然ル所以ヲ確メ得タリ。

と、墓誌の発見は発掘の単なる口実だったのでは、と疑われるような文言で締め括る有様であった。

おわりに

大正五年（一九一六）一一月、治房は先の発掘報告書を意気揚々と提出しているが、行間からは呆気にとられた他三名の姿が立ち上ってくる。ただ三人のうちの一人、県史蹟勝地調査委員の西崎辰之助（奈良県技手）が、発掘の直後である同年九月一二日付で知事へ提出した前掲「復命書」（図一枚、写真三枚添付）の筆致は、非常に冷静である。

前記発見ノ水晶并ニ木製ノ五輪塔ヲ見ルニ、其形式之レヲ格納セル石塔婆ノ推定建設年代即室町初期《約五六百年前》ノモノト

見テ不可ナカルヘク、骨壺ハ殆ンド之レヲ《今遽カニ之ヲ》鑑別スルコト能ハサルモ、近世ノ陶磁器ニ比スレバ《ルニ》稍ヤ其趣ヲ異ニスルモノアルカ如シ

春日社の石燈籠を詳細に調査（本書第三章第二節3参照）するなど、多くの石造物を実見してきた西崎の目にも、これ以上の情報は映らなかったようだ。翌年三月、同行した水木要太郎との連名で記した前掲「宇陀郡室生村室生寺境内墳墓発掘報告」でも、「今これが形状を観察するに何れも鎌倉時代末期より室町時代中期までに造立せる在銘の石塔と様式を仝じうするを以て略其時代を推定するを得べし」（七二頁）と三基を中世のものと認めることには吝かではない。しかし、冒頭に「墳墓は北畠男爵が北畠親房公の墳墓と推定せるものにして証左の有無を調査せんため」（七一頁）と発掘の目的を大書しているためか、大五輪塔が親房墳墓か否かという点については、「墳墓の様式并に其発見品の南北朝時代のものとするも妨なき外何等証拠たるべき事実を発見する能はざりき」（七四頁）と膠もなく切り捨てられている。

自らの室生寺墓に関する考証——あれを考証と呼ぶことができればであるが——を否定された治房だが、この時は大きな反駁は見られなかった。それについての明確な理由は分からないが、室生寺墓発掘に至る経緯で、特に策命使派遣以降懸案となっていた賀名生墓が真墓でないということが、少なくとも県レヴェルでは確定したことを、一定の成果と見たのかも知れない。羽賀祥二は、「たとえ顕彰さるべき業績をあげた人物との関係がどのように薄くとも、その関係性を考証することができるか、あるいはそうでなくてもその人物を顕彰する行動を行うことができれば、それを行う人は社会的な地位を安定させることができるということになろう。記念碑の建立という形をとった、特定の個人の業績の社会的顕彰は、こうした行為の構造を生み出し、さらに新しい神話を増幅しつつあった(61)」と鋭く指摘するが、本章で取り上げた賀名生と室生寺の親房墓は、まさにそれぞれの陣営の記念碑であった。

賀名生墓は堀家を中心とする地域社会（賀名生村）が、南朝との由緒をより強固にするため必要とした施設であり、中央の学者や国の後押しも存在した。対して室生寺墓は、その後裔と称する北畠治房による、自らのアイデンティティの根幹をなす祖先親房顕彰の大切な縁《よすが》であり、そのたった独りの戦いは、最終的に地域の研究者や県からある程度認められることとなった。共に新しく建立した塔ではなく、近代に入って「発見」されたものであり、双方その考証の基本には文献と口碑があったことは共通している。ただ、「多年実地踏査の結果を基礎として群籍に考覈し、公〔北畠顕能〕の伝略を大成せらる史眼の慧、論断の厳、考証の確、唯男爵にして而して後此大業を能くするを見るなり[62]」とは異なる著作の跋文としても誉めすぎであろうが、実地踏査を経た上で五輪塔という現物に執着し続けた、という点に関しては治房が勝っていたと言えよう。しかし、親房墓の考証とは記念碑の認定を巡る相克であったと考えれば、致し方ないことなのかも知れないが、現在も両墓はともに「(伝) 北畠親房墓」として存在している。泉下から大きな嘆きが聞こえてきそうである。

註

（1）高田十郎『随筆民話』桑名文星堂、昭和一八年、一三一頁。
（2）早稲田大学史資料センター編『大隈重信関係文書』4（みすず書房、二〇〇八年）には、六〇もの大隈宛書翰が収められている。
（3）関野貞研究会編『関野貞日記』中央公論美術出版、二〇〇九年、五一頁。
（4）同論争については、村田治郎『法隆寺の研究史（村田治郎著作集二）』（中央公論美術出版、一九八七年）に詳しい。治房の立場は、法隆寺と斑鳩寺（若草伽藍）を別寺と見なす二寺説である（一一〇頁）。
（5）「明治元年以降百年の間に、維新の精神に基いて創建された神宮・神社」という定義である近代の創建神社総体については、本書第一章「はじめに」でも引いた岡田米夫「神宮・神社創建史」（神道文化会編『明治維新神道百年史』第二巻、同、一九六六年）を参照。
（6）政友による銘文「発見」の経緯とその読解の妥当性については、藤井稔『石上神宮の七支刀と菅政友』（吉川弘文館、二〇〇五年）において詳しく検討されている。

（7）国書刊行会編『菅政友全集』同、明治四〇年、五六三頁。

（8）①・②については、岡野友彦『北畠親房―大日本は神国なり―』（ミネルヴァ書房、二〇〇九年）も言及している（二四〇～二四一頁）。

（9）塙保己一編『群書類従』第二九輯、続群書類従完成会、一九七七年訂正三版三刷（初版昭和七年）、二二二頁。

（10）平泉澄監修『北畠親房公の研究』日本学研究所、一九五四年、一二頁。

（11）同右、五六七頁。

（12）栗原信充編『先進繡像玉石雑誌』椀屋喜兵衛、天保一四年序（国立国会図書館デジタルコレクション）。

（13）「北畠親房卿ニ関スル謬説破訂ノ事書翰」（大正五年一一月二五日。天理図書館「北畠治房関係史料」）

（14）賀名生村史編集委員会編『賀名生村史』同刊行会、一九五九年、一二〇頁。

（15）同右、一二三頁。

（16）東牧堂（武）『南山余録』民友社、明治四五年、一九〇～一九一頁。ちなみに堀家住宅は、「室町時代に遡る古風な特色をもつ。日本でも最古に属する民家」として、一九七九年重要文化財に指定されている（文化庁国指定文化財等データベース http://kunishitei.bunka.go.jp/bsys/maindetails.asp 二〇一七年八月四日閲覧）。

（17）「大隈伯寿像建議案」（天理図書館「北畠治房関係史料」）。

（18）ともに京へ上ろうという約束を治房が違えたため捕縛された、と恨みを述べる『南山踏雲録』について、保田与重郎は「踏雲録が世に広く出たのは、土佐の志士で、後に奈良県知事となつた古沢滋が、明治二十七年に刊行して奈良県下にひろめたからである。当時法隆寺に隠棲し、権力をもつて県治に干渉した北畠男爵を、牽制せんとしたことが原因だつたと云はれてゐる」（『保田与重郎全集』第二一巻、講談社、一九八七年、七四頁）とする。

（19）以下出典が『弁妄』である場合は、「二一丁ウラから二二丁表」をこのように表記する。また『弁妄』本文には、読みやすさを考慮して適宜句読点を加えてある。

（20）『古蹟』第一巻第七号、明治三六年七月、七六頁。

（21）東京大学史料編纂所編『東京大学史料編纂所史料集』同、二〇〇一年、六〇三頁。同書の「史料採訪一覧」（明治六年～昭和四〇年。五六〇～五七三頁）によると、星野が奈良県内で史料採訪を行ったのは、この一度きりのようである。

（22）この点は先の明治一七年の記述「蓮台石ノ他残ラズ此夜運ビ移シタリ」と矛盾する。
（23）『弁妄』に言う「家譜」と同じものとは確言できないが、奈良県立図書情報館所蔵の「北畠家譜」では、顕泰・満雅（金剛寺）、教具（高野山阿弥陀院）のように墓所が記されている方が稀である。
（24）齋藤智志『近代日本の史蹟保存事業とアカデミズム』法政大学出版局、二〇一五年、八八頁。
（25）以下、帝国古蹟取調会設立の経緯と活動の概要については、特に断らない限り、丸山宏「「帝国古蹟取調会」の軌跡―機関誌『帝国古蹟取調会会報』と『古蹟』―」『古蹟』解説・総目次・索引（不二出版、二〇一一年）を参照。
（26）齋藤智志、前掲書、九二頁。
（27）大隈重信が同じく創設時に東京評議員をつとめ、三五年の刷新時には評議員でなくなったことと、全く無関係ではないように思われる。
（28）齋藤智志、前掲書、八九〜九二、一〇二〜一〇四頁。なお福岡支部は前年七月頃に設置されている。
（29）これは「年醵金弐円以上又ハ一時金拾五円以上ヲ出ス者」（帝国古蹟取調会規則。明治三五年九月制定）と規定された「正会員」のことであろうが、『古蹟』第二巻第一号（明治三六年一月）会報欄の会員一覧を見ると、正会員の一人として治房の名がある（七三頁）。ちなみに会員一覧の肩書きには「貴族院議員男爵」とあるが、治房は三六年時点で貴族院議員ではない。
（30）「非賀名生論」（天理図書館「北畠治房関係史料」）では、堀の計画を耳にして、「ソレハ奇タイダ。今ヨリ四十年前其許ニモ宿泊シ地利ノ攻守研究ノ為メ其丘陵ニモ登ツタガ、其時釣リ鐘堂ノ外墓メキタモノハ小石一ツモ見ナイヤウニ思フガ、土地ニ伝フル外何ガ確トシタ証拠アルカ」と問い質したとしている。
（31）田中「賀名生皇居の址」（『歴史地理』第四巻第三号、明治三五年三月）に、「適、辛卯十一月、奈良に出張せるを以て」（一頁）賀名生の堀家や親房墓を巡ったことが記されている。
（32）賀名生村史編集委員会編、前掲書、一二八頁。
（33）『古蹟』第二巻第一一号、明治三六年一一月、八五〜八七頁。
（34）「駁古蹟会之杜撰」（天理図書館「北畠治房関係史料」）。内容が類似する「対古蹟会杜撰之檄」については後述。
（35）東牧堂、前掲書、八八〜九〇頁。
（36）青木によるこのほかの南朝史蹟顕彰活動については、前掲『賀名生村史』四二〇頁参照。
（37）本章第二節2に記すように、恒常的な奈良県史蹟勝地調査調査会の設置は大正二年（一九一三）とされているが、後述する若林知事時代の再調査委員のごとく、臨時に調査委員が置かれていた可能性はある。
（38）青木は「今ヤ之ヲ中止シ又ハ変改スルノ異見ヲ取次キ若シ奥州霊山摂州安部野等ニアル北畠神社ニ策命使差遣セラレンモ知ルベカラズ」（「親房墓地并策命使之儀ニ付申書按」。天理図書館「北畠治房関係史料」）とも述べたという。
（39）家伝の一説に、親房の没所が「塔尾ノ沢ノ御陵下辺」（「親房墓地并策命使之儀ニ付上申案」。天理図書館「北畠治房関係史料」）とあることによるという。
（40）東牧堂、前掲書、八七頁。
（41）ただしこの段階では、室生寺墓については「蓋シ是レ寺録俚諺アルニ就イテ余ノ推量スル所ナレバ帰県後篤ト調査セラレナバ必ズ宇陀郡辺ニ的実ノモノモアラン余期スル所アレドモ今ハ云ハズ」（「北畠親房墓所在異見」。天理図書館「北畠治房関係史料」）という程度に止まっている。
（42）『大阪朝日新聞』明治四一年一一月一三日付。
（43）右の建議と委員会での議論を「附録」として掲載する同書は、ほかに親房の伝記である上巻「賀名生遺芳」、玉璽の帰趨から南北朝正閏論に及ぶ下巻「神璽考」、中近世の記録「十津川之記」「穴太記」から成る。
（44）東牧堂、前掲書、一七七〜一七八頁。
（45）『帝国議会衆議院議事速記録』25、東京大学出版会、一九八一年、四七七頁。
（46）以下同委員会での審議内容は、東牧堂前掲書一八七〜二二六頁を参照し、引用箇所の頁数を示す。
（47）ともに天理図書館「北畠治房関係史料」中にあり。
（48）賀名生村史編集委員会編、前掲書、四一四頁。
（49）齋藤智志、前掲書、一四九頁。
（50）『奈良県史蹟勝地調査会報告書』第一回、奈良県、大正二年、一頁。
（51）「十一月十三日史蹟勝地調査例会決議事項」（奈良県庁文書「室生寺古墳発掘一件　教育課」1―T5―41d）。
（52）同右「室生寺古墳発掘一件　教育課」。
（53）東京帝国大学工科大学助教授関野貞、奈良女子高等師範学校教授佐藤小吉・水木要太郎、東京帝室博物館学芸委員高橋健自、奈良県技手天沼俊一が任命された。
（54）大正三年治房提出の「北畠親房墓所在異見」に付された、「基礎ノ四方中央ニ梵字ヲ、其左右ニ各二行宛ノ刻字アルモ摩滅甚ダシク読ムベカラズ。正面ノモノハ拓本ヲ作リシニ漸ク左ノ文字ノアルコトヲ知レリ。最後ノ行ハ「十月各人敬白」トアリ、吉日又ハ谷口ニ非ズ。各字ハ一見谷ニ類シ、人字殊ニ小サキヲ以テ誤読セシナラン」という賀名生墓の刻字についての大正二年一〇月一八日付天沼コメントは、もとはこの再調査時のものであろう（前掲「室生寺古墳発掘一件　教育課」）。

(55)「北畠親房墓所在異見一件進達ノ件」（同右「室生寺古墳発掘一件　教育課」）。

(56)同右「室生寺古墳発掘一件　教育課」。

(57)同右「室生寺古墳発掘一件　教育課」。

(58)『奈良県史蹟勝地調査会第四回報告書』奈良県、大正六年、七一頁。

(59)前掲「室生寺古墳発掘一件　教育課」。「復命書」では発掘日を九月八日としている。

(60)昭穆とは主に中国で見られる宗廟における霊位の席次のことで、太祖の廟を中央とし、太祖の子（二世）・四世・六世の廟を向かって右（「昭」）に、太祖の孫（三世）・五世・七世の廟を左（「穆」）に配することをいう。

(61)羽賀祥二『史蹟論—19世紀日本の地域社会と歴史意識—』名古屋大学出版会、一九九八年、一六五頁。

(62)北畠治房『伊勢国司源顕能伝略』（北畠神社、大正四年）の大西源一による跋。大西は、『北畠氏の研究』（北畠顕能公六百年祭奉賛会、一九六〇年）において、室生寺墓の発掘についても言及している。

史料1　賀名生古蹟保存建議案（東牧堂『南山余録』民友社、明治四五年、八八～九〇頁。傍線著者）

抑我大和は皇祖建国発祥の地にして、文化の淵叢と称へらる、就中中世史上最著名なる賀名生古行宮は、今尚旧時の態を存して、当年至尊蒙塵の跡を留め、到り訪ふものをして追懐悲憤の涙を灑かしむ。然るに近年漸く頽廃して、柱傾き屋根は漏り、門墻壊れて、転た感慨の情に禁へざるものあり、今にして之れが保存維持の方法を確立するにあらずんば、遂には海内無二の名蹟も亦其跡を留めざるに至らん、殷鑑遠からず、当時の附属建物たりし没月亭の如き、将た黒木御所の如き、已に業に残礎をも止めざるなり。

又親房公は賀名生に薨ぜられてより、茲に五百五十余年の星霜を閲するも、其墳墓は尚未だ寒烟蔓草の裡に埋没せられ、空しく狐狸の蹂躙に委す、公は果して地下に瞑すべきか、国家は果して忠臣を遇するの道を得たりと云ふべきか、嗟国民教育は其根本を愆れりと云ふべし矣、茲に於てか保存会は蹶然として起る、之れ大に吾人の意を得たる所、県民は最も宜敷率先して以て同感を表すべきなり。

頃日三重県に於ける本居宣長の遺蹟の如き、内帑の御下賜金と、地方支出の醵金とを以て保存会を設け、維持の方法を確立せりと云ふにあらずや、而るに我賀名生古蹟保存会は如何、時恰も日露大戦の渦乱に遭遇し、事業の計画意の如くならず、会当面の局に当れるもの丶苦辛惨(心)澹(憺)、実に想察するに余あり、吾人県政に参与するもの、職として之れを傍観するに忍びず、県民は義務として其同情を辞すべからざるなり。

抑日露の戦争は何に因て捷たるか、敵の武器は精鋭なり、地は要害なり、兵は剛強なり、而かも我の彼に勝れる所以のもの、唯挙国一致尊王愛国の一精神に外ならず、此精神や発しては万朶の桜となり、凝ては百錬の鉄となる、其由来する所や奈何、遠く延元正平の昔、南風競はず国歩艱難の秋に当て、堀家の祖先か至尊を擁立して天下に呼号し、兵馬倥偬の際、親房が神皇正統記を著はして、大義名分を絶叫し、勤皇の志気を激励し、遂に天日を既墜に回し、範を後世に貽したるに職由せずんばあるべからず、即ち吾人は我賀名生に於ける之の遺蹟を天下に誇ると共に、之れを千載に維持するは、正に我県民の責任にして、即保存会の事業を大成せしむれば、国家教育の上に至大至切の関繫あるべきを信ず、茲に本案を提出する所以なり。

史料2　室生寺墓発掘報告書（奈良県庁文書「室生寺古墳発掘一件　教育課」。傍線・句読点著者）

古墳墓発検報告書

本年〔大正五年〕三月二十日、本県宇陀郡室生村室生寺境内古墳発掘（ママ）ノ件申請、同年七月十一日允許ヲ蒙リ、九月十七（七）日同地ニ御派遣ノ吏員水木要太郎・西崎辰之助並ニ住職高間一明ノ立会ヲ得テ、其発検ヲ遂ゲタリ。先ヅ贈正一位准三后親房ノ墳墓ト認ムル五輪塔ヲ取除ケバ、此蓮台石ノ下ニ二個ノ舗石アリ。其一石ノ下ニ納骨壺ト覚シキ物一個アリ。其他何物モ見当ラズ。乃チ其蓋ヲ開キ検スルニ、中ニハ飴色ノ黒ビタルモノ壺中八分目許リ充実セリ。依テ木片ヲ以テ之ヲ叩クニ音響ヲ発セズ。

此時立会人水木某ガ余ニ注意シテ云フ。此壺ノ下尚大石アリ。之ヲ除カバ或ハ予期ノ墓誌銘ヲ発見スルヤモ亦知ルベカラズト。余云、厚意深謝ス。然レドモ此地形ヲ察スルニ、是レ凹地ニ置土シタルヲ以テ塔婆ノ傾斜ヲ防ク所ノ土台石ノミ。且誌銘ハ必骸壺ノ傍側ニ置クヲ例トス。奚ゾ故サラニ隔置スヘケンヤ。縦令墓誌ヲ発見セサルモ、他ニ既ニ親房ガ真墓ト断定スベキ徴証ノ在ルアリ。故ニ此地盤石発掘（ママ）ノ要ナケント。

(一)　軈テ其壺ヲ取揚ゲ灌頂堂ノ椽（縁）側ニ安置シ、住職ニ嘱シテ清浄ナル薬液五合許ヲ得テ、先ヅ之ヲ一合五勺許リ壺中ニ注キ、五分時ヲ経テ徐ロニ木片ヲ以テ攪拌スルニ、夫ノ凝固体ノモノ手ニ応ジテ融解シ、木片壺底ニ達セリ。更ニ一合許リ振リ注クニ、漸ク壺中其量二升四五合許ノ物粘稠トナリ、其色恰モ飴ノ如シ。乃チ自由ニ攪拌シツヽ、長サ凡五寸幅四分許ノ板一枚ト、骨片長一寸二三分広凡ソ三分半許、其状〔骨片図〕ノ如キモノ一個トヲ探リ得タリ。斯クテ此粘稠物ノ少許ヲ取リテ顕微鏡下ニ検スルニ、荼（茶）毘後其骸骨ヲ粉末ニシ、以テ漆ヲ混和シタルモノト認メラル。又間々細微ノ刺針状ノ物アリ。是レソノ骨片ノ偶々此状ヲ保有セルモノノ如シ。

(二)　親房ノ薨処ハ、曾テ古蹟会報弁妄ニ掲ケタル如ク、宇陀郡福西庄灌頂寺塔中阿弥陀院ニ在リ。因テ案スルニ、倭名抄本郡ノ郷名五アルガ中ニ、漆部・伊福ハ隣郷ナルノミナラズ、本郡ハ興国五年〔北朝康永三年〈一三四四〉〕癸未春正月二十一日准三后ノ宣旨ト倶ニ宇陀全部ヲ親房ニ賜ハリシ由、准后伝ニ昭々タルト、又家譜ニ天授六年〔北朝康暦二年〈一三八〇〉〕十月十七日前右大臣土御門入道次男顕信、本郡福西庄阿弥陀院ニ葬ルトアルニ照ラシ、以テ当時土地ノ慣習ニ従ヒ、荼《(茶)》毘後其骨粉ヲ漆ニ和シ茲ニ納壷シタルモノト信セラル。其例亦世ニ無キニモ非ズ。古蹟弁妄ニ掲ケシ如ク、上杉謙信ノ柩モ漆詰ナリシヲモ知ルベシ。

(三) 此五輪塔中、円形石ノ腹内ニ木製塔ノ朽敗セシガ如キ物ト、水晶製ノ至小ナル舎利塔高サ七八分許一個トアリ。此舎利塔ハ、一部散逸シテ其全形ヲ見ルベカラズト雖、偶々見ル其至小ナル円形状内更ニ空洞ヲ穿テルヲ以テ、是レ此舎利塔ハ即チ納舎利ノ実用ニ供シタルヤ必セリ。斯ル至小ノ円形内ニ又此ノ如ク円満ニ鑿腔スル、容易ノ業ニ非ズ。其之ヲ作ル当時ノ情勢ニ鑑ミテ、急遽ニ得難キモノナルヲ察セザルベカラズ。

(四) 熟々案スルニ、吾祖顕能建武二年〔一三三五〕五月伊勢国司トシテ赴任以来此赴任年月、南方記伝・桜雲記等ニ延元三年〔北朝暦応元年〈一三三八〉〕閏七月トナセルノ非ナルハ別冊伊勢国司源顕能伝略ニ詳ニセルガ如シ天正四年〔一五七六〕十一月吾家滅止ニ至ル此間九世年ヲ閲スル二百四十有三、而モ其一族ノ墓ト認ムベキモノノ伊勢路ニ在ルハ、川俣・野々口村ニ具教ガ元塚ト伝フルモノアルノミ。家伝ニ拠レハ、死者ハ必荼《(茶)》毘シ、遺骨ハ其人生存中所信ノ仏菩薩ノ木像ヲ造リテ其胎内ニ納レ、多芸ノ金剛寺・金国寺等ニ安置シタリト。此二寺天正四年冬織田勢ノ為メニ火セラレタルニ因リ、北畠一族ノ墓トシテ伊勢路ニ見ツベキモノ絶無ナルヲ以テ、今其例証ヲ得難シト雖モ、家例既ニ斯ノ如クナルヲ以テ、此ノ舎利塔ノ用意ハ常時之ヲ為シ置ケリシモノト考察スルハ、敢テ過慮ニアラサルナリ。(*)

(五) 舎利ハ是レ梵語訳スレバ則鷲眼ナリ。蓋其光沢ノ美ヲ鷲眼ニ譬フルノ称トス。凡ソ荼《(茶)》毘ノ時、髄膏ノ白骨上ニ蒸溜スルモノ凝固シテ玉質ノ球トナル。其量大小等シカラズ、又其球ヲ成サザルモノ多シ。収舎利者ノ経験ニ依レバ、齢七十ヲ超ユルニ非サレバ偶々得ルモ至微ナリト。余此説ヲ疑ハズ、亦自ラ四五ノ実験《(ママ)》ヲ有ス。惟フニ親房ハ永仁元〔正しくは正応六年。一二九三〕癸巳ニ生レ正平九〔北朝文和三年〈一三五四〉〕甲午ニ薨ズ。即六十二歳。収舎利ノ通例ニ照セバ、至小ニシテ右第三項ニ掲グル小舎利塔ニ納ル丶ニ相当ナリシト信ズ。

(六) 発掘《(ママ)》允請ノ五輪塔二基ノ中間ニ、尚一ノ宝篋院《(印)》塔アリ。右方五輪塔下発掘《(ママ)》ノ余響図ラズ傾斜ヲ致シ、将ニ倒レントスルヲ見テ高間住職ハ人夫ニ之ヲ復旧スベク命シ、余等ノ迹ヲ逐ヒテ灌頂堂ニ来リ居ル所ニ、人夫報スラク、宝篋院《（印）》塔下亦一個ノ壺アリト。人皆其意外ニ駭キ到リ見ルニ、果シテ埋壺アリ。傾斜復正ノ工作中自然ニ露出シタルニ因リ、破損ノ虞ヲ避ケンガ為メ、防護ノ次其壺中ヲ撿スルニ、正シク女性ノ納骨ニシテ、其骨片ハ前ノ如キ混和物アラズ。是レ伊勢ヨリ此ニ移埋セシモノト察知セラル。

因ニ云治房素ヨリ此中間塔アルヲ知ル。然レドモ此塔ノ形式左右ノ二基ト異ナルニ因リ、是レ二者ガ菩提ノ為ニセル仏塔ニシテ、固ヨリ斯ル墓塔ナラントハ思ヒ寄ラザリシヲ以テ、此ガ発掘《（ママ）》ヲ請ハザリキ。住職モ亦同見ナリシナリ。コレ発掘《（ママ）》允許以外ナルヲ以テ敢テ手ヲ触ルヽヲ得ザル筋合ナルモ、隣墓発掘《（ママ）》ノ余勢崩壊修理ノ為メ茲ニ至リシヲ以テ、併セテ允許アランコトヲ追テ懇請ス。

此中間ノ塔婆ハ女儀埋骨ノ為ナルヲ知ルヲ以テ、之ヲ昭穆ノ儀ニ照スニ、親房ノ妻顕能ノ生母行子刀自ノソレタルヲ疑フベカラズ。家譜ヲ案スルニ、親房長子顕家ノ譜下ニ「母ハ権中納言藤原為行女従一位行子」トアル是ナリ。惟フニ親房ノ子六男一女、而シテ行子ノ所生ハ顕家・顕信・顕能・顕子四人。而シテ其従一位ヲ有スル所以ハ、所生ノ顕子ハ後村上帝ノ中宮ニシテ憲子内親王ノ生母ナリ。行子ハ其外祖母ニ当レルニ由リ、特ニ此栄叙ヲ蒙ムレルモノ乎。其薨去ノ年次未ダ審ニセズト雖、此墓ノ位置ヨリ推ストキハ、親房ニ後レ顕能ニ先タチシヤ必セリ矣。

(七)　允請ノ一ナル左方ノ五輪塔ヲ解キ、其台下ノ舗石ヲ取除クニ、亦納骨壺アリ。其中ヲ撿スルニ、是レ正シク男骨ニシテ納壺ノ為メニ砕キタルマヽナリキ。

斯クテ発掘《（ママ）》ノ事ハ終リヲ告ゲタルヲ以テ、孰レモ旧状ニ復シ、洒掃礼拝シテ先霊ヲ安慰シタリキ。

(八)　左ノ如ク一処ニ併置セル三墓中一ハ其遺骨ヲ粉末ニシ、且漆ヲ混和シ、他ハ粗砕ニシテ何物ヲモ混和セザルハ、畢竟死処地ノ慣習ト漆ノ有無ニ職由セズンバアラズ。即古蹟弁妄ニ引記セル如ク、上杉謙信ノ柩ハ漆詰ニ、武田信玄ノ柩ハ諏訪湖ニ沈メタリト。是レ当時漆ノ有無ト土地ノ慣習奈何ニ由レルヲ観察スル時ハ、三墓併処シテ其納骨ノ体様不同ナルハ、適マ以テ親房ト他ト其薨処ヲ異ニセル記録ノ虚ナラザル著大ナル立証タルヘシト信ズ。即是レ寺伝及ビ口碑ニ伊勢国司墓ト古来称道セル、吾伊勢国司ノ初代守右大臣東宮傅源顕能及其父母ノ墓ナルヲ疑ハザルナリ。

(九)　斯ク詮シ来レバ、仮令素願ニ主トシタル墓誌銘ヲ得サリシモ、爾余ノ証憑ニ由リ是レ親房夫妻及顕能ガ墓タルコト、昭々乎トシテ明カニ断定スルヲ得タリ。即所見ヲ具シテ報告スルコト斯ノ如シ。

(十)　本墓ヲ発掘（ママ）シテ墓誌銘ヲ検センコトヲ主トシテ幸ニ允准ヲ得タルニ、前述ノ如クソノ之レ無カリシハ遺憾ノ至ナリト雖モ、此塔ノ実相ヲ知得シ、上記ノ理由ト事状ヲ弁識シ得タルノミナラズ、復タ他人ノ誌銘モ亦更ニ有ラザリシニ因リ、熟々考フルニ、奈良朝以来ノ墓誌銘ナルモノ咸ナ文臣ニ関スルモノノミニシテ、其武臣ニ係ルモノハ余ノ管見未ダ曽テ目睹耳聞セザル所、亦即チ歴世ノ規矩斯ノ如クナリシヲ察知スベシ。是レ亦此墳墓発堀（ママ）ニ由リテ其然ル所以ヲ確メ得タリ。

右報告候也

大正五年十一月

生駒郡法隆寺村大字法隆寺壱番地

北畠治房㊞

（＊）「古墳墓誌銘発見請願案」（天理図書館「北畠治房関係史料」）の中に含まれる発掘報告書では、「過慮ニアラサルナリ」と「(五)舎利ハ是レ」の間に、以下のような文言がある。

「人或ハ云ハン、羽林詠草天正八年ノ所ニ曰ハク、前羽林具房入道殿浄土門ニ入給ヒテヨリ以来云々、昵月五日終焉タダシクヲハシコシタルヨシ伝ヘ承ハリ、セメテノコトニ弥陀ノ名号ヲ五文字ノ上ニスヱテ七首詠ミ奉ル歌云云トアリヌ。長嶋ノ河内ノ幽居址ニ松壑林公ノ墓碑アリ。是又羽林詠草ニ合スルヲ奈何ント。今按スルニ、此文「正月五日終焉云々ノ由承ハル」ト。是レ即人言ヲ信シテノコト明瞭ニシテ、国永〔小原。羽林詠草の著者〕其死ヲ目撃セシニ非ス。又具房ノ名ハ、天正二年辛未五月織田信長ト講和ノ際其次男茶筌丸ヲ具房ノ養子トシ、名ヲ具豊ト称スルト同時ニ、具房亦信意ト改メタリトハ諸書ニ著シ、信意又信雅ト更名セリ。以テ其詠草天正八年ノ処ニ具房トアルハ非ナリ。且云長島ニ在ル松壑林公ノ碑ハ後人追慕シテ建ル所、故ニ卒去ノ年ヲ記セサルナリ。記シテ鮮惑ノ一助トス」。

師範ネットワークと雑誌

収蔵品について石黒英彦知事へ解説する崎山卯左衛門（左から２人目）
（国立国会図書館所蔵、奈良県高市郡真菅校郷土室編『大和真菅村中會司遺跡遺物図録』口絵）
第六章「おわりに」参照

第三章　高田十郎『なら』に見る近代大和の「地域研究」ネットワーク

はじめに

昭和一七年（一九四二）一月、「有形無形の奈良一切を大観し得べき一巻」と緒言で誇らしげに謳う『奈良叢記』が上梓された。川瀬一馬「長屋王の願経に就いて」や小宮豊隆「奈良と私」といった錚々たる面々の論考が続いた後、末尾の一篇「奈良百話」は、思いもよらぬ冷水を浴びせかける。

去る昭和九年中、武器研究家の山上八郎氏が、大和で諸方を歴訪した後、云つたさうである、伊勢には大西源一氏、近江には中川泉三氏といつたやうに、そこへさへ行けば其地の事は何でもわかる、と云ふ人が各地にはある。然るに大和にはそれがない、と云ふのだ。(1)

文中の大西源一（明治一六年〜昭和三七年）は、行商を経て明治末に三重県史談会を結成、後に大神宮史編修を嘱託された碩学、中川泉三（明治二年〜昭和一四年）は「諸国の地誌を編んと欲する者は之を得て一の標本に備へ」（序文）るべし、と久米邦武に称賛された『近江坂田郡志』（大正二年〈一九一三〉）を皮切りに、蒲生・栗太・愛知郡等近江一円の地誌編纂に携わった、近代近江を代表する歴史家である。近年彼ら「地方史家」の活動は、明治末年からの郡史・誌の編纂が継続され、九〇もの市史・誌と共に、二六府県史が編纂・刊行された空前の時期である大正・昭和前期を主な対象として明らかにされつつあるが[2]、近代大和には、山上の言の如く、本当に「それ」はなかったのだろうか[3]。

同じく「奈良百話」の第一二話「水木要太郎翁」は、その疑問の答とも言うべき人物も教えてくれている。そこで「大和の水木か水木の大和か」という惹句を以て紹介される水木要太郎は、元治二年（一八六五）愛媛県伊予郡南伊予村字宮ノ下（現伊予市宮下）に生まれ、明治一六年（一八八三）に松山中学校、同二〇年に東京高等師範学校を卒業し、三重県一志郡野本村高等小学校の教員を経て、同二三年奈良県尋常師範学校（現奈良教育大学）教員心得として二六歳で初めて奈良入り。明治三〇年代には奈良大和の名所案内書（三六年『大和巡』『大和引路誌要』）や教科書（三二年校閲『大和地理歴史』、三三年校閲『小学大和誌』）作成に寄与するところ大で、同四二年に奈良女子高等師範学校（現奈良女子大学）教授に就任（〜昭和二年[4]）してからは、昭和一三年（一九三八）に七四歳で死去するまで「奈良の地方史研究者にとって圧倒的に優位な地位[5]」にあり続けた人物であった。「大和の地元で明治以降地方史研究をした最初の人[6]」である水木は、『奈良県磯城郡誌』（大正四年）から『奈良県南葛城郡誌』（同一五年）までのほぼ全ての郡史・誌の最終校閲をなし、奈良県史蹟名勝天然紀念物調査会でも、発足当初の大正二年（当時は奈良県史蹟勝地調査会）から委員を長年にわたって務めたのである。

その土地の生き字引の不在を指摘する声と、その資格を備えたように思われる人物の存在。それらを両つながらに紹介する「奈良百話」を著したのは、当時奈良郷土会会長であった高田十郎という人物であった。高田は明治一四年、兵庫県赤穂郡矢野村大字小河《おうご》（現相生市矢野町小河）に生まれ、同四〇年早稲田大学高等師範部歴史地理科を卒業、同年一〇月に国語・漢文科の教員として奈良県師範学校に赴任する（〜昭和六年）。日露戦争以降の「郷土史[7]」を牽引した水木の次世代（一六歳下）に当たる高田は、題材が春日山の猿から奥田木白作の西大寺茶碗にまで及ぶ「奈良百話」のような、「情報性の高い随筆」(8)を得意とした。翌年には「奈良の古文化的諸事物と文化的現代人物、ならびに民俗的諸伝統等について」(緒言)またも百題を取り上げた、その名も『奈良百題』を刊行、自らの同時代を捉える目の確かさを広く知らしめている。

「文章と書翰と談話、この三つのものが互ひに相近く、後日になつてその何れによつて教へられたのであつたかを、憶ひ出せないやうな場合が私には多い」(9)とまで評された高田の文章は、『随筆民話』・『随筆山村記』(ともに昭和一八年)などを加え、昭和一〇年代に日の目を見ることになるのだが、それら単著と並んで特筆すべきは、一三年間五七冊にわたって発行し続けた謄写版個人雑誌『なら』(大正九年八月～昭和八年一〇月)の存在である。大正後半から昭和にかけては、漸く水木の播いた学問の種から芽が出始める時期だったが、彼ら後学が織り成した百家争鳴的状況は、所謂「三号雑誌」の生成消滅に帰結する場合が多かった(後述)。そんな中『なら』は、昭和初期の天平文化顕彰の上げ潮に乗った『寧楽』(大正一三年一二月～昭和九年七月。本章第二節4及び第七章参照)、奈良県を万葉集を中心とする飛鳥・天平文化から捉え返そうとした小学校教員辰巳利文の『奈良文化』(大正一一年二月～昭和一一年六月)(10)と並ぶ、稀有な雑誌であった。謄写版ではあるがパンフレット状のものではなく、特集号ともなると七、八〇頁に近くなるという点でも、この活版二誌には全く引けを取らない。そして編集は勿論、一部の和歌と挿画を除く全ての原稿を高田が執筆している『なら』は、その創刊辞で、

これは、かねぐ〳〵、指導誘掖をかたじけなくしてゐる先輩諸家と、同好の益友諸子との前に、私のはかない学術生活、趣味生活のあとかたを、をりく〳〵、うちひらきたいとのすさびから、このたび、その片隅であみだしたのを紀念するために、『奈良』となづけたものであります【1―3】(11)。

と述べている如く、先学・同好の士にのみ頒たれた非売品で、一冊を出すごとに、諸方からの激励と併せて「冊中ノ記事ニカカハッタ注意事項ヤ、ツナガッタ資料ナドモ、少ナカラズアツマッテクル」【29―340】ような、コミュ

ニケーション・ツールとなっていたのである。こうして見ると、冒頭山上の言は、短命雑誌の簇生に顕著な「水木以後」の一見まとまりのない研究状況を指していると思われ、それを読み解くためのキー・パーソンとしての高田、という図が浮かび上がってくる。よって以下本章では、大正後期から昭和初期にかけて展開された高田の「学術生活、趣味生活」の具体的内容と、先学・同学の士の輪の形成過程について、『なら』を題材に見ていくことにする。『なら』は、①民俗研究、②金石文研究の二つを軸としており、そこに各号の詳細な日誌に顕わな学的交流の跡を加えて分析すれば、大和の「地域研究」のもつれた糸がほぐれて行くに違いない。

第一節　民俗研究

1　師範学校という磁場

大正四年（一九一五）、在寧ほぼ一〇年の高田のもとに、大正天皇即位大礼記念事業の一つとして奈良県教育会が企画した、『奈良県風俗誌』（以下『風俗誌』と略）の編纂事業が舞い込む[12]。その計画は、県下一五五市町村の小学校長を通じて三九の大項目（第一類の「建物造作」から第三九類の「経済」まで）について調査を行い、各市町村ごとに提出させた報告書を一つにまとめ上げるというものであったが、その編纂が大典の執り行われた同年一一月までに完了することはなく、それどころか結局未提出に終わる町村もまま見られた[13]。しかし作成された一〇〇冊に及ぶ貴重な資料は、県教育会に一時保存された後高田の手に渡り【大09 10 29】、調査上の姿勢がまちまちではあるが、「個人デハ到底得ラレナイモノ（中略）刊行書ニ見ルコトノデキナイ、貴イモノヲ、イクラモ供給シテクレル」【15―534】という評価の下、『なら』の「大和年中行事一覧」【15】に活かされることとなる。そこでは、高田の「多少ノ見聞」が加えられるとともに、奈良女高師教授豊田八十代編の『奈良の年中行事』（奈良明新社、大正八年）等既刊資料も併せて参照され、未提出の町村に関しては追加調査も行っている。

その際大いに利用されたのが、奈良県師範学校（以下県師範と略）のネットワークであった。もともと報告書の提出は、県内各地の小学校長に依頼されていたが、調査自体には大量の教員が投入される場合も少なくない(14)上、彼らの多くは県師範の卒業生だったのである。まず高田は、調査済みであったが未提出の添上郡明治村、東山村、帯解村の『風俗誌』稿本を、明治校校長広田正雄（大正二年卒。以下県師範卒業生には卒業年を付す）、東山校校長猪岡正保（明治四二年卒）、帯解校訓導高原幸太郎（大正四年三月卒）より借覧する。そして次に、高田の求めに対し「タシカナ報告」「返信ヤ談話説明」【15―625】を行った相手として一七人の卒業生が挙げられるのだが、そこには柳生小学校校長吉川栄治郎（明治二八年卒）や、大柳生小学校校長吉松留三郎（明治三七年卒）の如く、高田が奉職する以前に卒業した者も数人含まれている。単なる教え子とのつながりではない、「奈良県師範学校」というより大きな母集団のネットワークが、高田の周りで形成されていたのである。

実のところ、『なら』の幕開けを飾った「大和の方言」【1〜4、7】と「大和習俗雑話」【1〜7、9、10、13】において、すでにその内容と聞き取りネットワークに、『風俗誌』編纂の影響は如実に見られていた。前者は、感嘆詞（挨拶・応答など）や擬音・擬態語といった単語を羅列するだけではなく、山辺郡波多野村の中年婦人の立ち話【4】などの日常会話も生々しく伝えている。これら立ち話と「女生徒の対話」【7】を報告したのは、馬場直道・保川庄司（ともに明治四五年卒）という小学校教員二人であったが、擬音・擬態語について高田が訊ねた県師範書記土井米治郎（大正三年五月〜昭和一五年四月在職）・安井庄司（大正二年二月〜八年四月）・森村英孝（大正三年四月〜八年一〇月）という三人の名は、後者「大和習俗雑話」（以下「習俗雑話」と略）にも頻出する。特に「奈良地方ノ「ノデナワ」」【1】から「「カサノモチ」ノコト（再ビ）」【3】までの二一項目のうち、高田自身の見聞七つを上回る八項目が彼らからの聞き取りであり、生駒郡南生駒村大字乙田（現生駒市乙田町）生まれの安井の談話は、大字民の「等級」を農閑期の旧暦一月に大字民総会で決議する等の、乙田の「一種かはッた習慣風俗」【7―321】として第七号にそのほとんどが掲載されている。

「習俗雑話」の全六一項目は、今のところ来歴不明の二人と高田を除いて、全て奈良県出身の県師範卒業生及び教職員から得られたものであり、その県師範ネットワークによる情報の占める割合は、先述の「大和年中行事一覧」を上回る。そんな中、播州人の高田は、大きな宴席ではみだりに料理に箸をつけてはならない、という風習に対し、「義理ニデモ一品毎ニ箸ヲツケルノヲ主人ニ対スル礼儀トシテ教ヘラレテキタ他国人ニハ、ヨホド奇異ニ感ゼラレル」【1―25】など、その違いに面喰らうことも度々であった。しかし、「奈良ニ来テ二十七年目。紀寺〔奈良市紀寺町〕ニ住ンデ十七年目、今ノ家ニ入ッテ十一年目。奈良ヲ住ミニクク感ズル心ハ、チットモ減ジナイ」【57―578】という違和感の持続が、「第二の故郷」と称してたやすく大和に耽溺することを避けさせ、様々な民俗事象に対して、『風俗誌』の調査要項にある「記載ハ勉テ具躰的ニシテ実際ノ事実ヲ尊ビ考証的総括的ヲ尊バズ」という姿勢をとらせたのである。

民俗研究は、第一三号（大正一一年三月）までにそのほとんどが集中しているが、「各地のいひならはし」【3、4、10、12、18、32、34、37、47。以下「いひならはし」と略】のみは、途中間隔が二年以上空くことはあったが、その範囲を越えて最も長く続いた連載であった。高田の郷里赤穂郡矢野村小河の「蛇ヲ指スト、指ガクサル」という言い伝えで始まる同稿は、「大和」を冠した前述二篇とは違い、北は秋田県南秋田郡南磯村大字双六（現男鹿市船川港双六）から南は台湾角板山にまでその採集範囲は及んでいる。そして、県師範ネットワークで県内各地からデータを集め、その集積によって「大和の習俗」という一つの像を描き出そうという意図が見える「習俗雑話」に対し、「いひならはし」は、すでに報知者（京都内国貯金銀行支店横田信吾）の手元で陸前気仙沼・伊勢亀山と赤穂郡の異同が検証されている【4―168】ように、地域間での比較対照という作業を必然的に伴っていた。全冊を「いひならはし」に充て、二〇を越える地域を採り上げた第一八号（大正一二年四月）はその最たるもので、「妊娠中に火事を見ると生まれた子にアザができる」「新しい履物を午後おろすのは凶」といった俗信が、如何に普く見られるものかが一目瞭然となっている。それら広範な地域のデータを得るため、高田の聞き取りの対象として、前二稿では目立たなかった県外出身の県師範教員が大きく全面に出ており、旧職員藤山豊（明治三四年四月～四五年四月在職、教育科、山形県出身）から、自らが校長を務める福知山高等女学校（現京都府立福知山高校の前身の一つ）の生徒二五人より集めた「迷信」のリストが送られる【18】、というケースもあった。

2　『爐邊叢書』の位相

前半の内国貯金銀行京都支店社員たち、それに続く県外出身の県師範教員、という「いひならはし」の語り手。彼らから聞き取った言い伝えの蓄えが尽きた大正一二年（一九二三）四月、陸中遠野地方の報告が舞い込む。差出人は、かの『遠野物語』（明治四三年）の語り部、佐々木喜善（明治一九年～昭和八年）であった。佐々木を高田に紹介したのは、長崎の民俗学者本山桂川（明治二一年～昭和四九年）である【大12 04 25】が、「両君トモニ、マダ見ヌ同好ノ畏友」【32―455】であった。「同好」の言葉通り、三人は柳田国男編集の『爐邊叢書』（郷土研究社、大正一〇年九月～昭和四年四月）に執筆（予定）者として名を連ね、高田の『奈良雑筆』のみは「双方支度がひまどつて居るうちに、惜しくもふいになつてしまつた」[15]が、佐々木の『江刺郡昔話』（大正一一年八月）・『紫波郡昔話』（同一五年一月）、本山の『与那国島図誌』（同一四年一〇月）は無事世に出た。同叢書は、柳田自身が「非常にペダンティック（衒学的）で、名士の道楽仕事みたいなところがあった」[16]と振り返る『甲寅叢書』（大正三年三月～四年二月）の後を承けて編纂されたが、民謡集・口碑集などから成る民俗資料集という色合いが濃かった。「今まで本を書くなんていうことは夢にも思わなかった人達が、それでは自分も書いてみようかという気持になり、各地に謙遜な態度で自分の知っていることだけ書いてみようという考えを持つ人を作った[17]」と柳田はその効果を自負するが、佐々木・本山は勿論、高田も叢書の企画に伴って日本の片隅から発掘された訳ではなかった。

柳田が高田の存在を知ったのは何時なのか。「習俗雑話」と「いひならはし」に、郷里吉野郡白銀村大字湯川（現五條市西吉野町湯川）とかつての奉職地宇智郡五條の情報を寄せた田村吉永（明治二六年〜昭和五二年。明治四五年第二部卒）は、本邦初の本格的民俗学専門雑誌『郷土研究』（第一期―大正二年三月〜六年三月）に、奈良県から唯一投稿を続け、その総数が二二篇にも及んだ人物であるが[18]、

当時「郷土研究」に投稿しているものが外にないので十分大和を調べられるようにとのお言葉を頂いた。奈良に高田十郎先生がおられ、よく調べておられると話したら是非会いたいものだと云われた[19]。

と、大正三年八月に柳田と初めて対面した際を回顧している。「高田君の文章は、大正五六年以来、見かけると必ず読み、読めば必ずしまひまで、読み通さずには置かぬ[20]」という言葉も併せて考えると、遅くとも大正五年頃には「大和の高田」への意識はあったと見てよいだろう。『なら』の日誌によると、高田が柳田と漸く「ハジメテノ面会」を果たすのは、それから相当年月を経た大正一五年一二月一六日のことであるが、柳田が後々まで一冊にまとめることを切望した逸品「各地のわらやね」【11。以下「わらやね」と略】は同一〇年一二月に発表され、すでに柳田の耳目をひいていた[21]。

「わらやね」は、大日本百科辞書編輯部編『工業大辞書』（明治四二年〜大正二年）の「クサブキヤネ」の項に刺激を受け、大正四年夏以降旅の途中などで目につくままにスケッチした藁屋根二〇〇図ほどを、大和を起点におおよそ地方別に並べたものである。その多くは車窓からのラフスケッチで、「精確ト云フ点ハ、甚ダアヤシイ[22]」【11―405】と謙遜しているが、四注造や入母屋造といった屋根の形状だけでなく、竹・瓦・杉皮のような棟仕舞に用いら

れている材料まで細かく図示されている（図1）。そして「笹子トンネルヲ出テ、甲州盆地ノ東端ニアラハレルト、板屋根ガナクナッテ、ワラ屋根ガ多ク、瓦屋根モマジル。又植草式モ、左図ノヤウナ竹簣式モ見エル。何レモ切妻造リ」（甲州初鹿野）という解説が、車窓からの風景をより具体的にイメージさせてくれる。初対面の田村に大和棟（高塀造）(23)への関心を吐露していた柳田は、前半の大和・河内・山城のスケッチを見ただけで狂喜したことであろう。

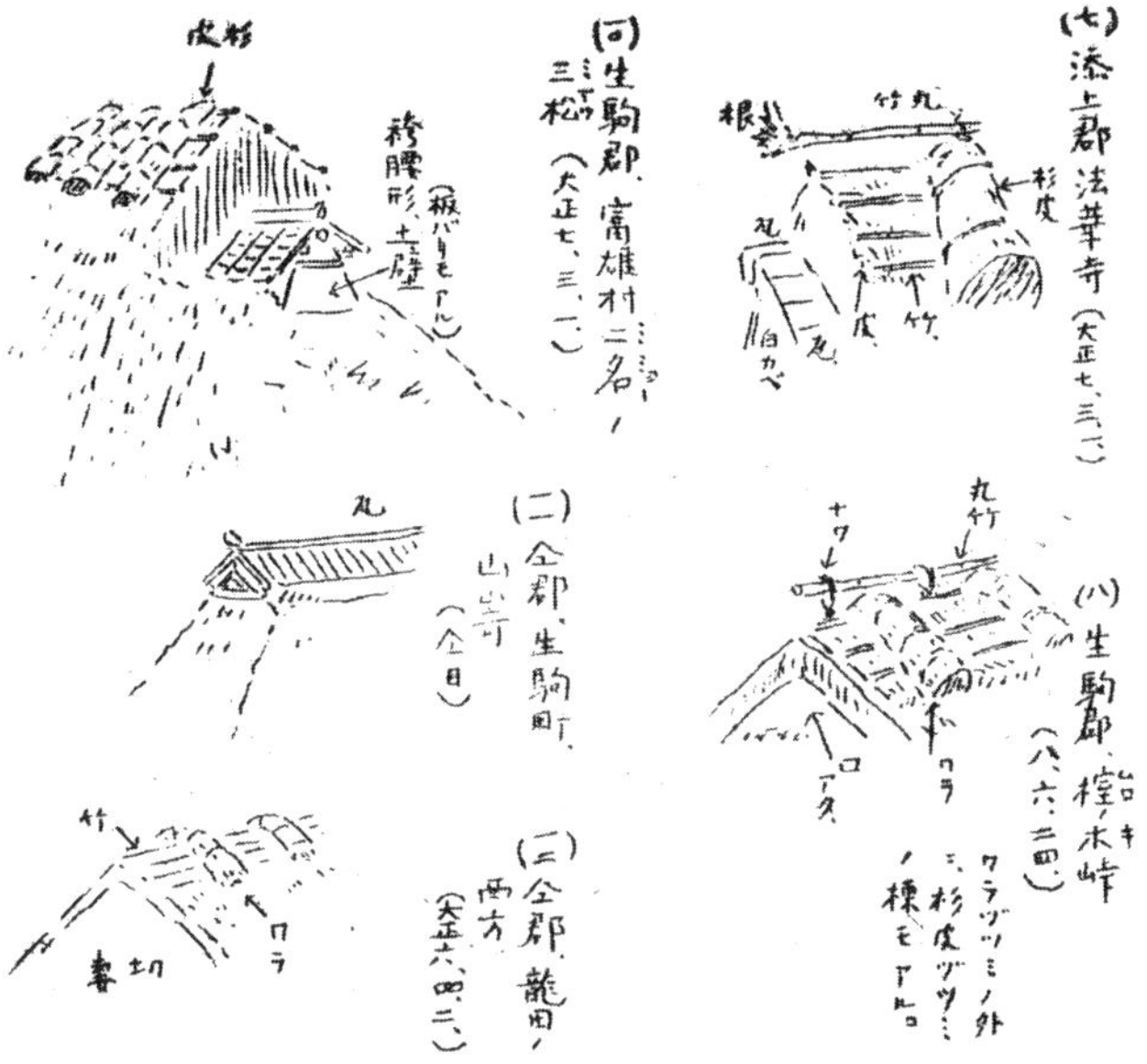

図１　奈良県のわらやね【11―407】

結局、「カネテ集メタワラヤネノスケッチヲ、一冊ニ纏メヨ、纏メマシヤウ」【56―537】というやり取りが度々あったにも拘わらず、「わらやね」が単行書として日の目を見ることはなかったが、「わらやね」後、柳田と高田の交流は親密の度合いを増していく。その時柳田は、「チギリコッコ考」「家名小考」「魚王行乞譚」など自らの論考(24)を送る【昭05 01 30】、「年中行事調べノ眼目」を教示する【大11 08 13】ということと並んで、各地の同好の士を高田に紹介するのである。「柳田門下の最古参の一人(25)」であり、篤農家にして磐城民俗研究会の会長も務めた高木誠一（明治二〇年～昭和三〇年）、二六六一首を集録した『諏訪北山民謡集』を編み（昭和五～七年）、諏訪郡誌（『諏訪史』）編纂委員を務めた小学校教員小池安右衛門（明治一八年～昭和一三年）[26]、昭和初期に編集発行した雑誌『岡山文化資料』に県内遊廓の街路図を登載、後年は備前焼研究で名を成した桂又三郎（明治三四年～昭和六一年）――ここに佐々木・本山を加えた面々は、「柳田の研究が、まだ「民俗学」と称せられずに、学問としての方法と可能性が模索されていた」[27]『郷土研究』から『爐邊叢書』の時期に活動し、「最も見聞に忠であつて、単に我が趣味常識を以て判別取捨を敢てせぬのみならず、看た以上聴いた以上は之を何人かに語らずには置かれぬと云ふだけの、すなほな心持」[28]を期待された郷土の研究者たちであった。

『爐邊叢書』中に『奈良雑筆』という一冊を望まれた高田も、当然その一人であり、彼が県内に張り巡らせている県師範ネットワークは、柳田の目には非常に魅力的に映ったに違いない。『風俗誌』から「方言、土俗ノ部面ヲ抜イテ小冊子トシ、成ルベク早ク出版」【昭06 04 10】することを、柳田は勧説して已まなかったが、それは容易には成らず、『妊娠・出産・育児に関する郷土大和に於ける民俗』（奈良県社会事業協会、昭和一三年）[29]という報告書を生んだに過ぎなかった。しかしそれ以前の昭和八年、柳田の熱烈な主張は、『大和の伝説』（大和史蹟研究会。以下『伝説』と略）という別の一冊によって、叶えられる。奈良県童話聯盟同人の間に起こった企画である『伝説』は、奈良県一円から寄せられた報告五五〇則に、高田が個人的に蒐集していたもの一二〇則を併せ、最終的には四五四則に編集して刊行されたものである（本書第六章「はじめに」参照）。報告には、伝説の範囲外である実録物や、伝説を素材とした短篇小説の混入が少なくなく[30]、「殆ンド全部改作ノ必要ヲ発見、大ニ「アテ」ガハヅレテ来ル」【昭07 07】といった有様であったが、柳田は、

あれ程色々の記憶をもつ百帝の都の国から、もしも大昔にも口から耳へ、ただ語り伝へて居た信仰の残片が、僅かなりとも拾ひ集め得られたのだったら、我々は必ず驚嘆し、又狂喜しなければならぬであらうと思ひます。

と序「大和の人々に」に記し、謄写版の篤学者がようやく活版へと脱皮したことに、非常な満足を示すのであった。

第二節　金石文研究

1　朝鮮鐘への憧憬

第二号の「大和の古鐘」以来、金石文研究は、『なら』を終刊まで貫くもう一つの軸であった。同稿では、慶長以前の紀年銘を持った古鐘を四七口《こう》リストアップし、実見した銘を『扶桑鐘銘集』や『集古十種』(31)と照合、「全ク盲デアル」梵字銘も丁寧に書き写して「先輩ノ士ノ示教」を乞うている【2―43】が、これは次々号から爆発する朝鮮鐘への情熱の序曲に過ぎなかった。「朝鮮鐘の現状」【4、9、10、12、13、17、20、29、33。以下「朝鮮鐘」と略】の第一回にある「朝鮮鐘ト私」という私的研究歴によると、初めてその存在を知ったのは明治四三年（一九一〇）九月四日付の『大阪朝日新聞』記事、大道弘雄「朝鮮鐘と大阪」によってだという。一面六段ぶち抜きの同記事に載った正祐寺・鶴満寺（ともに大阪市内）の鐘を大正三年（一九一四）一一月初めて目にし、明治末に憶えた乾拓（水を使わず釣鐘墨などで擦って対象物の凹凸を写し取る手法）で「不完全ナ拓本」を取ることにより、高田の朝鮮鐘への想いは次第に増して行く。(32) そして同五年四月、感極まった高田は、未だ面識のなかった『朝鮮鐘写真集』（考古学会、明治四三年）の編者高橋健自（明治四年～昭和四年）に一書を認め、自らの知る一五口以外の所在について教えを請うのである。間もなく届いた返信には、対馬国分八幡宮鐘以下新たな一五口の存在と、前掲『工業大辞書』の項目「鐘」に見られる誤りが指摘してあった【4―153】。こうして高田をより朝鮮鐘へとのめり込ませた高橋は、その死まで学芸委員・鑑査官を務めた東京帝室博物館へ異動になる以前、明治三〇年四月から足かけ八年間奈良県尋常中学校畝傍分校（のち畝傍中学校。現県立畝傍高校）で教鞭を執りつつ、周囲の遺跡遺物、就中寺址での

図2　拓本用具など調査用の七つ道具を常に持ち歩く高田（右）（『まほろば』第16号口絵）

古瓦採集に没頭し[33]、中和に考古学の土壌を築いた人物である。その後も、水木と同じく大正二年七月の奈良県史蹟勝地調査会発足（本書第二章第二節2参照）と同時に委員となり、委員・顧問を昭和に入るまで続けるなど、奈良県との関係は終生深かった。大正一〇年三月九日付で、史蹟勝地調査会の「地方委員[34]」となった高田には、その総会で同席した折も、「日向ノ飫肥侯鐘モ、ドウヤラ現存スルラシイ」【大10 08 18】という情報を惜しみなく与えている。

さて、高橋から一五口教示の書簡が到来した翌月の大正五年五月、高田は奈良県技師天沼俊一（明治九年～昭和二二年）の忍辱山円成寺出張に随行する際、必要に駆られて「本式ノ「石ズリ」法」【4―153】、つまり湿拓（湿らせた紙を実物の上に張って圧し、乾いた後に拓包《たんぽ》に墨をつけてたたく法）を会得し、山陽・九州の六口（大正五年）、近畿圏の七口（同六年）、山陰の二口（同八年）、再び山陽・九州の四口（同九年）の拓本蒐集に奔走した。こうして連載第一回（大正九年一一月）は、既知三七口のうち六割方を実見・手拓した時点で発表されたが、半年後の第二回（大正一〇年五月）では、早速「先輩同好諸氏ノ示教ニヨッテ、少ナカラズ訂正増補スベキ箇所ヲ生ジテキタ」【9―365】と嬉しい悲鳴をあげている。まず松平子爵家蔵鐘（松平定信旧蔵品）・南部伯爵家蔵鐘といった個人蔵のため未見であった朝鮮鐘の拓本が、高橋の東京帝室博物館の同僚入田整三（明治一八年～昭和二一年）からもたらされる。これだけで「夢ノヤウナ報知」【大10 05 02】と興奮する高田の元には、更に本家朝鮮半島の鐘の情報も飛び込んで来ていた。

李王家博物館蔵の「戊戌」鐘銘について教示し、旧天興寺《チョンフンサ》の鐘も同館に移されていることを報知したのは、当時朝鮮総督府博物館（大正四年一二月開設）の古蹟調査に嘱託として参加していた梅原末治（明治二六年〜昭和五八年）であった。同志社普通学校（中等学校）卒業の後、大正三年四月に竣成した京都帝国大学文科大学陳列館の雇（無給）として採用された梅原は、同五年九月に設置された日本最初の考古学講座を担当した浜田耕作の下、主に西日本や朝鮮半島の古墳・遺跡調査に従事した(35)ため、朝鮮鐘を目にする機会も多かったと思われる。高田の朝鮮鐘に関する知識・資料の蓄積過程において、外地の情報・史料をほぼ一手に担う梅原の貢献は計り知れず、高田をして、

私ハ、一ツ、朝鮮鐘神社トイフノヲタテテ、「朝鮮鐘発見ノ命」ヲ祭神トシ、神体トシテハ、梅原君ガ向フ向キニ歩イテ居ル姿ヲ置クコトニシタイ（中略）向フムキニスルノハ、コノ発見ガドコマデ進行スルカ分ラナイ意ヲ示スモノデアル【17—661】

と言わしめる程であった。謄写版雑誌『梵鐘私見』を作るほど鐘への思い入れが強かった歴史考古学者坪井良平（明治三〇年〜昭和五九年）からも、司馬江漢『西遊旅譚』や『津島紀事』といった近世後期の紀行・地誌の記述を引用して、かつて存在した可能性がある朝鮮鐘の情報が寄せられた【29・33】が、写真・拓本を伴うことが多く、より生々しく直接的な梅原の来示にはかなわなかった。又梅原は、朝鮮総督府古蹟調査委員を命ぜられ、大正一一年三月京城に着任したばかりの藤田亮策を高田に紹介しており【大11 05 09】、藤田からは早速「平壌城壁ノ高句麗刻文ノ拓本」が贈られている【同11 08 30】。

2　コレクターから「学者」へ

高田と梅原の初対面は、大正一〇年（一九二一）三月五日、奈良女子高等師範学校においてであったが、実はその時高田が訪ねて行ったのは別の人物——小泉顕夫（明治三〇年～平成五年）であった。宇陀郡榛原町に生まれた小泉は、初め山林業を継ぐべく中学校より先には進学しなかったが、父の急死による廃業を機に、奈良女高師の水木要太郎・佐藤小吉（明治五年～昭和三六年）、京都帝国大学の喜田貞吉の元に通い、かねてより興味を抱いていた土器破片・石器類の採集に熱中するようになる。[36] 大正五年、喜田の肝煎りで同大文科大学助教授浜田耕作の考古学研究室への出入り（週三日）を許され、同九年には大和考古学会設立の中心を担うまでになっている。「わがすき」として「古鐘大木ふる瓦」【4—171】を挙げ、小泉とは「イキガケノ駄賃ニ、会（大和考古学会）ノ幹事ヲオシツケ」【大09 11 19】られる間柄である高田の日誌には、同会の機関誌『大和考古学会報』発行までの経緯や、例会の様子が書かれている。第三回例会（大正九年一一月二一日）は、小泉、奈良女高師教授春日政治（国語）、高市郡八木町の時計商にして古銭蒐集家の森田常治郎らが講演を行い、「アトデ、森田氏ノ宅ニウツッテ、ソノ豊富ナ蒐集品ヲミセテモラフ」[37] という内容で、「創立以来ノ盛会」だったという。

しかし、同会の記事は、翌一〇年七月九日に梅原が「輓近考古学界ノ進運ト本邦古代ノ文化」と題して行った講演を最後に、『なら』ではぱったり見られなくなってしまう。その原因は朝鮮考古学界の一大事件——同年九月の慶州金冠塚遺物の発見にあった。[38] 出土した金冠に因んで名付けられた古墳から夥しい遺物が続々発見された、という新聞記事に胸を躍らせ、「翌年には渡鮮して金冠塚遺宝に接し、古都扶余・慶州も訪ねる」という計画を立てて、同塚の調査に従事した浜田・梅原らの帰学を待っていた小泉は、その浜田により同年一〇月朝鮮総督府学務局内に新設される古蹟調査課の職員に推薦される。そして、藤田亮策（博物館主任）・梅原末治（古蹟調査担当）とともに博物館経営・古蹟調査を担当して、慶州・公州・平壌などで発掘調査に従事する日々を過ごし、[39]昭和九年（一九三四）六月、前年に新設された平壌府立博物館館長に就任、終戦までその任にあり続けた。高田にとって渡鮮後の小泉は、近くで拾い集めた土器や瓦を手にともに語らうコレクター仲間から、「朝鮮ミヤゲノ拓本」【大11 08 26】や、「半島全土に散在する金石の拓影を蒐集研究[40]」して成った朝鮮総督府編『朝鮮金石総覧』（大正八～一二年）をもたらしてくれる知的パトロンへと変貌を遂げる。かつて教えを乞うた水木・佐藤の前で、慶州瑞鳳塚の発掘談を披露【昭02 01 15】し、慶州見物をする高田に、総督府博物館慶州分館（大正一五年設置）の主任で骨董愛好家の諸鹿央雄――「蓋シ博物館ヲ中心トシテノ慶州ノ大王」【昭04 03 28】――を紹介する。小泉はもう立派な帝国の考古学者であった。

同じくコレクターから「学者」というルートを辿りながら、終生「大和」という土地にこだわり続けたのが保井芳太郎（明治一四年～昭和二〇年）である。葛下郡王寺村（現北葛城郡王寺町）に生まれた保井は、郡山中学校中退後は農業に従事しつつ、王寺尋常高等小学校教員・王寺村会議員等を経て、大正一〇年（一九二一）には産業銀行王寺派出所主任（～昭和三年）にまで昇りつめた。それら生業の傍ら、明治末年以降大和関係古文書と、主に大和の寺院址から出土する古瓦の蒐集に生涯をかけたが、特に後者の成果は『大和古瓦図録』（昭和三年）・『南都七大寺古瓦紋様集』（同年）・『大和上代寺院志』（同七年）として世に問われ、現在もその声価は衰えていない[41]。高田は北葛城郡陵西村教育会での講演の後に保井家を初めて訪ね、「カネテ蒐集ノ大和研究ノ資料ノ目録ヲミテ、刊本写本スベテ五百余種ト驚カサレ」ている【大10 03 06】[42]が、その厖大なコレクションの中から法隆寺古瓦の拓本を贈られる、という蒐集家同士の交際に加え、地域の学会である大和史学会の創設に関わった地方史家としての保井とも親しく交わった。同会発足の日、高田は次のように日誌に記している。

　高田高等女学校内デ、大和史学会ノ発会式講演、ナラビニ昨日カラノ大和古代文化展覧会。コレラノ成立ハ、田村吉永、森本六爾二君ノ直接ノ奔走、保井芳太郎君ノカクレタ激励、森田良三[43]君ノ「高田文化協会」ノ中心トシテノ会計庶務方面担当、ソレカラ、大ナル水木要太郎氏ノ後援ガ直接原因ナノデ、機関雑誌「やまと」〔のち『大和史学』と改〕ノ初号モ、イヨ〳〵今日ウマレテデタ【大12 03 11】

「カクレタ激励」とは、銀行家であった保井からの融資などを指すのかも知れないが、「施鹿恩寺及平隆寺考」（第一巻第二号、大正一二年六月）を嚆矢として自らの論考を機関誌に発表し、発会に合わせて催された郷土資料展覧会では、自らのコレクションを惜しげもなく披露していることも忘れてはならない。大正九年に自らのルーツにも繋がる『天誅組の研究』（中川書店）を刊行し、その研究内容が追々民俗から歴史へと向かい始めていた田村。その田村とガリ版雑誌『土』（大正一一年）を発行、代用教員をしながら県下の遺跡巡りに専念した森本――その二人に高田と、同一一年七月に早世した歴史家今西伊之吉を交え、大正一〇年末に企てられた「大和郷土研究会」の設立は、こうして保井の活躍により「大和史学会」として実現したのである。その機関誌の発行状況は、今では総号数も詳らかにし得ない程脆弱であったが、「古瓦を資料として、上代寺院の創建、変遷に対し、一種の論断を試みん」とした点を激賞された前掲『大和上代寺院志』ほか、保井の著作発行元として、大和史学会は奈良県の「地方史」を支え続けた。(44)(45)(46)

3　燈籠への執着

話を『なら』本体へ戻そう。小泉・今西を指導し、水木・梅原とともに大和史学会の顧問を務めるなど、大和史壇と関係の深かった喜田貞吉（明治四年〜昭和一四年）が「たゞ一度の拝観で自分が四五度も重ねたのよりも精密な観察が出来て居た」(47)と絶賛した「正倉院拝観小記」【5〜7】は、日本美術院第二部（通称奈良美術院）主事新納忠之介（明治元年〜昭和二九年）が、正倉院御物特別拝観の申請を高田へ勧めたことに始まる。許可証を受けた大正九年（一九二〇）一一月一七日、奈良帝室博物館学芸委員の中村雅真（安政元年〈一八五四〉〜昭和一八年〈一九四三〉に導かれ、鉛筆を携えて、高田は「自由自在ニ、全倉〔正倉の北・中・南倉〕ノ階上階下六室ヲ、往来上下シテ、マルデワガ物ノヤウニ、クリカヘシ〳〵、翫味賞観」【5—190】できる喜びに浸るのであった。水木要太郎作成の謄写版「正倉院御物配置略図」を参照して描かれる宝庫内の様子は、一品一品の配置にまで及ぶ詳しさであるが、そこでも先ず高田が注目するのは、聖武天皇銅版勅願文や「金銅ノ枚幡ノ鎮鐸」に見られる銘文であった。それらを記録して蒐集欲を満たし、珍品で目を保養したことと並び、「コノオ倉ガ媒トナッテ、沢山ノ先輩名士ニ引合シテクレタコト」【5—190】も高田にとっては重要で、奈良帝室博物館館長久保田鼎（安政二年〈一八五五〉～昭和一五年〈一九四〇〉）、京都帝室博物館の学芸委員を務める有職家関保之助（明治元年～昭和二〇年）、帝室博物館総長鷗外森林太郎（文久二年〈一八六二〉～大正一一年〈一九二二〉）、そして喜田とは、この特別拝観が縁で初対面を果たしている。

大正一〇年四月一一日に始まった、聖徳太子千三百年御忌記念法隆寺宝物特別陳列（於奈良帝室博物館）は、水木が奈良女高師の教え子に強く「拝観」を勧め、中村がその陳列品に驚嘆、高田に「少クト五十回ハ往ク予定」【9—343】と言わしめた展示であったが、会期終了翌日の六月一一日、久保田館長の図らいで高田は「特別拝観ノ便宜ヲ与ヘラレ」【10—377】ている。仏像から上代風爐に至る一六種の列品から、銘文を持つ六十余点について記録した「法隆寺宝物の銘文」【9・10】こそ、その成果である。

こうして正倉院・法隆寺宝物の銘文をこつこつ報告していたところに、先の「朝鮮鐘」が到来した訳だが、その掲載間隔が開きだした頃、最長篇「奈良春日神社の釣燈籠の銘文」【19～22、24、29、30、33、34、37、46、47。以下「釣燈籠」と略】が始まる。「釣燈籠」は、その数一千個と言われた春日社の釣燈籠について、境内での配置を先ず図示し、次に燈籠各部の名称と形状、装飾の種類等について概説、そして天文年間（一五三二～一五五五）を先頭に銘文を編年で紹介したものである。永享一二年（一四四〇）という最古の釣燈籠が、途中倉庫から発見されるな

釣燈籠ノ配置

釣燈篭一千余点ノウチ、七百七十一ハ、本社ノ内ニ懸ツテ居ル。四十七ハ、若宮ノ境内ニ在ル。アトノ二百餘ノモノハ、本社北面回廊ノ西北ニアル祭器庫ニヲサメテアル。コレラハ、破

損ニヨツテ癈物ニナツタノモ少ナクナイガ、別ニ故障ノナイ完全ナ品モ沢山アッテ、懸ケ場所ガナイカラ、シバラク、ココニ假ノ宿ヲモトメテ居ルワケデアル。

コノ倉入リノ品ハ、今デハ一ケ所ニマトメラレテ居ルガ、サキニ、私ノ調査シタ頃ニハ、色々ノ所ニ、若干ヅツワカレテ居タ。又、ソノ内、少数ハ、前カラ、宝物陳列所ソノ他ニ出サレテ居ル。

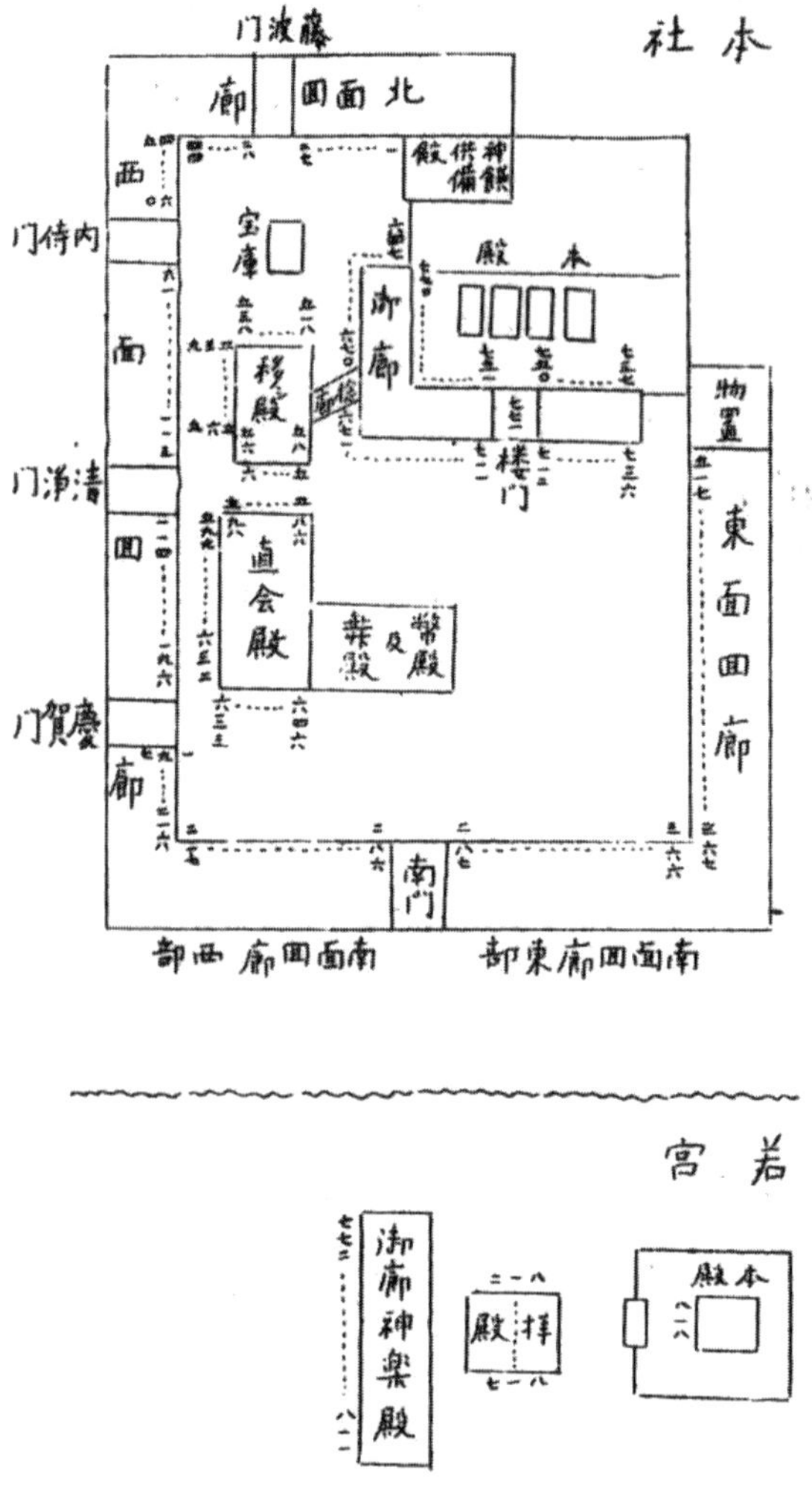

図３　春日社の釣燈籠配置【51—331】

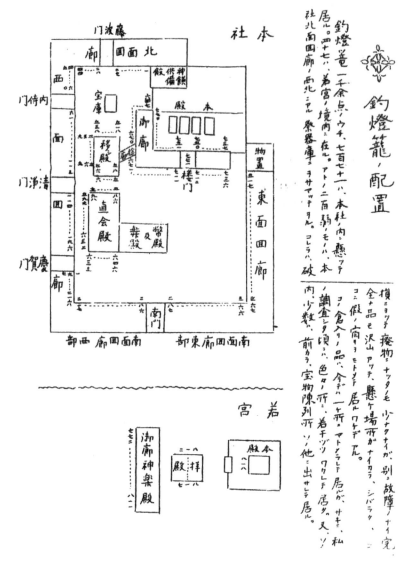

どして年代順の再配列に手間取り、銘の全文翻刻は元禄年間の五三五個までで中断したが、配置場所別に紀年・施主・作製者の一覧目録である「春日釣燈籠一覧」【51・52】を別途作成、気の遠くなるような調査の全容を明らかにした（図3）。

　そのような地道且つ根気を要する作業の途上、「シバシバ懇切ナ書面ヲ以テ、調査上ノ指導ト激励トヲ与ヘ」【19―740】たのは、金工（史）家香取秀真《ほつま》（明治七年～昭和二九年）であった。香取は明治三六年（一九〇三）から母校東京美術学校で鋳金史を講じつつ、『日本金工史』（昭和七年）・『金工史談』（同一六年）等を著し、昭和九年からは帝室技芸員をも務めた近代金工（史）の第一人者で、高田には私家版『日本金燈籠年表』（大正五年）・『金鼓と鰐口』（同一二年）や、「文和四年（一三五五）ノ毛越寺鉄塔ノ銘文拓本」【大13 06 05】を贈り、「吾等ノ、ヨキ参考ニナリ候事ト存候」【29―310】と、元禄以前の釣燈籠の装飾文様拓本集出版に期待をかけた。香取以外にも、寄進者織田左衛門佐長政とその領地戒重藩一万石について南方熊楠・田村吉永の示教を受ける、といった場合もあり【29―303、30―368】、そんな折は高田も『大和人物志』（明治四二年）や『大和志料』（大正三～四年）などを、確認のため繙いている。

　このような銘文の内容に関する指摘とともに、その採集においても、春日社宮司水谷川忠起（嘉永元年〈一八四八〉～大正一二年〈一九二三〉）以下の全神職から、「許スカギリノ便宜」【19―740】を与えられたが、その中には禰宜森口奈良吉（明治八年～昭和四三年）も含まれていた。吉野郡小川村（現同郡東吉野村大字小川）に生まれた森口は、奈良県尋常師範学校（明治二九年三月卒）で水木要太郎の教えを受け、卒業後は郡山中学校・奈良女高師等の教員を歴任、大正一〇年（一九二一）要請を受けて官幣大社春日神社禰宜となり、昭和六年（一九三一）に京都吉田神社宮司に転ずるまで、県内で精力的な言論・著述活動を行った神職であった(48)。前述した大和郷土研究会の例会に参加【大11 04 23】(49)し、大和史学会の幹事を務めた【同12 04 10】森口の県内史界に留まらない発言力は、故郷小川村の郷社蟻通神社を官幣大社丹生川上神社（式内社）へと「昇格」させ（大正一一年一〇月）、神武聖蹟鳥見霊畤《とみのまつりのにわ》＝吉野小川村説を「現場ヲミタ人ハ、皆絶対ニ信ゼザルヲ得ナイ筈ダ」【昭021209】と鼻息荒く叫んで、陸軍大将荒木貞夫に顕彰碑文の筆を執らせた（昭和一一年）ほどであった。[50] そういった言動は、『神武天皇親祭の聖蹟』（昭和二年）や『鳥見霊畤考／吉野離宮考』（同四年）のような、「建国の聖地大和」イメージを形成するプロパガンダへと何の苦もなく繋がっていったが、

何よりも結構なことは諸種の編纂出版であって、千年来神庫の外へ出なかった宝物類が或は「春日大鑑」となり、「春日神社記録目録」となり、「春日神社文書」となり、「金石銘表」「神社小志」などとなって、天下に公開され、永久に学者、鑑賞家の資料とも伴侶ともなる訳である。[51]

と高田が賛ずる如く、春日社関連史料刊行への森口の尽力も記憶されて然るべきであろう。実際の出版は不明だが、写真画帖『大和大観』の発行を水木、県社寺係辰巳義直、書肆木原文進堂（奈良市橋本町）の藤田博介らと企画していた形跡も窺える【大140604】。

釣燈籠が終わると石燈籠が待っていた。「ソノ数ヲカゾヘ得タ者ハ、長者ニナレル」【48―201】という言い伝えのある春日社石燈籠を、大東延篤主典の手を煩わせて寸法を計る【大130815】など、再び神社の協力を得て調査した成果が「春日の石燈籠」【48〜50。以下「石燈籠」と略】である。銘文の摩滅も少なく、形が小さくて一目に収まり、屋根の下で作業のできる釣燈籠の銘文調査と比べ、大きく、風雨に曝されており、摩滅も甚だしいものが少なくない石燈籠一千七百余基の調査は、甚だ困難であったという。境内配置別に銘文中の紀年・施主、燈籠の型（角型・御間型など）の一覧を掲げるのは、「春日釣燈籠一覧」と同様である。配置図は、第二回『奈良県史蹟勝地調査会報告書』（大正三年）における西崎辰之助（奈良県技手）報告「春日神社石燈」の附図を、明らかにベースとしているが、収める範囲は水谷神社や一の鳥居までとより広く、一基一基を型別に記す丁寧さには圧倒される。

初期の『史蹟勝地調査会報告書』では、こうした石造物（燈・塔・仏）調査の占める割合が比較的高く、調査会

委員天沼俊一が編集した『続奈良県金石年表（第五回奈良県史蹟勝地調査会報告書別冊）』（同七年）は、高田が「公務の余暇各所を踏査して発見せられたる石文約百六十」（凡例）を掲載するなど、調査会における高田の活動の余地を感じさせた。しかし、大正八年（一九一九）四月一〇日に史蹟名勝天然紀念物保存法が公布され、第七回の『史蹟勝地調査会報告書』（同九年三月）を最後に、県が補助金を支給する史蹟勝地の一覧が同書から消滅。そして法隆寺境内の一大調査の成果である第九回報告書（同一五年三月）――判型が大きくなり、図版もより鮮明且つ豊富――により、発掘調査が決定的主流となって以降は、県史蹟調査会総会では「ワガ領分トシテハ、県ノ金石年表補遺ツクルコトニナル」【昭03 09 28】と決定されるものの、高田が「地方委員」を解嘱される昭和五年（一九三〇）六月までに、それが実現することはなかった。

4　学僧の活躍

前項で見たような高田が独りで行っていた銘文調査は、『法隆寺現存金石文年表』（昭和六年）や『法隆寺金石文集』（同一〇年）のように、叢書（国史普及会叢書・夢殿叢書）中の一冊という形でようやく世に出る。後者のはしがきにある如く、「どこへでも、おはいり」と山内全堂宇への出入りを快諾した法隆寺管主佐伯定胤（慶応三年〈一八六七〉～昭和二七年〈一九五二〉）ほかの協力なくして該書が成立し得なかったことは、「釣燈籠」「石燈籠」への森口奈良吉ら春日社神職の貢献以上であろう。そして、森口同様高田の仕事へ理解があったのは、定胤自らも唯識学の大家、つまり学僧であったことにも起因するに違いない。明治三六年（一九〇三）法隆寺第一〇三代住職となった定胤は、明治末年から聖徳太子千三百年御忌（前述）と同奉賛会の設立に奔走、御忌の翌年から昭和初年にかけて内地・外地を巡錫（「満鮮地方巡錫中ノ法隆寺貫《（管）》主佐伯定胤師ノ、奉天ダヨリガック」【大13 05 29】）しつつ、東京・京都の両帝大で唯識学の講義を行った。晩年は太子信仰を深め、法相宗離脱・聖徳宗開宗を指導している。[52]

定胤より三〇年以上年若の弟子橋本凝胤（明治三〇年～昭和五三年）は、師とはかなり異なる「学」を以て高田と関わった。明治三八年薬師寺入りしてからも、郡山中学校（大正五年卒）・浄土宗宗教大学（現大正大学。同一二年卒）を経、東京帝大文学部印度哲学科（選科生）に学ぶなど、世俗教育に親しんだ凝胤は、東京時代には『仏教学雑誌』・『無礙光《むげこう》』といった雑誌に論考を発表して高田に呈し【大09 11 22】【同10 10 27】、石神井三宝寺板碑拓本の寄贈もしている【25―165】。帰寧してからは、大正一三年（一九二四）七月の世界仏教大会（於中華民国廬山）に外務省対支文化事務局嘱託(53)として参加する師定胤に随行し、「支那ミヤゲノ清朝四種訳大蔵経ノ一紙」【同13 09 08】をもたらしている。しかし、大和という土地に関わって特筆すべきは、東大寺から刊行された雑誌『寧楽』（大正一三年一二月～昭和九年七月）の編輯同人に加わったことであろう（同誌については本書第七章に詳述）。奈良三条通の写真家松岡光夢による、東大寺法華堂宝相華の焼付写真を直接貼った表紙が印象的な創刊号において、同誌は、

> 芸術が一国の文明の尺度であることを思へば、美術はその国の文化の華であり国民性の発露でなければなりませぬ。此の意味に於て奈良の古美術は我民族の文化の変遷を測定する記念塔であり、従ってその時代に於ける祖先の象徴である（発刊の辞）

と断言し、「寧楽の土地で充分寧楽の気分を味ひながら真摯な態度を以て」（同）郷土文化＝奈良の仏教文化・美術の紹介を目指した。

編輯同人は、凝胤や東大寺龍松院主筒井英俊（明治二五年～昭和四八年）ら僧侶が中心(54)で、当初はその宣言通り、オーセンティックな仏教文化・美術の研究が中心であった。ところが、初めて「法隆寺号」という特集名を冠した第六号（大正一五年七月）前後から、県の史蹟名勝調査に携わる上田三平・岸熊吉らの発掘報告を掲載したり、第八号「東大寺号」（昭和二年七月）で、三浦周行・中村直勝（京都帝大）や魚澄惣五郎（大阪府立女子専門学校）ら歴史家の論考を多く採り上げたり、と雑誌は内容に幅を見せ始める。その幅が最も広まったのが、世間の天平文化

ブーム[55]に乗じた「天平文化史論」と題する第一〇号（同三年八月）である。高楠順次郎「天平時代に於ける日印文化の考証」から赤堀又次郎「奈良みやげ」まで、「仏教及仏教史」「美術及工芸美術」「文学」「歴史」の四部門の執筆者は計三四名、総頁数二五六に及ぶ大巻であった。これは後に続く第一二号「正倉院史論」（同四年一二月）・第一三号「観音乃研究」（同五年八月）のモデルとなったが、こうした流れの中で、凝胤は初発の「仏教文化・美術」という軸からはあまりブレずに、「観音像の一般に就て」（第一三号、同五年八月）まで計八つの論考・報告を披露した。

『寧楽』ではまた、「寧楽朝に於ける仏教典籍の伝来に就いて」（第一〇号）など、編輯同人凝胤を上回る一一篇を寄稿した大屋徳城（明治一五年〜昭和二五年）を忘れる訳にはいかない。大屋は、福岡県三潴郡久間田村大字七ツ家（現柳川市七ツ家）に真宗大谷派養福寺住職大屋徳霊の長男として生まれ、県立伝習館中学校（明治三四年卒）を経て、早稲田大学で哲学を修めた（同三九年卒）。東京で望月信亨『仏教大辞典』（明治四二年〜昭和一一年）・仏書刊行会編『大日本仏教全書』（明治四五年〜大正一一年）等の編纂を五年程経験した後、大正五年（一九一六）東大寺華厳宗勧学院講師となり、大和との関わりが始まる。[56]大屋も、大和の学僧の当然の嗜みであるかの如く東大寺や法隆寺で「たんぽ」を揮い、拓本を高田に贈っている【25—152・172】。そしてこれも定胤・凝胤と同様だが、朝鮮半島・中国大陸を巡り、[57]「慶州奉徳寺鐘ノ天人ノ拓本」などの「ミヤゲ」を持ち帰っているのである【大11 05 25】。その「朝鮮ミヤゲ談」に集った人々、

寺〔興福寺〕ノ佐伯良謙、法隆寺ノ千早正朝、東大寺ノ三宅英慶、鷲尾隆慶、筒井英俊、春日ノ森口奈良吉、奈良ノ中村雅真、王寺ノ保井芳太郎、美術院ノ新納忠之介、「新大和」〔新聞〕ノ長野芦笛、女高師ノ佐藤小吉、春日政治、ワガ校〔県師範〕ノ料治武雄、画家ノ久留春年ノ諸氏【大11 06 11】

の顔触れを見れば、大和という土地における寺社＝僧侶・神職が牽引する文化底流の強さに、改めて驚かざるを得

ない。『寧楽』の濫觴が垣間見える一席である。

おわりに

以上大正後期から昭和初期に「空前の活況を呈し(58)」た大和の地域研究について、民俗研究と金石文研究を二本の柱としていた高田十郎の雑誌『なら』を材料に、両研究の内容とそれを支えていた人と「モノ」のネットワークを明らかにすることで、その百花繚乱的状況の見取り図を描いてみた。その他、本章ではほとんど取り上げられなかったが、戦前の「モノ」の流通にはかなり大きな影響を及ぼしたであろう骨董商（玉井久治郎・柳生彦蔵・木田楢吉）や、文化財の具体的イメージ普及に貢献した写真師（飛鳥園小川晴暘・鹿鳴荘永野雄吉・工藤精華堂工藤利三郎）も、その名が『なら』日誌の随所で窺え、自身も大きなネットワークを持っていた。彼ら同様、本章で高田との関係に焦点を当てて描写した全ての人物には、その大小広狭はあれ、当然独自のネットワークが存在した。ただ、職場や業界、長幼や貧富、思想信条といった皆に嵌りやすい枠から、高田は比較的自由であったため、各人が展開する「交流の輪」が最も重なり合う部分に彼を置き、そこを中心して一つの大きな網に再編することが可能となったのである。昭和九年（一九三四）一〇月、主として故老の経歴・見聞談を聴く談話会と、通常は出入りの許されない社寺堂塔や個人秘蔵什宝の見学会を、月交替で実施する奈良郷土会を設立してその会長となった高田は、自らの周りに集った会員について次のように述べている。

会員に肩書をつけてみると、まづ画家、書家、歌人、茶人、雅楽家、彫刻家、建築家、歴史家、地理家、有職家、仏教美術家、庭園研究家、玩具蒐集家、童話家、神職、僧侶、図書館長、会社重役の新派歌人、前大審院検事の公証人(59)

さて、ここまでは高田について、主にその広範なネットワークから間接的に語ってきた訳だが、最後に彼を自身の学問を通して見てみよう。柳田は高田を指して、「専門はたしか歴史だったと思う」(60)と述べているが、『なら』には自らの歴史観を披瀝した叙述は特になく、前記の『法隆寺現存金石文年表』や『続奈良県金石年表』に繋がるような「モノ」の純粋な編年配列が徹底して行われるのみである。しかし高田にとっての金石文収集は、「物の配列の中に一定の秩序を見出し、言葉による秩序＝「史籍」と相互に介入させあいつつ物の秩序を練り上げていくような古物趣味」(61)ではなく、『風俗誌』の「考証的総括的ヲ尊バズ」という態度が、ここにも及ぼされているようである。そう考えると、地方誌編纂への関与として、『奈良県南葛城郡誌』(大正一五年)には「高田十郎氏は編纂上多大の指導を与へ」(凡例)たとあるが、その内実は「或は口碑伝説に覔《もと》め、或は鐫刻を拓し実地に踏査」(緒言)する委員への助言程度だったのではないかと思われる。郡視学より編纂を依頼された「添上郡誌」が、森本六爾から「先史及原史時代ノ添上郡」という原稿を集め【大15 05 26】、自身も郡内の踏査を行ったにも拘わらず、昭和七年の時点で「編纂ヲ、引受ケテ、彼是十年ニナルガ、猶停滞」【56―537】していたのも、それほど不思議なことではあるまい。

　では高田とは何者なのか。「郷土史家」と呼ばれることを非常に嫌った(62)高田に、冒頭に引用した『奈良叢記』での肩書「随筆家」と並んで相応しいのは、「好古家」という称であろう。高田の『奈良雑筆』が収められる予定であった『爐邊叢書』中に、「考古学的な遺物や遺跡、民具、方言、商人の呼声や符丁、商家や風俗の考現学的な定点観察なども盛り込まれた(63)」『甲斐の落葉』という優れた民俗誌が一冊があるが、その著者山中共古(嘉永三年〈一八五〇〉~昭和三年〈一九二八〉)に非常に似たものを、筆者は高田に感じるのである。高田自身も共古に私淑していたようで、武蔵野会幹事の三輪善之助を介して名を通じた【大14 07 08】数年後、共古が亡くなった際には、願ったのであろう、肖像写真を遺族より一葉譲り受けている【昭03 12 26】。鈴木廣之によれば、山中は、明治五年の社寺宝物記録「奈良之筋道」を著した蜷川式胤らに代表される、明治初頭に活躍した「古い物に一方ならぬ関心を抱く者」＝好古家の系譜を引いているが、山中が親しんだ古銭学・金石学など物を直接の対象にする学問は、考古学・歴史学といった大学の講座に名を連ねる学問の補助学として位置付けられ、「物の世界と同様、学問の世界も階層的な序列のなかにからめ取られ」ていくという。[64]それでは、ここで本章冒頭に掲げた「大和は学問の妨げ」と題する文章の、続きを見てみよう。

それは、大和にアンマリ物が多いからだ、と大和の田村吉永君が笑ふ。民俗家の宮本常一君の言に、京大の梅原末治博士が、どうも大和といふ処がある為に、日本考古学が進歩せぬ、と苦笑してゐたさうだと云ふ。ありさうな事である（四八八頁）。

昭和七年に刊行された乾健治編『大和蒐集家人名録』（山本書店）という小冊子には、本章に登場した保井・田村・森口・高田を含む六四名ものコレクターが載せられている（本書第六・八章参照）。彼らが「モノ」を手に諸「博士」とわたり合うことができた近代大和では、「物の世界」はまだまだ健在だったのである。

註

（1）仲川明・森川辰蔵編『奈良叢記』駸々堂書店、昭和一七年、四八八頁。

（2）西垣晴次「自治体史編纂の現状と問題点」『岩波講座　日本通史』別巻二、一九九四年、三五頁。

（3）『丹後郷土資料と永浜宇平』（京都府立丹後郷土資料館、一九八四年）、『明治の図書館―里内文庫と里内勝治郎―』（栗東歴史民俗博物館、一九九一年）、『近江の歴史家群像』（同、一九九八年）、中川泉三没後七〇年記念展実行委員会編『滋賀県内五館共同企画・中川泉三没後七〇年記念展　史学は死学にあらず』（同事務局、二〇〇九年）など、「地方」の展示図録に優れたものが多い。論文では井原今朝男「栗岩英治『栗岩英治日記』―新しい地方史像をもとめて―」（『信濃』第四二巻第七号、一九九〇年七月）、太田浩司「二人の地方史研究家―地方史研究の自立と史料保存をめぐって―」（『歴史科学』第一四二号、一九九五年九月）が示唆に富み、羽賀祥二「郷土史の誕生」(『いま、歴史資料を考える』名古屋大学文学部史学科、一九九九年)にも教えられることが多い。著書では「郷土」研究会編『郷土―表象と実践―』(嵯峨野書院、二〇〇三年)、伊藤純郎『柳田国男と信州地方史―「白足袋史学」と「わらじ史学」―』(刀水書房、二〇〇四年)、由谷裕哉・時枝務編著『郷土史と近代日本』(角川学芸出版、二〇一〇年)に大きな刺激を受けた。

(4) 水木の履歴は、久留島浩「水木コレクションを読み解くために」(国立歴史民俗博物館編『収集家一〇〇年の軌跡―水木コレクションのすべて―』同、一九九八年)一〇六～一〇七頁の「水木家略年譜」による。その生涯にわたる活動については、久留島浩・高木博志・高橋一樹編『文人世界の光芒と古都奈良―大和の生き字引・水木要太郎―』(思文閣出版、二〇〇九年)参照。なお、本章では登場人物が非常に多いため、煩雑を避けるべく生没年の西暦併記は、明治以前に生まれた人物についてのみとする。

(5) 吉井敏幸「コレクター水木要太郎の周辺」、前掲『収集家一〇〇年の軌跡』、一一二頁。

(6) 同右、一一三頁。現在でも度々引用される、大和一国の地誌『大和志料』(大正三～四年)を編纂した斎藤美澄は、同書編纂中の明治二六年に大神神社宮司を辞して郷里山形県へと戻り、該書刊行時も同地にあった。

(7) 若井敏明「皇国史観と郷土史研究」(『ヒストリア』第一七八号、二〇〇二年一月)は、日露戦争以降の「郷土史」を、現地研究者の協力が必須の「史蹟調査」と「地方誌の編纂」の二つに大別している。

(8) 「独自の文体に添えて情報を提供するシステム」としての随筆の名手には、早稲田大学初代図書館長市島春城がいるが、市島の著作にも「百道楽」などの所謂「百題もの」がある(山口昌男『内田魯庵山脈』晶文社、二〇〇一年、二七三～二七六頁。内田好昭氏のご教示による)。

(9) 柳田国男「随筆民話序」高田十郎『随筆民話』桑名文星堂、昭和一八年。

(10) 『奈良文化』とその主宰者辰巳の多彩な活動については、本書第四章参照。

(11) 以下本章で出典が『なら』の場合は、【号(―頁)】のように表記し、特に日誌(後述)の場合は、当該年月日を同じく【大020202】【昭030303】などと記す。頁はクレス出版による覆刻版(二〇〇四年)のものを用いる。【1～4、7】は「一から四号及び七号」の意。

(12) 中井精一「『奈良県風俗誌』からみた近代奈良方言」変異理論研究会編『20世紀フィールド言語学の軌跡―徳川宗賢先生追悼論文集―』同、二〇〇〇年、二四三頁。『風俗誌』の概要については、安井眞奈美編『出産・育児の近代―「奈良県風俗誌」を読む―』(法蔵館、二〇一一年)の第一章第一節を参照。

(13) 竹永三男『近代日本の地域社会と部落問題』（部落問題研究所出版部、一九九八年）の『風俗誌』一覧表（二三三～二三六頁）が示すように、約二〇町村の報告書は現存が確認されておらず、特に添上・南葛城郡の状況が芳しくない。現在奈良県立図書情報館に保存されている稿本について言えば、一冊が五〇〇頁を軽く越えるものもあり、山辺郡などは九町村のうち七町村が二、若しくは三分冊で報告する熱心さである。

(14) 例えば、北葛城郡磐城村・新庄村・當麻村（現葛城市のほぼ全域）の調査は、「北葛城郡西南部小学校教員共同研究部」に所属する、磐城（一三名）・新庄（二〇）・当麻（八）の尋常高等小学校教員計四一名を動員して行われた。

(15) 柳田国男、前掲「随筆民話序」。

(16) 柳田国男「故郷七十年」『柳田国男全集』第二一巻、筑摩書房、一九九七年、二四三頁。のじぎく文庫による初版本は一九五九年。

(17) 同右、二四三～二四四頁。

(18) 荒井庸一「雑誌『郷土研究』」柳田国男研究会編著『柳田国男伝』三一書房、一九八八年、四六二頁。

(19) 田村吉永「柳田先生の思い出」『定本柳田国男集』別巻第四、筑摩書房、一九六四年、月報。

(20) 柳田国男、前掲「随筆民話序」。

(21) 成城大学民俗学研究所の柳田文庫が所蔵する『なら』は第一一号以降で、一二・一三、二二、五六号を欠く（同研究所編『〈増補改訂〉柳田文庫蔵書目録』同、二〇〇三年、四八三頁）。

(22) 屋根で最も傷みやすくて目に付く棟を保護・装飾する方法で、重しで押える（置千木・瓦巻）、ミノ茅を小屋に縄等で縫い付ける（竹簀巻き・針目覆い）の二種に大別できる。

(23) 奈良盆地を中心に、河内・南山城にも見られる民家形式。急勾配の茅葺き屋根を持つ母屋が、緩やかな瓦葺き屋根の落棟を伴う。本書第四章第二節3の図2を参照。

(24) それぞれの初出は、山中塩編『共古翁記念文集　趣味と嗜好』（岡書院、昭和四年。原題「シンガラ考」）、信濃教育会東筑摩部会編『郡誌別篇第一　東筑摩郡家名一覧』（郷土研究社、昭和四年）、『改造』第一二巻第一号（昭和五年一月）である（『柳田国男全集』第七巻、筑摩書房、一九九八年、六二九・六五七頁。同全集第一五巻、筑摩書房、一九九八年、六四一頁）。

(25) 荒井庸一、前掲書、四六九頁。

(26) 小池安右衛門著・小口伊乙解説『諏訪北山民謡集―附・祭礼と農家の構造―』（岡谷書店、一九八二年）参照。『諏訪史』については、前掲伊藤書の第一章に詳しい。
(27) 松本三喜夫『柳田「民俗学」への底流―柳田国男と「爐邊叢書」の人々―』青弓社、一九九四年、一一頁。
(28) 柳田国男「民謡の今と昔」『柳田国男全集』第四巻、一九九八年、五二〇頁。初出は早川孝太郎編『能美郡民謡集』(郷土研究社、大正一三年)の「序」。
(29) 恩賜財団愛育会(現社会福祉法人恩賜財団母子愛育会)の委嘱に応じ、高田が『風俗誌』から表題の習俗を抜萃し、自身の見聞も若干加えて完成した。安井眞奈美編前掲書の第一章第三節も参照。
(30) 奈良県童話聯盟・高田十郎編修『大和の伝説』大和史蹟研究会、昭和八年、緒言。
(31) 前者は、京都の儒者岡崎盧門の編纂で、安永七年(一七七八)に刊行された国別の梵鐘銘集(畿内部以外は未刊)。後者は、松平定信の編になる古文化財の木版図録で、その対象は碑銘・鐘銘など一〇種類に及ぶ。全八五冊、序文に寛政一二年(一八〇〇)の紀年がある。
(32) 高田の拓業総体に関しては、内田好昭「近代日本と拓本収集―高田十郎の拓業をめぐって―」(久留島浩・高木博志・高橋一樹編、前掲書)を参照。
(33) 後藤守一「高橋健自博士略伝」(『考古学雑誌』第一九巻第一二号、昭和四年一二月)参照。
(34) 地方委員の活動内容については現在詳らかにし得ないが、同日委員を嘱託された面々の中には、『大和山辺郡史』(大正二～五年)の編者越智敏雄、『奈良県南葛城郡誌』(大正一五年)の編纂に携わった吉村定治郎・土井利顕、後述する保井芳太郎らの名が見える(『奈良県報』第八七七号、大正一〇年三月一一日)。
(35) 梅原の略歴については、小林三郎「実証的研究一筋の梅原末治」(明治大学考古学博物館編『市民の考古学2　考古学者―その人と学問―』名著出版、一九九五年)参照。
(36) 以下小泉の経歴については、特に註記しない限り、小泉顕夫『朝鮮古代遺跡の遍歴―発掘調査三十年の回想―』(六興出版、一九八六年)を参照。
(37) 昭和六年頃、森田は家蔵土器・古瓦の展示施設である畝傍考古館を開いたが、同一五年一一月紀元二千六百年を記念して大和国史館(奈良県立橿原考古学研究所附属博物館の前身)が建設されると、所蔵品の全てはそちらに収められたという(『大和百年の歩み　文化編』大和タイムス社、一九七一年、四九・二七九頁)。
(38) 調査の経緯・内容については、『古蹟調査特別報告第三冊　慶州金冠塚と其遺宝』(朝鮮総督府、大正一三年)参照。

(39) 早乙女雅博「新羅の考古学調査「一〇〇年」の研究」『朝鮮史研究会論文集』第三九集、二〇〇一年一〇月、六九〜八四頁。
(40) 藤田亮策「朝鮮古文化財の保存」『朝鮮学報』第一輯、一九五一年五月、二五三頁。
(41) 以上保井の履歴については、斎藤忠監・保井芳太郎『大和古瓦図録』、同『大和上代寺院志』(ともに一九八五年第一書房より復刻)の稲垣晋也、福山敏男による解説を参照。保井コレクションの成り立ちについては、岡島永昌「保井芳太郎のコレクション形成とその背景」(久留島浩・高木博志・高橋一樹編、前掲書)に詳しい。
(42) 保井芳太郎編『保井家古文書目録』(大和史学会、昭和一五年)の凡例には、記録文書を合わせた家蔵古文書は約五千点、元和・寛永を下限としても九百余点とある。
(43) 明治二三年〜昭和三七年。北葛城郡浮孔村大字勝目(現大和高田市勝目)の生まれ。号湖月。大正五年から三五年間毎日新聞社高田通信部主任を務める。『大和古瓦図録』の保井自序に、編纂助力者として名が挙がっている。
(44) 出品目録の冒頭に「左記書籍は全部保井芳太郎氏の出品にかゝるものである」とある(『やまと』第一巻第二号)。保井蔵典籍の全貌は、謄写版『家蔵 郷土研究史料図書目録 大和之部』(昭和七年自序)を参照。
(45) 明治八年〜大正一一年。十市郡大福村(現桜井市大福)に生まれる。県師範中退後、県下の小学校で教職に従事しつつ喜田貞吉に師事、『奈良県高市郡志料』(大正四年)の編集委員を務める。遺された大和関係史料(写本)は高田・田村によって整理され、現在奈良県立図書情報館に「今西文庫」として収められている。
(46) 保井芳太郎、前掲『大和上代寺院志』、大屋徳城「序」。
(47) 喜田貞吉「学窓日誌」『民族と歴史』第六巻第二号、大正一〇年八月、七八頁。
(48) 以上は『まほろば』第一四号〈森口奈良吉翁特集〉(一九七〇年八月)の年譜による。
(49) 第二回研究会(於春日社)の参加者は、後に大和史学会の設立に携わる高田・森口・森本・田村・保井の他、畝傍中学校教員野上正篤(第六章第一節1参照)・垣本清文、添上郡狭川尋常高等小学校校長兼狭川村立狭川図書館館長中田兼松、正長元年柳生徳政碑の発見者杉田定一らであった。
(50) 前者には、森口の要請により現地踏査を行った水木(大正二年)、春日社古文書の「吉野郡小河雨師明神領」という記事をともに発見した内務省神社局考証官宮地直一(同一一年)らの支持があった。後者については、最終的に神武聖蹟鳥見霊時の小川村治定は実現しなかったが、その保存顕彰請願自体は、昭和六年貴衆両院を満場一致で通過した(森口奈良吉『丹生川上と鳥見霊時〈附吉野離宮〉』〈小川郷史蹟顕彰会、昭和一四年〉、葭田真澄『丹生川上神社と森口奈良吉翁』〈丹生川上神社、一九七五年〉参照)。

(51)　前掲『まほろば』第一四号、一一七頁。『春日神社小志』（大正一二年。以下頭の「春日神社」は略）は森口著の神社案内、『金石銘表』（同一四年）は高田「釣燈籠」を一部転載し、『大鑑』（同一五年）は同社古文書・殿宇・什宝の写真版に詳解を加えたもので、共に森口編である。さらに、京都帝大の歴史学者中村直勝との二人三脚により、東京帝大文学部史料編纂掛（のち史料編纂所）も未刊であった『文書』第一巻（昭和三年）を公にし、それ以外の諸記録を『記録目録』（同四年）にという形で紹介した森口の八面六臂の活躍は、確かに瞠目すべきものである。

(52)　定胤の事跡については、法隆寺編『定胤長老遺墨』（同、一九六六年）の年譜による。性相学（倶舎・唯識）の大家としての定胤については、西村実則「法隆寺・佐伯定胤と渡辺海旭—仏典の伝統的研究と原典研究—」（『大正大學研究紀要』第一〇〇輯、二〇一五年三月）を参照。

(53)　対支文化事業（東方文化事業）の全容については、阿部洋『「対支文化事業」の研究—戦前期日中教育文化交流の展開と挫折—』（汲古書院、二〇〇四年）、山根幸夫『東方文化事業の歴史—昭和前期における日中文化交流—』（同、二〇〇五年）を参照。

(54)　第四号（大正一四年一〇月）から建築史家佐藤佐《たすく》、画家久留春年も編輯同人に名を連ねたが、第一〇号（昭和三年八月）で南都七大寺の僧侶による編輯体制が完成した。

(55)　天平改元から一二〇〇年目に当たる昭和三年には、三月から大阪朝日新聞社によって「天平文化記念大講演会」「天平文化綜合大展覧会」が続けて催され、五月には奈良帝室博物館・東大寺ほかで臨地講演も行われた（本書第五章第一節2、第七章第一節1参照）

(56)　大屋の履歴については、『大屋徳城著作選集』第一〇巻（国書刊行会、一九八八年）の「大屋徳城博士略年譜」を参照。

(57)　同右年譜によれば、大正一一年三月一八日～五月一五日に朝鮮半島の仏教史蹟踏査、翌一二年三月二一日～五月一九日も朝鮮半島・中国大陸の仏教史蹟を踏査しているが、これらについては本書第七章第二節2・3に詳述。

(58)　吉井敏幸、前掲論文、一一四頁。

(59)　高田十郎『奈良百題』青山出版社、昭和一八年、一三九頁。

(60)　柳田国男、前掲「故郷七十年」、二二〇頁。

(61)　表智之「明治初頭期における古物趣味の持続と転回—鈴木廣之『好古家たちの19世紀』によせて—」『美術研究』第三八六号、二〇〇五年六月、二五一頁。

(62)　森川辰蔵「高田十郎先生」『まほろば』第一六号、一九七三年三月、八五～八六頁。

（63）飯島吉晴「解説　山中共古の人と学問」山中共古『共古随筆』平凡社、一九九五年、三四八頁。

（64）鈴木廣之『好古家たちの19世紀—幕末明治における《物》のアルケオロジー—』吉川弘文館、二〇〇三年、二一八頁。蜷川については本書序章参照。

第四章　「うまし国奈良」の形成と万葉地理研究

はじめに

つくづく飛鳥は恐ろしい所と思った。何が発見されるか、わからない。飛鳥の地下には、研究者の誰もが予想だにしない大遺跡や遺構が眠っている。

これは、二〇〇二年八月に刊行された和田萃『飛鳥―歴史と風土を歩く―』（岩波新書）の帯コピーである。和田がこのように驚嘆した酒船石遺跡では、二〇〇〇年二月に亀形石槽が出現し、その前年に飛鳥池遺跡から出土した富本銭と併せて、明日香村が再び注目される契機となった。「明日香村における歴史的風土の保存及び生活環境の整備等に関する特別措置法」、通称明日香法が公布・施行されて、ちょうど二〇年目のことである。周知の如く、奈良県高市郡明日香村は、明日香法の他、文化財保護法（一九五〇年）、「古都における歴史的風土の保存に関する特別措置法」（一九六六年。通称古都保存法）、都市計画法（一九六八年）等によっても村全体が土地利用に関する規制を受けており、近代的観光産業の新規開業は事実上不可能となっている。そんな同村にとって、遺跡・遺構が、一般公開乃至復元展示されるべき貴重な観光資源であるのは、蓋し当然のことであろう。

「我が国の律令国家体制が初めて形成された時代における政治及び文化の中心的な地域であったことをしのばせる歴史的風土が、明日香村の全域にわたつて良好に維持されている」ことを高らかに謳う明日香法第一条に明らかなように、明日香村は、「我が国の」歴史を背負うことを余儀なくされてきた。これは、奈良県を国家のルーツとする通念を、同村へと収斂させるまことに端的な法律であろう。そうした通念が、近代以降は「建国の聖地大和」という形をとってきたこと、そしてそれがいかに多くの疑義ある要素を以て形成されたかということは、一九九〇年代に近代日本文化財研究が緒に就き、陵墓や聖蹟を含む史蹟名勝などの「創られた伝統」的実態、つまり国家の主導による創造を明らかにしたことにより、今や広く知られている。(1)

しかし、奈良県を国家のルーツ、否「日本のふるさと」と言わしめたのは、「建国の聖地大和」という側面だけではなかった。もう一つ、「うまし国奈良」という重要な側面があったのである。夙にこの奈良県＝「日本のふるさと」観の持つ二面性を鋭く指摘していた人物に鈴木良がいるが、鈴木は「うまし国奈良」の実体を、「たとえば飛鳥(明日香村)に代表される村落景観」(2)とし、それが村民の「自治」によって作られた歴史的景観である点を強調して、「建国の聖地大和」と対照的に捉えている。この「うまし国奈良」という側面は、鈴木がより重視する「建国の聖地大和」と同等かそれ以上に、奈良県(大和国)を「日本のふるさと」と人々に認識させることに寄与していると思われるが、単に農村風景・田園風景が郷愁《ノスタルジア》を醸し出すと言うならば、「同じような景観は、日本の各地でよく目にする」(3)と和田が言うように、全国に「日本のふるさと」と呼ばれる資格のある場所は、数多存在するであろう。

それでは、その中で奈良県がほぼ真っ先に想起されるのは、一体何故であろうか。一見平凡に映る周囲の農村に至る所に、「日本最古の歌集」であり、国民国家日本の古典《カノン》たる古事記・日本書紀と並び称される万葉集に詠まれた土地、「万葉歌枕」(4)が存在するという認識が、非常に大きな要因ではないか、と著者は見る。一九九九年三月に明日香村が独自に策定した「第三次明日香村総合計画」が、「生まれてよかった、住んでよかった、来てみてよかったふるさと明日香」を村の将来像とし、村づくりのテーマの一つとして、「明日香の歴史・万葉の憧憬を育む」を掲げているのは、既に行政においても、「万葉の地」と「ふるさと」を結び付ける思考が内面化されていることを、如実に示していると言えよう(5)。

しかし、全国の中で、奈良県の万葉歌枕の存在が特にクローズアップされ、「万葉故地」奈良というイメージが形成されたのは、実はそう古いことではない。結論から言えば、それは、昭和戦前期に盛行した「万葉地理研究」という学問に負うところが大きかったのである。そして、この新ジャンルを切り拓き、牽引役を務めたのが、地元奈良県の万葉集研究者辰巳利文（明治三一年〈一八九八〉～昭和五八年〈一九八三〉）であった。明治三一年、小学校教員利貞の長男として、南葛城郡忍海村大字柳原（現御所市柳原）に生まれた辰巳は、奈良県師範学校を卒業後、一貫して県内で初等教育に従事し、国民学校校長として終戦を迎えた人物であるが、彼が公務の合間を縫って力を注ぎ続けたのが、万葉地理研究である。以下本章では、現在万葉集が「うまし国奈良」イメージの維持に多大なる貢献をしており、延いては奈良県＝「日本のふるさと」意識の一翼を担うに至っている、その起源を、辰巳による万葉地理研究という学問の形成過程を分析することによって、明らかにする。第一節では主宰雑誌や著書における万葉歌枕の比定、第二節では風景写真頒布による具体的視覚資料の提示、第三節では万葉歌枕の現地案内と臨地指導というように、辰巳の営為を大きく三つに分類し、各方面における辰巳の事業の位置付けを行って、万葉地理研究の歴史的意義を問うものである。

第一節　万葉歌枕の比定

本節では、先ず万葉歌枕が辰巳によってどのように比定されたかを、彼が主宰した奈良文化学会の機関誌『奈良文化』[6]と、紅玉堂書店から刊行された『大和万葉地理研究』（昭和二年。以下『地理研究』と略）・『大和万葉古跡巡礼』（昭和五年。以下『古跡巡礼』と略）という著書から明らかにする。そして次に、辰巳以降研究書が簇生し、万葉地理研究が終戦まで隆盛を極める様子を確認しよう。

1　万葉地理研究と雑誌『奈良文化』

「日本最古の和歌集」である万葉集には、当然相当量の研究蓄積がある。辰巳の万葉地理研究にも「原型」たる歌枕研究が存在したのだが、それは、名所歌枕の範囲を二十一代集外の万葉集にまで拡大した契沖『類字名所補翼鈔』を経て、鹿持雅澄『万葉集古義』（以下『古義』と略）、殊にその附録で非常に網羅性の高い「万葉集名処考」（以下「名処考」と略）によって、近世末に大成されたものであった。近代に入ってからは、明治二〇年代の文学史書が新たな価値――「作者が天皇から庶民まであらゆる階層にわたる」「表現が素朴、雄渾、真率である」[7]――を喧伝したことを契機に、万葉集自体は歌壇から熱狂的に迎えられるが、歌枕研究には特に進展が見られなかった。しかし、歌壇での熱気に後押しされ、大正末から昭和初めにかけて『校本万葉集』（大正一三～一四年〈一九二四～二五〉）と正宗敦夫『万葉集総索引』（昭和四～六年〈一九二九～三一〉）という画期的な業績が生まれ、文献的基盤が確立されると、万葉集研究は空前の盛況を迎える。[8]その内容が歌枕（名所）のみならず、枕詞・人物・品物・語彙・音韻・語法・歌格にも及んだ註釈書『古義』により、近世において一つの到達点を見ていた万葉集研究は、ここに再び訓詁注釈以外の多種多様な方向にも発展して行くのだが、その中で、作家研究や動植物研究等とともに、昭和に入ってから盛んになったのが、「万葉地理」の研究であった。そして、「名処考」以降見るべき業績がなかった旧来の歌枕研究から脱し、奈良県において「未だ一般に行はれるに至らず特殊の場合にすぎなかつた」歌枕の実地踏査を行って、新たなジャンルの先駆者となったのが辰巳だったのである。[9]

ではその万葉地理研究が、「先駆者」辰巳によって形成される場となった、雑誌『奈良文化』をまず見てみよう。大正七年（一九一八）に奈良県師範学校を卒業し、直ちに磯城郡多村多小学校（現磯城郡田原本町南小学校の前身の一つ）に赴任、同九年から『大阪朝日新聞』奈良版の歌壇選者となっていた辰巳は、同一一年二月奈良文化学会を設立し、その機関誌たる『奈良文化』を創刊する。(10) 歌の師である佐佐木信綱（明治五年〈一八七二〉～昭和三八年〈一九六三〉）が創刊号に寄せた「三つのよろこび」には、「辰巳君が学生の頃上京して自分を訪問された時、色々歌語りをして大和の文化の復活に努力せらるゝ様にと云つた」（『奈良文化』第一号、大正一一年二月、一頁。以下本章で出典が『奈良文化』の場合は、号と頁を【1―1】のように表記する）とあり、創刊の遠因が窺える。辰巳自身は同号の「万葉の大和を巡りて」において、信綱が「万葉のあまれたうた国」と称した大和に生を享け、万葉歌人を「祖先」としながらも万葉の学に疎い自らを恥じ、

　吾々はたゞ吾々の祖先の仕事のとり残されたる仕事の部分を継承してこれを完成することによつて吾々の祖先に対しての深い感謝であると思ふ。そしてかくすることが吾々のほんとうの務めではないだらうか【1―21】。

と、自分も含めた奈良県人＝「万葉歌人の子孫」の奮起を期待するのであった。そして、辰巳にとっての「とり残されたる仕事」こそ万葉地理研究であることが、奮起の舞台たる『奈良文化』誌上において、この後明らかになっていく。

　創刊号で見せた意気込みとは裏腹に、小学校教員という職務に就いた上での経営は苦しく、関東大震災の影響で東京からの原稿が集まらないこともあって、第二号と三号の刊行間隔は、一年半も空いてしまう。かかる苦境の草創期を、『奈良文化』は、竹柏会（佐佐木信綱主宰の短歌結社）大和支部の機関誌として乗り切っていく。その結果、大和支部の会員・準会員の短歌・俳句・詩を中心とした誌面構成は、第四号（大正一三年〈一九二四〉六月）では五〇人以上の短歌を掲載するところにまで行き着き、「たんに歌の雑誌ではない」【1―49】という主張も、空しくな

りつつあった。この傾向が変わり始めるのが、「上代文化研究号」と銘打った第五号（同年一一月）からである。編集後記で、竹柏会関係者を中心とする詩歌学芸研究の発表機関であると自ら称えるように、確かに依然信綱の人脈に頼るところは大きかった。しかし、京都帝国大学文学部教授浜田耕作の「奈良と慶州」を巻頭に擁し、笹川臨風（俳人）、尾上柴舟・橋田東声・窪田空穂（歌人）らによる「奈良の秋」をテーマとするエッセイを掲げた該号以降、詩歌の分量は抑えられ、辰巳自身は「黒髪山について」で本格的に「とり残された仕事」にかかり始める。

そして、第六号「万葉研究号」（同一四年五月）が、続いて刊行される。その巻頭言で辰巳は、今日の万葉集研究者は彼集だけを見つめており、日本文学乃至世界文学の中に占める位置と価値の公正な認識に乏しい、という与謝野晶子の批判(11)に対し、「吾々はすでに、訓詁の学にのみ満足すべきではないことを充分に承知してゐる。所謂古典的研究の他に更に文学的鑑賞の世界をも充分にみとめてゐる」と反論する。そして、さらに「万葉集の地理研究の必要」【6—25〜26】というマニフェストをも掲げ、一気に万葉地理研究の基盤確立に向かうのである。そこでの辰巳の主張とは、要約すれば、(1)古い地誌等をよく吟味もせず鵜呑みにしてはならない、(2)歌の地理的背景を理解するには身親しくその土地に臨まねばならない、の二つである。辰巳の胸中には、万葉地理研究が未だ開けないのは、前者を肝に銘じることなく平気で「竜田は平群郡にあり」という初歩的な間違い（明治三〇年からは生駒郡）を犯し、後者を考慮に入れずに机上の想像で済ませている学者のせいだ、という憤懣遣る方無い思いが渦巻いていた。前近代の歌枕研究書を土台として導き出される、「大和の国にありとか、或は山城の国にありとかいつた風のばく然たる答」はもう意味がなく、自らの提唱する万葉地理研究こそ、「吾々がいかに図書館にとぢこもらうと、見ることの出来ない貴重な問題」を解決するものだ、という強烈な自負が垣間見られる。この後竹柏会の色、つまり歌誌の色が薄まり、「奈良文化社のパンフレット」【6—42】という性格が露わになった『奈良文化』において、辰巳の地理研究は毎号のように誌面を賑わすのであった。

第六号でのマニフェストに続き、「第二万葉研究号」たる第七号（同年一一月）を発刊――『奈良文化』は、五～七号を経て、万葉集研究を軸に、春秋の年二回刊行する基本スタイルを確立する。これは、毎号のように「賛助金」と称する経済的援助が寄せられるとともに、寄稿者陣がある程度固定化されたことも、大きな要因であろう。『奈良文化』への全寄稿者（詩歌は除く）を、掲載回数・掲載号数を基に整理すると、一度のみの掲載に終わった五三人中二五人が第五号までに集中し、計五回以上の掲載を果たした二三人が第六号以降「常連」となっていくのが分かる。以下その「常連」を中心に見ていくと、先ず一〇号（昭和二年〈一九二七〉四月）までで、主宰者辰巳と物心両面での援助を惜しまなかった師佐佐木信綱を除くと、久松潜一（東京帝国大学）・武田祐吉（國學院大學）・沢瀉久孝（京都帝国大学）・春日政治（奈良女子高等師範学校）といった万葉アカデミシャン[12]が、早くも核になりつつあるのが分かる。同時期を支えた岩橋小弥太（古代史）・橋川正（仏教史）・志田義秀（俳諧史）・斎藤清衛（中世文学）の名がその後誌面から遠ざかるのに対し、前掲久松以下の四人に山田孝雄（東北帝国大学）を加えた錚々たる面々の万葉研究は、一二（同二年一〇月）・一六（同四年四月）・一七（同四年一一月）号の万葉集特集号で最高潮に達する。その間辰巳は後に『古跡巡礼』に収められる論考【7・9・10・14・15・17】を次々と発表し、一二～一六号にかけては「地名別万葉歌選（大和之部）」を沢瀉とともに手掛け、ひたすら奈良県内の万葉歌枕の啓蒙に努めたのである。昭和四年三月に橿原神宮権宮司から藤島神社宮司へと転じる二宮正彰の神道研究も、第一四号までに集中して七本が発表され、上代文化の考究を旨とする同誌の雰囲気を作り上げていった。

しかしそうした好調の裏で、沢瀉が一六号を最後に突如として消え、春日が九州帝国大学へ転じた（大正一五年五月）ことにより、「常連」陣容に変化が生じ始める。石井庄司・瀬古確・徳田浄・森本治吉ら「新進国文学者」の登場である。以前から『奈良文化』の普及拡大に協力していた石井[13]は、師沢瀉と入れ替わる形で書き始め、「羽易山に就いての疑問」（第二〇号、昭和六年四月）では万葉歌枕にも考察を加えている。春日の異動先である九州帝国大学法文学部に在籍する瀬古は、「家持の歌より見たる万葉の一考察」（第一九号、昭和五年一一月）から七号連続で万葉研究を発表した。初め第七号に奈良女高師の同僚春日の推薦・紹介により論文が掲載された徳田は、同じく同僚の岩城準太郎（近代文学）から支援・教示を得て『原始国文学考』（昭和五年）・『日本文典講義』（同六年）を生み出した[14]頃から、その熱意を『奈良文化』への執筆にも注ぎ始め、久松を介して知った森本は、主に万葉集特集号で健筆を揮う。彼ら辰巳と年齢が近い国文学者に、高等学校教授の鴻巣盛広と弥富破摩雄（近世文学）——ともに明治一〇年代生まれ——を加え、『奈良文化』の屋台骨たる万葉集研究は維持されたのである。そんな中、依頼した原稿以外は採らない方針の同誌に、「常連」万葉アカデミシャンの推挙もなく投稿するところから始め、第一二号から最終第三〇号まで論考を世に問い続けた上村《うえむら》六郎（明治二七年〈一八九四〉～平成三年〈一九九一〉）の存在は、特筆に値する。京都高等工芸学校を出た後、京都帝国大学工学部工業化学教室で古代彩色料の研究に従事した上村は、上代の染色・色料に科学的考察を加えることを基本方針に、色、それをのせる繊維、更には染料の原料である植物へと考察を深めていく。その研究内容は、万葉集の用字・語義・作者研究を中心とする誌面では異彩を放ったが、昭和五年（一九三〇）辰巳と共著というかたちをとった『万葉染色考』に結実し、辰巳の地理研究同様万葉集研究史に新局面を拓いたのである。

辰巳の論文は、第一七号を最後に四年も載らなくなるが、その間随筆・批評を多数収めた『大和雑記』（昭和五年六月）と、万葉地理研究書『古跡巡礼』（同年一〇月）を上梓している。また『奈良文化』に掲載された万葉集関係論文三三篇を、執筆者本人による加筆訂正を経て『万葉集論考』（素人社、同七年六月）に纏めつつ、昭和六年三月には月刊歌誌『厳橿』[15]を創刊して、県歌壇においても精力的に活動していたのである。そして、同八年四月に勤務地が奈良市内から郡部（高市郡）へと変わる。職務に余裕が生まれたためであろう、二五号（同八年一一月）から万葉地理研究の発表を再開し、同人の東京帝国大学学生杉村俊男の協力を得て、『古跡巡礼』以降の研究集成である『大和万葉地理考』（仮題）の刊行を目指した。しかし、一二三号（昭和七年一一月）に「奈良文化学会は主として飛鳥・奈良時代の文化（国史・国文・古美術・考古学・土俗民俗学等）を考究せんとするものを以て組織す」という学会規約を掲げて以後も、万葉集研究を根幹に据えた編集方針を貫いていた同誌を、二六号（同九年六月）以降「常連」寄稿の激減が襲う。加えて慢性的な出版費用の欠乏は、二五号から総ページ数を最盛期の半分以下――第一五号以前の状態――にしてしまうのであった。そして昭和一一年（一九三六）六月、一号限りで豪華な執筆陣が復活した第三〇号を以て、『奈良文化』は遂に廃刊を迎えた。この後、「万葉歌人の子孫」の一人たる辰巳の文筆の場は、『厳橿』へと移るのだが、「このさゝやかな仕事が何かのかたちで、わが学界の光輝ある一頁をしめることゝ確信する」【30―77～78】と最後に見せた自負の通り、『奈良文化』で形成された辰巳の地理研究は、確実に一つの潮流を生んでいた。

2　『大和万葉地理研究』『大和万葉古跡巡礼』と後学の簇生

前項で見たように、「一百の凡人に愛されるよりも一人の智者にむかへられる方がいゝ」【9―49】と言い放った『奈良文化』自体は、大正から昭和に移る頃には、一廉の学術誌へと変貌しつつあった。しかし、前掲『古跡巡礼』と、『短歌雑誌』への連載をそのまま本にしたという『地理研究』（昭和二年七月）は、「大和の国に旅する人も是非本書を携へて往古歌枕の跡を尋ねられん事をお薦めする」という同誌の広告が示す通り、旅行ガイド的手軽さを旨としていた。その二著により、辰巳の開拓した新ジャンル「万葉地理研究」は、より多くの目に触れる可能性を得、さらには刺激を受けた後進の出現をも促して、昭和前期に隆盛を極めるのである(16)。中でも、辰巳と同じく奈良県（大和国）の万葉歌枕を対象とした書の多さが、後掲の表1の如く最も目立った。しかし、ここで湧き上がってくるのは、素材が「奈良県の万葉歌枕」と非常に限られている時、多くの研究書が生み出されれば、それらは辰巳の成果や手法の単なる模倣に過ぎなくなるのではないだろうか、という疑問である。それを解くべく、先ず実際に『地理研究』『古跡巡礼』における歌枕比定の手法を分析して、次に後学たる表1の六冊と比較検討してみよう。

「地理的背景をもつた歌はどうしても地理的背景を考へなくてはならない」【6—25】と唱えるマニフェストは前項で取り上げたが、そこで「机上の想像」「前近代の歌枕研究書」と述べる時、辰巳の念頭にあるのは、前項冒頭で触れた鹿持雅澄の『古義』、就中「名処考」である。昭和一七年（一九四二）度より使用された修身教科書には、雅澄の「日本の中央からははなれた土地」[17]での苦学や不遇が、「下書を書いたままで、なくなつてしまひました」のように憐れみを誘う筆致で描かれているが、辰巳にとって、「実地からの隔絶」こそ憎むべき点であった。両著の全編にわたって「名処考」は槍玉に挙がっているのだが、その批判の主軸は、(1)比定が漠然とし過ぎている、(2)比定地が間違っている、の二つである。それではこれらの瑕瑾は、辰巳によってどのように克服されているのだろうか。

先ず(1)については、「父君に　我は愛子ぞ　母刀自に　我は愛子ぞ　参ゐ上る　八十氏人の　手向する　恐《かしこ》の坂に　幣奉り　我はぞ追へる　遠き土左道《とさぢ》を」（六—一〇二二。以下万葉集の歌については、所収巻数と旧国歌大観番号を用いて同様に示す）に見える歌枕「恐の坂」の比定を比較すれば、一目瞭然である。「名処考」は「大和国にて、河内へ越る所の坂なり」[18]と述べ、日本書紀の、壬申の乱における高安城（現在の奈良県生駒郡平群町と大阪府八尾市の境にあった）を巡る攻防に関する記述「財《たから》等、衆《いくさ》少く距《ふせ》くこと能はず。是より先に、紀臣大音を遣して、懼《かしこの》坂道を守らしむ。是に財等、懼坂に退きて、大音が営に居り」（天武紀元年〈六七二〉七月壬子条）を参考に掲げるに過ぎない。これに対し、『地理研究』は同条を引用した後、即座に竜田山（信貴山の南から大阪府柏原市にわたる山地の総称）を越える竜田道に関係あるものと特定し、現在のJR関西本線三郷駅（奈良県生駒郡三郷町）から高井田駅（大阪府柏原市）に向かう間の最初のトンネル上の山に比定する「小鞍嶺《おぐらのみね》」の東麓に、「カシコダ」と称する地名が残っていることから、「カシコダから、この峠〔嶺の頂近くにある集落〕までのあひだのほそながいだらだら坂」（二三頁）と、極めて詳細に比定するのである。万葉歌枕は「その地方に於ける小字名を踏査することによつて、ほゞ推定し得る」【14―39】という、辰巳の主張通りである。ただ、これは、たとえば「地名研究の側から見ても、小字ホノキ〔中国・四国地方に見られる、小字の起源と思われる小区画〕は余り小さ過ぎ、且多くは字の地名を上下東西に分けたのなどが多くてつまらぬ地名が多い[19]」と断ずる柳田国男の態度などとは、全く相容れないものと言えよう。

問題なのは、より多く見られる(2)の場合だが、最も典型的な「巨勢山と真土山」（『地理研究』七一～七九頁）では、まさしく辰巳の比定手法のエッセンスが窺える。先ず「巨勢山の　つらつら椿　つらつらに　見つつ偲はな　巨勢の春野を」（一―五四）を掲げ、巨勢を「大和国高市郡にて、藤原にありて、古瀬村と云り[20]」とする「名処考」の記述を、「実にひどい誤記」「全く乱暴きはまりなき愚説」「とるにたらないもの」と口を極めて罵るところから論は始まる。そして即座に、「南葛城郡葛村」の古瀬（現御所市古瀬）と訂正し、村人の呼び馴らわしに従って、「現今の和歌山線吉野口駅のすぐ西方に見えるやや小高い雑木山」を巨勢山と比定する。続いて辰巳は、自らの視線を駅に降り立った旅人と同化し、駅の東方数町にある「一筋の清流」に目をやって、曽我川の上流にあたるこの細流を、周囲にはこれ以外に川らしい川がないという一事を以て、「高湍なる　能登瀬の川」（三―三〇一八）と詠まれた「能登瀬の川」と決定するのである。さらに、明治初年にはこの川岸に沿って「紀州街道」と称する古道がついていたことを、またも村人から聞き及び、今では廃道同様となった西岸の「古びた細い間道」にその名残を求め、「古の巨勢路」であると断定するのであった。

「当時の巨勢野の情景」を現在に重ね合わせようとする、これら一連の比定は、「河上の　つらつら椿　つらつらに　見れども飽かず　巨勢の春野は」（一―五六）という一首を以て、情感たっぷりに締め括られるのだが、その過程では「村人の話」＝「故老曰く」をかなり強い根拠とする姿勢が、度々見られた。これは、同じく実地踏査を肝と

表1　昭和前期の万葉地理研究書（大和国）

通番	刊行年月	著者・書名・版元	配列	図版	備考
①	7年 1月	豊田八十代『万葉地理考』（大岡山書店）	50音順	地図11 口絵写真1・巻末写真18	地図は別冊
②	8年 9月	大井重二郎『万葉集大和歌枕考』（曼陀羅社）	地域別	挿図3 挿入写真7	
③	9年11月	奥野健治『万葉大和志考』（同人会）	50音順	地図6、巻頭図1 口絵写真18	地図は巻頭
④	10年 4月	阪口保『万葉集大和地理辞典』（改造社『短歌研究』附録）	50音順	挿図5 口絵写真11	19年7月創元社から再刊
⑤	16年 8月	北島葭江『万葉集大和地誌』（関西急行鉄道株式会社）	地域別	挿図4 挿入写真6	
⑥	17年 6月	大井重二郎『万葉大和』（立命館出版部）	地域別	挿図10 口絵写真34	

＊刊行年月は全て昭和。「配列」は歌枕の配列方式を示す。
＊「地図」は陸地測量部地形図、「図」はそれ以外のもの（主にフリーハンド）であることを示す。「写真」は歌枕に関するもののみを数え上げた。

する歴史地理学者の喜田貞吉が、「新しく起つた附会説でも、それが其の土地に都合の良い事であると、いつしか古老の語り伝へとなつてしまふ」(21)と注意を喚起するのとは、全く異なる。「巨勢山と真土山」では陸地測量部地形図（五万分の一）の参照が求められはするが、「この河水はここを絶えずゆきすぎた万葉人の眼に実になつかしい清流であつたものでありませう」というロマンティシズムが全体にちりばめられ、読者の目を霞ませる。

それでは、このような手法を採る『地理研究』『古跡巡礼』と、表1の①～⑥とを見較べてみよう。「考」「辞典」「地誌」という名称が端的に示すように、内容・構成はそれぞれ異なっている。「万葉集古義名所考の例に做（倣）ひ、地名を五十音順に排列」し、歌詞も『古義』より転載したと凡例にある①『地理考』は、『地理研究』を参考書目に掲げているものの、前近代の典籍から諸説を引用し、穏当な説明に終始している。著者豊田八十代がこれ以前に『万葉集新釈』（大正五年〈一九一六〉）という註釈書を著していることと考え合わせると、『古義』と「名処考」の関係と同様、つまり余技的歌枕研究と言えるかも知れない。全国的実地踏査が比定の材料となっていることがほとんど窺えない、簡素な「名処考」風記述の①に対し、②『歌枕考』は、「万葉集の精髄」を知るために先ず大和を知ることを目標としており、

「竜田町の南車瀬にあり。神奈備の川を距てゝ対岸（西方）に三室山を仰ぎ、現在は河畔に松の数樹を残すに過ぎない」（「磐瀬杜」の項、七一頁。句読点は著者）のように、歌枕の描写も詳細である。そして②の全面的改訂版たる⑥『万葉大和』では、「百済の帰化族は特に技芸に優れ、百済寺を中心として宛然山城高麗寺の如く、特殊の進歩せる文化圏を此の地に育成せしめたと想像される」（「百済野」二五〇頁）の如く、単なる「歌跡」の巡歴に止まらず、「万葉人を育成せる環境を究明し、其の背後に於ける氏族集団との紐帯を些かなりとも明瞭にして置きたい」（序）という域にまで、進もうとしているのである。

③『志考』・④『地理辞典』はともに詳細な索引を備えた「辞書的」なものであるが、専ら文献を渉猟して、先人の説を蔑ろにする近来の研究への反発から「くどい程」典拠を示した、という③には、実地踏査の跡は見られない。対して、師折口信夫の『万葉集辞典』（大正七年）の説を継承することを基本方針に、「大和を歩いてみるために作つたカード」を基に成った④は、現地までの交通手段を載せ、「現今、水勢至つて貧弱で「山辺とよみて」といふ面影さらになく」（「病足之川《あなし》」一一〇頁）のように、目にした現勢も書き加えている。⑤『地誌』は一一の地方に分類した歌枕を、「現在の飛鳥神社の前の道を西に一二丁辿つて、南に安居院の方へ行くと、其の左側に山懐の高地がある。此処は今飛鳥村小原といつて居るが、昔は大原の地である」（「大原」六二頁）の如く解説するが、実地踏査の結果と参考にした書の記述との齟齬は、却って疑問を生じさせるばかりで、自ら認める如く「従来の先輩の所説に消極的否定的な論評を加へるのみで、遂に自分の肯定的な確説を樹つるに至らなかつた」（序）。

以上、表1の中で、明確に実地踏査の上での知見が認められるものは、②・④・⑤・⑥のみであった。しかも、辰巳の諸説を、相当留保しながらも積極的に紹介している④に比べ、他の三書は「例へば狭井とか、ゆづる葉の三井とか、川原宮とかいふものは、これを一処に定められたその固有名詞と見るべきか否かには、まだ可なりの疑義がありさうである」（⑤六頁）のように、全ての歌枕に「恐の坂」比定で見られた手法を及ぼすことには、かなり慎重である。先行文献を引き比べているだけで独創に乏しい、と謙遜するのは③であるが、だからといって、実地踏査を以て全て解決とは行かない、というのが正直な胸の内なのであろう。「辰巳利文氏は、之を足で書いてゐる。実地を踏んで次の如くいつてゐる」（④二二頁）ことが、辰巳の研究への「先駆的」という評価に繋がり、万葉地理研究の扉を開いたことは疑うべくもない。が、近世の文献学的研究との系譜を意識すれば、『古義』を「机上の空論」と切って捨てることは不可能で、故老の語りや自らの印象で一つの世界を作り上げてしまう辰巳の手法や、それによって得た見解を、後学がそのまま踏襲できる筈はなかった。折口が「現実の大和がどれだけ、まだ古典の雰囲気を漂してゐるか、と言ふやうなことは、此本が、最よく伝へるであらう」と序で評し、「泊瀬処女が泊瀬かぜに吹かれながらこの路を通つたのであらうか」（二二七頁）といった感傷とともに大和を巡る、堀内民一『万葉大和風土記』（天理時報社、昭和一八年）が、表1の埒外でありながら、唯一『地理研究』『古跡巡礼』に近い雰囲気を感じさせるに過ぎなかったのである。

第二節　万葉歌枕の可視化

文献上の成果の集大成たる「名処考」を捨て去りつつ、文字の上での考察を目指した辰巳。それ故か説得力に欠けたということは、後進の対応に明らかであった。そうなることを予測していた訳ではあるまいが、辰巳は『地理研究』『古跡巡礼』が紡ぎ出す世界を、写真の提示によって補強しようと、早くから試みる。本節では、同じく奈良文化学会、つまり辰巳の手になる『大和万葉古跡写真』（奈良女子大学附属図書館所蔵。以下『古跡写真』と略）という一組の写真を取り上げ、ヴィジュアル面における万葉歌枕の「啓蒙」過程を明らかにする。

1　万葉地理研究における写真の重視

前掲表1の「図版」欄に注目して欲しい。①〜⑥には、全て「地図」（陸地測量部地形図の一部分）若しくは「図」（主にフリーハンド）が収められているのが分かる。ところが、辰巳は『地理研究』『古跡巡礼』では、本文で陸地測量部地形図の参照は求めるものの、「地図」は収録せず、「図」を用いた解説も一切行わなかった。代わりに先駆者辰巳が試みたのは、写真による万葉歌枕の具体的イメージの提示だったのである。『地理研究』八点、『古跡巡礼』九点の口絵写真が後進に与える影響は大きく、①以降の書も軒並みそれに倣い、解説文（キャプション）の精疎はあるものの、全て写真を掲載している。「本書には、又多くの口絵を添へ、本文の理解を助くることゝせり」（①凡例）とは、写真に対する全書共通の期待であったようである。こうした辰巳以降の趨勢は、それ迄カメラを持ったことすらなかった人物を写真術の修得に走らせることにもなったが（③）、その影響が最も明確な形で現れたのは、大井重二郎の②と⑥であろう。写真が七点の②に、「慾を言へば、この種の書としては更により多くの写真を挿入してほしい」という万葉三水会編『万葉集研究年報』（以下『研究年報』と略）の評[22]が下されたことを受け、⑥には三四点の口絵が盛り込まれたのである。こうして、「猿考」には日本猿の写真、というように、可能な限り一項に付き一点の撮影を心掛けた東光治『万葉動物考』（昭和一〇年）や、従来の挿絵が甚だ不鮮明且つ不正確であることを託ち、一〇〇以上の写真を挿入した松田修『万葉植物新考』（昭和九年）に代表される動植物研究と同じく、万葉地理の研究においても、写真は重要性を増すばかりであった。

このような流れの只中にあった昭和一五年（一九四〇）一一月、佐佐木信綱・新村出を編者とする『万葉図録　文献編 地理編』（以下『図録』と略）が刊行される。その名の通り、「万葉集に関係ある各種の文献をはじめ、集中に歌はれた対象の諸相を、種々の立場と角度から作られた図様を通じて把握する」（凡例）ことを目的に編集された、初の

本格的「万葉グラフィクス」であった。学界で『図録』に対する要望が高まっていたことは、

写真と共に掲記された歌と、それに呼吸を合せた、いはゆる三位一体の解説とは、洵にゐながらにして万葉の往昔を偲ばせるに足るといつてよく、この時局下贅沢にも近いアート刷の美しさと共に、けだし近来の圧巻といふべきであらう。(23)

という『研究年報』の賞賛に明らかであろう。その写真の見事さ故、「たゞ芸術写真の味が出すぎて、却つて普通の写真と同列になり、万葉地理といふわくから外れて了つてゐるものがあつたのは惜しい(24)」という指摘すら受けているが、専門家のみならず、一般の読書家や「万葉愛好家」をも対象に、「学問的堅実と芸術的滋味」との調和を目指した、と謳う同書の編者にとって、それは承知の上であった。古写本・古刊本や註釈書などを断片的に撮影した「文献篇」（一一三枚）に続いて、大和三山で始まる「地理篇」（七九枚）は、万葉集鑑賞の材料を視覚イメージ、就中歌枕写真に特化している点で、実に画期的だったのである。『図録』は引き続いて、「動植物篇」「工芸篇」「芸術篇」が刊行される予定であったが、「用紙統制の最終段階」たる配給制が翌年に始まったこと(25)も影響し、シリーズの完結はならなかった。

その軛から免れた戦後、万葉歌枕を主題としたグラフィクスは、朝日新聞社編『写真でみる万葉集』（一九六〇年）から、リービ英雄英訳・井上博道写真『万葉集 Man’yo Luster』（二〇〇二年）、村田右富美監修・牧野貞之写真『よみたい万葉集 ポケット 万葉写真帖』（二〇一六年）まで膨大な数に昇り、万葉歌枕のイメージは世に溢れかえるまでになったが、その濫觴こそ辰巳の『古跡写真』なのである。辰巳は、大正中期以降浜田葆光・足立源一郎らを中心に盛り上がりを見せてきた奈良洋画壇と交流を持っていたため(26)、絵画に造詣が深く、県師範学校卒業直後から、「芸術と教育の接触」「教育世界より芸術世界へ」と題して(27)、些かナイーヴではあるが確固とした芸術観も披瀝していた。写真に力を入れ始めたのは、足立・小島貞三（奈良女子高等師範学校附属小学校訓導）と共著の『古美術行脚

大和』（大正一二年〈一九二三〉三月）あたりからのようである。同書では、当時高市郡史蹟調査委員を務めていたこともあって辰巳が図版の撮影を担当、「本書に挿入する写真に珍貴なものを加へ得たのは主として彼の尽力によるのである」(28)と言わしめたが、その勢いを駆って同年一一月には大和古美術研究会を設立し、写真集「大和古美術大観」の作製に着手するのであった。その「趣旨と規定」【3―67】によると、仏教美術写真頒布機関の飛鳥園を発行所に、第一集「岡寺金銅如意輪観音」から第二三集「室生寺弥勒立像」まで、未だ完全に紹介されていない「大和国の特別保護建造物と国宝の諸霊像」の四つ切判（印画紙で254×305㎜）貼付写真を、一集ずつの注文に応じて頒布する、という計画であった。ところが、『奈良文化』第五号の広告を最後に、「大和古美術大観」についての情報はぷっつりと途絶え、実際の発刊・頒布状況は闇に包まれてしまう。それと入れ替わりにクローズアップされてくるのが、『地理研究』『古跡巡礼』にも転載された『古跡写真』である。

『奈良文化』第四号で初めて紹介された『古跡写真』は、被写体たる万葉歌枕が「堂塔寺社があるわけでもなく、花木苑池があるわけでもない。某の山、何の川、長々と通る畷路、そこはかとなき草の原、稀に残る礎、ひとかたまりの森林、春ならばげんげんの花咲く田圃続き、秋ならば尾花野菊の溜池堤、たゞそれだけ」(29)のもの故、必然的に何の変哲もない風景写真たらざるを得なかった。しかし、「万葉古跡」という意味付けが非常に魅力的なものであったとしても、「大和古美術大観」に収められるような「秀れた建物や霊像」はなく、近世の名所図会に見られる神社仏閣も捉えていない平板な画が、何故作り出されたのだろうか。そこには近代日本において形作られたある一つの風景観と、それに基づいた風景写真の成立が関わってくるのだが、次項ではその両者について概観しよう。

2 アノニマスな風景への志向と写真

「風景」と一口に言っても中々定義が困難な概念であるが、それを「人間と対象、主体と客体の関係において、

「風土によって触発される審美的印象[30]」とし、志賀重昂『日本風景論』（明治二七年〈一八九四〉初版）以来の「風景論」が看過してきた平凡な「生活的景観」、殊に農村景観への審美的態度に注目したのが、勝原文夫『農の美学』（一九七九年）である。そこで勝原が採用した手法とは、日露戦争直前の明治三七年――『文部省年報』によると就学率は九〇％を越えていた――から使用が始まった小学校国定国語教科書における風景描写に、「国民的原風景」の形成過程を探る、というものであった。小学校の国定国語教科書は、その使用時期から六期に分けられるが、第二期の『尋常小学読本』（明治四三年〈一九一〇〉～大正六年〈一九一七〉使用）までは、登場する風景の大部分が名所旧跡の類であり、鎌倉・室町時代から明治初期まで使用された往来物の影響が濃かった。第三期『尋常小学国語読本』（大正七年～昭和七年使用）で「アノニマス（anonymous 無名の、匿名の）な田園景」が名所景の紹介と拮抗するところまで増加し、第四期『小学国語読本』（昭和八～一五年〈一九三三～四〇〉使用）以降はそのウエイトが逆転する――こうして勝原は、平凡な農村景観が、鑑賞の対象となる風景として提示されていく様を描き出している。それは各期教科書の編纂趣意書を見ても明らかで、第二・三期の編纂方針には「田園趣味」を涵養すべき材料の採用が謳われ[31]、第四期では「田園行事を文学的に表現したもの。始めて現れた叙景文」（巻七第七課「苗代の頃」）、「晩秋の一日の田園を印象的に表はした叙景文」（巻八第八課「晩秋[32]」）の如く、「田園文学」として扱われる課が、数多く見られるのである。

よって国語教科書を見る限り、第三期頃から新たな風景たる「アノニマスな田園景」＝「農の風景」が、「国民的原風景」として広範に浸透していくと言えるだろうが、アノニマスな風景が国定国語教科書に登場し始めた契機や要因について、勝原は全く言及していない。何故叙景文の対象は、名所から無名の土地へと推移していったのか。この点に関し、李孝徳の「描写のリアリズム」をめぐる指摘は、非常に示唆に富む。李は、『土佐日記』以来の紀行の多くは単なる詩歌美文の羅列で、歴史的実証性や現実性《リアリティ》に欠けるという柳田国男の評価に対し、紀行の書き手や読み手は「むしろそうした「詩歌美文の排列」的な描写にこそ「いきいきと《リアリズム》」したものを感じたに違いない」[33]と、リアリティ自体の転換に注目するのである。ここから先ず、国語教科書に端的であった「名所旧跡的風景」の等閑視は、その題材と言うよりは、「わけて名におふ松島の／大島・小島その中を／通ふ白ほの美しや」[34]のような描写のあり方にリアリティを感じられなくなったことが、原因と言えそうだ。もはや言語表現の現前性は、「伝統的な（漢文・雅文の）比喩・修辞の排除、語り手の中性化、個人的観照としての表現、言と文の一致や写実性」[35]を要件とする、近代文体の専売となっていたのである。確かに、「畑には麦がもう一寸程にのびてゐる。それと隣り合つて、ねぎや大根が青々とうねをかざつて、こゝばかりは冬を知らないやうに活々とした色を見せてゐる。畑に続いて、農家が一けんある」（第二期『尋常小学読本』巻一〇第九課「冬景色」）[36]という文からは、具体的に「アノニマスな田園景」のイメージ（図像）を想起することができよう。

　では、近代文体を媒介として立ち上《のぼ》ってくるその具体的なイメージは、一体いつ、どこで、どのようにして獲得されたのだろうか。この疑問の答は、日本の絵画史、更に言えば「風景画」史にある。日本における「風景画」は、清から渡来した浮絵・眼鏡絵という遠近法の強調された絵画を、のぞき眼鏡という単視眼的な視覚装置を用いて鑑賞することによって、名所図に見られる大和絵の伝統的な俯瞰的視点や、山水画の多焦点・場と多時間軸という先験性から離脱し得た江戸中期に、初めて可能となったという。[37]そして、こうした大和絵・山水画的表象の相対化と、高精度な線遠近法の導入により製作された写実的「風景画」こそが、共同体内で一種の記号として流通する名所景を脱聖化し、風景を「個々人が現実の空間から自由に切り取る」ものへと変容させ、[38]アノニマスな風景、つまり名はないが写実的な風景を生んだのである。前掲「冬景色」のような描写を可能にした、その源泉はここにある。

　このように、絵画、殊に風景画は、近世以降長らく写実の王様だった訳だが、日清日露戦争の新聞・雑誌報道を一大契機に、幕末に渡来した写真が絵画を凌駕し、現前性・迫真性の代名詞として大量に出回るようになる。そうした身近さに加えて、同時期に本格化した乾板・小型カメラによる格段の技術的進歩は、多くの素人《アマチュア》写真家を生み出す基となり、日本写真会（明治二二年〈一八八九〉）・大日本写真品評会（同二六年）を嚆矢とする写真クラブや研究会が、続々と結成された。そこでのアマチュアの切磋琢磨から、事物の単なる記録に甘んじず、「醇化、理想化」された画像を求める「芸術写真」の考えが、二〇世紀に入る頃生まれたのである。「写真が表現として『風景』を志向するのは、写真を『芸術』としてとらえようとする意識が芽生えた後のこと」(39)であるなら、ネガや印画紙に手を加えて「絵画的効果」を狙った「芸術写真」の成立によって、カメラを構えるアマチュアの目は、アノニマスな風景をしっかりと見据えるようになったと言えるだろう。明治四三年（一九一〇）に始まった東京写真研究会の年次展（研展）に、後に「研展風」と呼ばれるようになる「素人大家」による風景写真が発表され続けたように、「芸術写真」の理念と美意識は長くアマチュアの心を捉えて放さず、大正一〇年（一九二一）以降の都市中間層への写真愛好熱の拡大にも貢献したのである。(40)

3　『大和万葉古跡写真』とその反響

このように、国定国語教科書によって「アノニマスな田園景」が「国民的原風景」の道をひた走り、それを写真という形で表現することが完全に市民権を得ていた大正末、古美術写真に続いて企画されたのが、『古跡写真』であった。前述の如く、第四号を以て作製中であることが初めて告知され、口絵にその一枚が供された『古跡写真』は、第五号（大正一三年一一月）の巻末広告「大和万葉古跡写真頒布会規定」で、その詳細内容が明かされる。そこでは、万葉集に詠まれた「古跡」の大半は大和国にある、と前置きした後、

近来万葉集の研究に従事する人々が随分と多くなつたけれども、遠く国をへだてゝ、今の大和国内の景情——万葉集によまれてある——を想像するすらかたいことであらう。足を親しくその地にふみ入れた人たちに於て

すら、やがてその景情をば記憶の外におきさられがちである。こゝに於て吾等同学の輩、身常にその景地にのぞみ、最も完全なるその実景を撮りこれを広く同学の士に頒かたんとする。

と『古跡写真』頒布に込めた思惑を、余すところなく語っている。頒布を会員制とし、コロタイプ（写真・絵画等の精密な複製に適した平版印刷）ではなく焼付写真にこだわったのも、「大和古美術大観」と同様であった。「どうしてもかうしたものは、一般的な方面により、単に写真師にまかせてゐては充分ではない」[41]という考えの下、実地に臨んだ辰巳の決めたアングルで撮影させた『古跡写真』は、先ず二五枚（五枚×五集〈第1～5集〉。以降も一集＝五枚）が、大正一三年一一月に第一回の頒布を見る。半年後の第二回頒布の段階ですでに続編の作成が予告されており、同一五年の末には第6・7集を完成・頒布、昭和五年（一九三〇）の番外的な恭仁宮周辺一集を挟み、同七年末に辰巳自身が撮影した第8・9集を頒布して、終了した（章末史料に全画像あり）。

では『古跡写真』を具体的に見ていこう。後掲の表2が全五〇枚の詳細内容であるが、その前に全体に関わる特徴を概観しておく必要があろう。先ずサイズに関しては、何故かまちまちであるがキャビネ判（印画紙で120×165㎜）に近く、第5集22番からは白縁がついている。各葉裏を返すと、辰巳の手によってタイトル・キャプションが記されており、第3集からは「禁複製／竹柏会支部撮影／大和万葉古跡写真」という朱印が押されているのが見て取れる。『古跡写真』を通覧して最も驚かされるのは、キャプションの充実ぶりである。キャプションのない8・14、「乙女等ガ続麻《ウツミ》カケトフ鹿背山時ノ行ケレバ都トナリヌ（巻六）」のように歌だけを掲げるD、という例外を除けば、いずれも被写体全てを語り尽くさんばかりの勢いである。特に第5集は圧巻で、

中景右端学校のあるところ、飛鳥きよみ原とされてゐる。そのすぐ右を飛鳥川がながれてゐる。中景中央の森のすぐ後方に白壁の人家の見えるところが大原の里。その右方につゞいて八釣山。八釣川は森のふもとを左方（北方）に流れてゐる。学校の屋根のすぐうしろに見える寺の屋根は飛鳥大仏である。それに続いて後方右端

図1　21　雷岳より飛鳥宮址、大原の里を望む（東南）

の人家は高市村（島宮址）である。中前の村落は飛鳥村飛鳥。

と解説される21（図1）や、そこから遠からぬ場所で撮影された22・23では、写真が逆にキャプションの添え物と化している印象さえ受ける。各集は天香久山周辺（第3集）、吉野宮滝（第4集）のように、一集毎にある程度近接した範囲の万葉歌枕を収め、地図上での理解を容易にした構成となっており、タイトルの多くが「〜を望む」という言葉で結ばれている。

そうして辰巳が視線を彼方に投げかける様子は、表2の画面分析からも窺える。距離に関する項目では、主要な被写体を撮影者側からそれぞれ近景・中景・遠景に分類したが、視野が近景によって遮られているもの（1・32・44や第4集の五つ）の他には、特に強い視覚的圧迫感を与えるものはない。特に畝傍山・三船山を仰ぐことを強いられる1・19のようなものは稀で、緩やかな俯瞰[42]が画面に奥行を持たせている（11・12・23、36〜38、A〜C）。とは言え、撮影地点が天香久山・甘樫丘・「ゆきの丘」・「ふぐり山[43]」のように標高の低い山・丘陵か、全くの平地であるために、奈良盆地における中景・遠景は、圧倒的に四方の山が主となってくる。そうした山々に懐かれた飛鳥川・佐保川・竜田川・吉野川といった小川大河、高野原・巨勢野などの野原、これら何の変哲もない自然こそが「万葉古跡」であった。そこに、古《いにしえ》の大原の里・穴師の里などと重ね合わされるような数々の集落が加わって、「棲息するのに適した場所」であることを直観させている。(44) さらに「点景」——画に生気を与えるべく添えられた人物や動物や人工物——の存在は、「そこに描かれている風景が、住みこまれ生きられている風景であること」の象徴ともなっている。(45) 秋の風物たる稲塚・稲架は、戦前を通じて大阪府・佐賀県とともに全国有数の反当収穫高を誇った奈良盆地の生産力を示し、日々生業に汗を流す人々（5・24・25・31・35）や川遊びをする子供たち（27）には、帰るべき大和(46)棟の家（39・40・44）があったのである。柳田国男の風景論の特徴の一つとして、人間のいない山水より農作物が織りなす田園の光景を重視することが挙げられる(47)が、辰巳のまなざしの内に、宮址・京址（12・14・16・21・31・37・41・42・43・A・E）や陵墓（2・10・22・42・45）という荘重な史蹟が含まれる時にさえ、そうした「生活実践のかたちとしての風景(48)」＝「アノニマスな田園景」という印象を、画面上から拭い去ることは難しい（図2）。恐らく辰巳の付したキャプションの詳しさも、『古跡写真』の二重性——奈良県の万葉歌枕という場の特殊性と、どこにでもある農村風景という普遍性——への自覚に由来するのであろう。

図2　22　橘寺より西方真弓丘、佐田丘をのぞむ

　では、このような性格の『古跡写真』を、学界はどのように迎えたのだろうか。結論から言えば、実に好評であった。『奈良文化』第七号にある「第一回申込会員芳名抄録」には、『奈良文化』

番号	タイトル	仰俯	主な被写体（近・中・遠景）	点景	備考
29（6）	穴師川をへだてゝ桧原、三輪山、巻向山、穴師山、穴師の里をのぞむ		(近)穴師川　(中)三輪の檜原、巻向の檜原、三輪山、穴師山、箸中村上箸中の集落 (遠)巻向山	家	30の右端に続く
30（6）	穴師川をへだてゝ桧原、三輪山、巻向山、穴師山、穴師の里をのぞむ		(近)穴師の里、道路　(中)穴師の里、穴師山、纏向村大字穴師の集落、山　(遠)山		29の左端に続く
31（7）	草壁皇子島宮趾近景		(近)石舞台古墳、高市村大字島ノ庄の集落、高市小学校、島の池趾 (中)飛鳥京址、集落、畝傍山、橘寺 (遠)二上山、生駒山	稲塚 人	稲塚に手をかける人
32（7）	真土山近景（和歌山県伊都郡隅田村字真土の西方の山麓より東方を望む）		(近)和歌山県伊都郡隅田村大字真土の集落、道路、真土山		
33（7）	平城京大極殿趾より東方春日山、高円山を望む		(近)森　(中)春日山、若草山、佐保山、奈良市街、東大寺大仏殿　(遠)高円山		
34（7）	佐保の里より佐保山を望む		(近)佐保山、黒髪山		
35（7）	佐保川近景（西方を望む）		(近)佐保川、家、土塀	人	川の中で作業をする人
36（8）	甘樫より北方雷丘（全景）、天香具山、三輪山等を望む	○俯	(近)雷丘、飛鳥村大字雷の集落　(中)天香久山、丘、集落　(遠)三輪山、巻向山		
37（8）	ゆききの丘より北方飛鳥京をへだてゝ近く甘樫、雷丘、遠く香具山、耳梨山を望む	○俯	(近)飛鳥京址、安居院、飛鳥村飛鳥の集落、甘樫丘、雷丘　(中)天香久山、耳成山 (遠)生駒山		
38（8）	ゆききの丘より南方飛鳥京を隔てゝ南淵山を望む	○俯	(中)高市村大字岡の集落、丘　(遠)南淵山		
39（8）	軽市近景（東北方に向ふ）		(近)畝傍町大字大軽の集落、森　(中)耳成山、丘　(遠)三輪山、巻向山		大和棟の家あり
40（8）	軽市より畝傍山を望む		(近)畝傍町大字見瀬の集落 (中)畝傍山、集落　(遠)二上山		大和棟の家あり
41（9）	平城宮址より南西方遠望（右）		(近)平城宮址　(遠)生駒山、丘		42の右端に続く
42（9）	平城宮址より南西方遠望（左）		(近)平城宮址　(中)垂仁天皇陵 (遠)矢田山、竜田山、二上山	稲塚	41の左端に続く
43（9）	奈良山越入口（奈良坂口）より南方平城宮址をへだてゝ遠く三輪、巻向の山々を望む		(近)奈良坂、平城宮址 (遠)三輪山、巻向山	道標	「奈良坂」は歌姫越のこと
44（9）	奈良山越（峠道）		(近)生駒郡平城村大字歌姫の家、歌姫越		左の家は大和棟
45（9）	高野原より称徳帝陵をへたてゝ春日、高円の山々を望む		(近)称徳天皇陵、生駒郡都跡村大字佐紀の集落、高野原　(遠)春日山、高円山		
A（別）	鹿背山より泉川を経てゝ東方恭仁京を望む（左）	○俯	(近)布当野　(中)瓶原小学校、森、恭仁京址、相楽郡瓶原村大字岡崎の集落、泉川、山　(遠)山		Bの左に続く
B（別）	鹿背山より泉川を経てゝ東方恭仁京を望む（右）	○俯	(近)泉川、布当野 (中)相楽郡賀茂村の集落、山　(遠)山		Aの右に続く
C（別）	鹿背山より泉川を経てゝ北方狛山をのぞむ	○俯	(近)相楽郡加茂村大字法花寺野の集落 (中)泉川、狛山		
D（別）	恭仁京址より布当の野を経てゝ西方（左）鹿背山、（右）狛山をのぞむ		(近)布当野、集落　(中)鹿背山、狛山	稲塚	
E（別）	恭仁京址近景（南方に向つて）		(近)恭仁京址　(中)鹿背山　(遠)奈良山	稲塚	

＊「仰俯」には仰瞰・俯瞰の別を記した。「被写体」は明らかな誤記以外は辰巳の表記・比定に従った。

＊キャプション中にあっても画面上確認できない被写体は採らなかった。「番号」の括弧付数字は集番号。

表2 『古跡写真』一覧

番号	タイトル	仰俯	主な被写体（近・中・遠景）	点景	備考
1（1）	畝傍山近景	●仰	(近)畝傍山	稲塚 鳥居	
2（1）	畝傍山上より耳成山を望む	○俯	(近)神武天皇陵　(中)耳成山、集落 (遠)巻向山		
3（1）	島宮址より飛鳥川をへだてゝ天香久山を望む		(近)飛鳥川　(中)飛鳥村の集落、安居院、甘樫の丘、逝回丘　(遠)天香久山	稲塚	
4（1）	大原の里より八釣山、初瀬山、三輪山、まきむく山を望む		(近)小原神社　(中)八釣山	稲塚	
5（1）	大原の里より八釣山、初瀬山、三輪山、まきむく山を望む		(中)八釣川、飛鳥村大字八釣の集落 (遠)初瀬山、三輪山、巻向山	稲塚 人	
6（2）	初瀬川をへだてゝ初瀬山を望む		(近)三輪山、集落　(中)初瀬山、集落		
7（2）	三輪、まきむく二山近景		(近)三輪山、民家、大神神社の森 (遠)巻向弓月ヶ嶽	稲塚	
8（2）	春日飛火野より高円山を望む		(中)高円山		キャプションなし
9（2）	春日野より御笠山、春日山、高円山を望む		(近)御笠山、春日山　(中)高円山		
10（2）	黒髪山上より奈良山を望む		(近)山　(中)元明天皇陵　(遠)奈良山		
11（3）	天香久山より畝傍山、二上山、葛城山を望む	○俯	(近)集落　(中)畝傍山、集落、飛鳥川づつみ　(遠)二上山、葛城山	稲塚	
12（3）	天香久山より藤原宮趾、耳梨山、遠く生駒山を望む	○俯	(中)藤原宮趾、集落、耳成山、森 (遠)生駒山	稲架 人	
13（3）	天香久山よりはにやす池あと、三輪山、まきむく山を望む		(近)集落　(中)埴安池の跡、集落 (遠)三輪山、巻向山		
14（3）	藤原宮趾から天香久山を望む		(近)藤原宮趾　(中)天香久山、集落 (遠)山		キャプションなし
15（3）	飛鳥宮趾より飛鳥川をへだてゝ雷丘、天香久山を望む		(近)飛鳥川、民家、雷丘　(中)天香久山	稲架	
16（4）	吉野川をへだてゝ宮滝宮址をのぞむ		(近)吉野川、宮滝宮址、中荘村大字宮滝の集落　(中)山		17の左端に続く
17（4）	宮滝柴橋の上より吉野川上流をのぞむ	○俯	(近)吉野川、三船山、樋口の集落 (中)中山		16の右端に続く
18（4）	柴橋の上より吉野川下流をのぞむ	○俯	(近)吉野川、象の小川、民家 (中)いはくら		
19（4）	宮滝宮址より吉野川をへだてゝみふね山を望む	●仰	(近)三船山、樋口の集落、吉野川 (遠)山		
20（4）	なつみ川近景		(近)夏実川、集落、山		
21（5）	雷岳より飛鳥宮趾、大原の里を望む（東南）		(中)飛鳥浄御原宮趾、大原の里、飛鳥村大字飛鳥の集落、安居院、八釣山、学校、山 (遠)高市村大字島ノ庄の集落、山	稲塚	
22（5）	橘寺より西方真弓丘、佐田丘をのぞむ		(近)高市郡大字橘の集落　(中)檜隈大内陵　(遠)真弓丘、佐田丘、金剛山、葛城山	稲塚	
23（5）	高市村祝戸ふぐりやま上より大和三山を望む	○俯	(近)飛鳥川、高市村大字島ノ庄の集落、同大字岡の集落　(中)天香久山、耳成山、畝傍山、飛鳥村の集落　(遠)生駒山、山	稲塚	
24（5）	竜田川をへだてゝ竜田山を望む		(近)竜田川、山　(中)竜田山	人	河原で火を焚く人
25（5）	竜田川及をぐら嶺近景		(近)竜田川、をぐら嶺、山、道路	人	材木を車で運ぶ人
26（6）	巨勢野をへだてて巨勢山をのぞむ	○俯	(近)巨勢野、巨勢山、和歌山線吉野口駅　(中)巨勢野、巨勢路、集落、森、山 (遠)山	汽車	
27（6）	能登瀬川（曽我川上流）をへだてゝ巨勢野を見る		(近)能登瀬川、巨勢野　(中)山	稲塚 人	川遊びをする子供
28（6）	倉橋川をへだてゝ倉橋山をのぞむ		(近)倉橋川、桜井町大字下の集落 (遠)倉橋山	稲塚	

本誌同様錚々たる顔触れが揃い、その中の武田祐吉・久松潜一・山田孝雄・次田潤（学習院大学）に、佐佐木信綱を加えた万葉学の泰斗五人は、第一八号（昭和五年五月）の広告でこの上ない賛辞を寄せたのである。佐佐木と武田は、『古跡写真』の風景は古代の「万葉びと」が眺めたそのままの姿であると強調し、加えて武田は「レンズの明晰なことは驚くべきである。画の切り方、光の快い協力、これらは万葉集に対する辰巳利文君の理解と技術者の技倆との綜合製作である」として、写真の芸術性をも称えている。久松の「大和万葉地理写真に就いて」は、万葉歌枕を地図・文献からだけでなく、実地踏査の上で研究する時代の到来を喜んだ上で、

> 文献と実地との探《ママ》索との結果を地図の上にまた文章によつて世に発表することは必要であるが同時に地図と文章だけではまだ現《ママ》しきれないものがある。そこに写真による発表といふことが必要となるのである。一々の土地を写真に残しておくことは実地踏査をする機会に恵まれないものにとつては、実地踏査に近いものを得ることが出来、実地踏査をしたものにもその印象を確実に残しておくために必要である。

の如く、辰巳が『古跡写真』を作製するに到った経緯を代弁し、大和から遠い自分のような人間が、地図上に具体的な姿を描き出す際非常に役立つ、と手放しの褒めようである。かねてよりこの種の企画を待ち望んでいた山田は、『古跡写真』の存在を知るや欣然として会員となり、「若御都合宜しく候はゞ宇智の大野、宇陀の阿騎野、真弓岡等御編入被下候事も御座候はゞ幸と存じ上候[49]」という要望まで出している。

しかし、「信じて疑はない」と題し、一番の入れ込み具合を露わにしたのが次田潤であった。最も早く頒布を申し込んだ中の一人である、と自負する次田は、「万葉集を実地に就いて考察し、又常に遠隔の地にある同好の士に対して、研究上の好資料を提供する」企画の一つとして、『古跡写真』を絶賛する。「万葉集を講義するときには、常に之を携へて教室に於ける教授資料とし、又学校の展覧会にも参考資料として陳列したことがあり、なほ書斎の壁に額として架けて眺めなどしてゐる」という部分からは、『古跡写真』の実際の活用状況が窺えて興味深い。そ

して、広告の末尾を「利用の方法は種々あるであらうから、苟も万葉集を講ずる程度の各学校に於ては、必ずや此の集を購入せられるであらうが、一般に万葉に親しんでゐる人々の書斎にも、在つて然るべきものと信じて疑はない」と結ぶ次田は、自著『万葉集新講』（大正一〇年〈一九二一〉。以下『新講』と略）の改訂版刊行（同一四年）に当たって、『古跡写真』6・7を口絵に加えたのである。改訂版『新講』は、昭和三年（一九二八）四月の時点で八版と、順調に版を重ねた。その後、新たに起稿した『改修万葉集新講』（昭和一〇年。上巻のみ）には、緒言で「大和地方のものは辰巳利文氏が頒布せられた大和万葉遺跡写真集を利用したのが少なくない」と述べる通り、一一点（1・4・9・11・17・20・21・22・27・31・E）を転載している。

著書への掲載という点では、昭和五〜一〇年にかけて上梓され、同一八年には七刷を数えた鴻巣盛広による注釈書『万葉集全釈』全六冊（以下『全釈』と略）は、更にその上を行く。訳文の表示が分かり易く工夫されており、植物・地理についての記述が多いことから「昭和の古義」と称された[50]『全釈』は、二八枚もの『古跡写真』を口絵（三枚）・挿図として使用したのである。[51]又鴻巣は、「挿入写真撮影のためのみにて各地を巡歴すること数度その努力苦心の様を親しく目撃するものまた感涙なくんばあらず」【23—79】という辰巳の言の通り、近畿・関東・北陸を巡り、自らファインダー越しに眺めた風景を、四〇以上も切り取っていった。大正五年から昭和一六年まで第四高等学校（金沢市）で教鞭を執っていた関係もあり、昭和五年に石川県立図書館で開催された万葉展覧会（一一月八〜一〇日）には、写真一六点を「能登越中万葉関係資料」として出品さえしている。[52]

このように、『古跡写真』に触発された次田・鴻巣は、自らの執筆活動等を通じて、万葉集鑑賞をヴィジュアルに頼る傾向に拍車をかけた。その戦前における到達点が、本節冒頭に挙げた『図録』なのである。その『図録』から受けた印象を、保田与重郎はこう述べている。

しかしこの図版を眺め、その解説をよむ時、我々は日本に生れた者のなつかしさを十分に感じうる。この本は専門的な本でなく、多くの人々に与へるにふさはしい本である。日本人の誰でもが知つてゐる自分らの故郷や思ひ出の地が、この本の中では、ロマンスの中の英雄のやうに活躍してゐるのである。(53)

すでに本項で、奈良県を舞台とした『古跡写真』が、「奈良県にしかない歌枕であるのに日本の至る所で見られる風景」という奇妙な二重性を孕んでいることを指摘したが、その二重性は、時間・空間という二つのベクトルでノスタルジアを惹起する要因となり得るものであった。空間的には、初等国語教育によって「アノニマスな田園景」が刷り込まれ続け、「国民的原風景」、つまり「心のふるさと」となっている状況では、典型的な「農の風景」たる『古跡写真』からは、容易にノスタルジアが喚起されるであろう。加えて『奈良文化』第一八号の広告における武田の紹介文にあるように、

天の香具山は昔のまゝの姿で立つてゐる。千年以前の姿だ。万葉時代の姿だ。持統天皇が藤原の宮から御覧になつた通りの姿だ。畝火山も昔の俤だ。耳梨山も昔の俤だ。この大和万葉古跡写真を見てゐると、人麻呂や赤人が、それ其処に写つてゐるやうな気がする

といった万葉歌枕＝往古の「万葉びと」の面影漂う不変の地、という観念は、時間的遡及をも可能にする。こうして、写真という具体的イメージによって二つの側面から強固になったノスタルジアは、観る者を「なつかしの土地」へ、大和の万葉歌枕巡歴へと駆り立てるのであった。

第三節　万葉歌枕の巡歴

『古跡写真』が掻き立てた「なつかしの土地」への憧れは、人々の足を奈良へ、奈良へと運ばせる。現地で彼らを受け入れ、共に万葉歌枕を巡歴して臨地指導を行うのも、やはり『地理研究』『古跡巡礼』を「足で書いた」辰

巳であった。本節では、ノスタルジアを味方に、「万葉集―奈良県」という回路をさらに強固なものとした辰巳の臨地指導、そしてその臨地指導を目玉とした辰巳企画の奈良文化夏季講座について考察する。

1　「巡歴地」万葉歌枕の盛衰

『古跡写真』乃至は『地理研究』『古跡巡礼』の影響によって、前節3で採り上げた鴻巣や、表1の著者たちのように、自著に盛り込む写真を撮影すべく「なつかしの土地」奈良の歌枕を跋渉する万葉研究者の姿は、徐々に見られるようになってくる。それは、「万葉集の地理研究の必要」というマニフェスト（第一節1参照）において、辰巳が強く望んだ状況であったが、辰巳を遡ること二百余年の近世初頭、歌枕などの名所を訪ねて大和を巡る文人・墨客はすでに存在していた。そして「大和めぐり」の盛行は、元禄一〇年（一六九七）儒者細井広沢による柳沢吉保への建策が機縁となり行われた山陵の治定・修築＝「元禄の修陵」とともに、「飛鳥」への注目を集める契機となり[54]、「飛鳥」及びその途次にある万葉歌枕の巡歴を生んでいたのである。

元禄五年に「飛鳥」を訪れた貝原益軒の、その名も『大和廻』（元禄九年。別称『和州巡覧記』『大和めぐりの記』）は、若い頃から大和訪問の折に触れて記録しておいた情報の集大成であるが、「一説に、きのふのふちぞけふの瀬となるとよみて、飛鳥川は河内に在。沙川にて、淵瀬のかはりやすき川也。此川は、淵瀬かはらずと云」（「飛鳥の里」）[55]の如く余計な追想を割り込ませない、「後世風にいえば「科学的」とでもよばれる実証的な手法」で、ガイドブックに新たな地平を開いた[56]。この簡にして要たるガイドを参照した本居宣長の吉野紀行『菅笠日記』（安永元年〈一七七二〉成稿、寛政七年〈一七九五〉上梓）には、「なほ藤原の里は。この大原の事にて。宮の藤原は。べちにかの香山のあたりにぞありけんかし」[58]のような益軒風の冷静なる万葉歌枕比定とともに、天香久山の上で感極まって「もゝしきの大宮人のあそびけむかぐ山見ればいにしへおもほゆ」と詠み上げる様子が見られる[59]。

『菅笠日記』の行文に見られる、和歌や俳句などの介在によって「現実の風景という素材にふくやかな肉づけをする」[60]傾向を、全丁の四割に及ぶ挿絵を武器に一層押し進めたのが、寛政三年に刊行された秋里籬島『大和名所図会』（竹原春朝斎画）であった。執筆に当たって籬島・春朝斎らは、路銀は全て書林持ちで現地を踏査し[61]、社寺の他に「万葉集に見えたり」と記される万葉歌枕も、名所として多く収録している。その中には、歌枕の性質上、現地取材で得た知見を活かし「耳無山の西麓にあり。今水涸れて名ばかりなり」と描写される「耳梨池」のようなものばかりでなく、風雅和歌集の一首をもとに、花見をする旅人の想像図が描かれる「逝回丘《ゆききのをか》」も存在した。また、『大和名所図会』から約五〇年後の嘉永元年（一八四八）に刊行された暁鐘成『西国三十三所名所図会』（松川半山・浦川左公画）でも、「藤原宮御井《ふぢはらのみやのみゐ》」「耳梨池」「猛田原《たけだが》」のような『大和名所図会』の丸写しを含め、「飛鳥」の万葉歌枕は三〇ヶ所近くも数え上げられた。「詩歌美文」的世界は、この時点では、名所としての命脈を保つことに貢献こそすれ、妨げにはならなかったのである。

しかし、これらの万葉歌枕＝名所は、近代においてもそのまま沢山の人を迎えた、という訳ではなかった。一七世紀以降巡歴の対象として浮かび上がってきた、山陵という実に大きな存在のためである。前掲の『菅笠日記』には山陵への並々ならぬ興味が籠められていたし、『大和名所図会』にも、元禄の修陵で「飛鳥」内に治定された山陵が全て掲載されていた[62]。そして、嘉永・安政年間（一八四八～一八六〇）には谷森善臣・北浦定政・平塚瓢斎といった山陵家（山陵研究者）の活動が盛んとなり、文久の修陵では元禄修陵で決められた陵所の変更、新たな山陵や御墓の治定と共に、神武陵が字「神武田」に決定されたことにより、山陵は近代の史蹟＝天皇陵へと転換していくのである。明治一一年（一八七八）三月、陵墓は内務省から宮内省へ管轄替えになるが、確定作業と兆域決定・修営事業は、その年の綏靖天皇陵治定から、同二二年の崇峻天皇陵改定にかけて引き続き行われ[63]、同二四年に皇室御料地となった大和三山と併せて、「飛鳥」の文化財——皇室と縁が深い故保護すべきもの——となるのである。

それでは、大和三山を除く歌名所はどうなってしまったのか。万葉歌枕ではないが、古今集以来の名所である竜田川の楓樹について見てみると、明治三五年に勝地の保持と楓園の改良を目的とする竜田保勝会が地方有志により組織され、大正元年（一九一二）から同七年にかけて、県・郡・町から毎年一五五円乃至二〇〇円の勝地保存補助費を支給されている[64]。確かに、明治四四年九月に、内務省の照会を受けて県内の名勝・旧跡が保安林に編入されているか否かの調査が行われた際も、県は奈良公園・月ヶ瀬梅林・三輪山（大神神社）・竜田山・大和三山・布留瀑布・初瀬山・多武峰（談山神社）・吉野山――奈良公園・月ヶ瀬梅林以外は全て『大和名所図会』に収録されている――を名勝と認識し、挙げていた。しかし大正八年四月一〇日、「国家による歴史の選別保護顕彰[65]」を最大の狙いとする史蹟名勝天然紀念物保存法が公布されてみると、名勝に指定されたのは、奈良公園・月ヶ瀬梅林（ともに同一一年）、吉野山（同一三年。同時に史蹟にも指定）の三つのみであった。しかも、明治一三年二月に開設許可を得た奈良公園は、官林・社寺境内地と共に、春日野・雲井坂等の「名所図会的」勝地を編入し、近代的「名勝」へと変貌させていたのである。

こうして、奈良県において、万葉歌枕を初めとする名所の多くは、「名勝」へと脱皮できたごく少数を除いて、大正八年の保存法に向かう過程で、史蹟名勝の体系からは放擲された。確かに「ああ、大和にしあらましかば、／いま神無月、／うは葉散り透く神無備の森の小径を／あかつき露に髪ぬれて往きこそかよへ、／斑鳩へ[66]」という薄田泣菫「ああ大和にしあらましかば」（明治三九年『白羊宮』に所収）の一節には、それらを拾い上ぐべき新たな「美的鑑賞の対象地として奈良を見るという眼[67]」の萌芽を、感じ取ることはできる。しかし、そうした巡歴者の美に対するまなざしは、和辻哲郎『古寺巡礼』（大正八年）に顕著なように、「歴史ノ証徴又ハ美術ノ模範」となる什宝を所持しているために、明治三〇年公布の古社寺保存法により保護の対象となった社寺や、その古社寺保存法に基づいて国宝指定を受け、「国光の発揚」を意識して編まれた『稿本日本帝国美術略史』に収録された美術品[68]へほとんどが回収されてしまったのである。そこに加えて、第二節2で述べたように、リアリティの転換とそれに伴うアノニマスな風景の社会への横溢が起こると、歌枕は、

西行、宗祇、芭蕉の如き人々が歌枕と為しゝ、名所古跡も今は百中に其の一つをだに保たず、林となり畑となり、田となり、又は町村市街と為りしは有為転変の世相驚く可きに非ざれど、昔の名所の荒廃するを見て後の名所は如何になりゆく可きか、茲にも亦保勝の必要を感ぜらるゝなり。(69)

と慨嘆される有様にまで墜ちるしかなかった。

2　案内人辰巳と奈良文化夏季講座

第一・二節で述べた辰巳の営為は、前項で見たような近代文化財＝史蹟・名勝から外れてしまった万葉歌枕を広く知らしめ、剰え「古跡」という語を用いて、その中へ押し戻そうとするかのような試みであった訳だが、その復興の最終段階たる巡歴を形作るため、辰巳は先ず近世から東大寺・春日大社等で見られた名所案内人(70)の役回りを担った。『奈良文化』創刊から間もない大正一二年（一九二三）一〇月段階では、前年一二月の吉野郡宮滝踏査で初めて邂逅した沢瀉久孝と連れ立って「飛鳥」の万葉歌枕を巡る(71)、という状態であった。しかし、第四号（大正一三年六月）の編集後記には、その後頻出する「小生方を訪ねて下さるお方は一週間以前に御一報を乞ふ」【4―58】というフレーズが早くも登場し、辰巳に案内を求める人々の存在を窺わせる。そんな辰巳の指導力が存分に発揮されるのは、同一五年三月に藤村作教授・久松潜一助教授引率の東京帝国大学国文科生一二名と、「大和万葉古跡巡歴」をした辺りからのようである。その様子を見てみよう。

巻向、三輪、初瀬は共に車窓から遠望説明、桜井駅に下車、磐余を経て天香久山に登り、藤原京を見下して飛鳥に向ふ。午後二時頃であつた。勿論、飛鳥京近くの古跡はすべて踏査をした。飛鳥川原で紀念撮影をしてか

ら、自動車をとばして畝傍の小生宅に荷物を置いて、畝傍山にのぼることにした。山上から目のきく古跡のいちいちについて、小生は説明の労をとつた【8―59】。

この後一行は吉野で一泊し、翌日数名を除いて西行庵まで足を延ばしているが、こうして藤村・久松のような、第五号の『古跡写真』広告（第二節3参照）に言う「遠く国をへだてゝ、今の大和国内の景情――万葉集によまれてある――を想像するすらかたい」アカデミシャンは、辰巳の万葉地理研究が進捗するに従って、案内を求めてその元を訪れ始める。アカデミシャンの多くは学生を伴ってやって来たが、師とともに万葉集解釈が文献上の知識に偏りがちであった彼らにとって、「全くそのところに来てはじめてわかることが多いです。このあたりの景情をみないではとてもあら歌などはわかりませぬからね」【15―51】という佐佐木信綱の感想――昭和三年（一九二八）八月当麻から「飛鳥」にかけて社寺・万葉古跡の案内を受けて――は、肯んぜられるものであったろう。戦後昭和天皇の侍従長を務める入江相政（東京帝国大学国文科）一行のように、学生だけで辰巳を訪う場合も見られた(72)。

辰巳の昭和五年の言――「これまでには国史専門家でなくては飛鳥方面までは足をのばさなかつたが、今ではむしろ国文関係の人々で多人数をしめてゐる」【19―125】を鵜呑みにすることはできないが、大正末から「国文関係の人々」が辰巳の案内によって、つまり辰巳と同じ視点で、万葉歌枕を巡歴し始めていたのは確かである。しかし巡歴希望者が、頻繁且つ不定期に来訪するようになれば、本務（小学校教員）などで大抵は不在の辰巳が、彼ら全員を案内することが不可能となるのは、火を見るよりも明らかであった。そのような問題に対処すべく、奈良文化学会つまり辰巳が企画したのが、奈良文化夏季講座（以下夏季講座と略）である。昭和二年八月の第1回開催直前、辰巳は夏季講座の目的を高らかに謳い上げる。

吾上代文化の背景をなしてをる大和国に於て、その文化の発生展開のあとを考察するの必要を痛感しつゝある全国各地の研究家諸君のために、今般本講座を開催して親しく実地踏査研究の機会を作り、かねて斯界進歩の

表3　奈良文化夏季講座 講義部

回数	期間	会場	受講料	講師・講義題目
1	2年8月 2～6日 （講義 毎日午前中）	奈良県立 畝傍中学校	2円50銭	久松潜一（東京帝国大学助教授）「古事記の文学性」 武田祐吉（國學院大學教授）「万葉集種々相」 尾上八郎（文学博士）「万葉集の短歌の修辞的方面」 石井直三郎（第八高等学校教授）「古今集について」 春日政治（九州帝国大学教授）「奈良人の歌つた北九州」 二宮正彰（橿原神宮権宮司）「神社より見たる上代の大和」 ●辰巳利文「大和に於ける万葉の歌枕」
2	3年8月 2～7日 （講義 日程不明）	奈良県立 高田高等 女学校	—	佐佐木信綱（文学博士）「万葉集典籍史」 魚澄惣五郎（大阪府立女子専門学校教授）「古代史より見たる大和と九州」 ●辰巳利文「人麿の歌に見ゆる大和の古跡」 小島貞三（奈良女子高等師範学校附属小学校訓導）「大和の古美術について」 二宮正彰「上代の竜田地方について」 児山信一（大阪府立女子専門学校教授）「平安朝和歌概説」 沢瀉久孝（京都帝国大学助教授）「万葉集の成立について」
3	4年8月 2～8日 （講義 2～5日）	奈良市 第三小学校	5円 （学生4円）	次田潤（学習院教授）「古事記と上代文化」 武田祐吉「万葉集歌史概説」 森本治吉（文学士）「東歌概説」 ●辰巳利文「奈良・飛鳥地方の万葉歌枕」 鴻巣盛広（第四高等学校教授）「万葉集にあらはれた花について」 橋川正（大谷大学教授）「奈良朝時代の仏教思想」 岸熊吉（奈良県技師）「奈良朝古建築概説」 小島貞三「奈良朝古美術概説」
4	5年8月 2～8日 （講義 2～5日）	奈良市 第三小学校	講座5円 臨地3円 （兼7円）	浜田青陵（京都帝国大学教授、文学博士）「考古学上より見たる大和」 魚澄惣五郎「奈良時代史論」 ●辰巳利文「大和の万葉古跡について」 中岡清一（奈良県視学）「吉野山の史蹟について」 ●小島貞三「奈良時代の美術について」 岸熊吉「奈良時代の建築について」 ●上村六郎「万葉人の衣服の色彩について」 児山信一「上代の歌謡について」 木枝増一（奈良女子高等師範学校教授）「神話の構成について」 宮田和一郎（大阪高等学校教授）「源氏物語の研究」 沢瀉久孝「万葉集作者不明の歌について」 吉沢義則（京都帝国大学教授、文学博士）「王朝歌壇に於ける万葉語の認定」
5	6年8月 2～8日 （講義 2～5日）	奈良市 第三小学校	—	斎藤清衛（広島高等師範学校教授）「万葉集の研究方法について」 石井庄司（東京女子高等師範学校教授）「古事記の研究方法」 ●辰巳利文「大和の万葉古跡を巡る人のために」 ●上村六郎「土俗上の色彩とその意味」 中村直勝（京都帝国大学助教授）「我国思想史上より見たる吉野葛城について」 辻本史邑（寧楽書道会長）「奈良時代の書道について」 中岡清一「吉野山の史蹟について」 ●小島貞三「飛鳥・奈良時代の美術と建築」 橋川正「欧州に於ける日本美術」
6	7年8月 2～8日 （講義 2～5日）	奈良市 第五小学校	—	佐佐木信綱「万葉歌人の二三について」 久松潜一「万葉風土記の説話」 武田祐吉（國學院大學教授、文学博士）「古事記の構成」 鴻巣盛広「万葉集に現れたる時代思潮」 和田軍一（奈良帝室博物館長）「奈良朝に於ける陵墓に関する思想」 ●辰巳利文「万葉集に見える大和の地名に就いて」 ●上村六郎（奈良文化学会同人）「万葉集に現れたる織物」 岸熊吉「飛鳥奈良時代の建築」 ●小島貞三「飛鳥・奈良時代の美術」 中岡清一「吉野朝の防備について」 橋本凝胤（薬師寺院主）「薬師寺について」 田村吉永（大和国史会幹事）「神武陵の沿革」
7	8年8月 2～8日 （講義 2～5日）	奈良市 第三小学校	講座5円 臨地4円 （兼7円）	中村直勝「歌聖後鳥羽院」 魚澄惣五郎「古代に於ける大和の村落について」 小島吉雄（九州帝国大学助教授）「新古今集概説」 佐伯梅友（京都帝国大学講師）「万葉集の語学史的考察」 ●辰巳利文「万葉集と大和」 中岡清一「万葉集に見える吉野離宮址に就て」 岸熊吉（奈良県史蹟調査委員、奈良県技師）「大和に於ける上代窯の遺阯について」 ●小島貞三「奈良時代の美術と建築」 ●阪口保「万葉集を通じて見た瀬戸内海の交通に就て」 ●日比野道男（和歌山県史蹟調査委員）「万葉集を通じてみたる紀伊の交通路」 ●上村六郎「染色上より見たる大和の文化」 森本六爾（『考古学』主幹）「考古学上より見たる大和の文化」 小泉苳三（立命館大学教授）「明治大正和歌史概説」 久保田辰彦（大阪毎日新聞社員）「幕末に於ける大和の義挙」 藤田元春（第三高等学校教授）「民家史上より見たる大和」

＊『奈良文化』広告、「夏季講座受講証」（奈良県立図書情報館所蔵）、『研究年報』より作成。期間の年月日は昭和。

＊職名等は初出時と異なる時のみ記した。辰巳と奈良文化学会同人には●を付した。—は未詳。

篤学者数氏をまねき、その指導の任にあたつていただくことゝなつたのである。本講座の特色点は一般講義の他に臨地研究指導といふ新らしいこゝろみのあることである【11―広告】

夏季講座は講義部と臨地研究部に分かれていたが、表3の講義部講師陣を見れば、辰巳の夏季講座にかける意欲が分かるであろう。「本誌執筆家諸氏を講師におねがひをする心算」【12―46】通り、『奈良文化』への寄稿者とほぼぴったり重なって、特に第3回までの延べ講師数二二人中一四人が、第一節1に言う「常連」であった。『奈良文化』同様、辰巳は毎回万葉地理を、上村六郎は第4回以降染色・繊維について講じ、万葉アカデミシャンは毎夏奈良へ駆けつけたのである。加えて、「第二回には国文以外に国史・古美術・考古学等大和に関係のあるすべての方面をも加へたいと思ふてゐる」【12―46】という念願が叶い、第2回以降は「国史」・「古美術」の講師も必ず含まれるようになった。「国史」では魚澄惣五郎（第2・4・7回）、岸熊吉（3・4・6・7）、中岡清一（4・5・6・7）の演壇に登る姿が、多く見受けられる。

『古社寺の研究』（昭和六年）で名高い中世史家の魚澄は、大正六年（一九一七）一一月の『歴史と地理』（京都帝国大学史学地理学同攷会）創刊に関与、京都府・大阪府他、広く近畿の史跡名勝の調査に従事し、『南桑田郡誌』（大正一三年）の編纂にも携わった。岸は大正一〇年阪谷良之進の後を襲って奈良県技師となり、法隆寺をはじめ多くの国宝建造物修理を行いつつ、奈良県史蹟名勝天然紀念物調査会委員として、「法隆寺出土古瓦の研究」（第九回、大正一五年）「平城宮遺溝及遺物の調査報告」（一二・一三回、昭和九・一〇年）等調査報告の作成に関与している。その調査会の席上で吉野郡宮滝の調査を慫慂し、岸を現地に赴かせたのが中岡であった。中岡は吉野山小学校校長を大正一二年に退いた後、県立奈良図書館司書を経て、奈良県視学を長期務め、昭和一二年（一九三七）には『大塔宮之吉野城』を上梓して、吉野の史蹟顕彰に努めた人物である。それら「郷土史」、すなわち史蹟調査と地方誌の編纂[73]への関わりが深い三人以上に、「古美術」の小島貞三（第2〜7回）は夏季講座には欠かせない人物であった。

『古美術行脚 大和』を辰巳・洋画家足立源一郎と共同で著した（第二節1参照）小島は、昭和五年には、奈良県の名所古跡・古社寺・宝物を網羅した袖珍本『大和巡礼 史蹟と古美術』を単独で書き上げ、「三百の挿絵と、簡単な道案内の略図とを多く入れてゐるのがいゝ思ひつきで、この本さへあれば初めて大和地方へ遊んでも道に迷ふやうなことはない[74]」という評価を得ている。こうした実地に基づく知識は、後述の臨地研究でも充分に活用されたに違いない。

「斯界進歩の篤学者」による多彩な講義は、第7回夏季講座に、天誅組史談会の一員で『いはゆる天誅組の大和義挙の研究』（昭和六年）という著書もある久保田辰彦や、『日本民家史』（昭和二年）を著して都市研究に集落地理学の視点を持ち込んだ藤田元春、唐古遺跡の研究から農耕社会たる弥生時代の像を打ち立てた森本六爾（本書第三章第二節2及び第六章第一節2参照）らを講師に迎えるにまで至ったが、「新しいこゝろみ」たる臨地研究の内容も、回を経るごとに充実していった。第1回の「午前は講義、午後は臨地[75]」という強行軍への反省からか、第3回からは前半の四日間を講義部、後半の三日間を臨地部と分けたが、毎日講義会場へ赴く必要がなくなったため、臨地研究の範囲はどんどん広くなり、巡歴する古跡の数も増えていく。その第3回の臨地研究では、「奈良、畝傍、飛鳥、吉野諸地方の古社寺、万葉歌枕、史蹟」を巡り、奈良帝室博物館長久保田鼎の「厚意」によって正倉院内園の拝観を許され、奈良市産業課が「鹿よせ」を見せてくれたという【17―94】。こうして「全く本講座臨地研究員たることによつて特許されたる恩典」【18―広告】である正倉院見学などを加えた臨地研究は、井谷屋（初瀬）・芳山館さこや旅館（吉野）という定宿をも有するようになり、団体旅行の体を取り始める。そうした流れが、大阪電気軌道（通称大軌）嘱託新井和臣指導による沿線史跡の見学（第6回）を生み、第7回には、現在近畿日本鉄道の主要幹線となっている大軌・大阪鉄道・参宮急行電鉄と、奈良市「観光課」の後援を得られたのである。「建国の聖地大和」を旗印に観光客を誘致すべく、昭和七年（一九三二）一二月に奈良市が産業観光課を新設（同九年四月に観光課は独立）し、県が奈良県観光聯合会（同九年に発足した県下の観光団体聯合）の要望もあって、同一二年一月公園課から観光課を独立させる[76]――そうした時勢の下、夏季講座の臨地研究は、万葉植物園・畝傍考古館[77]という新たな施設と共に、「大和三山地方」と中心とする県内の万葉歌枕が、観光ルートに組み込まれる契機となったと言えよう。

しかし、「遠く満州朝鮮、台湾、北海道よりはせ来るもの」【21―121】も存在し、七回で延べ七〇〇人を越える参加者（奈良県立図書情報館所蔵「奈良文化夏季講座受講者名簿」より）を得て、前途洋々かに見えた夏季講座は、昭和八年八月の第7回を以て中断する。同年一一月の第二五号から本体『奈良文化』が急速に体力を失った（第一節1参照）ことが、同講座の開催にも大きく影響したのである。しかし、辰巳の臨地指導はこれで終わった訳ではなかった。昭和九年八月に開かれた「大和史蹟臨地通俗講座」に、臨地指導講師の一人として名を連ねたのである。奈良県内の史蹟名勝を見学する者に、「真に吾々祖先の顕現したる文化の威跡を通して国体の精華や我国自体の持つ本来の姿を体得[78]」させるべく、奈良県教育会が主催した同講座は、奈良県公会堂・建国会館・吉野公会堂を会場に、午前を「講演」、午後を「実地指導」とする、初期の夏季講座そっくりのものであった。講演者には小島貞三・岸熊吉・新井和臣・中岡清一という見知った顔が並び、辰巳と同じ「飛鳥」の臨地指導講師には、夏季講座の参加者田村吉永（参加当時添上農学校教員。第6回では講師も務めた田村については、本書第三章第一節2参照）、吉田宇太郎（高市郡菅原小学校教員）がいたのである。

翌年八月の「大和史蹟臨地講座」は、前年と異なってテキスト・社寺拝観が有料（二円）、定員は五〇〇名に限られ、主催にも、奈良県とともに大和国史会が立った。昭和六年一二月に創設された同会は、昭和七年からは毎夏「日本文化史講座」を催し、同九年一〇月には機関誌『大和志』を創刊して、「皇国精神ノ涵養ヲ計ランガ為メニ国史宗教美術ノ考究普及」（同会規約）を目指す団体であった。辰巳はこの年も、田村・中岡・小島・新井・岸・吉田・溝辺文和（関西大学学生。本書第一章の主役溝辺文四郎の孫）・島本一（高市郡阪合小学校教員）ら、かつての夏季講座の講師・受講者とともに臨地指導講師を務めたが、そのうち田村・小島・吉田・島本は、今や大和国史会の幹事であった[79]。そうした歴史・美術を専門とする臨地講師が、全一八人の内ほとんどを占める中で、辰巳による万葉歌枕臨地指導の機会は、夏季講座の時と比べて当然減っていた。辰巳が担当したと思われる地域は、以下の通り狭い。

午後は四班に分つて飛鳥巡り、先づ考古館〔畝傍考古館〕内を一巡して久米寺参詣万葉遺跡を指顧しつゝ孝元帝陵遥拝、剣池、大野丘北塔、向原寺阯、推古天皇豊浦小墾田両宮阯を巡歴して飛鳥小学校に少憩、こゝで、天武天皇浄御原宮阯、万葉遺跡その他の史跡を展望した[80]。

「大和史蹟臨地講座」は、終日臨地の比重を増しながら、昭和一二年（一九三七）の第4回まで続いたようであるが、辰巳の出講が確認できるのは、右記の昭和一〇年が最後である。第4回では主催から外れて協力に回ったものの、大和国史会は依然としてこの講座に関与し続け、機関誌『大和志』へは、表1⑥の著者大井重二郎が、万葉集や上代史に関する論考を精力的に発表しているのに対し、辰巳の論文は、唯の一つも掲載されなかった。第一節で見たような特徴から、辰巳の研究が掲載するに値しないと判断された、と見るのは容易い。が、「大和史蹟臨地講座」を含め、辰巳を自然国史会から遠ざけたより大きな要因は、「寄稿は何人も自由である、但し史学及び之に関連するものに限る」という投稿規定（掲載は昭和一三年四月の第五巻第四号が初めて）や、「大体大和をめぐりの国にしたのはよくない。その点から云つて貝原益軒の『和州巡覧記』等の名は始めのものとして注意してほしかつた。二千六百年祭を期して大和の精神運動は先づこの大和を巡覧の国から巡拝の国にする事である[81]」のような、「うまし国奈良」に対する国史会の否定的な姿勢ではなかっただろうか。その後辰巳は、大規模な講座で万葉歌枕の臨地指導をすることはなく、東京帝国大学文学部国文科一行二〇人（久松潜一引率）を宮滝・藤原宮址へと案内する（昭和一四年一二月）[82]など、以前の個別案内生活へと戻っている。そしてこうした日々の果てに、高市郡飛鳥国民学校校長として終戦を迎えるのであった。

おわりに

以上三節にわたって見てきたように、奈良県の万葉歌枕を比定・可視化・臨地指導することによって、現在も奈良県＝「日本のふるさと」意識の重要な一側面となっている「うまし国奈良」の実体、「アノニマスな田園景」たる万葉歌枕の風景を、人々の脳裡に焼き付け、広めたのが辰巳であった。では、そうした辰巳が総合的に生み出したものとは別に、各節で採り上げた個々の営為の具体的成果は、現在どのように継承されているのだろうか。それを最後に見てみよう。

先ず、歌枕の比定手法に関しては、すでに第一節他で記したように、万葉地理研究隆盛時から、周囲より慎重な態度を取られていた。それに加え、昭和一〇年（一九三五）九月に刊行された和辻哲郎『風土―人間学的考察―』の影響は万葉地理研究にも及び、「単なる実地調査の域を超え、風土がいかに創作に関与するかを究明する文芸論的考察にまで高められ(83)」ていると言われる、高木市之助『日本文学の環境』（昭和一三年）や犬養孝『万葉の風土』（一九五六年）などが生まれ、素朴な万葉集の地名・地理の研究は、「地理学の一分野としての歴史地理学における本質的研究ではあっても、文学としての万葉集を対象とする文学研究の方法としてはそのまま本質的研究ではあり得ず、補助学ないしは基礎的方法として位置づけられるべきもの(84)」と評されるに至っている。しかも、考古学を筆頭とする周辺諸学を大幅に導入して考証が可能となった現在では、辰巳ら昭和前期の比定を覆して「未詳」とされている歌枕も多く(85)、アカデミックな場での発展は非常に難しいのが現状である。

対して、第二・三節で見た辰巳の仕事の延長上にある、もはや完全に写真が主である「歌枕めぐり」「飛鳥めぐり」のためのガイドブックや、学生やカルチャースクールの受講者たちも多い日帰り旅行等は、中々に健在である。ガイドブックは、『古跡写真』が貴重であったり、『万葉図録』が奇跡的であった時代と比べると、グラフィクスとしての品質は格段に向上しており、より臨場感を生み出しているのは間違いない。そして、「臨地研究は一人あるきではとてもだめだと思ふ。それにはたしかな先達が必要である」【24―68】と主張した案内人辰巳の後、万葉歌枕巡歴は、「わたくしが、こんにち、風土を通して万葉の世界を考えようとするのも、先生〔辰巳〕のおかげさまです」(86)と回顧するかつての夏季講座受講者、犬養孝の「大阪大学万葉旅行」に顕著な形で受け継がれたと言えよう。

では、案内人はおらず、ガイドブックも持たない旅人は、万葉歌枕について何も知り得ないのか、という問題に対しても、辰巳は手立を残してくれていた。それが万葉歌碑である。『奈良文化』最終号（昭和一一年六月）に、同年中の完成を期す事業として記されていた飛鳥寺境内への万葉歌碑建立は、顧問・相談役賛助員に錚々たる顔触れを揃えた万葉歌碑建設期成同盟会(87)のもと、総額二七九一円八〇銭を投じて、昭和一二年四月に実現した。発願人辰巳の建立願文は言う。

> おのれ、大和に生れ、はやくより歌の道に志し、万葉集におもひをよすることすでに二十年《はたとせ》にあまり。その旧跡をめぐり、古人のおもかげをしぬぶをよろこびとせり。しかしてここに、その時代の追想のたねとなるべきものあらばとこひねがひしこと幾度なるかを知らず、つひに意を決し、万葉歌碑を此の地に建設し、以つて永く行客追想の種子《くさはひ》となすべきことをひろく世の識者にうつたへしに、このくはだてを助けらるる人九百人に余り、恩師佐佐木信綱博士筆をとりて山部宿禰赤人の長歌をしるしたまひ、加ふるに近衛文麿公の篆額《てんがく》をこひまつりてめでたく歌碑なりつ(88)。

辰巳が最初飛鳥寺に播いた歌碑の種は、「飛鳥ブーム」の起こった一九七〇年代一斉に花開き、九〇年代にかけて奈良県全土を覆っていった(89)。「人麿のかつて歩いた道、赤人の歌をよんだ所にたつて万葉歌人を思ふ時、そこにそれ等の歌の碑があらば一層感懐が深いものがある」(90)と久松潜一が記した飛鳥寺歌碑建設趣意の精神は、いずれの建碑に際しても息付いていよう。こうして「なつかしの土地」に刻みつけられた古の痕跡は、「うまし国」の風景に溶け込み、我々を「ふるさと」の時空へと誘う機会を窺っているのである。

註

(1)　公開が進むに従って、これからも年々新しい成果が生み出されるであろう陵墓研究については、代表的なものとして、茂木雅博『天皇陵の研究』(同成社、一九九〇年)、日本史研究会・京都民科学歴史部会編『「陵墓」からみた日本史』(青木書店、一九九五年)、外池昇『幕末・明治期の陵墓』(吉川弘文館、一九九七年)、上田長生『幕末維新期の陵墓と社会』(思文閣出版、二〇一二年)、今尾文昭・高木博志編『世界遺産と天皇陵古墳を問う』(同、二〇一七年)などが挙げられるが、高木博志『近代天皇制の文化史的研究―天皇就任儀礼・年中行事・文化財―』(校倉書房、一九九七年)は、その副題にある如く、「国民国家」日本に「固有」の文化的諸要素の形成過程を広く論じている。高木は「建国の聖地大和」という側面についても、「近代における神話的古代の創造―畝傍山・神武陵・橿原神宮、三位一体の神武「聖蹟」―」(『人文学報』(京都大学人文科学研究所)』第八三号、二〇〇〇年三月)において論じている。

(2)　中塚明編『古都論―日本史上の奈良―』柏書房、一九九四年、二三一頁。

(3)　和田萃『飛鳥―歴史と風土を歩く―』岩波新書、二〇〇三年、一頁。

(4)　元来歌枕とは、広く作歌用語・歌語一般(枕詞、景物等)を指すものであった(片桐洋一編『歌枕を学ぶ人のために』世界思想社、一九九四年、五頁)が、本章では「歌枕」を「歌に詠まれた土地乃至歌に詠まれた地名」という狭義で使用する。

(5)　二〇一〇年に始まった第四次明日香村総合計画においては、村の将来像は「古都の風格を育み、住む喜びと新たな魅力を創造する――明日香を「感じ」「知り」「守り」「育てる」むらづくり――」と少し抽象的なものになっており、戦略的施策の一つとして「「明日香らしい景観」をつくる」を挙げている(http://www.asukamura.jp/gyousei/keikaku_4_gaiyo01.html　二〇一七年八月一〇日閲覧)。

(6)　著者とは切り口が異なるものの、『奈良文化』をはじめとする辰巳の業績を包括的に捉えようとしている先行文献は、『大和百

年の歩み 文化編』（大和タイムス社、一九七一年、四二六～四三一頁）のみである。

（7）こうした価値の「発見」によって、万葉集が「国民歌集」化する過程については、品田悦一『万葉集の発明―国民国家と文化装置としての古典―』（新曜社、二〇〇一年）を参照。

（8）大久保正「『万葉集』の研究史」和歌文学会編『和歌文学講座』第一二巻、桜楓社、一九七〇年、二一五頁。

（9）久松潜一著作集刊行会編『久松潜一著作集』第二巻、至文堂、一九六八年、一四頁。初出は『日本文学 風土と構成』（紫乃故郷舎、一九四八年）。

（10）辰巳の履歴については、浦西和彦・浅田隆・太田登編『奈良近代文学事典』（和泉書院、一九八九年）が簡潔に記している（一九〇～一九一頁）。個別のエピソードは、北村信昭「桑風荘主人抄―〃万葉地理〃育ての親・辰巳利文氏とその周辺―」（『奈良県観光』第一一二号、一九六六年三月）に詳しい。

（11）与謝野晶子「読書難」『読売新聞』大正一四年四月二〇日付。

（12）以下、高等教育機関（大学・専門学校・高等学校）及び高等師範学校で教育に従事し、万葉集研究で顕著な業績を挙げている学者を、このように称する。「常連」の内、万葉アカデミシャン以外の学者に就いては、本節では名前の後に、括弧付きで主な専攻分野を記した。

（13）「御芳章《ママ》及び小包の雑誌たしかに受領仕りました。雑誌の方は明後火曜に沢瀉先生の講義のある日ですから、ビラを作って掲示をだして広告しておきます」（昭和二年九月二五日付辰巳宛石井庄司書簡。以下本章で引用する辰巳宛書簡は、全て奈良県立図書情報館所蔵）の如く、石井が『奈良文化』や辰巳の著作を宣伝し、剰え売り捌く様子すら書簡中に度々見られる。

（14）徳田浄・徳田進『上代文学新考（研究選書23）』教育出版センター、一九八〇年、三六五頁。

（15）誌面は同人詠草が寡占するが、『奈良文化』廃刊後は、その編集後記が辰巳の活動を具に窺える唯一のものなので、貴重である。第一一七号（昭和一六年一月）まで発行を確認。

（16）過去一年間に発表された万葉集関係の書籍・論文や、催された学会・講演会等を収集記録した万葉三水会編『万葉集研究年報』によると、昭和五年から一一年の間、万葉地理研究の論文は毎年五〇本を越えている（連載も各回一本と数えた場合）。

（17）「十四 雅澄の研究」『初等科修身』二（海後宗臣編『日本教科書大系 近代編』第三巻、講談社、一九六二年、四二一～四二三頁）。

（18）鹿持雅澄『万葉集古義』第九「枕詞解／名所考」国書刊行会、大正二年、四一八頁。

（19）柳田国男「地名の話」『柳田国男全集』第八巻、筑摩書房、一九九八年、三九三頁。初出は『地学雑誌』第二四年第二八八号（大正元年一二月）。
（20）鹿持雅澄、前掲書、四五五頁。
（21）喜田貞吉「史跡の研究に就て」『史跡調査委員会報（大阪府）』第三号、大正五年八月、五頁。同年二月六日に行われた岸和田会場での講演。
（22）『研究年報』第四輯（昭和八年度）、岩波書店、昭和九年、一四頁。
（23）『研究年報』第一一輯（昭和一五年度）、昭和一七年、八頁。
（24）同右、八〜九頁。
（25）佐藤卓己『『キング』の時代—国民大衆雑誌の公共性—』岩波書店、二〇〇二年、三四三頁。
（26）奈良市史編集審議会編『奈良市史』通史四、吉川弘文館、一九九五年、三七二〜三七三頁。
（27）ともに奈良県教育会の機関誌『奈良県教育』に掲載。前者は八七号（大正八年一〇月）、後者は九一号（同九年二月）。
（28）足立源一郎・小島貞三・辰巳利文『古美術行脚　大和』アルス、大正一二年、「序」。
（29）岩城準太郎『大和の国文学』天理時報社、昭和一九年、四九頁。
（30）勝原文夫『農の美学』創論社、一九七九年、四頁。
（31）仲新・稲垣忠彦・佐藤秀夫編『近代日本教科書教授法資料集成』第一一巻、一九八二年、二六九・三八八頁。
（32）同右、五〇八・五一三頁。
（33）李孝徳『表象空間の近代—明治「日本」のメディア編制—』新曜社、一九九六年、一〇頁。
（34）第二期『尋常小学読本』巻六第一課「日本」より（海後宗臣編『日本教科書大系　近代編』第七巻、一九六三年、九〇頁）。
（35）李孝徳、前掲書、九六〜九七頁
（36）海後宗臣編、前掲書、一七六頁。
（37）李孝徳、前掲書、五三〜五四頁。
（38）同右、六〇頁。
（39）重森弘淹・田中雅夫責任編集『日本写真全集』8「自然と風景」小学館、一九八七年、五頁。
（40）長野重一・飯沢耕太郎・木下直之編『日本の写真家』別巻「日本写真史概説」岩波書店、一九九九年、三七〜四六頁。

（41）「大和万葉古跡写真解説」（奈良女子大学附属図書館所蔵。謄写版）中の「挨拶にかへて」（昭和七年一二月中旬付）より。
（42）人間の眼は、その特性として俯瞰するのが自然であり、立っている場合は水平よりも10度下、着座している時は15度下が最適であるという（樋口忠彦『景観の構造―ランドスケープとしての日本の空間―』技報堂出版、一九七五年、四三頁）。
（43）「ゆききの丘」は、現明日香村内の雷丘や甘樫丘などに比定する説があるが、辰巳は「高市村岡から飛鳥村飛鳥に出る県道の東方の丘陵」（『地理研究』三六頁）と、酒船石遺跡の丘陵に比定している。「ふぐり山」は、飛鳥川左岸の国営飛鳥歴史公園祝戸地区内にある。
（44）樋口忠彦『日本の景観―ふるさとの原型―』春秋社、一九八一年、一〇四〜一〇五頁。
（45）同右、二〇〇頁。
（46）奈良盆地を中心に大阪平野、山城盆地南部にも見られる民家形態。主屋の急勾配の茅葺き屋根と、落棟の緩い瓦葺き屋根のコントラストが印象的。
（47）佐藤健二『風景の生産・風景の解放―メディアのアルケオロジー―』講談社選書メチエ、一九九四年、一六四頁。
（48）同右、一六九頁。
（49）大正一三年一二月二六日付辰巳宛山田書簡。「真弓岡」のみが、山田の願い叶って『古跡写真』22に写されている（図2および表2参照）。また45も山田の希望により撮影したことが、『奈良文化』第二三号（昭和七年一一月）の広告に記されている。
（50）稲岡耕二編『万葉集事典（別冊国文学第46号）』学燈社、一九九三年、四一七頁。
（51）登場順に記すと、（第一冊）23・13・7・14・26・32・18・4・11・22・31・9・19・27・20・35・34、（第二冊）A・B・17・24・6・D・29・10・28・1・33、である。
（52）『万葉展覧会解題目録』（石川県図書館協会、昭和六年）参照。
（53）『保田与重郎全集』第九巻、講談社、一九八六年、四四九頁。初出は『文化日本』昭和一六年九月号。
（54）河上邦彦・菅谷文則・和田萃編『飛鳥学総論（飛鳥学第1巻）』人文書院、一九九六年、六五頁。同書で和田は、古代の水陸交通網や遺跡の所在を勘案して、三輪山西南麓から御所市の巨勢谷にわたる広い範囲を「飛鳥学」の対象としている（二八頁）が、本章では、「旧高市郡」というまとまりを重視して、それとほぼ重なる現在の橿原市と高市郡明日香村・高取町を併せた地域を、「飛鳥」とした。
（55）益軒会編『益軒全集』巻之七、国書刊行会、一九七三年、五九頁（明治四三〜四四年の益軒全集刊行部版の復刻）。

（56）千田稔『風景の構図』地人書房、一九九二年、一六五～一六六、一七四～一七五頁（引用は一七四頁）。
（57）同右、一七五～一七六頁。
（58）大野晋・大久保正編集校訂『本居宣長全集』第一八巻、筑摩書房、一九七三年、三六三頁。
（59）同右、三六五～三六六頁。
（60）千田稔、前掲書、一七四頁。
（61）池田弥三郎・野間光辰・水上勉監、平井良朋編『日本名所風俗図会9　奈良の巻』角川書店、一九八四年、六〇五～六〇六頁。
（62）登場順に記すと、孝元天皇陵、檜隈大内陵（天武・持統天皇陵）、文武天皇陵、斉明天皇陵、宣化天皇陵、安寧天皇陵、綏靖天皇陵、懿徳天皇陵、神武天皇陵（以上高市郡、巻之五）、である。
（63）高木博志、前掲『近代天皇制の文化史的研究』、二六六～二六九頁。
（64）以下、近代奈良県の名勝に関しては、特に註記しない限り、同右書の第一一章第三節を参照。
（65）田中琢「遺跡遺物に関する保護原則の確立過程」小林行雄博士古稀記念論文集刊行委員会編『考古学論考』平凡社、一九八二年、七七七頁。
（66）『薄田泣菫全集』第二巻、創元社、一九八四年、一三四頁（同社昭和一四年版の復刻）。
（67）浅田隆・和田博文編『古代の幻―日本近代文学の〈奈良〉―』世界思想社、二〇〇一年、七頁。
（68）高木博志、前掲『近代天皇制の文化史的研究』、三七二～三七五頁。
（69）「歌枕に就て」（署名は「と、が」）『史蹟名勝天然紀念物』第一巻第一三号（大正五年九月）。全国の名所三九ヶ所の現状が報告されているが、そのうち「大和国」は伊駒（生駒）・泊瀬（初瀬）・春日・吉野・竜田の五つ。特に伊駒と竜田の凋落が顕著である。
（70）山田浩之「近世大和の参詣文化―案内記・絵図・案内人を例として―」『神道宗教』第一四六号、一九九二年三月、一三～二二頁。
（71）明日香村史刊行会編『明日香村史』下巻、同会、一九七四年、六三六頁。
（72）昭和二年三月七日付辰巳宛書簡で、次田潤は、学習院卒業生の入江、岡村某（東京帝国大学国史科）、鍋島直康（京都帝国大学国史科）が「奈良藤原飛鳥地方の研究旅行」に赴くので、「実地講習」をしてくれるよう依頼している。
（73）若井敏明「皇国史観と郷土史研究」（『ヒストリア』第一七八号、二〇〇二年一月）は、日露戦争以降アカデミー史学が積極的に関与した「郷土史」を、関西地域を対象に、「現地の研究者の協力が必要」なこの二つの分野に大別して、考察を加えている。

(74)「新刊紹介」『大阪朝日新聞』昭和五年六月二四日付。

(75)第1回の臨地研究の様子は、石井庄司「昭和二年八月開催の奈良文化第一回臨地講習会の思い出」(『万葉(奈良県立橿原図書館)』第一〇号、一九八〇年三月)に詳しい。

二日　橿原神宮に参拝後、畝傍登山。四方の風景に対する辰巳の説明あり。下山後、先ず大軽へ行き、見瀬から橘寺・島宮址・岡寺・飛鳥寺・雷丘へ。

三日　久松潜一も参加して吉野宮滝行き。滝の岩の上で記念撮影。夕方から雨。

四日　初瀬から三輪方面。三輪山麓の穴師(足痛)川を遡り、人麻呂の「あしひきの　山川の瀬の　鳴るなへに　弓月が岳に雲立ち渡る」(七―一〇八八)を髣髴とさせる光景に感じ入る。

五日　豪雨の中奈良市に向かい、薬師寺・唐招提寺に赴く。

(76)奈良市史編集審議会編、前掲書、四八六〜四八八頁。

(77)万葉植物園(現春日大社神苑)は、昭和四年に移転新設された春日の旧鹿苑の跡地に、天平文化宣揚運動の一つとして、春日社が同七年一〇月に完成させたものである(同右書四七八頁)。開園一ヶ月で入園者は二六七八名、収入総計は二九六円余りに達したという【23―83】。同園の創設過程については、本書第五章参照。畝傍考古館については、本書第三章註37参照。

(78)『奈良県教育』第二五五号、昭和九年七月、六五頁。同年の講座内容に関しては同号を参照。

(79)特に島本は、畝傍考古館主森田常治郎(前出)とともに、大和国史会の前身たる「大和考古趣味の会」を設立(昭和六年九月)、大和国史会では、昭和一六年九月二六日に死去するまで『大和志』の編集兼発行人であった。後任は田村。

(80)『大和志』第二巻第九号、昭和一〇年九月、四六〜四七頁。

(81)『大和志』第四巻第七号、昭和一二年七月、編集後記。

(82)『厳橿』第一〇六号、昭和一五年二月、一一頁。

(83)大久保正、前掲「『万葉集』の研究史」、二一八頁。

(84)大久保正「万葉集の自然と風土」上代文学会編『万葉地理の世界』笠間書院、一九七八年、六頁。

(85)例えば、第一節2で辰巳の比定を採り上げた「恐の坂」「能登瀬の川」は、小島憲之・木下正俊・東野治之校注・訳『万葉集(新編日本古典文学全集)』(小学館、一九九四〜一九九六年)では、ともに「所在未詳」となっている。

（86）犬養孝「故辰巳利文氏への弔辞」『奈良県観光』第三二一号、一九八三年八月、三頁。
（87）顧問は、万葉アカデミシャンに中原啓造（奈良県学務部長）・山本米三（貴族院議員）らを加えた一〇人。相談役賛助員は、上野精一（大阪朝日新聞社社長）、徳富蘇峰（帝国学士院会員・大阪毎日新聞社社賓）ら六人（『厳橿』第六八号、昭和一一年一〇月）。
（88）明日香村史刊行会編、前掲書、六四九頁。
（89）「飛鳥」内でも、著者踏査の結果、四二基の歌碑が確認できた（二〇〇三年一二月調査）。山崎しげ子編・高橋襄輔写真・大川貴代文『奈良大和路の万葉歌碑』（東方出版、一九九八年）によると、奈良県内にある万葉歌碑はすでに二〇〇基を越えており、「奈良市に万葉歌碑を建てる会」等の活動によって、毎年着実に数を増やしているようである。また、犬養孝・山内英正『犬養孝揮毫の万葉歌碑探訪』（和泉書院、二〇〇七年）というガイドブックも存在する。
（90）『厳橿』第六八号、昭和一一年一〇月、広告。

史料 『大和万葉古跡写真』

＊奈良女子大学附属図書館所蔵の『大和万葉古跡写真』全五〇点に、写真裏面のタイトル・キャプションを付したものである（傍線著者）。

＊右図書館では『古跡写真』をアルバムに整理しており、そこでは実際の頒布順通り、1～35―A～E―36～45という順番であったが、ここでは1～45―A～Eと並び替えた。16・17、29・30、41・42、A・Bは二枚一組となっており、16・17、A・Bは左右が他集と逆の配置にしてある。

＊タイトル・キャプション中の地名が現在の表記と異なる場合でも、万葉集における多種の表記を考慮して、そのままにした。

＊写真の大きさは切り方が均一でないため統一されておらず、縁の有無もある。現物は全てモノクロ写真である。

2

1

3

5

4

第1集

1　畝傍山近景：畝傍山を去る東南二丁の所より撮影。

2　畝傍山上より耳成山を望む：山麓の松林は神武天皇陵。中央の小山は耳成山。遠景の丘陵は三輪纏向山。

3　島宮址より飛鳥川をへだてゝ天香久山を望む：すぐ前の川は飛鳥川で、その向ふに見えるのが天香久山である。前方の村落は飛鳥村で、村落の右方に見える寺院は安居院である。又右手に見える丘陵は逝回丘で、その後方は所謂大原の里である。八釣山はつひその近くにつづいてゐる。左方は甘樫の丘で、雷丘は其の近くにある。

4　大原の里より八釣山、初瀬山、三輪山、まきむく山を望む：中央の神社は藤原鎌足誕生地。神社の左方の山は八釣山。

5　大原の里より八釣山、初瀬山、三輪山、まきむく山を望む：中景林の中が八釣川。村落は飛鳥村大字八釣。遠景山脈右より初瀬山、三輪山、まきむく山。

第2集

6　初瀬川をへだてゝ初瀬山を望む：左方山ずそは三輪山、中景の山が初瀬山、朝倉宮趾は中央村落右方の山ずそである。

7　三輪、まきむく二山近景：左端遠山はまきむく弓月ヶ嶽。三輪山麓中央の森が大神神社。

8　春日飛火野より高円山を望む：キャプションなし

9　春日野より御笠山、春日山、高円山を望む：前方御笠山。その後方春日山。左端高円山

10　黒髪山上より奈良山を望む：黒髪山は由来不明とされて居たが奈良佐保山の一峰に今尚黒髪山の地名を存し、黒髪の宮と称する小さな神社あり。想ふにこれがまさしく黒髪山であらふ。このほとり古山城、大和を通ずる山道ありし形跡あるによって。中景右方へ形の森は元明帝陵、遠景は奈良山。

12

11

19

第3集

11　天香久山より畝傍山、二上山、葛城山を望む：遠景右へが二上山。つゞいて右方へ葛城山、畝傍山近くのくさむらが飛鳥川づゝみ。（西方を望む）

12　天香久山より藤原宮趾、耳梨山、遠く生駒山を望む：中景左端の森が藤原宮趾。耳梨山後方遠景が生駒山。（西北方を望む）

13　天香久山よりはにやす池あと、三輪山、まきむく山を望む：中景の森近くがはにやす池のあと。遠景へが三輪山、その左方がまきむく山（この山の麓あなしの里）。（香久山より北東方を望む）

14　藤原宮趾から天香久山を望む：キャプションなし

15　飛鳥宮趾より飛鳥川をへだてゝ雷丘、天香久山を望む：前方の川が飛鳥川、川のすぐむかひの丘が雷丘、左《右》端の山が天香久山。

16.

17.

20

19.

第4集

17　宮滝柴橋の上より吉野川上流をのぞむ：右端の山がみふね山。前方の山が中山。深淵のきれてゐるすぐ右方が古《いにしへ》滝をなしてゐたあとゞころといはれてをる。左端の人家は十六の右端の人家である。

16　吉野川をへだてゝ宮滝宮址をのぞむ：前方の山の中腹から麓にかけて、人家の右方が宮址。人家は中荘村宮滝。右端人家近くから山麓を右にまはると、なつみ川になる。十六の右端は十七の左端につゞく。

18　柴橋の上より吉野川下流をのぞむ：遠景の山の左上をいはくらといふ。いはくらの小野はこのふもとではないかと思ふ。左方吉野川に水の白く落ちこんでゐるのはきさ谷から流れて来たきさの小川の水である。きさ谷はこの奥にあたる。

19　宮滝宮址より吉野川をへだてゝみふね山を望む：前方の高い山がみふね山である。村落は宮滝の対岸、樋口《ひぐち》である。

20　なつみ川近景：このほとり今もよどをなしてゐる。

22.

21.

23

24.

第5集

21　雷岳より飛鳥宮趾、大原の里を望む（東南）‥中景右端学校のあるところ、飛鳥きよみ原とされてゐる。そのすぐ右を飛鳥川がながれてゐる。中景中央の森のすぐ後方に白壁の人家の見えるところが大原の里。その右方につゞいて八釣山。八釣川は森のふもとを左方（北方）に流れてゐる。学校の屋根のすぐうしろに見える寺の屋根は飛鳥大仏である。それに続いて後方右端の人家は高市村（島宮址）である。中前の村落は飛鳥村飛鳥。

22　橘寺より東《西》方真弓丘、佐田丘をのぞむ‥前方の村落は高市郡高市村橘。遠景左から金剛山、葛城山。そのすぐ前の山脈、中央より左方真弓山、佐田丘である。草壁皇子のお墓はその山上にある。村落の前に二つのいなつかがあるが、その左方の中心棒の先端にあたるところにある森が、天武、持統両帝の檜隈大内陵である。草壁皇子がなくなられた当時、この峡の道を、葬列が遠く佐田丘辺にむかって進んでいったわけである。思ひが深い。

23　高市村祝戸《いはひと》ふぐりやま上より大和三山を望む‥山麓に白く見える川は飛鳥川。近景右端の人家は高市村島之庄及岡の二村、即ち島の宮址である。中景右が天香久山、その次が耳成山。左端畝傍山、香久山のすぐ手前即ち島之庄との中間の人家が飛鳥村。このほとり飛鳥宮址である。遠景中央一ばん高い山が生駒山。（二三は大和平野の中心を遠望したもので、万葉古跡の大半が、この一葉の中に納ってをるもので、最も重要なる写真です）

24　竜田川をへだてゝ竜田山を望む‥前方の山脈が竜田山。この山のふもとの道を竜田路といふ。山のむかふは河内国である。

25　竜田川及をぐら嶺近景‥川底のとび出てゐるところに古は滝があった。左端砂山の上がをぐら嶺、即滝之上にあたるわけである。

第6集

26　巨勢野をへだてて巨勢山をのぞむ：前方雑木山が巨勢山、眼下にひらける野原が巨勢野。ステイションは和歌山線吉野口駅。中景左端の小森二三見えるあたりに巨勢川（能登瀬川）が流る。村落をよぎる道が古の巨勢路。

27　能登瀬川（曽我川上流）をへだてゝ巨勢野を見る：巨勢路はこの川岸（向って左）に通ず。

28　倉橋川をへだてゝ倉橋山をのぞむ：前景の川が倉橋川、遠景の高い山が倉橋山、村落は磯城郡桜井町大字下《シモ》である。この村のはづれに天平芸術の第一位的仏像十一面観音を安置する聖林寺がある。

29　穴師川をへだてゝ桧原、三輪山、巻向山、穴師山、穴師の里をのぞむ：前方の小川が穴師川。右端のだん〳〵畑が三輪、巻向の檜原。竹林につゞいて見える杉山が三輪山、遠景の山が巻向山、中景の密柑山が穴師山、麓の村落は車谷村。

30　穴師川をへだてゝ桧原、三輪山、巻向山、穴師山、穴師の里をのぞむ：前方野原一体《(ママ)》が古の穴師の里で、山は穴師山のつゞき。山麓に見える人家は巻向村大字穴師である。（二九、三〇は同一地点より撮影した連続的写真である）

第7集

31　草壁皇子島宮趾近景：高市郡高市村大字島ノ庄（中景村落）。学校が高市小学校でこのほとりが島の池の趾。右にひらける（北方）山峡が飛鳥京の一部。遠景への二上山、右端が生駒山。二上山のすぐ下に二本の松樹の見えるのは橘寺。二上山のすぐ右に黒く高く見えるのが畝傍山。前方の積石は所謂島の石舞台で、即ち世に島大臣の古墳と称するものである。（この写真は西方に向って撮影す）

32　真土山近景（和歌山県伊都郡隅田村字真土の西方の山麓より東方を望む）：村落が真土で、右端道路が紀州よりの上り口ですぐ前が真土山。真土山は大和に属す。

33　平城京大極殿趾より東方春日山、高円山を望む：遠景の中央が春日山、その右方が高円山。春日山のすぐ麓が奈良市。若草山は奈良市と春日山の間に稍白く見ゆる山。その麓に高く見える屋根は大仏殿。中景の左端低い山は佐保山。

34　佐保の里より佐保山を望む：左端の山頂のあたりを黒髪山と呼んでゐる。

35　佐保川近景（西方を望む）：左の土柵内は奈良女高師。

第8集

36　甘橿より北方雷丘（全景）、天香具山、三輪山等を望む：前景の丘陵が雷丘。飛鳥川はこの麓を北流（向つて左方）してゐる。丘の左手の人家は高市郡飛鳥村大字雷。人家の後方遠景が天香具山で、丘の右方にかすかに見える遠景が三輪山・巻向山等である。

37　ゆききの丘より北方飛鳥京をへだてゝ近く甘橿、雷丘、遠く香具山、耳梨山を望む：前景人家は高市郡飛鳥、寺院は飛鳥大仏で法興寺址にあたる。向って左端（半分見える）が甘橿丘で、次が雷丘。右端（半分見える）が天香具山で、その後方小さく見えるのが耳梨山である。雷丘の後方かすかに雲にかくれてゐるのが生駒山、眼前に展開するのつばらが飛鳥京址で、耳梨山近くは藤原宮址になる。飛鳥川は甘橿丘と雷丘との間を流れてゐる。（十月三十日午後五時写　昭和七年）

38　ゆききの丘より南方飛鳥京を隔てゝ南淵山を望む：丘麓人家は高市郡高市村大字岡。遠景が南淵山。（昭和七年十月三十日午後五時写）

39　軽市近景（東北方に向ふ）：人家は高市郡畝傍町大字大軽。左端遠景が耳梨山、右端遠景が三輪山で、これにつづいて左方に巻向山がつらなつてゐる。当時人麿は巻向山麓なる穴師の里に居住してゐたらしく、而して妻は軽市で死去したのであつた。この隔たりは約二里強である。（昭和七年十月三十日午後四時写）

40　軽市より畝傍山を望む：前景人家は高市郡畝傍町大字見瀬。左端遠景（半分）が二上山。39、40は人麿の「天飛ぶや軽の路は吾妹子が里にしあれば云々」の詠歌を中心として撮影た《（ママ）》。（十月三十日午後四時写）

第9集

41　平城宮址より南西方遠望（右）：遠景高きは生駒山。

42　平城宮址より南西方遠望（左）：遠景矢田山。中景のこんもりとしげつた小山は垂仁帝陵で、眼前に展開する草原が平城宮址である。而して立田山、二上山はかすかに雲中に見える。（十一月二日午後二時半写）

43　奈良山越入口（奈良坂口）より南方平城宮址をへだてゝ遠く三輪、巻向の山々を望む：「三輪山をしかもかくすか云々」はこのあたりで詠ぜられたのではなかろうか。（十一月二日午後三時半）

44　奈良山越（峠道）：所謂歌姫越で、大和より山城方面に向ふ人家は生駒郡平城村大字歌姫である。（十一月二日午後三時半写）

45　高野原より称徳帝陵をへだてゝ春日、高円の山々を望む：人家は生駒郡都跡村大字佐紀。遠景左方が春日山でそれにつゞくのが高円山である。長皇子、志貴皇子と佐紀宮にて倶に宴せる歌、秋さらば今も見る如妻ごひに鹿鳴かむ山ぞ高野原の上（巻一）に見える高野原はこのあたりであり、次の、春日なる三笠の山に月も出でぬかも佐紀山に咲ける桜の花の見ゆべく（巻十）の一首は或はこのあたりでの歌詠ではあるまいか。（十一月二日午後二時半写）

別集

B　鹿背山ヨリ泉川ヲ経テ、東方恭仁京ヲ望ム（右）：川ハ泉川（今ノ木津川）、川岸ノ人家ハ加茂村。

A　鹿背山ヨリ泉川ヲ経テ、東方恭仁京ヲ望ム（左）：中景左、森ノ前学校（ミカノハラ小学校）ノアタリガ恭仁京址。右ノ人家相楽郡瓶原村岡崎。河原遥カニ見エルノガ泉川、前方ニ広ガル野ハ布当野《フタキノ》デアル。

○三日《ミカ》ノ原布当《フタキ》ノ野辺ヲ清ミコソ大宮所定メケラシモ（巻六）

○三香ノ原久迩ノ京ハ荒レニケリ大宮人ノ遷《ウツロ》去ヒヌレバ（同）

C　鹿背山ヨリ泉川ヲ経テ、北方狛山ヲノゾム：前方人家ハ相楽郡加茂村北華《(法)》寺、川ハ泉川。前方ノ山ガ狛山。

○狛山になくほとゝぎす泉河わたりを遠みこゝにかよはず（巻六）

D　恭仁京址ヨリ布当ノ野ヲ経テ、西方（左）鹿背山、（右）狛山ヲノゾム：

○乙女等ガ続麻《ウツミ》カクトフ鹿背ノ山時ノ行ケレバ都トナリヌ（巻六）

○鹿背の山木立ヲシゲミ朝サラズ来鳴キトヨモス鶯のコエ（同）

E　恭仁京址近景（南方ニ向ッテ）：前方ノ森ノアタリガ京址。中景右端ノ山鹿背山、遠景ノ山奈良山。巻六ニ高丘河内連歌、○故郷ハ遠クモアラズ一重山越ゆルガ故ニ思ヒゾ我ガ為シ、ノ一重山ハ奈良山ヲヨンダモノデアラウ。

第五章　奈良万葉植物園の創設過程

はじめに

奈良春日大社の境内にある「神苑」は、「山野にいのちを芽生えさす草木もなるべく人的な手を加えず、自然のままに生かし、参拝者に安らぎを与える」[1]場所であり、現在は年二回の舞楽演奏会の舞台としても利用されている。だが、ホームページにおいて併記の「神苑」より大書されていることからも分かるように、昭和七年（一九三二）一〇月一日に設置されて以来、何よりそこは、歌集万葉集を主題とする「万葉植物園」であった。同園については、本書第四章第三節2において、奈良文化夏季講座の臨地研究に組み込まれた、奈良市の新たな観光名所という形で少し触れたが、本章はその万葉植物園の創設過程を、奈良県庁文書（奈良県立図書情報館所蔵）・春日大社所蔵史料に新聞記事を加えて分析し、春日社・万葉学者・大阪朝日新聞社・奈良県・造園家など諸関係者の動向より明らかにするものである。同園の沿革と内容については『奈良市史　自然篇』に簡単な記述がある。[2]しかし、県の長年にわたる植物園建設計画と、近代万葉集興隆史という二つの流れの絡み合いを押さえつつ、設計の詳細について考察するのは本章が初めてであり、一植物園の創設過程について関係者個人のレヴェルまで追うことができるという点で、同園は貴重な事例と言えよう。

右記史料以外では、昭和六年まで春日社禰宜を務めた森口奈良吉（明治八年〈一八七五〉～昭和四三年〈一九六八〉）による「万葉園創設略記」（『名所旧跡』第三巻第一号、昭和五年二月、三一～三五頁。以下「略記」と略）を特に参照した。同号は「万葉植物園号」と銘打たれ、内務大臣に参考資料として提出されたが[3]、「略記」は昭和二年一一月から同四年末までの前記各関係者の動きを、森口の視点から記録した年表である。森口自身が創設事業の中枢にあったため、新聞や公文書にも現れない情報を多く含んでいる点は、実に有益である。

第一節　離宮設置の頓挫と昭和大典

1　奈良公園の改良と植物園

万葉植物園創設の淵源は、遠く奈良離宮設置問題にあった。明治二一年（一八八八）一二月、前年大阪府から独立再設置された奈良県は、県会において離宮誘致の建議案を全会一致で議決する[4]。建議文は翌二二年一月松方正義内相へ呈され、同年四月土方久元宮相名で「適応スヘキ地所見込申出ツヘシ」との達が下される。その後民有地の買い上げ失敗などはあったが、そのほとんどを春日社境内地が占める離宮敷地が同年九月には内定、同二三年に「添上第二御料地」と名付けられ、宮内省から奈良県に管理が委託された。しかしこの早急な移管の後、離宮設置の計画は具体的に進まず、荒れるに任された御料地は、同三五年四月県に無料で貸し下げられてしまう。公園地として整備すべく、県は四四年に同地の下賜を願ったが、その請願は却下され、漸く大正一三年（一九二四）に「該離宮ハ建設見合ニ相成候」と春日社に返還されるまで、御料地は専らその風致維持にのみ腐心せねばならない土地として存在した。現在の飛火野（雪消沢《ゆきげのさわ》を含む地域）である。

しかし、立木や地盤の変更が原則不許可の御料地である間も、県はただ静観していた訳ではなく、その活用法を模索していた。中でも、明治末青木良雄知事（明治四一年七月～四三年六月在任）のもと立てられた奈良公園改良計画は、周囲の社寺境内地や御料地にも影響を及ぼす大規模なものであった(5)。明治四一年（一九〇八）七月に赴任した青木は、来寧早々東京帝国大学農科大学教授で造林・造園学の泰斗であった本多静六（慶応二年〈一八六六〉～昭和二七年〈一九五二〉）の奈良公園視察を実現させる。本多は同年夏奈良入りし、帰東後は公園地とその周辺の平面図を手に改良計画を練り上げ(6)、翌四二年四月一〇日、県庁にて壮大な奈良公園改良講話を披露した。講演の主眼は、ごく約めて言えば、公園地たる春日山の樹木を伐採して資金源とし、娯楽施設を整備することにあった。

公園ハ一面幽邃閑雅ノ自然的風趣ニ富ムヲ要スルト共ニ一面亦風致ヲ損セザル範囲ニ於テ一般世人ヲ楽マシムルノ通俗的設備ヲ必要トナス、彼ノ正倉院ヲ拝観シ帝室博物館ヲ観覧シテ娯ムモノハ極メテ少数ナレバ、社会多数ノ民衆ヲ誘致シ老幼婦女子ヲ問ハズ均シク其娯楽ヲ享受セシメ足ヲ躁《とど》メシムルニハ、当公園ニ大運動場・動物園・植物園ノ三者ヲ設備スルノ必要アルヲ感ジタリ（『公園史』二五一頁）

このうち本多の植物園構想は、人工的花園「ブルーメン・ガーテン」（blumengarten）と「自然的植物園」を、それぞれ公園内の平地と山道沿いに設け、前者は休憩・喫茶が可能で花卉販売も行う遊覧客対象のものとし、後者は主として調査研究用であるが、公園周遊鉄道の乗客が下車して逍遙することも可能という、スケールの大きなものであった。人工園を、風景の「地味」な奈良公園にとって「最モ必要ナルモノ」として、公園の根底からの変革を目指すこの講演内容は、終了後直ちに剞劂され、県では内務部長を中心に改良事業案が作成された。そして同案は四二年一一月、知事の諮問機関たる奈良公園改良諮詢会に下ろされ(7)、本多ひいては県当局の意向は、満場一致で可決される。その人工植物園に関する部分――「春日野御料地を拝借し、植物園を設置せんとす」――は、遊閑地を何とか活用したいという願望から、大胆さで本多の案を上回った（『公園史』二五七頁）。その計画は、前述の如く御料地の下賜が叶わない段階では無理があったが、諮詢会が同四四年に改組された公園改良調査会には、「動物園・植物園其他公園内ニ必要ナル設備ニ関スル事項」を担当する部門が設けられ、植物園の設置は長期的な課題となる。そうした中、大正一三年（一九二四）御料地は返還され、ほどなく昭和の大典が訪れる。

2　昭和二年の再燃

大典をほぼ一年後に控えた昭和二年（一九二七）一一月三日、内務省神社局技師角南隆が春日社を訪れ、県技師岸熊吉・同技手稲森賢次、春日社宮司二條基弘・同禰宜森口奈良吉と会食した際、初めて万葉植物園設立が話題に上った、と「略記」は述べる。そしてその四日後、県史蹟調査会(8)に於いて、岸により追加議案「大礼紀念事業トシテ万葉植物園ヲ新設セラレタキ事」が提出される(9)。

> 万葉集に詠せらレタル植物ハ百二三十集《（朱書）百五十七種》ノ多キニ達セルヤニ聞クガ之等ヲ調査シ可成多ク永久ニ保存スル目的ヲ以テ春日神社境内若クハ公園ノ一部ヲ割キテ植物園ヲ設置シ《敷地ニ充テ》奈良一部県費一部国費其他歌道ノ篤志家ノ寄附ヲ仰ギ大礼紀念事業トシテ植物園ヲ設置セバ奈良トシテ最適当ナル事業ナリト認ム

岸は恐らく公園改良調査会委員として、植物園設置が長らく懸案事項であったことを知っていたと思われる(10)。そこに昭和大典という好機が訪れ、考古資料を陳列する徴古館の設置や史蹟名勝天然紀念物要覧の編纂とともに、「本県に特別関係ある万葉集」の名を冠した植物園の建設が、奈良県に似つかわしい記念事業として、県史蹟調査会で提案されるに至ったのである(11)。

そして、「万葉」植物園と規定したことで、そこには大阪朝日新聞社（以下大朝と略）の大典記念事業＝天平文化宣揚運動と繋がる可能性が見出される。同運動は、天平改元（七二九）一二〇〇年の昭和三年に、大陸文化を盛んに吸収して「平城遷都と共に正に百花爛漫の盛を致し、国民の最も景仰、記念すべき」[12]天平文化を回顧顕彰するもので、記念大講演会・綜合大展覧会が三月から四月にかけて大阪で催された。ところが、天平文化の本拠地たる奈良では、東大寺・薬師寺などで臨地講演が五月に開催されたくらいで、大朝による積極的な事業展開は見られなかった。そうした姿勢は、同三年二月五日に開かれた天平文化記念会の評議員会[13]において、県社寺兵事課長飯田靖夫が万葉植物園建設を県の大典記念事業としたいと述べた際の、朝日新聞社社長村山龍平の発言「本問題は奈良県の方針に任して本会は他の事業に当るべし」(「略記」)に顕著であろう。[14]さらにこうした大朝の傍観に加え、県内でも雲行きが怪しくなり始める。前年一一月の史蹟調査会で提案された徴古館より一回り大きな、青少年の指導講習・徴古資料の蒐集陳列を行い、国体の擁護・国民精神の錬成を目指す「建国会館」の建設計画が、同年七月に県会を通過。その建築費が二〇万円という厖大な額に上るため、他の事業を全て見合わせる、という百済文輔知事の意向が伝えられたのである（同年九月）。植物園用地には、春日社境内の鹿苑跡地を充てることも決まっていたが[15]、「神社局に於ても余り之を歓迎せざる由にて前途甚暗澹たるものあり」(「略記」)という状況であった。

第二節　万葉学者佐佐木信綱の奔走

1　信綱の博物館構想

この苦境を打開したのが、万葉学の泰斗佐佐木信綱（明治五年〈一八七二〉～昭和三八年〈一九六三〉）の協力であった。信綱は昭和四年（一九二九）四月一八日、東上した春日社禰宜森口奈良吉より事態の経過を聞き、翌月資料探訪で大阪行の際に各方面へ陳情することを承諾する。これより以前、前年一〇月には大朝奈良通信部主任村田謙次郎の尽力により、本社計画部長から春日社及び奈良県・市と連繫の上ならば、「若干金」の支出を努力する旨の言質を取ることに成功していた（「略記」）が、この二つの助力により、状況は劇的に変化していく。実は信綱は、先の天平文化記念会評議員会において自著『万葉漫筆』（改造社、昭和二年）を示し、万葉植物園のみならず万葉博物館の設置をも訴えていた。同書の「万葉博物館建設私見」では、外国文化の粋を吸収し発展した点で明治と天平の世を同列に論じ、「天平の絢爛たる時代を過ぎて万葉集の出現を見たる如く、目に見えぬ文学の世界にも、大いなる国民的完成の期の近づきつつある如き期待を感じる」(16)として、奈良公園内に万葉集を記念する博物館の建設を主張している。

信綱の考える万葉博物館は図書館も兼ねており、万葉関係書籍（古写本、研究書など）、標本資料（衣裳、玉箒の模造品など）、図画資料（万葉古跡写真、歌人肖像など）を備えた総合的なものである。そしてこの構想は、本書第四章第一節1に記したような、大正末～昭和初頭における万葉集の研究状況を如実に反映していた。大正一三年（一九二四）、近世国学・考証学派以来の文献的・実証的研究の集大成として、主要な古写本・古版本を校合して成った『校本万葉集』（～同一四年。同刊行会）が刊行されたが、同書の編纂を取り仕切ったのが信綱であり、博物館に古典籍を集めるという考えはここに由来すると思われる。同様に標本・図画資料も、近世末の註釈書『万葉集古義』以降停滞していた作家・地理・染色研究などが、昭和に入って隆盛した成果である。また動植物についても、山本章夫『万葉古今動植正名』（山本規矩三、大正一五年）や豊田八十代『万葉植物考』（古今書院、昭和六年）のような研究が生まれていたが、この時点の信綱の構想では、植物園は博物館の一附属施設という扱いであった。

2　万葉植物園期成会の成立

附属施設ではあるにせよ、万葉植物園の構想を持つ信綱を中心に据えたことは、人と資金の集まりを格段に上向かせた。先の森口の訪問を受けた一ヶ月弱後、昭和四年（一九二九）五月八日に信綱は奈良入りし、早速春日社で「打合会」を開く。「略記」によると、出席者は江見清風春日社宮司、安井章一県学務部長、坂田静夫県公園課長、津田辰三県社寺属、田中敏一奈良市産業課長、河合甚吉奈良実業協会員、村田謙次郎大朝奈良通信部主任らで、同会の決議で植物園設立運動の骨格はほぼでき上がった。それは、

①植物園の実現を期する万葉植物園期成会を組織し、評議員を県・市・春日社・奈良実業協会・大朝より選出。発起人・顧問の人選と、近衛文麿への総裁就任要請は信綱が行う。

②植物園の設計は、坂田公園課長を窓口として大屋霊城農学博士に依頼する。

③設置予算は二万二〇〇〇円とし、県・市に申請する補助金以外は全て寄附金に拠る。

というものであった（「略記」）。①の期成会の趣意書・会則（後掲史料1・2）は「打合会」直後から作成が始められ、同年七月に披露された。その趣意書に言う（句読点著者）。

そもく万葉の名は万世の義にして、昭代賀頌の意を寓すと云へり。故に同志胥《あい》謀り地を官幣大社春日神社の聖境に相し、万葉植物園を建設し昭和の聖世を頌し、併せて国民詞藻の涵養に資せむとす。幸に江湖諸君子の賛同に依り斯業を完成し、寧楽の古都に遊ぶ者をして万葉の英風を慕ひ、山柿〔山部赤人と柿本人麻呂〕の吟詠に親ましむるを得むか、吾人の本懐之に過ぎざるなり。(17)

総裁に近衛を頂き、江見を会長、安井県学務部長・森田宇三郎奈良市長を副会長とする期成会は、信綱の奔走により最終的には顧問（「会長ノ諮詢ニ応フ」）二四人、評議員（重要事項の商議）二八人、理事（会務処理）一〇人を擁する大規模な組織となった。(18) 最終第一五条に、事業の完成後は「春日神社ニ之ヲ移管シ本会ハ解散スルモノトス」と謳う会則は、第三条に三つの事業を掲げている。その第一・二項は「旧神鹿飼育場ニ庭園ヲ造成シ万葉集ニ関係アル植物ヲ栽培スルコト」「該植物ニ関係アル万葉集ノ歌謡ヲ標識スルコト」で、第三項は「陳列場ヲ建設シ万葉

集ニ関係アル植物ノ絵画、標本、植物分布地図及ヒ器具ノ模造品、マタ万葉集ノ写本刊本、学書ノ類ヲ蒐集シ陳列スルコト」であった。信綱の博物館構想では筆頭に挙げられていた典籍収集が、逆に植物園の附帯事業のようになり、標本・図画資料も植物関係のものに絞られたのが分かる。これは先述③の予算が二万円強且つその大部分を寄附に頼る、という資金面の問題も大きな要因であろう。「略記」を見ても、期成会の編成が完了した四年七月以降は、寄附金募集に関する会合が最も頻繁に開かれており、同年一〇月三日の会合では、奈良市内を五区に分けて委員を置き、期成会が選定した「有志」約三八〇名に寄附を要請することを決定している。しかし「万葉植物園寄附金出納内訳簿　収入之部」（春日大社所蔵）を見ると、五〜一〇円という小口の寄附も少なくなく、彼らからは約六〇〇〇円を集め得たに過ぎなかった。建国会館建設のため万葉植物園には冷淡だった県から二〇〇〇円、市からも五〇〇〇円の補助を受け、漸く目標額に近い二万円に達したのは、実に昭和七年（一九三二）に入ってからであった。

第三節　造園家大屋霊城のデザイン

1　古都の苑池

まだまだ資金は調達途上であったが、昭和五年八月、植物園の建設工事は開始される。前節2の②にあるように、東京帝大農科大学で坂田県公園課長の二年上であった大屋霊城が設計を担当した。大屋は大正四年（一九一五）の大学卒業後、明治神宮造営局嘱託・大阪府立農学校教諭を経て、同八年大阪府技師に任ぜられ、翌年都市計画大阪地方委員会技師となった造園家である。[19] ただ同一〇〜一一年の欧米視察後は、労働者の住環境改善を目的とする「花苑都市」構想を、藤井寺・甲子園の電鉄経営地で具体化したこともあり、[20] 都市計画家としての自負を強めてい

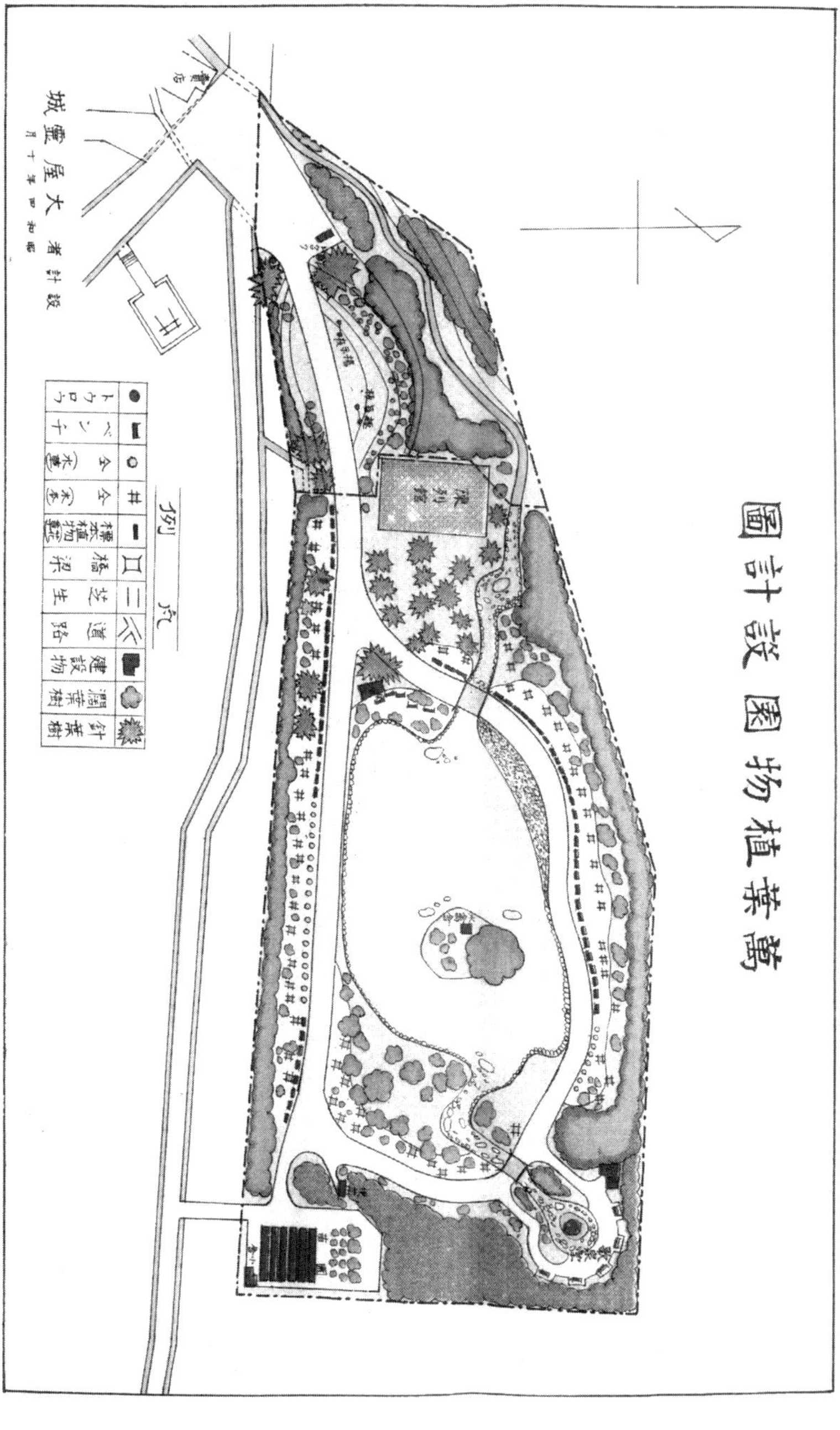

図1　万葉植物園設計図（『名所旧跡』第3巻第1号）

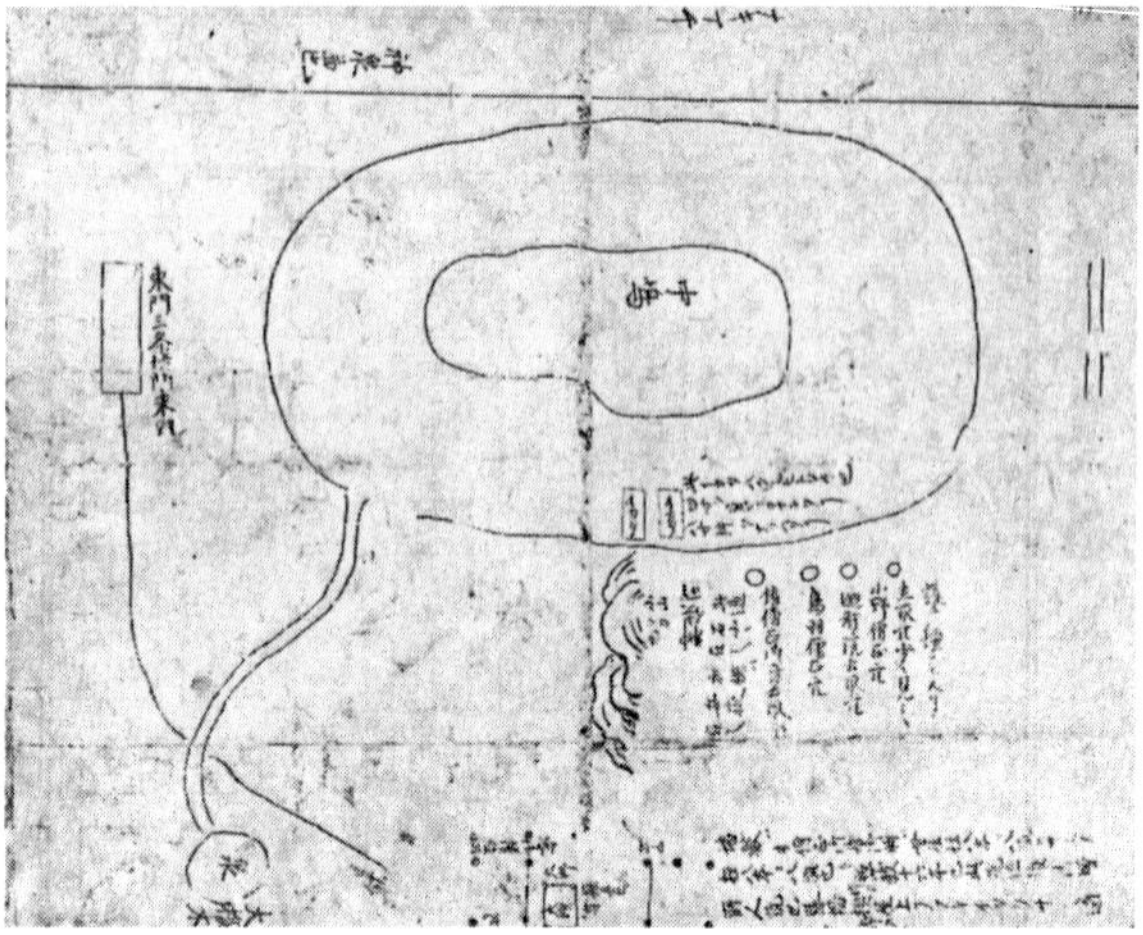

図２　神泉苑　伝永久五年指図（『京都府史蹟勝地調査会報告』第七冊）

たという[21]。その大屋が、「名所の遊覧を以て人を集めこれによつて立つて居る都会[22]」として花苑都市とは峻別し、「遊覧都市」の代表と見る奈良に、大朝や大阪電気軌道（近畿日本鉄道の前身）という企業が新名所として期待する園——それぞれ三〇〇円、一五〇〇円を寄附——の設計を手掛けることとなった。坂田から相談を受けた大屋は、「打合会」から間もない昭和四年（一九二九）五月三一日、建設予定地の実地検分に訪れる。その時の大屋の声を新聞は伝えている。

　大学の植物園のやうにあまり学術的に偏しても面白くなく、さりとて遊園地の如く俗化するのも考へもので非常にむつかしいが環境が古都なのでやり方の如何によつては良いものができると思ふ要するに万葉植物園としての気分を現すことが必要だらう[23]

「略記」によると、この後大屋は、同年一〇月一四日に奈良帝室博物館で「信貴山縁起」を展観するため一度来寧したきりで、同月末に五〇〇分の一設計図（図１）と設計書を仕上げている。以下両者から大屋の構想を明らかにしよう[24]。まず設計書の「一、設計概要」「二、園の形式」を見ると、「人をして万葉の面影を偲び、恰も自ら其の時代に遊ぶの感を起さしむる趣向」を盛るために、「平城平安頃の造園手法」を参酌した、とある。ここで疑問なのは、天平文化の精髄の如く謳われた万葉集の世界を再現するのに、何故「平安」の造園手法も参照しているのか、という点である。さらに次の「三、園の内容」では、中央にイチイガシの老木を擁する島を残して掘鑿する大池（約六〇〇坪）の形は、平安京神泉苑の池と朝鮮半島慶州の鮑石亭址石渠を参考にした、とまで記している。実はこのような「天平の平城」からの時間・空間的遊離は、戦前の日本における庭園研究状況からすれば当然のことであった。飛鳥・奈良時代以前の古代庭園については、その発掘調査が昭和一〇年（一九三五）藤原宮址において漸く緒に就くまでは、古事記・日本書紀や続日本紀などの文献研究が中心で、参看すべき絵図は神泉苑まで下らねばならなかったのである。[25]神泉苑の古図は、『京都府史蹟勝地調査会報告』第七冊（大正一五年）で四種が紹介されているが、その形状の相似性から、大屋は「図様古ク、神泉苑境内ノ状況ヲ知ルニ、最モ尊重スベキ史料ノ一[26]」たる伝永久五年（一一一七）指図を主に参照したと思われる（図2）。森蘊はそれらの図から、「泉はその東北高処の麓から湧出し、それを受けて細流が東北より西南方に向かって流れて、池の水を涵養している（中略）そして池水は西南方の低い方向へと排出されていた[27]」ことを読み取るが、それは東北隅に湧泉を設けて細小川で池に導き、二〇メートル以上の高低差をもって池から南西へと水を落とす、という万葉植物園の構造と非常に近い。

図3　慶州 鮑石亭遺蹟（『朝鮮古蹟図譜』第四冊）

もう一つ参考として挙げられている鮑石亭遺跡（図3）は、九世紀中葉以前に営まれた統一新羅の離宮址だが、そこに残された鮑形の石渠は、内地で庭園遺構が注目を浴びる遥か以前の明治四二年（一九〇九）、韓国政府の委嘱を受けた建築史学者関野貞の一行により調査されている。[28]その成果たる『朝鮮古蹟図譜』第四冊（朝鮮総督府、大正五年）の図版

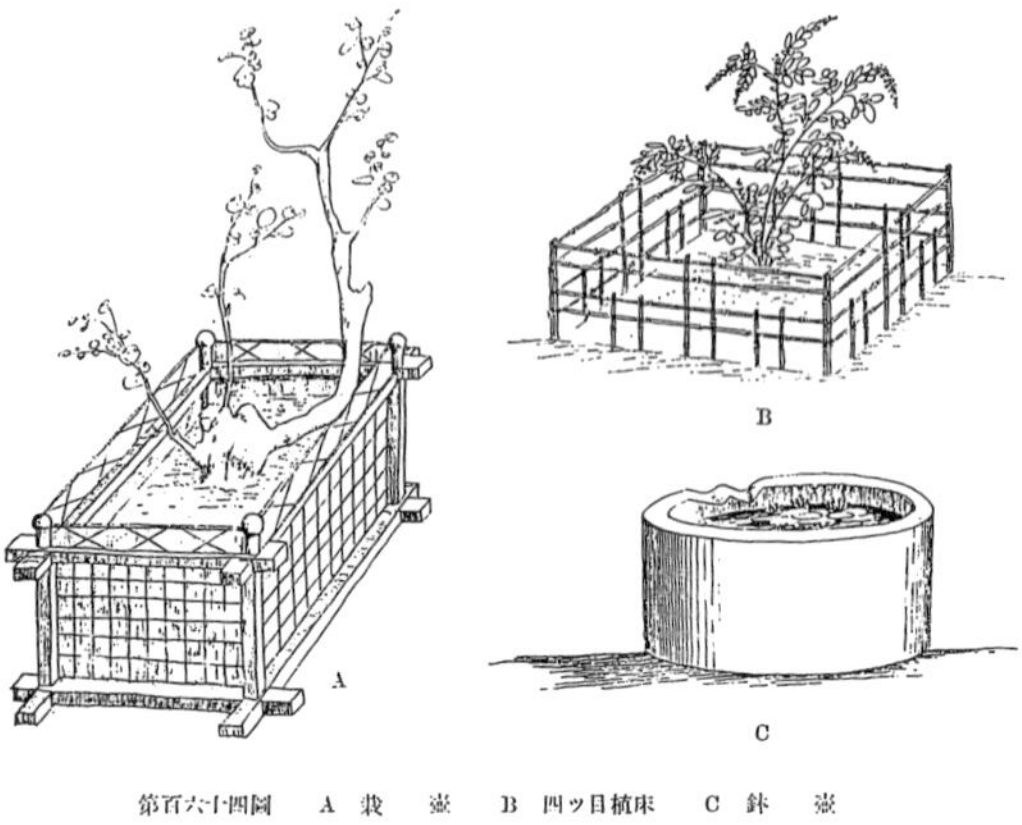

図4　栽培容器（大屋『計画・設計・施工 公園及運動場』裳華房、昭和5年）

解説にあるように、当時は「昔時我国に於ても支那に於ても屢曲水の遊あり、而も其遺址の徴すべきは独是れあるのみ」（二頁）という貴重な遺跡であった。周知の如く、我国に於ける曲水宴は、書紀の顕宗元年三月上巳条が初見であるが、大伴家持が天平勝宝二年（七五〇）三月三日に自邸で催したと万葉集にある（巻第一九）ように、天平期には臣下にも広まっていたようである。そして平安遷都後は、弘仁（八一〇〜八二四年）初期までに神泉苑が宮中の詩宴場として定着し、「文章経国の空間」となったという(29)。ここから明らかなように、大屋が内外旧都の苑池を参考にして醸成しようとした「万葉の面影」とは、曲水宴に大きく依拠するものだったのである。

2　四苑の植栽

前項では庭園部の中心たる池について詳述したが、次は肝腎の植栽について見てみよう。再び「園の内容」に目をやると、池を中心として園は西・南・東・北苑に分けられ、各々の場所の特質に合わせて植物を配するようになっている。西苑は入口に当たる区域で、通路が主であるため標本木は飾らず、芝を張り、馬酔木・楓・桜などの風致木（園内風致整備のための樹木草類）を植え込む(30)。標本木・風致木共に万葉集に登場する全一六五種類(31)中のものだが、前者には万葉歌を記す名札が付き、うち木本類は古びた丸太杭を用いた花壇状の栽壺に植え込まれ、草本類で鑑賞用のスミレ・撫子・百合の類は四つ目垣で囲い、そうでない粟・麻・麦の類と水草は井筒を模した円形の鉢壺で栽培される(32)(図4)。南苑は大部分が日陰で陰湿な土地のため、日陰に耐えられる榊・柘植や、日陰を好む蕨・蔦・ヒカゲノカズラを列植し、その後方には馬酔木を隙間無く植えて外界と遮断する。東苑の水辺には竹・笹・萩・ツツジなどと馬酔木を、楓・椎・椿らをその外に、最奥には檜・竹柏《なぎ》・杉などの針葉樹を植え、南端に標本木の苗圃を設ける。北苑は最も日当たりの良い場所なので、栗・桐・楢などの陽樹や陽草を集めて植える。以上が各苑の概要だが、全苑標本木を陳列する地帯は白砂の平庭にし、その他の部分には芝・苔類を用いて築山を造る、という設計であった。

「其の風貌数千年の古きを語るの観ある」(「園の内容」)として島の中央に据えられたイチイガシを含め、旧鹿苑から残る樹木はあるものの、標本木・風致木は全て購入・採集され、外から持ち込まれた。設計書の「四、工費」を見ると、「肥土入替風致木植込」には二〇〇〇円、「標本木類購入費」「標本草類購入費」には合わせて一三〇〇円が充てられている。それぞれの工程で作成されるより詳細な工事設計書では、風致木六三〇本・三九〇〇株の購入費は一九〇四円三〇銭(馬酔木・松などは境内他から移植)、標本木は全二五四種中二四〇が採集で経費は八二九円四〇銭と、当初の計画より大幅に軽減されている。ここで標本木数が万葉植物全一六五種を遥かに上回るのは、確然と現代の植物に比定できないものが非常に多いからである(33)。そしてこうした植栽草木数の肥大は、ただでさえ「一々習性の違つた多数草木を一区画中に納めることはむつかしい(34)」と託つ大屋を、さらに圧迫したに違いない。そうした苦悶を知ってか知らずか、標本木と風致木は、延べ一五五人の植木師により着々と植え込まれていった。

おわりに

以上で見てきたように、明治末以来植物園設置が課題だった奈良公園において、昭和二年(一九二七)に昭和大典記念事業として具体的設置案が呈され、万葉博物館建設計画を持つ万葉学者佐佐木信綱の組織した万葉植物園期成会が寄附金を集め、造園家大屋霊城が平安京の神泉苑と朝鮮慶州の鮑石亭址を参照しつつ、二〇〇種を超す万葉植物を配して造り上げたのが、春日社境内の万葉植物園であった。実に多くの人物が関わったこの創設過程において、万葉学者と造園家の働きが大きかったことは明白である。しかし、互いの植物園構想には大きな相違が存在していたのも事実である。最後にその齟齬について確認しておこう。

期成会の組織から一貫して園の創設に携わった佐佐木信綱は、昭和七年一〇月の開園のほぼ一年後に開催された懇親会「万葉集の夕」において、歌仙堂（歌聖の山部赤人と柿本人麻呂を祀る堂。図1では「歌泉堂」）・標本室の完成を待って万葉祭を年中行事に加えるという計画を発表した後、「大和を骨董的に見たことが大和を壊した、歴史的に文学的に見直して、あるべき所にあるべき物は置くべきだ」(35)と述べている。

しかし、前述した大屋の嘆きに明らかなように、万葉植物園を全万葉植物の「あるべき所」として維持・管理することは、当時の技術上大きな困難を伴うものであった。そもそも、池を囲んで二五〇種の植物が所狭しと並ぶような空間は、決して天平時代には存在しなかったのである。万葉集とほぼ同時期に成立した懐風藻によると、奈良時代の庭園に見られるのは竹・桃・梅・柳・蘭ほか数える程しかない。中国の影響がより大きい同書を措き、平城宮の東張り出し部分にあった東院庭園の植栽を、発掘で得られた花粉・種子から推定しても、アカマツ・檜・梅・桃・梅檀・アラカシの六種の他に、桜・椿・ヤナギ類・ツツジ類などの可能性があるくらいである(36)。坂田県公園課長は「万葉植物百五十種中純然たる庭木となるものは約三十種」なので、それを利用して日本庭園を築き、「残余の植物は花壇式に植込むほかないと思ふ」(37)と、夙に植物園の完成形を予見していたが、それを万葉の気分が横溢する空間と感じるのが難しかったのか、入園者数は開園直後一ヶ月の約二七〇〇人から三ヶ月の間にその一〇分の一にまで早々と落ち込んでしまう(38)。同園が陳列館の建設を断念し、全体の面積を大幅に増やして、椿園や藤園なども備えた現在のような整然たる空間となるには、まだまだ時間が必要だったのである。

註

（1）http://www.kasugataisha.or.jp/h_s_tearoom/manyou-s/index.html（二〇一七年八月二日閲覧）

（2）奈良市史編集審議会編『奈良市史 自然篇』吉川弘文館、一九七一年、一八五〜一八八頁。

（3）『奈良県庁文書』（以下『奈』と略）「昭和七年 官幣社雑件 社寺兵事課」1―S7―54所収、昭和五年三月二六日付「官幣大社境内地造庭工事施行ノ義ニ付副申」。簿冊中にも一部挟み込まれている。

（4）以下奈良離宮と御料地の設置問題については、奈良公園史編集委員会編『奈良公園史』（第一法規出版、一九八二年。以下『公園史』と略）の本編第二〜五章を参照。

（5）以下該計画については、特に註記しない限り、同右二四七〜二六三頁参照。

（6）明治四二年一月に本多へ送付された図面は、「奈良公園字月日岩及字下水谷地形図」「春日野御料地西南地形図」など六図であった（『奈』「明治四十二年四月 奈良公園改良調査関係書類 公園係」1―M42―57d所収、送付図目録）。

（7）明治二七年六月五日に同会規則が制定され、奈良公園内の土功・造園・山林経営等に関し、知事の任命した委員が諮問に応える体制が確立された（『公園史』、一六六〜一六七頁）。

（8）奈良県の史蹟勝地調査会は、大正二年七月に発足している（本書第二章第二節2参照）が、史蹟調査会はその一部門と思われる。

（9）『奈』「昭和二年 乙名勝旧蹟一件 社寺兵事課」1―S2―67d所収、一一月五日付「史蹟調査会追加議案提出ノ件」。

（10）大正二年四月の第一回改良調査委員会記録には、天沼俊一・加護谷祐太郎ら当時の県技師の名が窺え、以降も同会に出席しているところから見て、歴代の技師が、施設の設計・建造を事業とする調査会の委員であった可能性は高い。

（11）『大阪朝日新聞』（大和版）昭和二年一一月六日付。

（12）天平文化記念会編『天平文化綜合展覧会目録』朝日新聞社、昭和三年九月、緒言。

（13）出席者などの詳細については、『大阪朝日新聞』昭和三年二月六日付参照。

（14）昭和三年二月七日付の『大阪朝日新聞』（大和版）には、三浦周行京都帝大教授（文学部・国史学）も同会で「万葉植物園造設論」を唱えた、とある。

(15) 昭和三年八月一〇日、神鹿保護会（明治二四年結成）が大典記念事業として飛火野東部に鉄筋コンクリート製の飼育場・角伐場建設を決定したため、それまで使用していた石柵の鹿苑（二四〇〇坪）が空地となる予定であった（「略記」）。
(16)『早稲田文学』第二五三号、昭和二年二月、九五頁（初出）。
(17) 前掲『奈』「昭和七年 官幣社雑件 社寺兵事課」所収、「万葉植物園期成会趣意書」。
(18) 顧問は、東北帝大教授山田孝雄・京都帝大教授新村出らの国文学者が最も目立つが、黒板勝美・三上参次（歴史学）や三好学・白井光太郎（植物学）といった史蹟名勝天然紀念物調査会委員も見られる。又笹井幸一郎奈良県知事・久保田鼎奈良帝室博物館長・木本源吉奈良実業協会名誉会頭ら地元の官民有力者は勿論、大朝からも専務取締役上野精一が名を連ねている。評議員は県・市の課長級官吏（坂田・田中ら）、奈良実業協会員と新聞社役員、理事は森口ら春日社神職と県属などである。
(19) 大屋の履歴については、「故評議員大屋博士履歴」（『造園雑誌』第一巻第二号、昭和九年六月）、「都市計画 Who was Who」（『都市計画』第一四四号、一九八七年三月）を参照。なお、本書第七章に登場する仏教学者大屋徳城は、霊城の実弟である。
(20) 大屋の「花苑都市」については、橋爪紳也「大屋霊城の「花苑都市」構想について」（『昭和六三年度 第二三回日本都市計画学会学術研究論文集』、一九八八年一一月）、同『海遊都市』（白地社、一九九二年）の第六章「ふたつの花苑都市」、清水正之「論客 大屋霊城―初代の緑の都市計画家―」（『ランドスケープ研究』第六〇巻第三号、一九九七年一月）を参照。
(21) 大屋幸世「追悼雑誌・文集あれこれ（25）―大屋霊城―」『日本古書通信』第八三一号、一九九八年一〇月、三〇頁。
(22) 大屋霊城「二つの花苑都市建設に就いて（上）」『建築と社会』第九輯第一二号、大正一五年一二月、一三頁。
(23)『大阪毎日新聞』（奈良版）昭和四年六月一日付。
(24) ともに『名所旧跡』第三巻第一号（昭和五年二月）冒頭に掲載。
(25) 日本の庭園研究史については、森蘊『日本庭園史話』（日本放送出版協会、一九八一年）、同『庭園（日本史小百科19）』（近藤出版社、一九八四年）を参照。
(26) 西田直二郎「神泉苑」京都府編『京都府史蹟勝地調査会報告』第七冊、京都府、大正一五年、五一頁。
(27) 森蘊、前掲『庭園』、一五〇〜一五一頁。
(28) この時の関野貞らによる朝鮮古蹟調査については、高橋潔「関野貞を中心とした朝鮮古蹟調査行程―一九〇九年（明治四二年）〜一九一五年（大正四年）―」（『考古学史研究』第九号、二〇〇一年五月）、広瀬繁明「朝鮮の建築・古蹟調査とその後の〈文化財〉保護―一九〇九年から一九一二年の関野貞の調査成果より―」（同第一〇号、二〇〇三年一〇月）を参照。

(29) 吉野秋二「神泉苑の誕生」『史林』第八八巻第六号、二〇〇五年一一月、二二〜二六頁。
(30) 植え込む風致木の種類に関しては、縮尺二〇〇分の一の「万葉植物園風致木及栽壺等配置図」（春日大社所蔵）を参照した。
(31) 諸説あるが、ここでは江見清風編『万葉植物園植栽目録』（万葉植物園、昭和八年一〇月）に掲載されている数を採った。
(32) 大屋は「万葉植物名彙」（『名所旧跡』第三巻第一号、昭和五年二月）で、これら個々の植物の鑑賞の適否について詳述している。
(33) 例えば大貫茂著、馬場篤植物監修『万葉植物事典 普及版』（クレオ、二〇〇五年）の「異説ある植物」の項には、定説以外に複数の異説が存在する万葉植物が、「あさがほ」を筆頭に約五〇種挙げられている（一三九頁）。
(34) 『大阪朝日新聞』（大和版）昭和四年六月一日付。
(35) 『大阪朝日新聞』（奈良版）昭和八年一一月八日付。
(36) 飛田範夫『日本庭園の植栽史』（京都大学学術出版会、二〇〇二年）第一章参照。
(37) 『大阪朝日新聞』（大和版）昭和四年六月二日付。
(38) 「自昭和四年 万葉植物園庶務綴 期成会」（春日大社所蔵）所収、昭和八年二月二日付「万葉植物園収入報告ノ件」。

史料1「万葉植物園期成会趣意書」（『奈』「昭和七年 官幣社雑件 社寺兵事課」所収。句読点著者）

万葉集は我が祖先の高邁にして純真なる詞華と、敬虔にして熱誠なる思想とを万世に伝ふる一大宝庫なり。而してこの宝庫を生める所は我が大和にして、寧楽の古都はまたその中心たり。

春花秋葉の万葉詩人の諷詠に上りて錦繍を織れるもの凡一百五十余種。物同じくして古今その名を異にするものあり、或はその名異にして実は同じきものあり。之を究め識ると共に花卉草木の名に依りて古人の高風に接し、今人の詩趣を養ふことを得ば一挙にして両得ありといふべし。

そもく〵万葉の名は万世の義にして、昭代賀頌の意を寓すと云へり。故に同志胥《あい》謀り地を官幣大社春日神社の聖境に相し、万葉植物園を建設し昭和の聖世を頌し、併せて国民詞藻の涵養に資せむとす。幸に江湖諸君子の賛同に依り斯業を完成し、寧楽の古都に遊ぶ者をして万葉の英風を慕ひ、山柿〔山部赤人と柿本人麻呂〕の吟詠に親ましむるを得むか、吾人の本懐之に過ぎざるなり。

昭和四年七月

発起者

総　裁　公爵　近衛文麿

奈良県知事　百済文輔

奈良市長　大国弘吉

官幣大社春日神社宮司　江見清風

奈良実業協会名誉会頭　木本源吉

東京帝国大学教授　文学博士　黒板勝美

東京美術学校長　正木直彦

東京帝国大学講師　文学博士　佐佐木信綱

文部省宗教局保存課嘱託　荻野仲三郎

内務省神社局考証課長　文学博士　宮地直一

大阪朝日新聞社専務取締役　上野精一

賛助者

九州帝国大学教授　春日政治

京城帝国大学教授　高木市之助

東京帝国大学名誉教授　文学博士　上田万年
宮中顧問官　医学博士　井上通泰
東北帝国大学教授　文学博士　山田孝雄
奈良女子高等師範学校長　槇山栄次
貴族院議員　男爵　福原俊丸
台北帝国大学教授　安藤正次
臨時帝室編集局編修官長　文学博士　三上参次
京都帝国大学教授　文学博士　新村出
東京帝国大学教授　理学博士　白井光太郎
宮内省図書頭　杉栄三郎

史料2「万葉植物園期成会会則」（『奈』「昭和七年　官幣社雑件　社寺兵事課」所収）

第一条　本会ハ万葉植物園期成会ト称ス
第二条　本会ハ官幣大社春日神社境内ニ植物園ヲ創設シ万葉集ニ諷詠セシ植物ヲ栽培スルヲ以テ目的トス
第三条　前條ノ目的ヲ遂行スル為左ノ事業ヲ行フ
一、旧神鹿飼育場ニ庭園ヲ造成シ万葉集ニ関係アル植物ヲ栽培スルコト
二、該植物ニ関係アル万葉集ノ歌謡ヲ標識スルコト

三、陳列場ヲ建設シ万葉集ニ関係アル植物ノ絵画、標本、植物分布地図及ヒ器具ノ模造品、マタ万葉集ノ写本刊本、学書ノ類ヲ蒐集シ陳列スルコト

第四條　本会ノ事務所ハ春日神社々務所内ニ置ク

第五條　本会ノ経費ハ左ノ収入ヲ以テ之ニ充ツ

一、寄附金

二、補助金

三、其他

第六條　本会ノ事業ヲ翼賛シ金品ヲ寄附セラレタルモノハ之ヲ会員トス、シカシテ会員ニハ優遇ノ方法ヲ講ズルコト

第七條　本会ニ総裁ヲ推戴ス

第八條　本会ニ左ノ役員ヲ置ク

会長　一名

副会長　二名

顧問　若干名

評議員　若干名

理事　若干名

第九條　会長ハ春日神社宮司ニ委嘱シ副会長顧問評議員ハ会長ノ推薦ニヨリ総裁之ヲ嘱託ス理事ハ会長之ヲ嘱託ス

第十條　本会ノ役員ハ総テ名誉職トス但理事中常務者ニハ手当ヲ給スルコトアルヘシ

第十一条　総裁ハ本会ヲ統裁ス
会長ハ本会ヲ代表シ会務ヲ総理シ総会及評議員会理事会ノ議長タルモノトス
副会長ハ会長ヲ補佐シ会長事故アルトキハ其職務ヲ代理ス
顧問ハ会長ノ諮詢ニ応フ
評議員ハ本会ノ重要事項ヲ商議ス
理事ハ会長ノ旨ヲ受ケ会務ヲ処理ス
第十二条　会長ニ於テ必要ト認メタルトキハ其都度総会又ハ役員会ヲ開催ス
第十三条　本会ノ予算、決算ハ毎年度評議員会ノ議決、承認ヲ経ルモノトス
第十四条　本会ノ会計年度ハ毎年四月一日ニ始リ翌年三月三十一日ニ終ル
第十五条　第三条ノ事業ヲ完成シタルトキハ春日神社ニ之ヲ移管シ本会ハ解散スルモノトス

第六章　蒐集家《コレクター》崎山卯左衛門の郷土研究

はじめに

昭和八年（一九三三）二月一九日、奈良公園内の料亭江戸三において、柳田国男が激賞した『大和の伝説』（大和史蹟研究会刊行）の出版記念会が催された。出席者は、顧問として同書の編纂に当たった後の奈良郷土会会長高田十郎、発行者の木原文進堂代表藤田博介、その他同書の企画者たる奈良県童話聯盟の同人たちで、意気揚がる彼らは、そこで早くも「第二大和の伝説」の編集について申し合わせたという(1)。結局続編が刊行されることはなかったが、それはこの記念会へは聯盟の理事や評議員といった役員の出席率が高く、同書の成立に最も貢献した各伝説の採集者自体が少なかったことにもよるであろう。出席者の中で一番採集数が多かったのが柳生芳徳寺住職橋本春陵で、その数二二則。そしてその次に多い一九則をもたらしたのが、崎山卯左衛門という小学校教員であった。崎山は当時高市郡真菅《ますげ》村（現橿原市）の真菅尋常高等小学校（以下真菅校と略）に奉職しており、同校の郷土史調査研究会主任を務めていた。崎山の伝説収集は、郷土研究の一環だったのである。そして蒐集の対象は伝説だけに止まらなかった。昭和七年に刊行された乾健治編『大和蒐集家人名録』には崎山も収録されており、そこには「蒐集品の名―考古品、土俗資料」「蒐集の範囲―真菅村を中心とするもの」「蒐集の点数―郷土室〔真菅校内〕に陳列」「其他―方言、伝説、俗話、行事の研究」と記されている。(2)

崎山は明治三六年（一九〇三）一二月一二日、奈良県高市郡に生まれた。長じて同郡の畝傍中学校に学び、大正一二年（一九二三）三月奈良県師範学校の本科第二部を卒業、同一五年三月真菅校に赴任している。その後昭和一二年（一九三七）三月に同郡の晩成尋常高等小学校へ転出するまで、一〇年余りにわたって真菅校で郷土研究に出精した。奈良県の地域史研究は、明治四二年奈良女子高等師範学校教授に就任後、『奈良県磯城郡誌』（大正四年）以降のほぼ全ての郡史・誌の最終校閲をなし、奈良県史蹟名勝天然紀念物調査会委員を長年つとめた「大和の生き字引」水木要太郎によって、その基礎が築かれた。その後大正後期から昭和初期にかけて、第三章の主役奈良県師範学校教員高田十郎らによって『大和史学』など多くの研究雑誌が生み出され、近代大和の地域史研究は空前の活況を呈することとなる。(3)そしてそれと並行して、文部省が昭和五・六年度に郷土研究施設費という形で補助金を全国の師範学校に交付し、同六年一月改正公布された師範学校規程の地理科に「地方研究」を導入することによって始まった郷土教育運動の波及により、(4)昭和七年三月奈良県師範学校に郷土室が設置される。(5)これら双方の流れを受けて生まれたのが、真菅校郷土室における崎山の郷土研究であった。

それでは、昭和二年の春頃、藤田正則――当時の同僚であり共に県童話聯盟の同人でもあった――の助力を得て崎山が設置した真菅校の郷土室を拠点に、(6)小学校教員にしてコレクターの崎山卯左衛門によって行われた郷土研究とは、どのようなものだったのだろうか。第一節ではその熱心な実地採集のため、児童から「骨董もん」のあだ名で呼ばれる原因となった考古学研究を、第二節では「文化の発達と共にさびれ行くもの」を「記録に止め科学的に研究して行く」(7)という使命感すら帯びて行われた土俗研究(8)を取り上げて、明らかにしていく。

第一節　「骨董もん」の考古学

1　村内遺跡の研究と遺物の蒐集

崎山が考古学に興味を抱いたのは、畝傍中学在学中のことである。同中学では、明治三〇年（一八九七）四月から三七年六月まで、後に東京帝室博物館で学芸委員・鑑査官を務める考古学者高橋健自が教壇に立っており、学校周辺で採集した古瓦を保管するためであろう、高橋赴任の翌年度には「地理歴史標本室」が設置された[9]。崎山が通った頃にはすでに高橋は異動していたが、高橋が校内へと持ち込んだ「好古」の雰囲気は、教員や学生を感化せずには措かなかった。崎山は神木亮・野上正篤という二人の国語・漢文科教師から考古学の指導を受けた[10]が、その時植え付けられた考古探究の種は、出生地にほど近い真菅校へ赴任することで大きく芽生え、「村其のものが古風な所であること、多くの史跡に富む点等」により、崎山をして「いやが上に研究心をつのらせた」[11]。それら多くの史跡の中で崎山が特に注目したのが、慈明寺・地黄《じお》観音堂・中曾司《なかぞし》遺跡の三つである。

慈明寺は橿原市慈明寺町に現存する曹洞宗寺院であるが、崎山は「慈明禅寺の考察」（『史迹と美術』第二七号、昭和八年二月）において、その盛時の姿を文献と遺物から探っている。まず文献では、享保二一年（一七三六）に刊行された地誌『大和志』の「慈明廃寺　慈明寺村昔三十六院今唯中院一宇」という記事や、畝傍山の中腹から山麓一帯にかけて「地蔵院」「岩室院」のような堂坊にちなむ小字の存在が窺える「慈明寺名寄帳」、現慈明寺を筒井氏による再興と記す「筒井諸記」等を挙げる。そして本尊十一面観音立像に続き、往古の隆盛を偲ばせる考古遺物の解説を始めるのであるが、そこで主に取り上げられるのは礎石と古瓦であった。前者については、民家の庭石や橋のために持ち出されることのなかった同型式・時期のものが七つと、塔心礎が一つ残っており、それらは『大和上代寺院志』（大和史学会、昭和七年）の著者保井芳太郎によると、「中央を柱の太さに添ふやうに繰出した形式は奈良朝前期の形式」（三二頁）であるという。[12] 後者については、最も古い白鳳期のものは、古瓦コレクターでもあった保井の手に渡っていたが、真菅校郷土室にも「松永久秀の兵燹《せん》」[13]を経たと思しき古代・中世の軒平・軒丸瓦が所蔵されており、「尚境内及び附近からは屡々古瓦の出土あるものと思ふが、今後更ら（ママ）に珍しい価値あるものを得たい」（三五頁）と、崎山は後の採集にも意欲を見せている。

次に真菅村大字地黄（現橿原市地黄町）の観音堂に関しては、「地黄観音堂の研究」（『ドルメン』第二巻第八号、昭和八年八月）を発表した。ここでも慈明寺同様文献により観音堂の外郭を描こうと試みるが、すでに廃滅して久しいため文字資料に乏しく、浅草寺の観世音菩薩は地黄から盗まれたものだという故老の口伝を大きく取り上げざるを得なかった。[14] よって観音堂についても「モノ」に語らせる必要が生まれ、考古遺物の解説に頁が割かれるが、廃滅伽藍の遺物であるため、それらはやはり礎石や古瓦となる。ここでも前述の保井は両者について先んじており、遺瓦の形式と礎石の栗原（呉原）寺跡・巨勢寺跡との類似性から、推古朝創建の蘇我大寺址ではないかと推測している。さらに古瓦採集は、「畝傍中学校生徒が堂跡附近から蓮花紋に波状紋の線ある巴瓦三個を発掘せる事実あり」（九九頁）と、歴史科教諭日色四郎を擁する母校畝傍中学が積極的に行っていた。そんな中、崎山が大量の古瓦破片とともに実地調査で得たのは、古墳時代の土鍋・土釜である。「日用食器の出土が多いことは（中略）昔時同寺の繁栄さを物語つてゐはしないか、或は往昔多くの住家があつた事を物語つてゐる」（一〇二頁）と考える崎山は、往時千軒の甍が波打っていたという言い伝えのある春道千軒堂遺跡（真菅村大字土橋）から出土した須恵器[15]と同じく、それらを真菅校へと運び込んでいく。

最後に、郷土室設置の直接的要因となった[16]弥生時代の中曾司遺跡（現橿原市中曾司町）について、「大和中曾司の石器時代遺跡」（『奈良県教育』第二五九号、昭和九年一一月）を見てみよう。冒頭で崎山は遺跡の現状を次のように嘆いている（五八頁）。

> 中曾司は奈良県高市郡真菅村に属し、古くより石器時代の遺跡地として知られ、大和では新沢、唐古等と共に遺物包含の豊富さを誇つてゐる。然るに此の地は他の二箇所に比して今日迄余り世に顕れなかつたのは、所謂郷土に研究者が出なかつたのと、心なき百姓に破壊せられ[17]遺物は他へ散逸してしまつた等の理由による。

明治三〇年（一八九七）高橋健自により学会に報告された[18]該地は、大正六年（一九一七）に大阪毎日新聞社社長本山彦一の後援をうけた鳥居龍蔵によって調査が行われてはいたが、崎山が盛んに表面採集を行うことによって漸く遺物の散佚が防がれることとなる。蒐集されたのは非常に大量の石器と、完形品は少ないがヴァラエティに富んだ土器である。石器は破片・完形品の磨製石斧や石槍・石包丁などがあり、石鏃は完形品だけでも数百に上るという。一方土器は破片がほとんどであるが、壺形・碗形・高坏形・甕形などの種類があり、胴部の文様と共に「底部に植物性（禾本科植物で麦か稲の茎）の痕跡や、籾の跡形等」（六二頁）が認められた。こうして当時の生活状況を示す貴重な資料が、続々と真菅校に集められたのである。

さらにこれら中曾司遺跡の遺物は、昭和九年（一九三四）真菅校により『大和真菅村中曾司遺跡遺物図録』（以下『図録』と略）にまとめられ、紹介された。同校校長神田清太郎の序は、同書の刊行事情を次のように語る。

> 偶々昭和七年秋、県下の教鞭[廿]物展覧会が催されました時、その蒐集品の一部分を出品しましたところ、多数研究家諸氏より、これが図集刊行を要望されました。然し、この刊行につきましては多大の経費の要する事であり、日一日と延ばされるの止むなき有様でしたが、本村の岡橋清左衛門氏の熱誠なる御援助によりまして、茲に中曾司遺物包含地帯の主要な遺物図集を編纂する事が出来ました。

出版費用を援助した岡橋は同村大字小槻《おうづく》の素封家（農林業）で、昭和六年七月頃真菅村の学務委員として来校、

図1　真菅校の郷土資料（国立国会図書館所蔵『大和真菅村中曾司遺跡遺物図録』口絵）

後援を約束していた。[19]『図録』は冒頭の「遺跡地概説（中曾司遺跡を中心に真菅村に及ぶ）」を除いて、図（左）と解説（右）が全て見開きで完結した形となっている。全二五図の中には、畝傍中学所蔵の土器や、慈明寺・地黄観音堂の礎石も含まれているが、崎山が担当した各図についての解説は非常に詳細である。真菅校は、昭和八年二月の県教育会主催教職員教弁物展覧会にも同村史跡地図と代表的遺物などを出品し（図1）、入賞を果たしているが、[20]それにより増加したと思われる郷土室への参観者のうち、希望者には『図録』が進呈されたという。[21]『図録』は、考古遺物溢れる真菅校郷土室の良きガイドとなったのである。

2　森本六爾と大和考古学会

『図録』掲載の遺物は先史時代の生活・文化を知る資料として各々貴重ではあるが、中でも当時注目を集めたのは第十五図「弥生式土器底部の類」に映る、「今学界の問題になつてゐる農業的に関係のある好資料」（解説）たる籾痕の存在する土器片であろう。そしてそれに最も熱い視線を注いでいたのは、同じく大和出身の考古学者森本六爾（明治三六年〈一九〇三〉～昭和一一年〈一九三六〉）であった。磯城郡織田村大字大泉《おいずみ》（現桜井市大泉）に生まれた森本は、崎山と同じく畝傍中学に学び、大正一三年（一九二四）に高橋健自の肝煎りで東京高等師範学校校長三宅米吉の副手となるまで、小学校の代用教員を勤めながら県下遺跡の実地調査を盛んに行っていた。中曾司遺跡についても、すでに大正九年春に遺物の層位的関係を把握すべく発掘を行っているが[22]、『図録』刊行の前年にあたる昭和八年、「原始農業」の研究に本腰を入れようとしていた森本は、八月に件の土器片を実見すべく来校する。

　一日　朝より八木町に崎山卯左衛門氏を訪ね、中曾司の遺物を真菅小学校に見る。籾痕着きたる土器底部六個検出。今日の収穫とて喜び帰へる。

　七日　主人（六爾）は今日も真菅小学校に到り、崎山氏採集の弥生式土器を調査（後略）[23]

興味深いことに、「我が国石器時代の大和に於ける三大遺物包含地帯」と『図録』の序で称される中曾司遺跡と新沢一《かず》遺跡（現橿原市一町）・唐古遺跡（現磯城郡田原本町唐古。一九七七年の第三次発掘調査以降、唐古・鍵遺跡と称する）は、全て高橋健自により学界に紹介され、森本の調査を経て図録が刊行されるという経緯をたどっている。森本は中でも唐古遺跡に関して『考古学雑誌』で詳細な報告をなし[24]、飯田恒男編『大和唐古石器時代遺物図集』（飯田松次郎、昭和四年）の解説を校閲している。そして、この解説を記した飯田恒男は式下高等小学校の、『大和新沢石器時代遺物図集解説』（菅原教育会、大正一三年序）の解説を執筆した吉田宇太郎は菅原小学校の教員であったが、森本は自らの主宰する東京考古学会で彼ら「地方」研究者の結集に努めることとなる。昭和五年（一九三〇）一月に創刊された同会機関誌『考古学』には、会則第八条として「会員との聯絡事務を計る為めに各地会員中より若干の同人を推挙すること、或は各地に若干の支部を設けることがある」と謳われていたが、その地方支部の嚆矢として、同年四月に奈良県支部たる「大和考古学会」が設立される。馳せ参じたのは、大正後期「大和郷土研究会」「大和史学会」の計画・設立に森本とともに携わった、毎日新聞社高田通信部主任森田湖月（良三）・添上農学校教員田村吉永の二人と、島本一・吉田宇太郎・京谷康信といった考古学に造詣の深い小学校教員たちであった。[25] そこに崎山が加わったのは昭和六年一二月頃のことである。

当初大和考古学会は、幹事を務める森田や、「大和国高市郡中曾司附近の遺跡遺物出土報告」を早速『考古学』に発表（第一巻第五・六号、昭和五年一一月）した島本が牽引していくかと思われた。しかし森田の動きは発会式後目立たず、島本は昭和六年一〇月田村らとともに大和文化研究会を設立して『考古叢書』を創刊し、個人でも謄写版雑誌『考古雑筆』を同年に刊行するなど、活動の中心を大和考古学会の外に置いていた。そうした事情から、「各地方支部篤学者の自由な執筆の頁」[26] として同八年一月に「支部欄」が新設されると、「その余あるにまかせて遂一遺跡地から破片を採集し保存に努力せられたる崎山卯左衛門氏の功又甚だ大である」と右島本報告（五六頁）で評された崎山が、「自由な執筆」を主に担当することとなる。『考古学』誌上に「大和支部欄」が存在したのは、昭和八年一月から五月までと短かったが、崎山は「島根山古墳出土の車輪石」（第四巻第一号、昭和八年一月）や「有井池出土の弥生式並びに祝部式土器」（同巻第五号、同年五月）などを、自ら撮影した写真を交え、地方版の新聞記事も駆使して報告している。前者では鑑定を依頼されていた車輪石の発見地を訪れて、その出土状況を調査した際の、後者では写真機・計量器等を持参して現地に急行し、先着の吉田宇太郎とともに土器を検分した時の様子を、実に詳細にレポートしている。

こうした熱意は、森本が崎山の私淑する高橋健自の「教へ児」であるということも要因としてあったのであろう、[27]「大和支部欄」が消滅しても継続し、崎山から森本へ頻繁に書簡が送られた。森本のミツギ夫人が『考古学』に連載した「編輯所日記」（以下「日記」と略）によると、昭和八年（一九三三）六月以降も毎月のように崎山より来束があり、時には著書が寄せられることもあった。書簡の内容は、「崎山卯左衛門氏連日来書。京大の諸氏発掘中の大和石舞台古墳に就いて語らる」（「日記」昭和八年一一月九日）と一部垣間見られるものから考えると、大和考古学界の状況が引き続き報告されていたようである。しかし、このような親密な交流は、「日記」を見る限りでは翌九年三月二二日の来柬をもって終わりを告げ、森本が死去する同一一年一月まで崎山の名前が登場することはなかった。この突然の断絶の理由を特定するのはなかなか困難であるが、一つには同九年四月の日本古文化研究所の創設が、大きな影を落としているのではないかと思われる。同研究所は昭和八年に白鳳期の古瓦層等が発見された藤原宮阯の調査を事業の中心とする一方、将来日本文化史研究を担うべき専門家の養成を目指す機関であった[28]。同研究所の最初の報告書『近畿地方古墳墓の調査一』（昭和一〇年四月）を見ると、柏倉亮吉・赤松俊秀・清水三男といった京都帝国大学出身の若い研究者が調査者として名を列ねている。この機関の設置は、その前年の京都帝大・奈良県史蹟調査会合同の石舞台古墳発掘と並び、考古学――殊に大和における――が「個人ではできにくくて、国家や共同事業体の力をもつてしなければならないもの[29]」となりつつあることを思い知らせた。森本が支部を拠点に結集しようとした崎山ら郷土「骨董もん」の時代は、終焉を迎えようとしていたのである。

第二節　「土俗学者」の任務

1　雑誌『旅と伝説』と風習・伝説紹介

「且《ママ》つて私の民俗否当時郷土の研究と言つてよいか、研究し初めたのが今（昭和八年）より最早六七年も以前の事[30]」と崎山は回顧するが、彼が土俗研究へ乗り出すのには、「師範ニ居ル時、二部生トシテ僅カ一ヶ年ダガ、高田十郎先生ニ薫陶ヲ受ケタコト[31]」の影響が小さくなかったと思われる。それは、高田が編集に携わった『大和の伝説』へ材料を提供したことのみならず、年中行事・俗信・風習・口碑といった高田と同様の研究対象の選択に、如実に表れていよう。これらの土俗に関する崎山の研究は、昭和八年（一九三三）が最も盛んで、雑誌『旅と伝説』に多く発表された。以下同誌の特徴に言及しつつ、その研究を見ていこう。昭和三年一月に創刊された『旅と伝説』は、たった一人の「編集発行兼印刷人」萩原正徳により、終巻の同一九年一月まで毎月欠かさず発行された、希有な雑誌である。[32] 創刊直後は多くの名所紹介や鉄道案内を擁し、趣味本位の旅行雑誌という印象が強かったが、第一巻第八号（同三年八月）の柳田国男「木思石語」を契機として、学究的な記事や資料紹介が増えるという。崎山の最初の報告「大和の話」（第五巻第一二号、同七年一二月）は、山を運んだ弁慶の怪力を伝える「畝傍山と耳成山の話」など六つの伝説についてであった。そして翌月の「婚姻習俗特集」（第六巻第一号）では、「男子側承諾の場合は扇子を後に残すか、お茶菓子を持ち帰る風習がある」（九九頁）といった高市郡の見合い習俗などを紹介し、以降崎山の報告は完全に伝説と風習が柱となる。

「大和の伝説と野神さん」（第六巻第四・五号、昭和八年四・五月）[33]は、一三の真菅村内の伝説・風習を取り上げる、『旅と伝説』における崎山の代表的一篇である。まず紹介されている風習は大きく二種類に分けられ、「住吉さんの埴土取」「天高市神社の宮籠」「宗我坐宗我都比古神社と曾我座」のように神社にまつわるものが一つ、もう一つは題にもある「野神さん」である。「野神さん」は五穀豊穣を祈念して農の神を祀る行事で、崎山によれば真菅村一○中九大字で見られたという。祭の基本型は、村人が藁で作った数メートル〜十数メートルのジャ（蛇）を担いで旧村境のノガミ（神木や塚）へ詣でた後、頭屋（神事等に際し主宰者や世話役となる家）で大人は酒を飲み食事をし、子供にはお供えのお下がりが分け与えられる、というものである。ジャはノガミへ向かう途中ですれ違う人や、新しく入村・結婚した人に戯れに巻き付けなどもする。このような野神祭に崎山はたびたび出向き、「私と写真師とが初めからねらはれて居たものと見えて、ひどい目にあはされる所だつたらしいことは後で聞いたが早く逃げて助かつた」（第六巻第四号、六三頁）という事態に遭遇しながらも、行事の様子やノガミ・ジャをカメラに収め、雑誌の口絵や挿図として発表していく（図2）。そして、子供が中心となって行われる大字地黄の野神祭については、「こんな事を教師は只子供まかせにせず、適宜研究して指導して欲しい[34]」として、児童に綴方を書かせて研究資料とする[35]のであった。

次に同篇に掲載された伝説についても、ある注目すべき特徴が見られる。それは生殖器崇拝に絡む伝説を積極的に取り上げていることである。それらは「北妙法寺の石」「小槻の雷石」「禅寺〔慈明寺〕のオコリ石」という石にちなむ三つで、形状よりそれらの石は性信仰の対象と判断され、北妙法寺・慈明寺の陰石（女陰）は共に礎石ではないかと推測されている。陽石（男根）とされる小槻の雷石には、同大字の春日神社境内の大石に落ちた雷神を大日如来が懲らしめたという言い伝えがあり、崎山が実地調査をしたところ「引込んで赤くなつてゐる」（第六巻第四号、六〇頁）点が認められたという。それに対し、二つの陰石は少し物騒な口碑を伝えている。北妙法寺の石は民家の庭に鎮座し、家から少しでも外へ出すと不幸が訪れると先祖から言い伝えられており、慈明寺の境内にある石は、触れるとオコリ（マラリア性の熱病）に罹ると恐れられているのである。崎山はこれら陰石について、「元伽藍石であつたものが、忘れられて形其の物から生殖器崇

図2　野神祭の藁蛇作り（『旅と伝説』第6巻第4号）

拝の土俗信仰に変ったのではなからうか」（同、五八頁）と信仰の始まりを考察し、崇りの由来に関しては「後世自由に破壊又は持ち去る憂を無くする意味即ち保存上からの言ひ伝へか」（同、六三頁）と推測している。この一篇の後も「大和の変つた行事」（第六巻第一〇号、昭和八年一〇月）では高市郡高市村の「マラ石」（同郡明日香村に現存）を、「高取城址門前の石人像について」（第七巻第一一号、同九年一一月）では欽明天皇陵より高取城に運ばれたという説もある生殖器も露わな「猿石」を実地踏査・撮影し、『旅と伝説』に発表している。

崎山がこのように性的崇拝物を積極的に取り上げていたのには、「マラ石」調査にも同行した東洋民俗博物館館長九十九豊勝（明治二七年〈一八九四〉～平成一〇年〈一九九八〉）の影響が大きいと思われる。兵庫県美嚢郡志染《しじみ》村（現三木市志染町）に生まれた九十九は、大正一〇年（一九二一）に早稲田大学専門部政治経済科を卒業後、兵庫県・島根県・鹿児島県で高等女学校・中学校の英語教師をつとめたほか、納札の研究で名高いフレデリック・スタール（シカゴ大学）の助手でもあった。その後、昭和三年（一九二八）一一月に大阪電気軌道（現近畿日本鉄道）の援助を受けて菖蒲《あやめ》池畔に東洋民俗博物館を開き、自らのコレクション展示・蒐集の拠点とした人物である。[36]先述の『大和蒐集家人名録』を見ると、九十九の蒐集物は「主として土俗学資料、富士山資料」等で、点数は約八万点に及び、昭和七年頃の蒐集対象は「エロ的資料一切」とされている（三一頁）。その後この蒐集傾向により、東洋民俗博物館は性的資料の宝庫となった[37]が、崎山はその九十九が主宰する日本土俗学会の昭和八年三月例会で報告を行っている。[38]

しかし、こうした九十九との関係や、畝傍山口神社の御田植祭を「この祭事はエログロ取まぜた甚だ奇抜なものである」[39]と評し、「奇祭」と呼ばれる風習に関する報告を続ける姿勢は、崎山の『旅と伝説』での発表機会を徐々に奪っていく。これは、「専門の研究者の執筆による民俗一般の研究雑誌のような誌面」が「それまでの啓蒙雑誌として伝説・民俗愛好家、郷土研究家の誌面への参加をせばめ」る、つまり「民俗学が土俗学からの胎動、脱皮していく姿」を体現しつつあった[40]とされる同誌においては、当然の結果と言えるかも知れない。

2　民謡・童謡の蒐集と『童心』

そうした逆風はあったが、崎山の蒐集は別の土俗にも及んでいた。それは民謡・童謡である。まず民謡について言えば、雑誌では「真菅地方で歌ふ民謡」（『郷土芸術』第三巻第七号、昭和九年七月）でごく少数、「大和の民謡」（『大和』第一四巻第七〜九号、昭和一五年七〜九月）でまとまった数を紹介しているが、これらは全て昭和八年（一九三三）六月に上梓した自著『中和郷土資料』（森島書店）からの転載である。同書は、崎山が主任を務める真菅校郷土史調査研究会が発行した謄写版冊子『輝く郷土史』の、第一巻年中行事篇から第一〇巻民間信仰篇までを一冊にまとめたもので[41]、「年中行事、伝説、俗信、童戯、方言、人物、民謡、風俗、習慣等を輯め、土俗研究家にとつて好参考資料を与へるもの[42]」と評された。同書「第七篇　民謡」の「はしがき」で、崎山は次のように述べている（一六〇頁。以下本項の括弧内頁数は全て『中和郷土資料』のもの）。

我が村及び附近の其れ（民謡）を見るに、其の大部分は自分の土地を歌ふものよりも他のものを多く伝へてゐる。即ち大和の有名な民謡例へば吉野とか初瀬とかのものを当地で一般に歌つてゐる様である、而し中には地黄の桜池とか中曾司のお宮とか、これも昔盛んであつたとか、有名なものに歌つたものが多く残つてゐる。厳格な意味の民謡でなく広い意味で採用して集めたことを申して置きたい

蒐集した民謡には祝い唄（「家を建てる時の歌」）・子守唄・労作唄（「麦すり歌」）などの種類が見られるが、右の言の通り、「初瀬の牡丹に吉野は桜、龍田紅葉や、奈良の鹿」（一六八頁）と大和一円の名所を盛り込んだものがあるかと思えば、「娘やるなら土橋へやるな、水はあか水泥水じや」（一六四頁）と真菅村内の大字名が歌われているものも存在する。中には「ミルク死んだらキヤラメル残す、ライオン死んだら歯磨き残す、牛が死んだら骨残す」

果であろう。

（一七〇頁）のように明らかに近代以降の産物も見られるが、これは崎山の言うように「広い意味で採用」した結果であろう。

それでも収録された民謡の多くは、「全盛を占めてゐる」（一六〇頁）流行歌のような一過性のものとは違い、地域で歌い継がれてきた歴史を持つと思われるが、同じく『中和郷土資料』に収められた童謡は、それとは少し異なる性質を有している。大正七年（一九一八）創刊の『赤い鳥』を中心とする児童文化運動以後は、「童謡」とは大人による子供のための創作歌謡を指すことが多くなったが、同書のものは実に何事にでも節を付けて唄にしてしまう子供の性質を活写しており、実に興味深い。童謡は「第四篇 童戯」の中に含まれている。童戯とは、「タンポ、の散りかゝつたのを持つて来て「まめだま、とつくり持て酒買ひに」と云つて白い毛の様なのを吹きとばす」（一〇六頁）のように本来何らかの動作を伴うものであろうが、多くはこの際唱える言葉だけが切り取られて、童謡とされている。「大和に於ける童謡の蒐集家は奈良図書館司書の仲川明氏、天理中学校教諭新藤正雄氏、真菅校訓導崎山卯左衛門氏等[43]」という言葉に恥じない種類の豊富さで、「中には子供の悪口や、喧嘩事もあり随分卑近なものも混つてゐる」（九四頁）のが最大の特徴である。「あまやの爺さんどんぐりに喉つまらされて死んだとのう、あしたの葬式に、どんぐりを入れといたれー」（九九頁）や大字中曾司の者への悪口「なかどし、なんつく、なんじうろー」（一〇二頁）などを読むと、その囃し立てる様子が目に浮かぶ。

このような子供の悪口雑言は今も変わらぬものであるが、唱歌「僕は軍人大好きよ」や軍歌「戦友」の替え歌――「僕は軍人大嫌ひ、今に小さくなつたなら」「赤い夕日に照らされて、白いまんじゆに赤まんじゆ」――などは、現在とは異なる当時の軍隊と社会との距離を示していると言えよう。しかし最も目を引くのは、卑猥な語句を含む童謡である。崎山は同書中そのような字句を〇《しろまる》に置き換えたが、〇のある歌謡は全体の五分の一弱に当たる四四にも上る。その伏せ字を推測すると、「郡山は〇〇〇の産地、死んで行け」（九五頁）の「ぢごく（地獄）」の如く遊廓に関するものもまま見られるが、やはり男女の陰部と性交渉を直接表す語が最も大きな割合を占め、「へいたいさ〳〵なんでへいたいの〇〇、〇〇〇〇〇、〇〇〇しやひんから〇〇〇〇〇」（一〇三頁）と伏せ字だらけで意味が取りにくくなっているものすらあるほどである。また崎山は、「第四篇　童戯」の冒頭に「専門家（ママ）で特に性方面の研究家には、もつと深いメスも求められるであらう」（九四頁）と記し、歌を機械的に列挙するのみで何ら分類・分析を行わなかった。こうした姿勢は、前述した性信仰への注目からすると意外の感を与えるが、『中和郷土資料』の基になった『輝く郷土史』が「殆ンド児童ガ私ト共ニ実地尋（ママ）ネタリシテ蒐集シタモノ」[44]を材料に郷土教育を行うための冊子であったことから考えると、無理からぬことであろう。

そうした配慮は、「資料は幾らもあるが、余り野卑に亘る事や、教育上いかゞはしい様なのは省略」し、「特に子供の悪口（童戯に属す）の如きも言葉のいたづらの弊害を認めるから、省略」して、「特許を許可する特許許可局」などの「無邪気」な事例を列記する研究「言葉の遊戯」[45]へと繋がっていたが、それは「直接間接に児童によき心の糧を与へたい」[46]という掲載誌『童心』の理念に適うものであった。『童心』は、『大和の伝説』を企画した奈良県童話聯盟が昭和二年（一九二七）六月に創刊した機関誌であり、同一六年二月『童話大和』（～同一九年二月。全三四号）と改題されるまでに一六三号を数えた。同聯盟が口演童話活動を展開し、童話教育を推進する拠点であったため、その内容は童話作品や童話（教育）研究の発表が主であった[47]。そんな中でも崎山は、真菅村の習俗紹介「我村の正月遊び」（第六八号、昭和八年二月）という、自らの得意分野から投稿を始めている。より同誌の趣旨に沿った報告としては、先述した「小槻の雷石」にまつわる伝説を紹介する「伝説童話」（第八八号、昭和九年一〇月）等があるが、雷石が生殖器崇拝の対象となっている点は、実に注意深く取り除かれている。こうした土俗の風合いが強い伝説の童話化にも、「不穏当」な事実に対し教育的配慮を施す必要がついて回ったのである。そして、そのような作業を回避するように、養蚕の興隆を目指す雄略天皇の「蚕《こ》」を蒐めよという命令を少子部蜾蠃《ちいさこべのすがる》が「児」と勘違いして諸国より嬰児を集め帰った（『日本書紀』雄略六年三月丁亥条）、といった国史に取材して得られた伝説が、奈良県の童話界では特にクローズアップされていくことになる。(48)

おわりに

以上のように、崎山が真菅校において展開した郷土研究は、村内遺跡を中心に礎石を調査するとともに石器・土器・古瓦といった考古遺物を実際に採集して図録を作り、野神祭のような年中行事・風習を実見・撮影し、性にまつわるものが大きな割合を占める伝説・民謡・童謡を収集する――これらの多くは児童とともになされた――というものであった。また崎山の郷土研究と歩調を合わせるかの如く、郷土室自体も次第に充実を見せていく。(49)まず昭和六年（一九三一）七月、同月に蒐集遺物を観覧した石黒英彦奈良県知事（扉図版）の称賛が効き、村費数十円を費やして大型の新式陳列棚が備え付けられ、重要な遺物や著名な遺跡の写真を飾る大型額も三つ新調される。これ以降郷土室は、仮住まいであった従来の応接室から講堂の一隅へ、講堂から新校舎の地歴室横へと移動しながら、考古遺物・大型写真額・掛図などを徐々に増やしていき、訪問した奈良女高師教授の小清水卓二（植物学）・佐藤小吉（歴史学）をして、「其の完備した状態は県下一であらう」(50)と言わしめるほどとなった。

昭和一二年三月、崎山は一〇年以上を過ごした真菅校を離れ、同郡八木町大字小房《おうさ》の晩成尋常高等小学校へと異動になる。結局晩成校には二年しか在職しなかったが、「郷土教育に就いて」（『奈良県教育』第二九六号、昭和一二年一二月）はその晩成校での崎山の様子が窺える、貴重な一篇である。

臨地指導も四年男児童を引率して三山巡りをやつて見た、高等科児童は高市郡内史跡巡りをやり、（夏休み中）又藤原宮址、考古館〔畝傍考古館〕(51)等へも引率した。時には自転車で唐古へ遺物採集に、藤原宮址、郡内の重要史跡を巡つては石器遺物、古瓦等を蒐集しつゝある。本校の遺物棚には、これ等の遺物が陳列しあり、尚今後益々蒐集を行ふ積りである（二七頁）。

また談山神社の蹴鞠のような年中行事を見学した時は、「必ず綴方、図画等に課題して感想を発表させる」（同頁）という。「五年以上ノ児童三十余名ヲ引率ノ上自転車隊デ法隆寺龍田方面ヲ見学ニ案内シタ」行動力はいまだ健在であった。しかし、昭和一五年（一九四〇）一一月発行の奈良県師範学校同窓会誌『興東』第四三号にある「休職中元気回復、復職を祈るや切」という消息を最後に、崎山は翌一六年四月肺炎で突然この世を去る。そして彼が心血を注いだ真菅校の郷土室は、崎山後どのような道をたどったかは定かではないが、今ではもう存在しない。

小学校（の郷土室）を拠点に郷土研究――主に考古学――を行っていた教員として、第一節で島本一らの名を挙げたが、彼らの営為の跡は今どうなっているだろうか。本章では著書があり、雑誌への投稿も多い崎山を取り上げたが、昭和戦前期の奈良県において、コレクターでもあった小学校教員が中心となって行われた郷土研究の総体が、地域史研究全体においてどれほどの位置を占めていたのかという点を明らかにするには、それら一つ一つを訪ねることが必要となろう。余り多くの時間は残されていない。

註

（1）『童心』第六九号、昭和八年三月、八頁。『童心』については後述。

（2）乾健治編『大和蒐集家人名録』山本書店、昭和七年、二〇頁。『郷土歴史人物事典 奈良』（第一法規出版、一九八一年）などの著書がある乾自身も郷土研究者である。

（3）以上近代の奈良県における地域史研究全般については、吉井敏幸「コレクター水木要太郎の周辺」（国立歴史民俗博物館編『収集家一〇〇年の軌跡―水木コレクションのすべて―』同、一九九八年）を参照。

（4）郷土教育運動の展開については、伊藤純郎『郷土教育運動の研究』（思文閣出版、一九九八年）参照。

（5）奈良県師範学校編『奈良県師範学校五十年史』同、昭和一五年、一七頁。
（6）崎山卯左衛門「述懐」『輝く郷土史』第参巻俗信篇、昭和六年七月。同誌については後述。
（7）崎山卯左衛門『隠れたる大和の行事奇習名物を訪ねて』土俗趣味社、昭和九年、八頁。
（8）例えば、福田アジオほか編『日本民俗大辞典』下（吉川弘文館、二〇〇〇年）によると、「土俗」は「各地の風俗や言い伝え・伝説・方言などをさして、主として明治から大正時代にかけての人類学研究で使われた用語」であるが、明治四五年に日本民俗学会が創設され、機関誌『民俗』が刊行されたことなどにより、国内では次第に「民間伝承」「民俗」の語に置き換わっていく。また、それを研究する「土俗学」も、一九〇〇年代以降に日本の人類学の対象地域が、台湾・朝鮮半島を経て太平洋の諸地域へ移ると、「民族学」という語が代わりに用いられるようになるとされている（二一九～二二〇頁）が、自他ともに崎山を「土俗学徒」と称していること、「奇習」などの人類学的用語を好んで用いていることなどから、本章では崎山の研究対象を「土俗」、その学問を「土俗研究」とする。
（9）畝高七十年史編纂委員会編『畝高七十年史』奈良県立畝傍高等学校、一九六七年、四二頁。同校ほか旧制中学・新制高校を拠点とする考古学研究の営みについては、九州国立博物館編『全国高等学校 考古名品展』図録（同、二〇一四年）が参考になる。
（10）崎山卯左衛門、前掲「述懐」。明治五年生まれの神木は、国学・漢学を中村良顕・五十川訒堂らに学び（神木『蔦の屋歌集』同、昭和七年、序）、『奈良県高市郡寺院誌』（高市郡役所、大正一三年）の編纂委員をつとめた。野上は大正一〇年三月九日付で、高田十郎らとともに奈良県史蹟勝地調査会の地方委員となっている（『奈良県報』第八七七号、大正一〇年三月一一日）。
（11）崎山卯左衛門「真菅校郷土教育施設の一般《斑》」『奈良県教育』第二五三号、昭和九年五月、三二頁。
（12）保井については第三章第二節2を参照。
（13）『奈良県高市郡志料』奈良県高市郡役所、大正四年、二二六頁。主君を弑し、大仏をも焼き払った梟雄とされてきた松永久秀については、『松永久秀』（宮帯出版社、二〇一七年）を編集した天野忠幸により、近年その実像が明らかにされている。
（14）前掲『奈良県高市郡寺院誌』も、観音堂の「由緒沿革」の項にこの故老が語る伝説を挙げている（五八六頁）。
（15）崎山卯左衛門『大和史話』大和郷土史研究会、昭和一二年、五一頁。
（16）崎山卯左衛門「郷土室経営十ヶ年の回顧（二）」『大和』第一二巻第三号、昭和一三年五月、一〇頁。『大和』は上辻宗治が経営する大和社（大阪市）より、同郷人の連絡を旨として創刊された「愛郷雑誌」。
（17）「新沢村石器時代遺跡報告」（『奈良県史蹟名勝天然紀念物調査会 第拾回報告』昭和三年）に、「発掘の当初には数多の土石器が心なき農夫の鍬先にかゝつて破壊せられたらしく」（三頁）とあるように、同様の表現は遺跡調査報告にしばしば見られる。
(18) 改訂橿原市史編纂委員会編『橿原市史』上巻、橿原市役所、一九八七年、四六四頁。
(19) 崎山卯左衛門、前掲「真菅校郷土教育施設の一般《ママ》」、三三頁。
(20) 同右、三四頁。
(21) 崎山卯左衛門「郷土室経営十ヶ年の回顧（一）」『大和』第一二巻第二号、昭和一三年二月、一一頁。
(22) 藤森栄一『森本六爾伝―弥生文化の発見史―』河出書房新社、一九七三年、五九頁。
(23) 森本ミツギ「編輯所日記」『考古学』第四巻第九号、昭和八年一一月、二七二頁。八月一日の訪問については、右藤森書にも記載あり（一四三頁）。
(24) 森本六爾「大和に於ける史前の遺跡（一）～（三）」『考古学雑誌』第一四巻第一〇～一二号、大正一三年七～九月。
(25) 島本は高市郡の小学校に勤め、土器文様・古瓦・金石文の拓本を三〇〇点ほど蒐集し、吉田は土器・石器・古瓦約一五〇〇点を集め、菅原小学校など勤務校に保存していた。京谷は生駒郡の小学校に奉職して、郷土誌『かたぎり』（昭和四年）・『片桐といふ処』（同五年）を刊行した「郷土遺物」のコレクターである（前掲『大和蒐集家人名録』）。森田以下全員が奈良県の生まれであり、田村・島本・吉田・京谷が奈良県師範学校の卒業生である。「大和郷土研究会」「大和史学会」については、第三章第二節2参照。
(26) 森本六爾「編輯者言」『考古学』第四巻第一号、昭和八年一月、一頁。
(27) 崎山卯左衛門、前掲「述懐」。
(28) 和田軍一「日本古文化研究所」黒板博士記念会編『古文化の保存と研究―黒板博士の業績を中心として―』同、一九五三年、一八〇～一八二頁。
(29) 同右、一七九頁。
(30) 崎山卯左衛門『中和郷土資料』森島書店、昭和八年、緒言。
(31) 崎山卯左衛門、前掲「述懐」。
(32) 以下『旅と伝説』の概要は、野村純一ほか編『柳田国男事典』（勉誠出版、一九九八年）を参照。
(33) 第五号のタイトルは「大和の俗信と風習」だが、内容・形式が一貫しているためここでは一篇と見なす。
(34) 崎山卯左衛門「郷土行事と民間信仰」『奈良県教育』第二六四号、昭和一〇年四月、四一頁。
(35) 崎山卯左衛門「行事と童心（二）」『童心』第七一号、昭和八年五月、七～八頁。

（36）九十九の略歴は、主に九十九豊勝『蓀 黄人句歌集』（東洋民俗博物館、一九七一年）を参照。
（37）『ＩＳ』第七六号（一九九七年六月）に木下直之による訪問記「世の途中から隠されていること12 本日休館・近日開館」が掲載されている。山口昌男『内田魯庵山脈―〈失われた日本人発掘〉―』（晶文社、二〇〇一年）一三〇〜一三二頁も参照。
（38）『郷土研究（郷土研究社）』第七巻第四号、昭和八年四月、六二頁。
（39）崎山卯左衛門「大和の奇祭二・三」『旅と伝説』第八巻第一〇号、昭和一〇年一〇月、四三頁。
（40）野村純一ほか編、前掲書、一三八頁。
（41）崎山卯左衛門、前掲「郷土室経営十ヶ年の回顧（一）」、一二頁。このうち筆者が実見できたのは、柳沢文庫所蔵の創刊号年中行事篇・第弐巻伝説之部（後篇）・第参巻俗信篇（以上昭和六年七月）、第五巻方言篇（同年九月）の四篇のみである。
（42）『童心』第七二号、昭和八年六月、七頁、「紹介」欄。
（43）乾健治「大和の童謡」『土の香』第一一巻第二号、昭和九年二月、二六頁。
（44）崎山卯左衛門「ハジメノ言葉」『輝く郷土史』第弐巻伝説之部（後篇）、昭和六年七月。
（45）崎山卯左衛門「言葉の遊戯」『童心』第七八号、昭和八年一二月、三頁。
（46）堀内竹蔵「発刊の辞」『童心』第一号、昭和二年六月、一頁。
（47）小林恵美「奈良県児童文化研究―奈良県童話連盟初期機関紙「童心」にみられる連盟史ならびに総目次―」（『国語教育学研究誌』第一九号、一九九七年一〇月）は、同誌の記事内容を、①創作童話を中心とする「創作作品」群、②童謡・民謡などの「収集作品」群、③童話及び教育についての意見である「論文・随筆」群、④連盟主催事業の記録などの「連盟関連記事」群に分類している。
（48）崎山卯左衛門「小子部螺嬴《（ママ）》の遺跡伝説地之考究」（『奈良県教育』第二六二号、昭和一〇年二月）が発表された年の一〇月、県童話聯盟主催の第一回すがる祭が子部神社（磯城郡平野村大字飯高《ひだか》）で執り行われ、「育児の神」蜾嬴が盛んに讃えられた。
（49）以下郷土室の発展については、特に註記しない限り、崎山卯左衛門前掲「真菅校郷土教育施設の一般《（斑）》」「郷土室経営十ヶ年の回顧（二）」を参照。
（50）崎山卯左衛門、前掲「郷土室経営十ヶ年の回顧（二）」、一二頁。
（51）畝傍考古館については、第三章註37参照。
（52）前掲『輝く郷土史』第弐巻伝説之部（後篇）、後記。

雄飛する心身

バタヴィアにて子授けの「宗教砲」を調査する宮武正道（宮武家資料）
第八章第三節 1 参照

第七章　雑誌『寧楽』の仏教美術研究
――郷土文化と請来古物――

はじめに

明治二二年（一八八九）一〇月、本邦初の東洋・日本美術専門誌である『国華』が、岡倉天心とジャーナリスト高橋健三により創刊された。創業は易く守成は難しの言葉通り、現在も継続刊行されている同誌の経営は大正期に入っても安定しなかったようだが、[1]岡倉・九鬼隆一・フェノロサ・今泉雄作らの研究論文とともに掲載される各冊五～七枚の図版は、「誰カ能ク精緻縝密ノ出版ヲ以テ本邦美術ノ粋ヲ抜キ精ヲ萃メテ衆庶ノ鑑賞ニ供シ外邦ノ展覧ニ資スルモノソ」という創刊号における自負に恥じないものであった。[2]こうした美術メディアにおける図版重視の傾向は、写真印刷技術の発達と相俟って、同じく大判の図版を売りとする画集や美術全集の発行へと繋がり、日本仏教真美協会（のち日本真美協会）による『真美大観』全二〇冊を生むこととなる。明治三二～四一年にかけて刊行された同書は、「日本美術の通史的美術全集としては最初期の試み」[3]だが、その内容は日本美術及び当時日本国内に存在した中国美術を図版（九割が絵画。解説は英文併記）で紹介するものであり、且つ凡例にあるように仏像・仏画が上位で山水・人物・花鳥画が下位という主題分類であって、編年の巻構成ではなかった。これは、同書が禅宗寺院関係者により「美術の嗜好を利用して仏教思想を喚起する」（『京都美術協会雑誌』第七四号、明治三一年八月、三〇頁）ことを目的に企画され、仏像・仏画所蔵寺院協力の下に刊行された美術写真集であったことに鑑みれば、さほど不審とも思われない。写真と写真製版印刷は『国華』の図版も手がけた小川一真であった。

最初期の日本美術作品集且つ「教義の絵解き」であった『真美大観』の発行権は、刊行途中で日本真美協会から審美書院へと引き継がれたが、シリーズ完成の三ヶ月後、同社より新しい美術全集『東洋美術大観』全一五巻（明治四一〜大正七年）の刊行が開始される。村角紀子は、『東洋美術大観』においては『真美大観』では確立されていなかった「絵画彫塑」のジャンルや「和漢美術」の国籍区分が明確で、図版が編年構成されており、「材料鑒撰」担当者には枢密院（九鬼隆一）・内務省古社寺保存会（九鬼・高村光雲・中川忠順）・帝室博物館（股野琢・今泉雄作・溝口禎次郎）・東京美術学校（正木直彦・高村・大村西崖）等の有力者＝美術行政・教育関係者が名を連ね、「ここにはもはや『真美大観』にあったような仏教学者の名前は見当たらなくなっている」(4)とする。この美術全集の出版自体が、「皇国史観」を背景とし、官・財・学が連携した田中光顕宮相言うところの「国家的事業」（序文）であったため、編集の陣容も変化を来した、ということなのであろう。

しかし、近年喧しい近代国家と仏教との関係はここでは措くとしても、目を多くの仏教美術が鎮座する地方へ転じて見ると、『東洋美術大観』の刊行を以て仏教学者の美術界よりの退場とするのは少々早計のように思われる。例えば古代からの「仏都」奈良を見てみよう。奈良県においては、大正後期から昭和初期にかけて、奈良県師範学校教員高田十郎らによって『大和史学』など多くの地域研究雑誌が生み出され、地方史研究が空前の活況を呈した。(5)そうした隆盛の陰で多くの三号雑誌がひっそりと消えていく中、金石・民俗学を二つの軸とする高田の謄写版個人雑誌『なら』（大正九年〈一九二〇〉八月〜昭和八年〈一九三三〉一〇月）、万葉集を中心とする飛鳥・天平文化の研究に重点を置いた小学校教員辰巳利文主宰の『奈良文化』（大正一一年二月〜昭和一一年六月）(6)と並んで長命を保った雑誌に、東大寺が発行した『寧楽』がある。『真美大観』以降の審美書院の出版活動が意義を持ち得たのは、関東大震災で大打撃を受ける大正一二年くらいまでとされているが、[7]『寧楽』はその後を継ぐように翌一三年産声を上げ、「仏都」奈良の美術研究を牽引したのである。

実際『寧楽』は創刊の辞で次のように述べている。少し長いが全文引用しよう（傍線著者）。

奈良仏教は日本仏教の唯一の基調であり、且つ尊重すべき母体でありまして、彼の聖徳太子によつて建設せられた飛鳥朝の文化や盧舎那仏を中心として興起した奈良朝の文化は、一に挙げてその源泉を奈良仏教に求めねばならないのであります。それと同時に平安期鎌倉期の文化は奈良仏教から醸成せられた愛すべき寵児なるを思へば、如何に我等に至大の宝玉を提供するものであるかに驚倒せざるを得ないのであります。宜なるかな此等時代の反映たる古美術は奈良を中心として国内に散在し鬱然として古典的芸術の王国を組成して居ります。

芸術が一国の文明の尺度であることを思へば、美術はその国の文化の華であり国民性の発露でなければなりませぬ。此の意味に於て奈良の古美術は我民族の文化の変遷を測定する記念塔であり、従つてその時代に於ける祖先の思想の象徴であると断定するに何の躊躇をも要しませぬ。

莫遮《（ママ）》、晩近古典趣味の勃興と共に、一面には国民教養の第一義として他面には真摯なる学的研究の対象として、人々が斯界に対する憧憬を、日に益々盛大にして来たにも拘らず、此に対応すべき恰好の資料や其研究方法が更に皆無である事は何と云ふ遺憾なことでありませう。私達はそれを衷心から残念に思ひまして寧楽の土地で充分寧楽の気分を味ひながら真摯な態度を以て雑誌「寧楽《ナラ》」を発刊し郷土文化の紹介に当りたいと考へました。

幸に日本文化の闡明のため、且つは我等祖先の建設した上代精神の味識のために御後援下さいますならば、そは単に我等の本懐とする処のみではなからうと存じます。

平安・鎌倉文化の母であり日本仏教唯一の基調である奈良仏教を源泉とする奈良の古美術は、民族文化の変遷を測定する「記念塔」であり、その宝庫たる奈良は「古典的芸術の王国」日本の中心である。近年和辻哲郎『古寺巡礼』（大正八年）等を引き金とする「古典趣味の勃興」により奈良の美術への社会の興味が増大したが、それを研究するに適切な媒体がないことをうけ、この度『寧楽』を創刊する次第である、と右の宣言は謳う。全てを肯んぜられる訳ではない上、「寧楽の気分」とは何かという素朴な疑問もあるが、その主張は明確であろう。注意すべきは、奈良美術の探究が「日本文化の闡明」や「我等祖先の建設した上代精神の味識」へと繋がるという「国家に資する美術」という観念を示しながら、飽くまでも奈良の古美術＝「郷土文化」という視点を持っていることである。そしてこの場には、明治末にはすでに関与できなくなったと思われた仏教学者だけでなく、学僧までもが参画し、モノとしての古美術の移動・流通に携わる蒐集家や古物商も一翼を担った。以下本章では、『寧楽』を舞台とした学僧、仏教学者、コレクターたちの活動を材料に、美術史研究が「大正半ばで、いわば第一のゴールを迎えた」[8]後の美術研究の地方における実態を明らかにし、昭和戦前期の美術研究史を「郷土」奈良から捉え返すことを試みる。先ずは出版物としての『寧楽』の概要から見ていこう。

第一節　美術雑誌『寧楽』

1　刊行・編集体制と特集

創刊号（大正一三年〈一九二四〉一二月）の編輯後記において、「年四回に致しますと、あまりに間があきすぎる様に考えられますし、毎月にする事は雑誌の発行に追はれて所謂雑誌屋になつて、しまひそう」[9]【1―32】として

表1 『寧楽』一覧

号数	刊行年月	頁数	値段	表紙	口絵	挿図	執筆者	備考
1	大 13/12	32	50 銭	写真貼付	2	7	7	
2	大 14/ 2	32	50 銭	写真貼付	2	11	7	表紙写真は東浦美明撮影
3	大 14/ 5	34	60 銭	久留春年	2	14	8	
4	大 14/10	68	1 円 20 銭	久留春年	6	42	19	
5	大 15/ 2	74	1 円 20 銭	久留春年	9	28	17	
6	大 15/ 7	70	1 円 20 銭	—	7	26	16	法隆寺号
7	昭 2/ 1	71	1 円 20 銭	久留春年	6	36	20	
8	昭 2/ 7	106	1 円 60 銭	—	10	33	17	東大寺号
9	昭 2/12	76	1 円 20 銭	—	6	30	16	芸苑巡礼講演会講演集
10	昭 3/ 7・8	256、144	5 円(会員のみ)	久留春年	29、8	114、0	34、1	天平文化史論。全 2 冊
11	昭 4/ 4	140	2 円	久留春年	11	41	24	春日号
12	昭 4/12	198	3 円 80 銭	—	20	75	24	正倉院史論
13	昭 5/ 8	178	3 円	久留春年	37	79	22	観音乃研究
14	昭 6/11	196	3 円	—	79	124	—	東大寺現存遺物銘記及文様
15	昭 7/11	206	3 円	—	15	80	21	続正倉院史論
16	昭 9/ 7	138	2 円	—	20	24	9	仏教史論一

隔月の刊行を謳った『寧楽』だが、実際にその頻度が守られることはなく、第九号（昭和二年〈一九二七〉一二月）までは二～五ヶ月に一度刊行された。さらに第一〇号（同三年七・八月）以降は八ヶ月以上の間隔となり、最終第一六号（昭和九年七月）は前号から二年以上空いて、忘れた頃に世に出されている（表1）。これは他の事業（後述）や年中行事などの本務との兼ね合いもあろうが、二分冊となった第一〇号以降、執筆者や総頁数――価格もほぼそれに応じている――が大幅に増加したことが、主たる要因と思われる。また発行所は一貫して東大寺龍松院の「寧楽発行所」（発行人栗原武平）であったが、印刷所は、三星印刷所（一～四号、大阪市）→一誠堂印刷所（五、京都市）→永井日英堂（六、大阪市）→奈良明新社（七～一〇、奈良市）→凸版印刷株式会社大阪分工場（一一・一二、大阪市）→印刷工廠（一三、大阪市）→宮脇印刷所（一四、大阪市）→十光社（一五・一六、大阪市）と安定しなかった。

編輯後記で度々触れられるように、掲載された文章の大半は依頼原稿だったようであるが、それらを調達・編纂したのが「編輯同人」であった。創刊時の同人は、橋本凝胤（薬師寺）、大武美徳（東大寺）、編輯後記の筆者「盧仏」こと筒井英俊（東大寺龍松院主）、美術学者の望月信成の四人【1―32】であったが、そこに吉田覚胤・東浦学猷（法隆寺）、上司永晋（東大寺）、堂野前無関、佐藤佐、久留春年、小野村常信（春日社）が徐々に加わっていき、第一〇号の北川行戒（唐招提寺）、佐伯快龍（西大寺）、浅野秀顕（興福寺）をもって「此に完全なる寧楽七大寺の聯絡がなつた」【10―88】という。また初期から筒井英俊「東大寺建立の思想」【1】、望月信成「如意輪観音と弥勒菩薩」・吉田覚胤「法隆寺西円堂の追儺会に就て」【2】、橋本凝胤「印度古代Csomogonyの一二に就て」【3】といった同人自らの手になる論考も、雑誌の一角を占める重要な要素であった。

四・五号と頁数・執筆者は倍増するものの、「私はまだこれほど豊かに女性そのものを建築物から感じえらるゝものを他に見たことがない。私は新薬師寺を見る時、又その姿を思ひだす時、何時も心の故里へ帰つた様な安らかさと、寂しく、なつかしく、涙ぐましい生がひを感ずる」【4―37】と感傷たっぷりに記す歌人北見志保子の「新薬師寺の思ひ出」や、日光・月光菩薩を「堂の内部が暗いので、静かに恐る〳〵」【5―8】縁側に担ぎ出して観察した歴史学者魚澄惣五郎（大阪府女子専門学校）の「神童寺の仏像」といった随筆・紀行文の類も、存在感を放っていた。そうした牧歌的な同誌の内容を大きく変えたのは、特集の開始である。特集号は表紙に「法隆寺号」と銘打たれた第六号に始まり、改元直後に出された第七号を除き、第八号以降最終第一六号まで、全号何らかの特集号となっている。夏期講演会（後述）の講演集である第九・一六号を除き、発行所に側近い東大寺・正倉院についての特集が目につくが、「春日号」でも二條家蔵の「興福寺僧侶並役人付春日社人人数覚（享保五庚子年）」が翻刻掲載されるなど、「故二條宮司、江見宮司、森口禰宜、大東主典、及び小野村主典」【11―140】という全社あげての協力を得て一冊を作り上げている。

しかし、それらの特集を全て包含するカテゴリーであり、且つ後の『寧楽』の内容構成に影響を与えたのは、第一〇号の「天平文化史論」であった。「橋本凝胤師の配慮」【10―88】によって付された山階宮藤麿王の論文「日唐通交とその影響」を別冊とする同号は、計三四人の執筆者が四部門に分けられ、高楠順次郎「天平時代に於ける日印文化の交渉」を筆頭とする第一部門は「仏教及仏教史」、関野貞「寧楽時代の建築」に始まる第二部門は「美術及工芸美術」、内藤湖南「奈良朝文化と書籍」が口火を切る第三部門は「文学」、高橋健自「奈良時代の女装」が最初の第四部門は「歴史」という構成になっている。これはその後一二・一三・一五号でも部門制が採られることへと繋がったが、全号中最多の研究者を結集できたことの背景には、大阪朝日新聞社が昭和大典記念事業として始めた天平文化宣揚運動の存在があったと思われる。(10)この運動は、天平改元一二〇〇年にあたる昭和三年に、「萌芽ヲ飛鳥朝ニ発シ、平城遷都ト共ニ正ニ百花爛漫ノ盛ヲ致シ、国民ノ最モ景仰記念スヘキモノ」である天平文化を回顧・顕彰するもので、記念大講演会・綜合大展覧会（於大阪朝日会館）といった事業実行の中心であった天平文化記念会（総裁梨本宮守正王、副総裁荒木寅三郎京都帝国大学総長、会長村山龍平朝日新聞社社長）の評議員には、上司永純・雲井春海（東大寺）、佐伯良謙（興福寺）、橋本凝胤（薬師寺）、北川智海（唐招提寺）、佐伯悟龍（西大寺）、佐伯定胤・千早正朝（法隆寺）、二條基弘・森口奈良吉（春日社）といった南都の大寺社の代表が名を連ねていたのである。(11)

「寧楽の土地に生活し寧楽の気分を充分に味ひつゝ上代文化の闡明に、はた郷土文化の紹介に努力せる本会」【10―88】という創刊の主旨に近い後記の文章はあるものの、宣揚すべき天平文化についての総論らしいものは、最も似つかわしい特集号である第一〇号にも見当たらない。しかし、「仏教及仏教史」を部門の筆頭――「歴史」という部門があるにもかかわらず――とし、広いアジア間交流の結果生まれた国際的な文化である「奈良朝の文化」＝天平文化の基盤とする南都六宗について、高楠順次郎・常盤大定といった仏教学者だけでなく、北河原公海（東大寺）・橋本凝胤ら南都の学僧も論考を寄せているのは、同地における彼らの仏教文化への確固たる発言力を示していると言えよう。第一部門の最後で橋本はこう断言する。

日本文化の母胎《ママ》をなせる奈良朝の文化は三論法相の懐に養はれ、明治大正の文化に至るまで、廿世紀の欧洲科学文化を除いて、凡ての学芸政治文化の原動力となりしもの蓋し奈良朝仏教を除いては他に見難きなり【10―60】。

『寧楽』は「仏都」奈良の郷土誌の名に恥じない存在であった。

2　ヴィジュアル面

天平写経から撰んだ題字（四号まで）に、東大寺図書館所蔵木活字（寺伝寛治年間〈一〇八七～九四〉）による「創刊号」の三文字。かくも南都寺院への思い入れたっぷりに、『寧楽』は創刊されたが、前節で取り上げた特集号の存在よりも長く、終巻の第一六号（昭和九年〈一九三四〉七月）まで一貫して最もこだわりが見られたのは図版についてであった。創刊号・第二号には、表紙に直接「東大寺法華堂宝相華」・「法隆寺金堂天蓋天人像」の焼き付け写真も貼られていたが、図版は大略口絵と挿図の二つに分けられる。表1に明らかなように、口絵・挿図とも執筆者同様頁数の増加に比例して多くなる傾向――東大寺蔵品金石文・文様の図録と化した第一四号を除く――があるが、口絵は焼き付け写真もしくはコロタイプ（本書第四章第二節3参照）・銅版印刷で、挿図は写真は銅版、手書きの図は凸版印刷であった。

創刊号の「興福寺 十大弟子之内 尊者富楼那」（図1）に始まり、最も多くの口絵を撮影したのは、奈良三条通に店を構えていた写真師松岡光夢であった。雑誌には毎号二枚以上の焼き付け写真（ほとんどが178×127㎜の中判）が直接貼付されたが、松岡は黒バックの仏像をメインに、絵画（曼荼羅ほか）や寺社建築などを写している。専門の写真師らしき人物は、全号通じて松岡の名しか見当たらないが、「写真に付ては松岡光夢、栗原渓月、掛樋華水、西田清の諸君に厄介になつた」【14―196】とあるように、東大寺の僧や職員もカメラを手に撮影に従事した。掛樋は第一四号口絵「僧形八幡神像」も手がけており、第二号表紙に貼付された「法隆寺金堂天蓋天人像」は同人東浦美明（学猷。法隆寺）によると記されている。また詳細不明だが、第六号で法隆寺の焼き付け口絵写真を撮影した鈴木葦秋という人物の名前も見られる。

　比較的数の少ない口絵はまだ撮影者が判明するものの、多い時は一号に一〇〇を越える枚数が載せられた挿図については、その出自が不明なものが大半である。早逝した建築史家長谷川輝雄の「法隆寺伽藍―特に伽藍配置と塔婆の関係に就いて―」【5】の伽藍配置図のような凸版印刷の手書き図は、恐らく著者本人の手になるものであろうし、稲垣晋清「遼陽の白塔」【4】のような紀行の挿図も、自身（もしくは同行者）が撮影したものであろう。こうした執筆者により作成されたもの以外は、末永雅雄「正倉御物の挂甲に就いて」の「胴丸式挂甲装著埴輪」図【15―55】のように他の書籍等からの転用[12]も見られるが、東浦学猷「東洋美術の根源を辿る」の「郭巨之碑」・「武梁祠石画」図【4】のごとく、古美術・史料所蔵者の厚意・協力により挿入された写真も数多い。「会員諸氏から未発表の史料を出せ」【5―74】との声が挙がっていたことも、要因の一つかも知れない。

図１　創刊号口絵（松岡光夢撮影「興福寺 十大弟子之内 尊者富楼那」）

　先述東浦論考の挿図は、同じく同人である堂野前無関所蔵の拓本を掲載したものであったが、第四号以降の口絵には毎号一枚（折り込み）の「拓本コロタイプ」なるものが綴じ

図2　拓本コロタイプ（第五号「大仏殿燈籠扉天人像」）

込まれ、異彩を放っていた（図2）。同号の「法隆寺金堂天蓋銹金具」（実物大）についての解説によると、法隆寺金堂釈迦如来像天蓋銹金具は、天蓋に付いている木彫の天人と天人との間にあるが、「勿論実際の拓本を挿入する事は不可能な事であり、又拓本する事さへ、許されない事であるが、同人吉田、東浦両君の努力によつて、かつて古く手拓されてあつた拓本を御借りする事が出来たので、それをコロタイプ版におこした」【4―芸術春秋】というのが始まりだったようである。また表紙については、同人筒井に「急に今回奈良博物館に陳列なつた正倉院古裂の文様を表紙に入れたい」【3―34】という考えが起こり、同人吉田と訪ねて依頼して以降、画家久留春年（のちに同人）が正倉院御物などをモチーフとしたものを多く手がけた。

3　その他の事業

『寧楽』は会員の収める会費による運営を基本としており、第一〇号などは特別号のためか会員以外へは非売の品となっていた。この同誌を支える会はそのまま「寧楽会」と呼ばれたが、その規定は第一一号（昭和四年四月）になって初めて掲載されている。

寧楽会ニ関スル規約

一、本会ヲ寧楽会ト名ヅク
二、本会ハ東洋文化ノ考究特ニ我国上代文化ノ研究、郷土文化ノ紹介ヲ主ナル目的トス
三、本会ノ事業左ノ如シ
　雑誌発行、講演会並ニ古寺巡礼史料、写真等ノ出版
四、本会ノ趣旨ヲ養成シ規定ノ会費ヲ納サムルモノヲ会員トス
五、会員ハ会費トシテ一ヶ年金六円ヲ納付セラルベシ
六、会員ニハ寧楽ヲ配布ス、年四回
　但シ特別号ノ節ハ普通号トノ差額ヲ払込マルヽモノトス
七、本会ノ事務ハ同人ニ於テ担当ス
八、講演、見学、其他ニ関スル事項ハ別ニ之ヲ定ム【11―140】

最盛期には東京・名古屋・京都・大阪・奈良に合わせて二一の取次書店があったにもかかわらず(13)、『寧楽』は規約通り年四回発行されることは一度もなかったが、講演会は昭和二年（一九二七）から毎夏催された。もともと大正一四年（一九二五）秋に、当麻寺松村実照の配慮により同寺での「古寺巡礼を兼ねた講演会」を企画したのが発端であったが、その後ずるずると延期となり、昭和二年に至ってようやく開催の運びとなっている。「芸苑巡礼講演会講演集」と銘打った第九号の「夏期講演会情況」によると、昭和二年の第一回から東大寺図書館・薬師寺本坊・法隆寺勧学院と講演場所を変えながら、東大寺宝庫・興福寺・新薬師寺・唐招提寺・法隆寺夢殿・法起寺などの現地見学を行うというプログラム構成となっていたようである。東大寺法華堂執金剛神像・開山堂良弁僧正像・僧形八幡神像・訶梨帝母像、観心寺如意輪観音像、高野山明王院赤不動尊・霊宝館二十五菩薩来迎

古寺巡禮講演見學日程

日	講演之部（午前）演題	講師及び講演場所	見學之部（午后）見學場所	注意	備考
第一日（八月二日）	法華堂の佛像に就て	於東大寺金鐘中學校 文部省古社寺保存委員 明珍恒男氏	東大寺（大佛殿 戒壇院 三月堂 開山堂 二月堂 八幡殿 寶庫）	執金剛神、開山良辨僧正像僧形八幡像 の三體佛を特に開扉致します。尚本年は特に秘佛訶梨帝母神像を開扉します。	建築臨地講座講師 奈良縣社寺課 稲森賢次氏
第二日（八月三日）	奈良朝寺院に就て	於東大寺金鐘中學校 工學博士 足立康氏	西大寺 唐招提寺 藥師寺	西大寺にて解散後附近に秋篠寺 不退寺、法華寺等の古寺名蹟があります。	池田谷建築事務所長 池田谷久吉氏
第三日（八月四日）	法隆寺の建築に就て	於法隆寺普門院 法隆寺建築事務局總務技師 工學士 服部勝吉氏	法隆寺（東院伽藍及び西院伽藍）中宮寺、法輪寺、法起寺	飛鳥時代の文化の精華は聚つてこの一日にあります。	彫刻臨地講座講師 奈良帝室博物館 文學士 小林剛氏
第四日（八月五日）	南朝と寺院	於觀心寺恩賜講堂 京都帝國大學助教授 文學士 中村直勝氏	觀心寺 金剛寺	觀心寺如意輪觀音像 特別開扉許可さる。	東京帝室博物館 文學士 金森遵氏
第五日（八月六日）	密教と藝術に就て	於高野山 高野山大學教授 栂尾祥雲氏	高野山	明王院赤不動尊 二十五菩薩來迎圖 特別展覽許可さる	

図3　第8回寧楽古寺巡礼講演会日程【16—136】

図といった、平素は秘されているものの特別拝観【16—136】は大きな売りだった（図3）が、参加者には別のお土産もあった。春日奥山・室生寺へも足を伸ばした第三回（昭和四年）について見てみよう（傍線著者）。

本会の夏期講演会は聴衆六十名を算し、講師は勿論であるが、聴衆も熱心で、記念写真も参会者の希望で東大寺と室生寺と二回取つたほと《（ママ）》の盛会であつた。松岡写真館から全紙の写真二枚を寄附せられたので三日の夕方東大寺金鏡《（鐘）》中学講堂で懇親会を催した席上くじ引にした。うち一枚が目下薬師寺に滞留して仏教美術を研究してゐる米国人チエビン嬢にあたつたのも興味あつた。尚出席会員には同人東浦師よりの法隆寺の写真二枚を進呈した【12—91】

この松岡による全紙写真の内容は詳らかにし得ないが、第一回に「松岡光夢氏の好意によつて」南都諸寺院の仏像写真の展覧会【9—74】が催されていることなどに鑑みると、恐らく仏像写真は含まれていたであろう。また松岡撮影のものか不明だが、同じく昭和二年（一九二七）秋の講演会でも参加者に薬師寺仏像・唐招提寺建築写真が配られている【9―76】[14]。第三条の「古寺巡礼史料」に相当すると思われるものとしては、同誌に「関鍛治の氏神春日大明神」などを寄せた国文学者且つ蒐集家である赤堀又次郎からの、続々群書類従中の「東大寺要録」は底本が丹鶴叢書本で誤字が多いため「何卒早く好本を公にせられたい」[15]【8―104】という希望をうけて企画された、「東大寺要録」「続東大寺要録」がある。これらは五〇〇名の希望があれば単行本の形で会員に頒布し、「一冊参円乃至参円五拾銭菊判三百頁二段組」【8―104】という体の予定であった。しかし、昭和二年末の「来春いよ〳〵印刷にとりかゝる」【9―76】という告知にもかかわらず、同九年七月の段階でも「九月上旬迄に「東大寺要録」は発刊の予定」【16―138】という状態で、筒井英俊編の同書（全国書房）がようやく刊行されたのは、同一九年のことであった。

第二節　学僧と大陸

1　仏教文化研究の国際性

前節で見たように、美術雑誌『寧楽』は、同人たる学僧が核となり、そこに南都の寺社や写真師・画家などが協力し、刊行された郷土誌であったと言えようが、掲載された論考の内容は、国粋的というよりはむしろ国際的であった。創刊期の『寧楽』を見ると、同人望月信成の父で『大日本仏教全書』『仏教大辞典』の編者である望月信亨より、「則天皇后が極楽浄土変の縫繍四百副を造顕したものゝ一が天平宝字年間に亦本邦に請来されて、それが当麻寺に安置されたのではないか」【3―3】との説を開陳する「当麻曼陀羅と善導の著書及び則天浄土変」【1～3】が寄せられているのが先ず目に留まる。また、元黄檗宗僧侶で探検家としても著名な河口慧海が、「西蔵美術の系統と根源」【2・4】という論考を寄せているのにも気付くであろう。河口は、これまでの西蔵美術の系統及び根源については、「皆机上読書の上に発した議論であつて、其実物に触れての研究でない」【2—28】と批判し、地理との関係から同美術の要素を「豪壮美、凄絶美、寂滅美」【2—30】の三つと分析。「彼の雪山の一大行者ゼッン、ミラレパの歌劇的自叙伝」【4—3】にチベット独自の美術を見、解脱仏母の像とともに「西蔵美術の精神的根源は雪山の自性美に淵源」【4—4】するとしている。

行く先が不透明な初期には、こうした泰斗からの寄稿は雑誌にとって不可欠なものであったろうが、最終号までコンスタントに七編の論考を同誌へ載せた小野玄妙（『大正新脩大蔵経』編纂主任）の存在は、非常に重要であった。小野は、どちらかと言えば再建説に与すると言いつつも、「現在の法隆寺堂塔は、或は推古といひ或は和銅といふ如き局限された或る短期間に出来たものではなく、寧ろ和銅を慶成の最後の日とし、その前数十年に亙つて継続して造工せられたものと考ふる」【6—8】と主張する「法隆寺堂塔造建年代私考」【6】や、校合のため正倉院御物聖語蔵古写経を目にすることができた感激を語る「御物聖語蔵の古写経を拝観して」【12】も記しているが、主たる研究対象は仏教芸術であった。「石窟寺の研究は、仏教芸術史研究の根幹を為すもの」【1—17】と断言し、豊山の千仏石室・春日山地獄谷龕像の淵源であるインド・西域の石窟寺の構造などについて述べた「石窟古寺と其の芸術」【1】を皮切りとして、中宮寺天寿国繡帳の遺片から全体図を推定し、且つ「東洋の文化史上から云ふと、西域地方と支那本土との文化の関係は、西域の文化の法が寧ろ一日の長をなしてゐたものと考へられる」【4—11・12】として、西域亀茲の古代文化・芸術を取り上げる「仏教芸術雑話」【2・4】を経て、小野は「天平文化史論」特集号に「奈良時代の仏教文化と芸術」【10】を寄せている。

「一体我が国上代の文化は凡て支那の文化を輸入したものであつて而もその文化の真髄を為すものは仏教」であり、「言ふ迄もなく日本仏教の黄金時代」【10—21】である奈良時代の仏教文化の代表は、東大寺大仏（の造立）である、と小野は簡単明瞭に言い放つ。国の精華である奈良の仏教文化・美術が持つ国際性を直視し、アジア全域に研究の視野を拡大するという点では、先に挙げた望月信亨・河口と全く同じである。小野と同じく高野山大学で教鞭を執った栂尾祥雲は、「印度支那日本を通じて、観音菩薩ほど広く信仰せられた菩薩はない」【13—第三部門1】とする「観音菩薩の法門と曼荼羅」【13】や、「何故にかゝる軟弱な蓮花の上に仏菩薩が住すると云ふことになつたのか」【7—7】という疑問から、図版を駆使して蓮座の起源をインド・バビロニアを経てエジプトまで追った「蓮座の起源及び発達」【7】など三編を寄せている。また龍谷大学の禿氏祐祥も、「天平写経と大通方広経」【10】において、巻上・中が敦煌、巻中が北京京師図書館、巻下が知恩院にある大通方広経遺文三巻は、当時編集途上にあった『大正新脩大蔵経』に揃えて収めるべきとして、古代に伝播した漢文経典の現状を伝えている。

2　大屋徳城の「鮮支巡礼」その一——大正一一年朝鮮半島巡歴——

このような外来文化である仏教（文化）が伝来した跡をたどる営みは、大学の教壇に立つ仏教学者による研究論文の発表だけでなく、南都の学僧を実際に大陸へと赴かせるという形も取った。盧仏生（筒井英俊）「満鮮の旅から（一）」【4】はその稀少な記録である。「輓近満鮮に於ける宗教、社会事業等視察の為め」【4—40】、大正一四年（一九二五）五月二四日に神戸から渡海した東大寺の筒井・鷲尾隆慶・稲垣晋清・田島隆聖・仲西某の五人が、彼の地で具体的に何を視察したのかは、四日目に大連の宿へ一行が落ち着いたところで紀行文が中断されているため、その詳細を知ることは叶わない。しかし、同年六月一五日に帰山した後、同月二五日に催された報告会の様子を見ると、視察の余沢に過ぎないはずのものが、むしろ大きな目玉となっていたことが分かる。

> 午後一時より満鮮視察旅行の報告講演会が戒壇院で開かれた、各自所得された古瓦、土器、拓本写真などの陳列、珍ら《（ママ）》しい土産話があつて五時半終了した、聴講者七十余人盛会であつた【4—48】

古瓦、土器、拓本写真。大正一三年七月、外務省対支文化事務局嘱託として中華民国廬山で開かれた世界仏教大会に参加した師佐伯定胤（法隆寺管主）に随行した橋本凝胤は、現地から「清朝四種訳大蔵経ノ一紙」をもたらした[16]が、筒井らの持ち帰ったモノも、こうした請来品の系譜に位置付けられよう。筒井・橋本の他では、東浦学猷の論考のために所蔵する漢孝堂画像孝子郭巨之碑・武梁祠石画の拓本を提供した堂野前無関（第一節2参照）も請来者として挙げられるが、『寧楽』界隈で最も熱心に朝鮮半島・中国大陸での古物蒐集に従事し、それらを内地へもたらしたのは、大屋徳城であった。大屋は明治一五年（一八八二）福岡県の真宗大谷派養福寺（現柳川市）に生まれ、県立伝習館中学・早稲田大学（哲学専修）を経て、大正五年（一九一六）東大寺華厳宗勧学院講師となって、大和へとやってきた[17]。『寧楽』へは「宋板一切経の請来と奝然及び重源」【5】・「寧楽朝に於ける仏教典籍の伝来に就いて」【10】といった請来本が南都に与えた影響を考察した論文や、著書『寧楽古経選』別冊のもととなった「印仏印塔攷（仏教の版画に関する新見解）」【7】を含む一一編を寄稿した大屋は、大正一一年三～五月に朝鮮半島仏教史蹟踏査、翌一二年三～五月に朝鮮・中国大陸仏教史蹟踏査を行っている。

後者については、その一部の様子が「楊州に鑑真和尚の旧跡を訪ふ」【1】・「南京棲霞寺《チーシャースー》」【3】という形で『寧楽』にも掲載されたが、両二回の採集記録とでも言うべきものが、「飛鳥、寧楽朝の文化に親しむものは、其の遠い源を求めて、古き文化に対する憧れの念に堪へぬ。古三韓の地、六朝、隋、唐の廃墟は連に学徒の心を牽く」と序に記す『鮮支巡礼行』（東方文献刊行会、昭和五年）である。以下同書よりそれぞれの旅程を、大屋の蒐集活動を中心に追ってみよう。

まずは大正一一年の朝鮮半島巡歴である。同年三月一八日、臨済宗大学（現花園大学）の学生金承法を通訳として同伴し京都駅を発った大屋は、下関から連絡船で釜山へ渡り、二日後の二〇日に京城へ到着した。この時は二二日に朝鮮総督府を訪れ、学務局長柴田善三郎・同局古蹟課長小田省吾に「研究上の補助やら、認可」（『鮮支巡礼行』7頁。以下出典が同書の場合、本節では鮮支7のように表記する）を依頼した後、藤田亮策・小泉顕夫（本書第三章第二節1・2参照）が嘱託をつとめる総督府博物館、李王家博物館や市街地のコレクターたちを歴訪したほか、天神ひげの主人が「浅見（倫太郎）、徳富（蘇峰）など、好い本は皆自店《うち》で買うたと、メートルをあげ」（鮮支13）た寛勲洞の翰南書林で銅活字本の『文苑黼黻』『詩選』などを購入したくらいである。本格的な史蹟踏査と古物蒐集は、同月三〇日に平壌へ移動して以降、三韓と高麗の旧都（平壌―高句麗、開城―高麗、扶余―百済、慶州―新羅）や大邱、及び帰還した京城を主な舞台として始められる。

先ず平壌（三月三〇日～四月三日滞在。途中遠征あり）では、宿となる妙心寺別院（桜田町）の院主曾根良順と到着日に骨董屋をひやかし、その翌日は代書人山田釮次郎（泉町）が蒐集品を展示する楽浪庵古瓦陳列所を観覧。「大同江の対岸から出た漢代の古鏡や、楽浪太守の封泥など珍中の珍で、漢代楽浪郡治の遺蹟を推定すべき貴重な史料」を取り揃え、「座敷から床の間まで、漢代の磚、高勾《句》麗の瓦を以て満され、其数無量幾千幾万」という同所では、山田より瓦の絵葉書と「王平の文字のある画塼一枚」を恵贈された（鮮支17）。郊外にある江西・真池洞の壁画古墳も見学しているが、平壌ではもう一日を「市内二三の蔵書家、蒐集家」訪問に割いており、弦間医師からは古瓦一片、覆審法院検事長関口半からは「かねて大同江畔で蒐集した古瓦」七八枚を贈られている（鮮支20～21）。

次の開城（四月四日～九日滞在。うち一日京城泊）では、市中で民家の庭にある天禧五年（北宋、一〇二一）の廃興国寺供養塔銘、南大門楼上で至正六年（元、一三四六）鑄造廃演福寺梵鐘銘を手拓する（鮮支24～25）という幸先良いスタートの後、「此行研究目的の一」（鮮支66）と言って憚らない大覚国師（朝鮮天台宗開祖）関係史蹟の実地研究、ここでは霊通寺の国師碑銘を二日がかりで手拓している（表のみ）。

碑は高麗文宗の出家王子義天（諡して大覚国師といふ）の為に、仁宗三年乙巳〔一一二五〕に建つる所、碑身高九尺六寸五分、幅五尺二寸の豊碑である。面の書記は邑の区長を呼出して来る。かくて、郡守、面の書記二人〔以上案内者〕、区長、金、余と六人がゝりで、拓にとりかゝる。区長が梯子を徴発して来る。まだ危険だといふので、唐臼を三四個も運んで来る（中略）碑は巨大なもので、大画箋紙三枚位つがねば全部は拓されぬ（鮮支28）

またこれよりは少し小さく（高七尺八寸、幅四尺三寸）、碑陰に「宋板大蔵経請来の記事」（鮮支31）がある玄化寺碑銘（裏のみ）も、近所の女児の助力などを得て手拓した。開城最終日には、これら新拓本を陳列して、小学校で大覚国師に関する講演を行っている。

開城から京城（四月一〇日～一九日滞在）へ帰還し、東本願寺別院の村瀬乗信より天順板阿弥陀経を、「併合前から渡鮮、宗教事務にたづさはつた属官で、朝鮮の宗教事情には最も精しい人」（鮮支33）である総督府嘱託渡辺彰より朝鮮総督府内務部地方局編『朝鮮寺刹史料』（同、明治四四年〈一九一一〉）一部二冊を贈られ、景福宮博物館では、開城から出た大覚国師墓誌を総督府博物館嘱託小泉顕夫の助力を得て手拓。論山を経て、百済の旧都扶余（四月二一日滞在）では、金昌洙郡守の案内で大唐平百済国碑・唐劉仁願紀功碑という二つの百済滅亡記念碑や、古物陳列所・皐蘭寺などを巡り、大唐平百済国碑銘の全拓は、次に列車で向かった大邱（四月二二日～二四日滞在）で時實秋穂総督府監察官から贈られている。同地では大蔵経板を刷るための紙を求め歩き、自動車と馬を乗り継いで向かった海印寺（四月二五～五月三日滞在）では、ひたすら大蔵経、「歴史関係のもの三四部」（鮮支51）を印刷する毎日であった（図4）。

子院の僧を集めてもらつて、経板印刷の相談をする。先年寺内総督の印刷せられた時は、大邱あたりの者まで集めて使はれたさうで、寺の近傍の百姓男も夫に従事したものが居るとかで、五十位の親爺が一人出て来た。外は皆子院の若僧である（鮮支44）

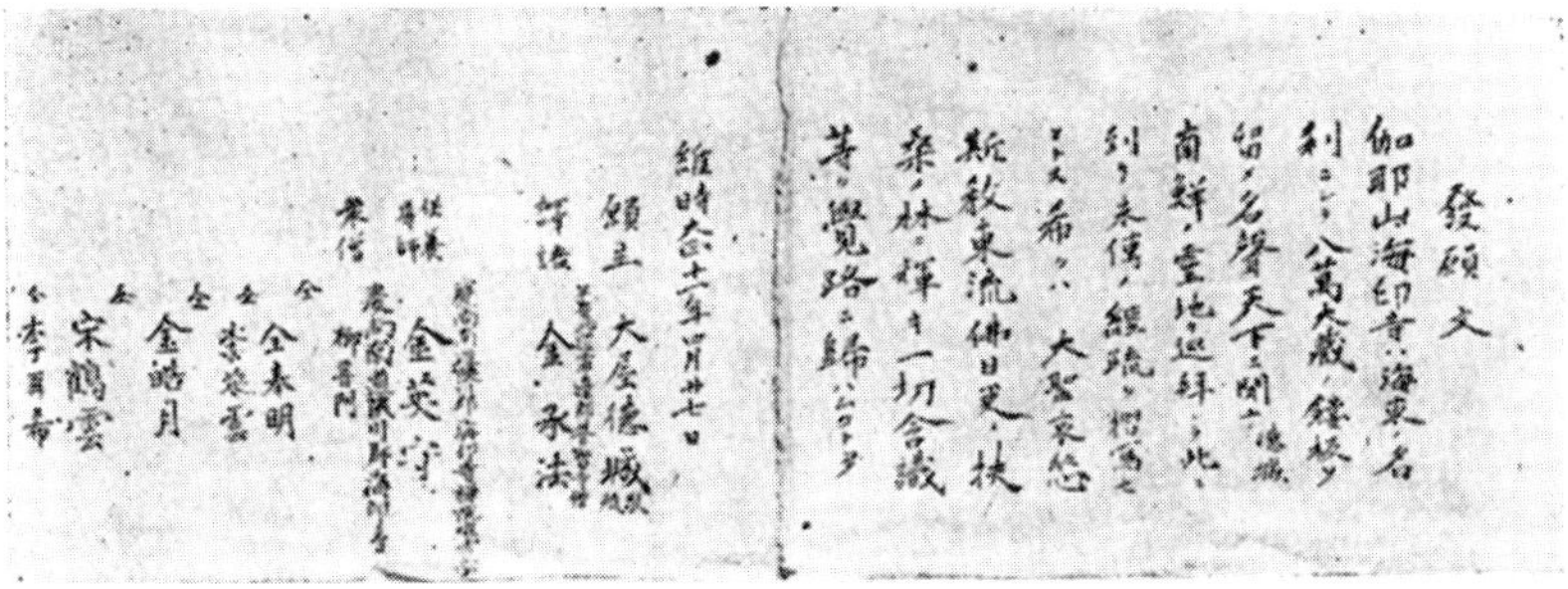

図４　海印寺印経願文（一部。鮮支 46）

住持より大蔵経目録を恵贈されて山を下り、大邱を経由して向かったのが最後の訪問先慶州（五月五日～八日滞在）である。「青山四周して、まるで奈良のやうな感じのする廃墟」（鮮支52）の慶州では、まず古蹟保存会渡理文哉の案内により同会陳列所（奉徳寺鐘、柏栗寺六面石幢など）、味鄒王陵、瞻星台、半月城址、皇龍寺址、芬皇寺などを巡見。皇龍寺では「古瓦を探して居ると、来合はした老乞食が立派な瓦当を拾うてくれた」（鮮支54）。二日目は朴光烈郡守の案内で仏国寺、吐含山石窟庵を見学。その率直な感動を書き記す。

> 此一大窟は真に芸術の仏国土で、立ちて拝し、坐して拝し、興の尽くることを知らぬ。若し夫れ、日本海上旭光先づ仏頭を照す時、新羅の生命は再び此処から生れるかとばかり、神秘な境地を現出することであらう。少しく右へ下つた処に窟を守る小庵がある。僧房に少憩して、渓山の嵐気を味へば、身は千年の古へに還りたる思ひがする（鮮支61）

朴郡守は翌日も蒐集家にして普通学校長の大坂金太郎とともに掘仏寺址、柏栗寺、脱解王陵、四天王寺址、芬皇寺を案内しており、大屋は四天王寺址近辺に住む児童より瓦・磚の良品を譲られている。(18)

その後は曲水の宴の遺蹟という鮑石亭（本書第五章第三節1参照）を最後に慶州を離れ、若木の僊鳳寺址で天代初祖大覚国師碑銘を手拓してから、大邱・釜山・下関を経て五月一五日京都へ戻っている。このように、大屋の第一回踏査は、朝鮮半島の市街地と仏教史蹟を巡るものであったが、それは当然のように、仏教関連の書籍・経典・古瓦・磚・拓本など――大屋は「鮮人は古物を尊重せぬ。殊に断片になつたものは魔が附いて居るといふので、屋内に置かぬといふ」（鮮支56）と記す――をもたらした。そうした旅の途中、扶余錦江の舟中「遠き三韓の古へに思ひを馳せて、飛鳥の夢を趨ふ」（鮮支40）た如く、大屋の心は折々東アジアの古代へ飛翔したが、中でもノスタルジアを最も惹起したのは、「一番スケールが大きく、内容が豊富」で「市街（邑内）にも相当古蹟や遺物があるが、郊外数里の間に散布する遺蹟は夥しい」（鮮支64～65）[19]と評価する、新羅の都慶州であった。

> 山又山、水又水、「一週間位滞在せねば見られませぬ」と郡守はいふ。今一生懸命になつて、古蹟保存の宣伝太鼓を叩いて居る。博物館を建てるのださうだ。慶州は実に内地の奈良である。公園が出来て、博物館が出来るなら誠に結構だ（鮮支65。以下傍点著者）

大屋のもたらした近代請来品は、東アジア仏教（伝来）史上の貴重な史料であるだけでなく、現地の風景・環境を離れて内地に戻ってからも、こうした「慶州＝奈良」といった図式を伴う古代世界を想起させる、重要な縁ともなったのである。

3　大屋徳城の「鮮支巡礼」その二――大正一二年朝鮮半島・中国大陸巡歴――

翌大正一二年（一九二三）のほぼ同時期、大屋は再び朝鮮半島へ渡り、さらに中国大陸へも足を伸ばすこととなる。その首途の日、三月二一日に記す。

> 昨年は朝鮮の文籍、芸術を訪ねて、三個月を半島に暮し（中略）千載の遺芳を討ね、我が上代文化――特に飛鳥朝及び奈良朝――の源を探つた。而も源には源があることを考ふるに及んで、半島文化の源たる支那大陸を巡遊したいといふ念が切に起つて来た。「更に源へ、更に源へ」とは中心《（マヽ）》の叫びであつた。更に源へ――文化は大陸より流れた。

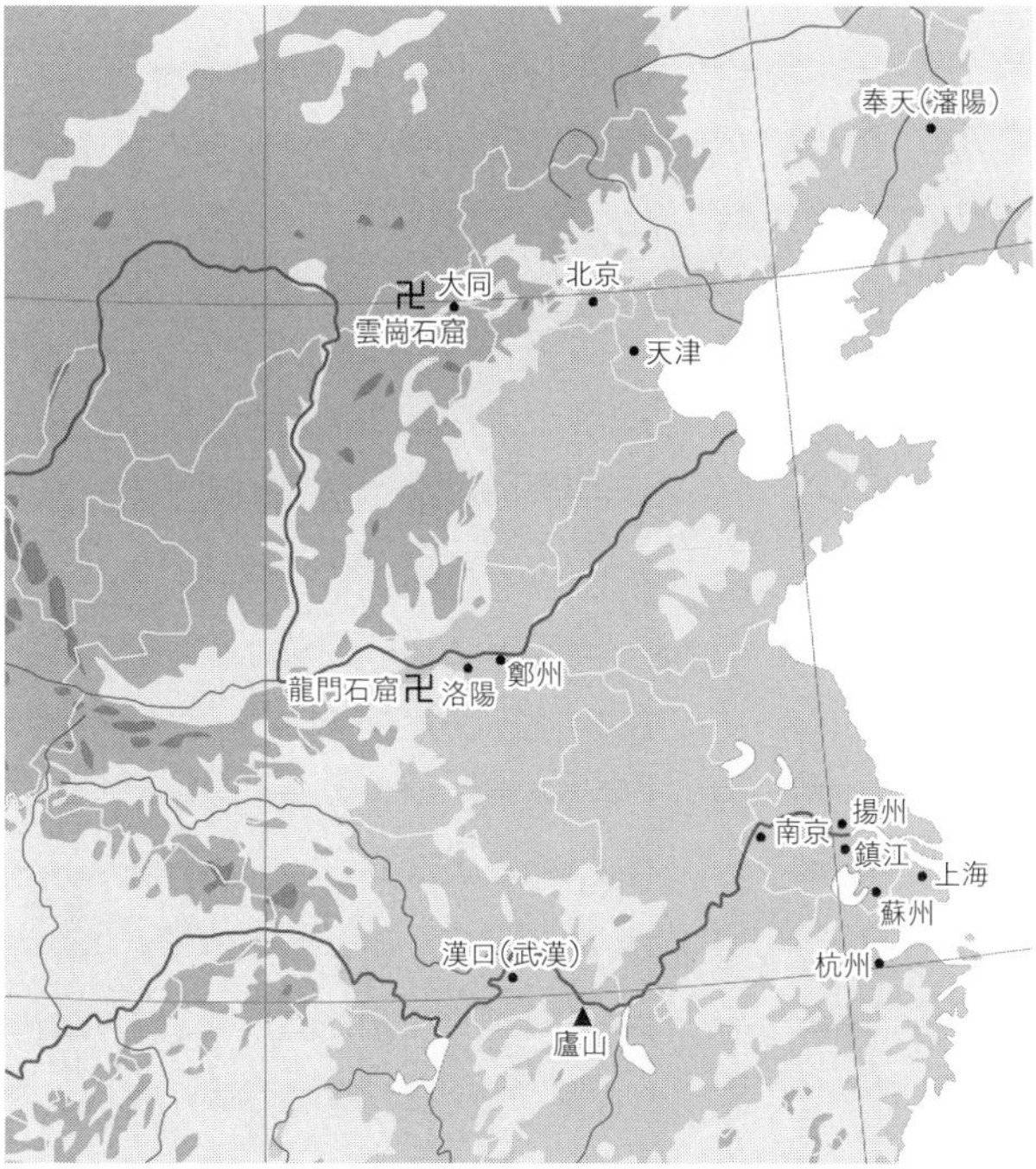

図5　大正12年の主な巡歴地（仏教史学会編『仏教史研究ハンドブック』をもとに作成）

> 唐へ！隋へ！六朝へ！洛陽へ！長安へ！と心は躍る（鮮支71〜72）

今回も京都から下関を経て釜山へ渡り、梵魚寺・通度寺を見て蔚山に一泊してから慶州に大坂金太郎・渡理文哉らを訪ね、体調不良のため大邱で四日ほど休んだ後の三月末日、京城へ入った。京城（三月三〇日〜四月三日滞在）では景福宮・昌徳宮の博物館を主に観覧し、市街の古書屋で「宣賜本の二三冊」（鮮支77）を求めた以外では、総督府学務局古蹟課長小田省吾や総督府博物館藤田亮策・小川敬吉・小泉顕夫らと会談し、小川から華厳寺経石を贈られているくらいである（鮮支80挿図）。次に向かった平壌は、前回の訪問で世話になった妙心寺別院院主曾根良順やコレクター山田釸次郎らが、昨秋流行したチフスの犠牲となったこともあり、大屋は早々に鵲の国を脱し、満州奉天へと向かう。

図６　六朝菩薩石像（鮮支115）

清朝故宮や北陵を見た奉天から、大屋を乗せた列車は天津を経て北京へと向かったが、この間の沿線風景については「極めて単調で、遠くは灰色の雲、近くは裸の楊樹が箒のやうな枝を立てゝ並列して居るだけで、一望千里無味淡々たる曠野である」（鮮支90）と素っ気ない。辿り着いた燕京北京（四月七日〜一五日滞在）は、「街路樹（楊樹）は正に芽を吹いて、黄い烟を吐きつゝ、春を描いて居る。奈良の猿沢池を思はせる光景で、燕京の春は楊樹から訪づれる」（鮮支93）と幾分好ましい印象を与えたようだが、城内の雍和宮・清真寺・東岳廟・白雲観・天寧寺・法源寺・天壇・先農壇・孔子廟・国子監、城外の五塔寺・東西黄寺を巡っても、「草を藉いて小憩し、瓦片を漁つたが、よいものはなかつた」（鮮支106）と蒐集活動は不調であった。それが好転したのは、紫禁城武英殿・文華殿（ともに古物陳列所）・集賢殿（各地風俗図画を展示）で「比ひなき眼福」（鮮支113）を得、知人の案内により琉璃廠を訪れた四月一二日からであろう。

> 古玩舗、拓本屋、新古の書籍店、文房具屋などが街の両側に並んで、其数何百軒にも上らう。拓本などは山積して居て、大抵のものはあるやうだが、さて原拓やら、模造やら、真贋混淆で一寸手が出かねる。六朝の造象銘から、泰山石経、龍門二十品などいふのは、店並にあり、大唐三蔵聖教碑、太秦景教中国流行碑などもザラにある。画の方では、漢の画象石の拓などを始め、様々なものがある。百種や千種はいつでも揃ひさうな景気だ（鮮支114）

ここで六朝の「橘夫人の念持仏式の蓮台に乗つた菩薩の石像」（図６）を少し奮発して購入、一四日に京師図書館特別閲覧室で善本目録（経・史・子・集の四冊）の子部釈家類のみを全て筆写し、「唐の開元年中〔七一三〜七四一〕写すところの道教々典の断簡で、我が天平写経と同様の書風」（鮮支116）の敦煌写経を閲覧した勢いを、大屋は一五日からの大同行きへと繋げていく。

四月一五日、東京の彫刻家池田勇八・佐原亮太郎と北京を出た大屋は、万里の長城の見学人で満ちた列車で一路大同（四月一五日〜一九日滞在）へと向かった。城門を通るたびに名刺を徴される市街地を抜けて石仏寺、所謂雲崗石窟へ轎車が辿り着いたのは翌一六日のことである。全二〇の大窟を前にした一行は、先ず中央の第六窟を傍らの四層楼から眺める。

> 高い処から巌壁の彫刻や、菩薩、飛天などを拝すると、豊富な意匠と、洗煉された技巧で、精緻に刻出された処は如何にも芸術の浄土だと思はれる。何れにしても、雄大な規模に驚歎せずに居れぬ。流石に大国の芸術だといふ感に打たれる。殊に壁の仏伝図は半肉彫で面白い（鮮支133）

池田・佐原は早速第六窟壁面の釈迦八相を拓し始めたが、大屋も同寺の客殿に泊まりながら、翌日にかけて第六窟の釈迦八相（出家踰城の図・涅槃の図のみヵ）・須弥壇唐草模様及び壁面・円柱麒麟模様を手拓し、村の子供たちが持ってきた梯子に上って巌壁の仏龕（図7）・獅子座・塔や天井の飛天も刷っている。そして「斯程の偉大な芸術を産出した母胎たる仏教の栄光を幾度も幾度も讃美」（鮮支147）しつつ大石窟を巡っていた大屋には、またも「北方の強と呼ばれた魏の都（平城）——古い廃墟である——と考ふると、ちやうど、奈良や慶州に遊んで居る——もつと大規模ではある

図7　雲崗石窟仏龕拓本
（鮮支145）

が——感じ」（鮮支154）が訪れるのであった。多くの拓本を抱えた三人は一九日に大同を離れた。

戻った北京の宿で拓本を乾かしながら楽しみ、京師図書館・琉璃廠を再訪してから列車で出立、石家荘、黄河北岸を経て鄭州へと降り立つ。ここを起点に洛陽・龍門へと向かう予定であったが、北京から連れてきた「通訳の老ボーイ」（鮮支163）の言葉が全く通じなかったため、同宿の土谷・川口という何故か仮名を称する商人風二人連れと同道し、列車で洛陽を目指すこととした。沿線を楊花が飛ぶ様子を車窓から見た大屋は、

> 何ともいへぬ長閑さは、まるで唐詩の中を歩いてゆく気分である。何たる風流であらうか。これだけは朝鮮や日本の内地ではみられぬ光景であると、殆んど古都路上の風光に陶酔しつゝ、思ひを千年の古へに馳せて、我れを忘れて喜ぶ（鮮支167）

など、早くも興奮を抑えられない様子である。洛陽市街自体の印象は「何だか狭い薄汚い頽廃した古駅の如き処で、奈良の南部の荒れた町に、今少し卑湿な気分を加へたやうな土地」（鮮支178）と芳しいものではなく、見て回ったのも到着した四月二五日と翌二六日の二日だけであったが、郊外の白馬寺——「支那最初の仏蹟」（鮮支175）——参拝を挟んで、市街の古玩舗で六朝の小銅仏を二軀、唐代の仏頭を一つ求めている。同じくガラクタ店を漁っていた商人二人とはここで別れ、「土匪」対策のため武装した兵士四人・巡警二人を伴い、イスラム教徒の中国人案内兼通訳も同道して、「支那美術の本場の見学が出来る」（鮮支183）龍門へと向かう。

轎車で二時間半、辿り着いた伊水のほとりの龍門は、雲崗とならび、「数十の大窟と無数の石窟」（鮮支192）を擁する一大仏教史蹟である。同地に陣取る北洋軍閥直隷派呉佩孚配下の許可を得、大屋は賓陽洞（第三窟）へと進む。

> 窟内に坐して天井を仰ぎ、四壁を眺め、本尊諸仏を拝し、頭を回して、入口の腰壁進香の図を覧ると、興の尽くる所を知らず、恍惚として芸術の浄土に遊ぶ。仰いで観、伏して覧、立ち去るに忍びない。北魏の文化は此に精髄を遺して、脆くも滅びた民族の栄華の夢を囁く。文化を創作せし民族の誇りは永へに此に歌ふ（鮮支

195）

こうして雲崗の時以上の陶酔を示す一方、休憩所の傍らにある拓人房で賓陽洞帝王行香拓本、古陽洞（第二一窟）の造象銘百品一綴を買うことは忘れない[20]。続いて敬善寺洞・蓮華洞・薬方洞・古陽洞などを巡り、壁一面に彫出された奉先寺洞の大露仏（中央盧舎那仏）については、「龍門諸像中無比の傑作」で「我が東大寺の盧舎那仏は正しく此の先例を追うた」（鮮支203〜204）と評価する。低回去り難い大屋は、賓陽洞の再見を望んだが、石窟への興味が稀薄な上盛んに喫飯を求める兵士・巡警と、頑として承諾しない現地衛兵のために叶わず、関帝廟を経て帰洛。宿に押しかけて来た骨董屋から唐時代の金銅仏坐像を値切って買い、「好個の記念として忝しく日本に勧請する」（鮮支217）こととした。

四月二八日に洛陽を出発し、鄭州を経て翌二九日揚子江沿いの漢口へ到着。「古人の夢を追ふ旅人」たる大屋には、古琴台・帰元寺・黄鶴楼・晴川閣という名所が「余りに文明的で、余りに物質的」に改変され、「浅ましい古蹟」となっている（鮮支224）ことが堪えられず、早々に立ち去って九江から盧山を目指すこととなる。その九江に船が着いた五月一日、日本人旅館大元洋行の主人増田久次郎の案内で乗合自動車・駕籠を用い、「大して険岨《ママ》といふ程でもないが、初夏の山とて、青葉が茂つて、つゝじが咲き、白い茨の花が咲いて居るなど、日本内地の風景と酷似」（鮮支227）した廬山を早速登っていく。香爐峰を遠目に見、「動く雲！聳ゆる峰！墜ちかゝらんとする巌石！水の音は聞えぬが、太古のやうな幽谷、路は石径危うして、風景も段々趣き深く為る」（鮮支230）と徐々に興奮が高まっていった大屋は、山中の大元洋行別荘に一泊後、大林寺を経て、その高風を偲ぶことが第一の目的であった東晋の高僧慧遠ゆかりの西林寺・東林寺を訪ねる。西林寺七重磚塔（宋代）の周囲で文字のある塔磚を拾い、慧遠墓を拝した後、草鞋を靴と履き替え――「サア来い、これなら噛まれても大丈夫だ！」[21]――まむしの大群が蟠踞する東林寺管轄の墓穴で、東林寺普通塔銘・遠公塔誌を手拓。同寺で接待を受け、大屋は五台山・峨眉山・普陀

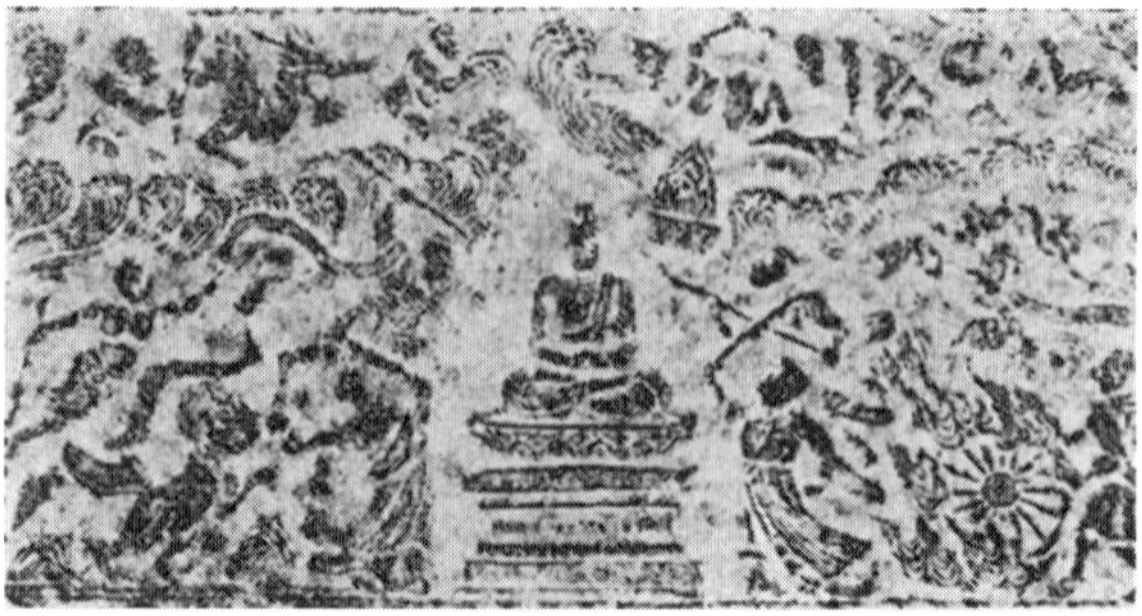
図８　棲霞寺舎利塔釈尊降魔の図拓本（鮮支 260）

山・九華山という四大名山に劣らぬ霊山とまで称した廬山を後にした。

九江まで戻って大元洋行に一泊し、五月三日、船で南京へと向かう。翌四日南京下関へ到着、堂々たる仁丹の看板がある市街を抜け、「六朝以来の色街」（鮮支245）秦淮を瞥見してから、知人堂山幸夫妻の経営する西亜洋行へ落ち着いた。歓楽街のどぶ川には眉を顰めた大屋であったが、六朝以前からの都である南京市街全体に対しては、

北京のやうに綺麗でないが、近代的焦慮のガサツなところのない、乾燥せぬ潤沢なシツトリとした都である。一体に街路が狭隘で、卑湿な気分に満ち、頽廃的気分が漂うて居る、悪くいへば黴臭い町であるが、其の黴に何ともいへぬなつかしみがある。懐旧の都だ（鮮支247）

と好印象を抱いたようである。「日本でいへば、奈良、京都といふ気分の所」「歴史の国であり、追懐の国であり、詩の国」「過去の文化の遺物が多からうと思はれる処」（鮮支247〜248）という連想から拓本屋・古玩舗・古書肆を漁ったが意外にも収穫はなく、故宮の古物陳列所や郊外の明孝陵・雨華台・莫愁湖で日を暮らす。殊に古来「南京人士の遊覧地」（鮮支253）である雨華台からの眺めは、「草を藉《し》いて、千年の夢を追へば、東海の遊士、恍惚として帰るを忘れる」（鮮支255）ほど会心のものであった。

そうこうしている内に国恥記念日（五月九日）が近づき、「旅大回収」「賭死力争」などのビラが貼られて排日気分がみなぎって来たこともあり、「トランク一つの気易い旅人」（鮮支257）は棲霞寺を最後に南京を発つこととした。この際の記録が『寧楽』に掲載された「南京棲霞寺《チーシャースー》」【3】である。[22] 堂山夫妻と列車に揺られて一時間、駅で苦力

を雇ってトランクを担がせ、畦道を二〇町ほど進むと、門前に八尺の「摂山棲霞寺明徴君之碑[23]」が立つ棲霞寺が見えてくる。荒廃甚だしい裏山の千仏龕石窟をさらりと見た後、「此塔の為に来た」（鮮支258〜259）と断言する五層の舎利塔を拝し、「江南に於ける石像芸術の優なるもの」（鮮支260）とする蓮弁台座下框の釈尊八相図（図8）を手拓する。

> 苔を払つて、此等の冷い石を撫で廻して居ると、どこからとなく芸術の国の幻が心を占めて、永遠の面影が涙を誘ふ。何人の悪戯か、八相の中の大事な人物の顔が、大きな石ころで敲いたやうに、どれもこれもつぶれてゐる。上海の耶蘇学校の生徒の仕わざともいふ。憎むべき異教徒よ。芸術を解せざるものは地獄に墜ちよ（中略）二人〔堂山夫妻〕に手伝つてもらつて、又も暴君《タイラント》の荒さぬ中に、最も完全に近いのを選んで拓する。終つて台石の花鳥を拓する[24]（鮮支260〜261）

立派な獲物を喜んだ三人は境内で別れの杯を傾け、大屋は一人鎮江を経て列車で上海へと向かう。

五月八日に到着した大都会上海の印象は、「併し夫等〔殷賑を極める繁華街〕はいはゞ欧米の延長で、東海考古《ママ》の変《偏》屈漢には拓本一枚の難有さにも値せぬ。そんなところを観んと欲せば須らく欧米に往くべし」（鮮支264〜265）という言に端的に表れているように、大陸中最も悪い部類のものであった。そして「古代の文化を象徴するものは殆んど何物も無い。唯龍華寺の塔あるのみ」（鮮支264）などと託つうちに、五月五日に起こった臨城駅（山東省南部）での「土匪」による列車襲撃事件（臨城事件）の報が伝わり、寧波・天台の訪問が危ぶまれる状況となる。現代都市上海には満腹で、長居する気のない大屋は、事態が明らかとなるまで杭州・蘇州・揚州という水辺の三州を巡歴することに決し、五月一〇日、その最初の街杭州へ降り立つ。駅から人力車を駆って早速市街に臨む西湖へと向かい、貸しボートで湖上を行き来して、湖畔の昭慶寺・瑪瑙寺・鳳林寺・岳飛廟・広化寺・雷峰塔・浄慈寺を巡り、元は華厳経が刻まれていたという雷峰塔の下で文字磚を探してみたが、見つからなかった。湖畔の夜店には古書屋が多く、拓本も堆く積まれていたと記す割には、そこで何かを入手した形跡は無いのだが、翌一一日は雲林寺と三天竺寺（上・中・下）を訪れ、後者の中天竺寺で鉄鐘の遼太平三年（一〇二三）紀年銘を手拓している。[25]

歴遊中に巡り遇つた鐘の中では唯一の古鐘だから、拓したいと思ひ、堂守の坊さんに、「我は遠く日本より霊地を拝せんが為めに来た者であるが、記念の為に、此鐘銘の拓を許されたい」と書いて示すと、快諾して、何くれとなく世話してくれた（鮮支279～280）

杭州から上海――半日だけ寝る――を経て、五月一二日夕方に蘇州着。狸が出そうなくらい寂れた日本租界にある唯一の日本旅館に落ち着き、前日から続く雨の中、翌一三日は張継「楓橋夜泊」の詩で著名な寒山寺を第一に訪ねる。境内に立つ同詩碑を現地拓夫が手拓する様子が参考となったと述べる以外は、漢口の古琴台と同様「尚古病の患者」にとっては「夜泊の詩で美化されて居なければ、何等の感興をも牽かぬ俗悪な寺」（鮮支285）と手厳しく、ほかに西園戒幢寺、貞享四年（一六八七）の紀年銘がある日本製梵鐘が懸かる虎丘禅寺を駆け足で見て、さっさと鎮江へと移動した。賑やかな仁丹観光団と入れ替わりで泰来館に収まり、鑑真碑を見るべく船便の有無を主人に尋ねると、偶然居合わせた同碑施主の元塩務署顧問高洲大助を紹介するという。ここから話はトントン拍子にまとまり、一三日夕方高洲の案内により、今回の朝鮮半島・中国大陸巡歴最後の地、揚州を目指すこととなる。この揚州行について記したのが、『寧楽』の「揚州に鑑真和尚の旧跡を訪ふ」【1】である。[26] 入浴後乗り込んだ塩務署の蒸気船で長江から運河を辿ると、大屋の目には大きな磚塔文峰塔が最初に飛び込んできた。

併し段々近づくと失望せざるを得なかつた。偉大なる塔は綺麗な白堊の新塔であつた。聞けば廃塔を修理したのであるさうだが、どこにも其面影は無く、今出来上つた新築の塔としか見えない。支那人の古建築に対する趣味は殺風景である。重建、重修は新造、新修と為つてしまつて、其の整うた姿が如何に歴史的聯想を妨ぐるかは、少しも問はない。かくて、隋、唐の夢は訪ぬべくもあらぬ（鮮支297）

その日は官舎に泊まって鑑真碑建立の事情や除幕式の模様、「其後常盤氏と意見の齟齬が出来たことは遺憾」（鮮支298）との話を高洲から聞き、翌一四日高洲の僕《ボーイ》の案内で鑑真の住したという大明寺址の石碑を訪ねる。河骨が咲き竹藪がある「まるで九州辺の風景」[27]（同）の中を小舟で進み、丘の上の法浄寺で碑の前に立つ。銘の彫り損ないへの遺憾の念や題額の文字に関する疑問――「風月一天」ではなく「風月同天」が正しいか――、碑陰に大谷光瑞の名が記されていることに対する不審感はあったが、鑑真のことを思うと大屋の心はまた何処かへと飛ぶ。

和尚は後唐招提寺に隠棲して寂したが、律は固より天台の典籍を多く将来した奈良朝の一大名師である。委細の顛末は東征伝に出て居る。平山堂と大明寺の関係から、今の法浄寺の地が古への大明寺の地であるといふ論拠には異論もあらう。併し夫は今問ふ必要が無い。余は古への揚州に遊んで、我が古代文化の源を訪へば満足である。況んや鑑真の新碑を目のあたりに見るのは限りなき歓びである（鮮支300）。

大屋は何故かここでは手拓せず[28]、途中天寧寺を経て公館へ戻り、高洲と昼食をともにした後、鎮江へと帰っている。

鎮江では、殊に塔からの眺めが水墨画の世界の中だけでなく「事実に於ても、江南第一の名勝」（鮮支293）であった金山寺、それとは逆に伽藍は宏壮だが「今は全く遊園地」（鮮支294）の甘露寺を見て締めくくり、一五日に日本へ向けて発つ船に乗るべく、大屋は上海へと向かう。そこから門司を経て、神戸に着いたのは五月一九日のことであった。こうして終了した第二回踏査は、冒頭の引用にあるように朝鮮半島よりも中国大陸の巡歴に重点があった訳だが、文化政治真っただ中の植民地である朝鮮半島とは異なり、軍閥の割拠や「土匪」の跋扈、排日運動の隆盛を直接体験する機会ともなった。また漢口や上海の段に顕著だが、第一回には余り見られなかった、市街地の文明化・現代化及びその影響を受けた史蹟の変化に対する落胆は大きい。しかし、仏像・拓本・磚などの蒐集活動は、そうした気分を払うかのように雲崗・洛陽・龍門・廬山・南京・杭州・揚州などで熱心に行われ、獲物はたった一つのトランクに詰め込まれた。

さて〔南京棲霞山駅で列車を〕下りて、困つたのはトランクの処分である。堂山君は連りに駅預けにせよと勧むるが、どうも駅は当てにはならぬ。勿論金目になるものは入つてゐないが、龍門の拓本、洛陽の金銅仏、大同の自拓から、西林寺盧山の磚に至るまで、思ひ出るゝ記念物で、一片の紙、一片の石、かけかへのないものである。預けて間違ひが起らねばよいが、預けるのは飽くまでいやだ【3―31】

「上海よりも北京が好きだ。北京よりは南京が好く、南京よりも洛陽が好く、洛陽よりも長安が好い」（鮮支265）と直言する大屋がもたらした記念物は、懐旧忘我の種となるだけでなく、「我が天平写経と同様の書風」（北京）、「我が東大寺の盧舎那仏は正しく此の先例を追うた」（龍門）といった（仏教）文化の系譜関係を物語る、重要な証拠ともなったのである。

おわりに

大屋が一回目の仏教史蹟踏査から帰洛したほぼ一ヶ月後の大正一一年（一九二二）六月一一日、興福寺で「朝鮮ミヤゲ談」が披露され、そこには自らも渡海経験のある『寧楽』同人兼編輯人の東大寺筒井英俊をはじめとする南都寺社の僧侶・神職たち（興福寺佐伯良謙、法隆寺千早正朝、東大寺三宅英慶・鷲尾隆慶、春日社森口奈良吉）や、奈良女子高等師範学校・奈良県師範学校の教員たち（佐藤小吉・春日政治、料治武雄・高田十郎）とともに、中村雅真と保井芳太郎という稀代の蒐集家も顔を見せていた。[29]『寧楽』においては、中村は重源親書の勧進牒を所蔵する「奈良の素封家」【8―94】として登場するのみであるが、保井は著書の『大和古瓦図録』・『南都七大寺古瓦紋様集』（昭和三年）が紹介されるほか、本人も「大和より発見されたる二三の埴輪土偶について」【7】という論考一編を寄せている。そこで保井は、北葛城・添上郡の古墳などから発見された家蔵の埴輪を示し、古代の衣服と大陸の影響の深度について考察して、次のように述べる。

> 吾々は遺物の観察から及しては今や魏史の記載をテストすることゝなつた、今後に於ても考古学的事例は魏史の如きをテストする場合が往々に存するであらう、佐味田発見の埴輪土偶がこの種の問題の解決に一つの決定的な暗示を与へるものゝ例として新に見出された【7―43〜44】

同論考の埋め草「写真スケッチ　ドドコロ廃寺阯塔阯発掘の状態」において、「此の場所は嘗て発掘された根跡《ママ》が明瞭で、此の瓦積層も多くはその時破壊されてしまつた」【7―44】と記す古社寺修理技師岸熊吉は、同号に寄せた「木造層塔に用ゐられたる石造」で、偶然なるモノとの出遭いがさらなる遺蹟・遺物の発見へと繋がったことを明らかにしている。

> 大正十五年六月二日奈良県生駒郡都跡村西ノ京稲葉一好氏所蔵の車輪の形をした不思議な石造物の破片を見て全く九輪の一部であることを直感したので、出土地を探究の結果それは、奈良県添上郡帯解村大字山村字ドドコロ無名廃寺趾から出たものであることがわかつたから、七月二十日より三日間にわたり、塔趾と覚しきものゝ一部、巾一間長さ四間深さ二尺五寸内外を発掘したところ、瓦片と共に是等の破片が無数に出土した、それを整理して得た苦心の結晶の一部がこれ〔塔の九輪・擦〕である【7―36〜37】

ここで石造物の鑑定を依頼して岸のインスピレーションを惹起した稲葉一好は、薬師寺前に店を構える骨董商であったが、コレクターでもある子稲葉憲一は、自らの所蔵する大和出土の瓦を用いて『寧楽』に「推古より奈良に至る葩瓦文様」【8】を書き、昭和二年八月の第一回夏期講演会（第一節3参照）では、所蔵の瓦を数百枚陳列して臨地指導を行っている【9―74】[30]。

このように、モノを扱う――流通・所有――人間が主体的に発言する土地、それが近代の大和である。その構造は内地で発見・取得された古物はもとより、外よりの請来品についても当てはまり、近代南都の渡海学僧は、もたらした「ミヤゲ」を片手に、古に思いを馳せながら東アジアの仏教史を俯瞰し、言葉を紡いでいく[31]。大屋は昭和二年の夏期講演会において、冒頭「先年から日本仏教の源流を尋ねるべく、支那、朝鮮を一度ならず歴遊して、聊か調査した」【9―35】ことに触れてから、次のように述べている。

我々の国民教育を受けた頃は、時間や空間に余り境を置き過ぎてあつたやうに思ひます。例へば歴史に就いて申せば、西洋史、支那史、日本史といふやうに、各が全く他より独立したものゝやうに取扱はれたので、我々の頭の中では日本の歴史は全く一種特別で他から劃然と区別せられて居るやうに教へ込まれた。然るに段々自分で研究して参りますと、夫れ等は唯一つの流れであつて、決して区劃することの出来ない続いたものであるといふ事が意識されます。従て日本の仏教史と支那の仏教史は続いた一つであり、印度の仏教と支那の仏教とは又続いた一つであることがハツキリ分ります。今飛鳥朝の問題でも其の通りで、支那の南北朝仏教と同一の流れであつて、決して日本の飛鳥朝が孤立的に、若くは独創的に始まつたのではありません。つまり同一河流の本末であります。我々は国民としての誇りを持つて居ます。何事も我が文化は我が民族の創造したものと考へたい。併し事実は致し方ないのであります【同】

右にある「印度の仏教と支那の仏教」を大量のモノで結び付けたのが、明治三五年（一九〇二）の派遣をはじめとする大谷探検隊であるとすれば、中国及び朝鮮半島の仏教と日本の仏教を繋ぐ上で重要な役目を果たしたのが、後に佐伯定胤・橋本凝胤らが参画した対支文化事業（第二節2参照）へと続く、大屋ら渡海学僧の蒐集活動であった。「はじめに」で触れた『東洋美術大観』（大正七年完成）のように、「国民教育」の担い手が編集の主軸たる現場においては、仏教学者の関与は難しくなっていたのかも知れないが、そこに蒐集家という要素を加えた学僧という存在がいまだ活躍する奈良という土地では、彼らの体験や請来品により、既定の美術史言説が絶えず確認や上書きされる可能性があったのである。

註

（1）角田拓朗「『国華』の確立―瀧精一・辰井梅吉体制下の模索―」『美術フォーラム21』第二八号、二〇一三年、四七頁。
（2）岡塚章子「明治期の美術写真出版物―『国華』『真美大観』『Histoire de l'Art du Japon』を中心に―」『美術フォーラム21』第四号、二〇〇一年、四〇頁。
（3）村角紀子「審美書院の美術全集にみる「日本美術史」の形成」『近代画説』第八号、一九九九年、三四頁。以下『真美大観』に関する記述は、特に註記しない限り同論文を参照。
（4）同右、三八頁。『真美大観』にあったような仏教学者」とは、「和文説明」を担当した真宗本願寺派学僧藤井宣正、「英文説明」の東京帝国大学文科大学講師（当時）高楠順次郎を指す。
（5）吉井敏幸「コレクター水木要太郎の周辺」国立歴史民俗博物館編『収集家一〇〇年の軌跡―水木コレクションのすべて―』同、一九九八年。高田と『なら』については本書第三章を参照。
（6）辰巳と『奈良文化』については本書第四章参照。
（7）村角紀子、前掲論文、四五頁。
（8）同右、同頁。
（9）以下出典が『寧楽』の場合は、このように【号（―頁）】と表記する。
（10）同運動については本書第五章第一節2参照。
（11）『大阪朝日新聞』昭和三年四月四日付夕刊。
（12）出典は東京帝室博物館編『日本埴輪図集』上（歴史参考図刊行会、大正九年）の第六九図「男子（武装）常陸国東茨城郡石崎村大字下石崎」。
（13）第九号の「本誌直接取次店」一覧には、東京堂・大雄閣・森江書店・国華堂・西山堂・晩翠軒（以上東京）、文光堂（名古屋）、山本文華堂・田中平安堂・西川誠光堂（以上京都）、大鐙閣小売部・森山豊文堂・だるまや・白木屋書籍部・柳屋本支店・明文堂・清水書店（以上大阪）、永野鹿鳴荘・木原文進堂・飛鳥園・竹田書店（以上奈良）の名前が挙がる。
（14）岩井武俊（大阪毎日新聞記者）が「欧洲各国に於ける博物館の見聞談」、森口奈良吉（春日神社禰宜）が鳥見霊時（本書第三章第二節3参照）について話し、薬師寺・唐招提寺の臨地講演を橋本凝胤・森本孝順両師がつとめた。この年同人の協議により春夏秋の三季に講演会を開催すると決定した【9―76】が、春と秋についてはどれほど実施されたか不明である。

（15）赤堀は他に公刊すべき史料として、「三会定一記」「僧綱補任」「別当次第」を挙げている【8―104】。
（16）本書第三章第二節4参照。
（17）「大屋徳城博士略年譜」『大屋徳城著作選集』第一〇巻、国書刊行会、一九八八年。
（18）大坂が「あなた達は瓦は拾つてゐませんかと問《ママ》くと、われも〱と瓦や磚を持出して」（鮮支63）来たという。また本文中には記されていないが、大坂より柏栗寺六面石幢拓本、総督府博物館の小泉顕夫より芬皇寺誓幢和尚碑拓本が贈られていたことが、挿図より分かる（鮮支53・55）。
（19）他の旧都については、平壌（高句麗）は「現代都市としては京城に亜ぐ繁華であるが、古蹟や遺物は少い。（楽浪など漢代のは別として）」（鮮支64～65）、開城（高麗）は「頗る頽廃して居るが、市街には遺蹟は少い。遺物としては歴代の王陵（見なかつたが）と、天禧の塔と、演福寺の鐘、瞻星台位である。郊外を廻れば又面白い所が多い」（鮮支65）、扶余（百済）は「最も小さく、大唐平百済碑（塔）と劉仁願紀功碑の外、余り見るべきものはない」（同）と記す。京城についての特段の評価はない。
（20）「北では賓陽洞、中央では奉先寺、南では此窟〔古陽洞〕を以て龍門の三大窟といふべく、芸術の上から観ても三大傑作である（中略）此の窟は造象銘の豊富に依つて夙に金石家に知られ、龍門百品、五百品、千品等と称するは皆此窟の金石文である」（鮮支206～207）という。
（21）鮮支241。東林寺普通塔銘・遠公塔誌の碑板二枚は、「其後幾くもなく、墓窖の壁から剝ぎ取つて、東林寺に保管されたといふことで、窖内で拓した最後の者は余であらうといふことである」（鮮支242）。
（22）『寧楽』掲載文は、蘇州・杭州との比較や漢口への悪態などが付されているが、棲霞寺行の部分の大筋は『鮮支』と変わらないため、本文ではここまで同様同書を典拠とし、『寧楽』は注意すべき異同の部分のみ適宜参照する。
（23）「此の碑の全拓は後に堂山君に贈与された」【3―31】。
（24）『鮮支』には、「釈尊降魔の図」「釈尊成道の図」「棲霞寺塔台石花鳥模様」が挿図として挙がる。また「上海の耶蘇学校の生徒の仕わざともいふ。憎むべき異教徒よ。芸術を解せざるものは地獄に墜ちよ」のくだりは、『寧楽』にはない。信仰の一つの形として、仏教徒によりこの石造物の一部が穿たれ、持ち去られた可能性があることは言を俟たない。
（25）『鮮支』本文では「遼太平十三年」（279）と記すが、太平は一〇年までしかなく、二八一頁の挿図を見ると、「太平三年元月鋳」の文字が読み取れる。
（26）南京記と同様、大略は『鮮支』と変わらないため、本文では同書を典拠とし、『寧楽』は気になる異同の部分のみ適宜参照する。

（27）『寧楽』では、続けて「わが郷里に矢部川といふ川があつて、ちやうど、五月頃に蛍狩に小舟でゆくのであるが、揚州の川舟は矢部川の川遊びのやうな気がする」【1―25】としている。

（28）『鮮支』には「高洲大助氏贈」とする鑑真碑銘（表）、碑陰題名（［大谷光瑞］）が掲載されている（三〇〇～三〇一頁）が、その後の付記に「高洲氏の委托に依つて、余は平山堂の拓本一包を唐招提寺に届けた」（三〇二頁）とあるので、これら挿図の拓本は唐招提寺へと贈られたものという可能性もある。

（29）本書第三章第二節4参照。中村については、海原靖子「中村家の人びと―中村純一寄贈文書にみる―」（研究代表者吉川聡『東大寺図書館所蔵中村純一寄贈文書調査報告書』平成21年度～平成25年度科学研究費補助金基盤研究B「南都における廃仏毀釈後の資料動態に関する調査研究」研究成果報告書第1冊、二〇一四年）が詳しく、保井については本書第三章第二節2参照。

（30）同年一一月一二日に開かれた秋期講演会についても、「臨地講演は薬師寺は橋本師に唐招提寺は森本師に又瓦に付ては稲葉氏に御ねがひ出来た」【9―76】とある。

（31）先の論文で稲葉憲一は、「奈良文化が飛火の様になつて国司僧侶などの手により地方に移植され新羅文化と融合されてゐる点も見のがしてはならぬ」【8―48】と述べている。

第八章　宮武正道の「語学道楽」
——趣味人と帝国日本——

はじめに

大阪言語学会の創設者で、関西大学・龍谷大学等で教鞭を執った石濱純太郎（明治二一年〈一八八八〉～昭和四三年〈一九六八〉）は、ある追悼文集中、「にぶき良心で」と題して次のように述べた。

彼は或時私にこう言った事がある。学問にはもとより良心がなければならないが、にぶき良心がいいのではないか。余りするどい良心であると、一生何ものもしでかさないで、却って学問の為にならないのではないか。どうせほんたうに完成したような成績はそうあるわけではない。だから例え未完成のものでも良心には少し咎めても何かの点に一歩を進めているならば、完成は後来の増補によることとして、にぶき良心でぐんぐん仕事をして行く。その方が学会の為であると思う。だから自分は南方諸言語の研究もにぶき良心でやるんだ。彼の潑剌たる言葉を再現する力は私には無いが、こんな風の意味をまくしたてたのであった。(1)

研究者にとって非常に有り難い、否心強いこの発言を遺した「彼」とは、奈良県の言語研究者宮武正道（大正元年〈一九一二〉～昭和一九年〈一九四四〉）である。奈良市西御門町で製墨を生業とする佐十郎・てるの長男として誕

	4	『エスペラントゴ　ガキ　ニッポンゴ　ブンポー』（岡崎屋書店）を刊行
	5	『南洋文学』（弘文堂書房）を刊行
	11	日本エスペラント学会より「高等エスペラント学力認定証」を授与される
16	1	松岡洋右外相の協力依頼に従い、『標準馬来語大辞典』の編纂に着手
	6	『最新ポケット　マレー語案内』（大阪商業報国聯盟）刊行。翌年3月、大和出版社より増補版刊行
	12/20	奈良県立奈良図書館の第160回読書会にて「南洋の文化と民俗」と題し講演（於奈良図書館事務室）
17	3/3〜	12週間にわたり「マレー語講習会」（奈良県拓殖協会主催、奈良県後援）の講師を務める
	3	『コンサイス馬来語新辞典』（愛国新聞社出版部。興亜協会編、宇治武夫とラデン・スジョノの校閲）を刊行
	4	『大東亜語学叢刊　マレー語』（朝日新聞社）を刊行
	6	『ヤシノ　ミズノ　アジ』（カナモジカイ）を改訂刊行（昭和11年旧版発行）
	11	『標準マレー語講座』Ⅰ（薗田顕家と共著、横浜商工会議所）を刊行。18年3月までに全3冊を刊行
18	2	『高等マライ語研究—方言と新聞—』（岡崎屋出版）を刊行
		『パラオ島童話集　お月さまに昇つた話』（北村信昭と共著、国華堂日童社）刊行
	4	『南洋の言語と文学』（湯川弘文社）を刊行
	6	『マライ語童話集　カド爺さんの話』（土家由岐雄と共著、増進堂）刊行
	7	編纂を終了した『標準馬来語大辞典』（薗田顕家と共に編纂主任をつとめる、博文館）が刊行される
	9	『マライ語童話集』（愛国新聞社出版部）を刊行
	11/25	スカルノの来寧に際し通訳を務め、歓迎晩餐会（於奈良ホテル）では知事の挨拶を通訳
19	1	『インドネシア・バルー』（左山貞雄と共編、湯川弘文社）を刊行
	3	〔エラケツ、パラオで潜水事故により死去〕
	7/3	奈良県よりマレー語担当の通訳事務を嘱託される
	8/16	自宅にて病死

＊宮武タツヱ編『宮武正道　追想』（同、1993年）の年譜を基本とし、著作の刊行年月は現物で確認した。宮武の著作以外では、家永三郎責任編集『日本平和論大系』17（日本図書センター、1994年）、北村信昭『エラケツ君の思い出』（ミクロネシア民俗会、1954年）と宮武家資料のパンフレット類を参照。邦題以外の著作タイトルは略し、関連事項は〔　〕で括った。

生した正道は、生家春松園の経済力にも支えられて生涯を学問に費やし、自費出版も含めて三〇冊以上の著書を上梓した（表1）。これは、良い意味で、まさしく「にぶき良心」の賜と言えよう。こうして世に顕著なはずの宮武の業績については、先行研究が非常に僅少ながらも存在するが、右文集中の「馬来語の宮武」[2]と題する回顧に端的に示されているように、従来は彼のマレー語（ムラユ語・馬来語）[3]研究にのみ焦点が当てられてきた。[4]しかし、表1や『大和百年の歩み　社会・人物編』[5]の記述からも分かるように、宮武による該語の研究は、アラビア語・エスペラント・パラオ語などを遍歴した末にたどり着いた地平であり、加えて奈良市立史料保存館が所蔵する「宮武家旧蔵資料」（以下宮武家資料と略）を調査

表1 宮武正道略年譜

年	月 日	事項
大元	9/6	奈良市西御門町八番屋敷に、宮武佐十郎・てるの長男として誕生。父佐十郎は製墨業春松園8代目当主、鶴斎と号し、金春流の謡曲師でもあった
8	3	奈良女子高等師範学校（現奈良女子大学）附属幼稚園修了
	4	奈良県師範学校附属小学校入学
14	3	同上校卒業
	4	奈良県立奈良中学校（現県立奈良高等学校）入学。在学中は切手蒐集・エスペラント等に熱中
昭4	9	〔エラケツ、天理教校へ留学のため来日〕
5	3	奈良中学校卒業。短期間、大阪の無電学校に通う
	4	天理外国語学校馬来語部入学（同期は10名ほど）。馬来語教師佐藤栄三郎らに基礎を学ぶ
	10/1	自転車で世界一周するエスペランチストのルシアン・ペレール（フランス）が来寧、自宅に一泊させる。翌2日、奈良エスペラント会の田村復之助と共に奈良中学・天理外語、春日神社・東大寺を案内
	10/25	天理外語の外国語劇（於天理教館）に出演した際、初めてエラケツに会う
	10	奈良エスペラント会（創設は前年ヵ）の機関誌『EL NARA』を創刊。編集を担当
6	3/28	エラケツと共に奈良県立図書館読書会例会にて講話。聴講者六十余名
	夏	大阪外国語学校のドイツ語夏期講習会へ通う
	10	『パラオ叢書 パラオ語概略／パラオ語テキスト（第1篇）』（エラケツと共編）を作成。昭和7年2月までにパラオ叢書計6冊を作る
7	2	『南洋パラオ島の伝説と民謡』（東洋民俗博物館）刊行。同月14日、奈良ホテルにて出版記念会開催
	3/26	エスペランチストのカール・マイエル（ドイツ）が大阪エス会員一行と共に来寧、大和日報社・北村写真館へ案内し、猿沢池畔で記念撮影
	6/4	エスペラント学習のため奈良女高師の学生長谷川テル・長戸恭らが宮武宅へ来訪。長谷川・長戸は同年9月労働・農民運動に関与した廉で逮捕される
	6/9	エスペランチストのヨゼフ・マヨール（ハンガリー）が来寧、奈良公園を案内し、自宅に一泊させる。翌10日、マヨールが奈良中学講堂にて行った、「日本とハンガリー」と題する講演（エスペラント）を通訳
	7/21	奈良市嘱託（産業調査委託）・東洋民俗博物館嘱託として、ジャワ・セレベス（スラウェシ）島へ向け神戸港より出発（～8/29）。ジャワではエスペランチストとも交流
	7	『奈良茶粥』（山本書店）刊行
	11	『爪哇見聞記』を自費出版。同月肋膜炎を患う
	12	天理外語馬来語部を3年2学期修了時に病気中退
8	11	エラケツから聞き取った話を翻訳し、『宮武正道報告第1輯 ミクロネシヤ群島パラオの土俗と島語テキスト』を自費で刊行
	12/12・13	ビンタン・ティムール紙主幹パラダ・ハラハップを迎え、市中を案内。ハラハップの希望に従い、マレー語による日本語文法書の執筆を開始
10	5	『宮武正道報告第2輯 馬来語書キ日本語文法ノ輪廓』を自費出版
11	2/3	奈良県高市郡鴨公村の吉井タツヱと結婚
	3	『マレー語現代文ト方言ノ研究』（大阪外語馬来語部南洋研究会）刊行
	7	『続篇 マレー語現代文ト方言ノ研究』（大阪外語南洋研究会）刊行。エラケツのパラオ帰島と北村信昭の同島訪問の合同歓送会に出席
12	3/14	長男テラス誕生
	8/1～18	大阪外語マレー語講習会の講師を務める
	11/25	同日付でカナモジカイの機関誌『カナノヒカリ』の昭和13年度編集委員に推薦される
13	6	『日馬小辞典』（岡崎屋書店）を刊行
	10	『マレー語新語辞典』（大阪外語馬来語部南洋研究会）刊行
		K・Wirjosaksono より資料提供を受け、『ジャバ語文法概略』を編纂
14	4/29	第27回日本エスペラント大会に参加

することにより、宮武のそうした研究遍歴を資料をもとに追うことができた。以下本章では、それら同館の資料や宮武の著作物を駆使し、第一節ではその生い立ちとエスペラント研究会での活動を、第二節ではパラオ人留学生との出会いとパラオの言語・土俗の研究を、第三節では常に「実用性」を求めたマレー語研究を取り上げて、分析する。[6] そして、好事家的な知的営為であったはずの宮武の言語研究が、エスペラントのような「国際語」とパラオ語のような「民族語」の間を漂ううちに、いつの間にか現実社会と接点を持つことになる、その過程を明らかにしたい。それはまた、帝国日本が抱え込むこととなった他民族の存在に、市井の人間がいかに向き合ったか、という視点を得ることにも繋がるであろう。

第一節　エスペラント

1　切手蒐集からエスペラントへ

「はじめに」でも少し触れたが、宮武は若草山麓にも売店を持ち、「古梅園に次ぐ製墨問屋であった」[7] 春松園を生家として生まれた。八代目当主の父佐十郎は、金春流を能くし、自宅に能舞台までも拵えた粋人で、昭和一二年（一九三七）六月皇太后が奈良県に行啓した際、薪能「春日龍神」を台覧に供した程であった。[8] 子の正道も、この資質を受け継いだものと見え、成長するに従い「趣味人」然とし始める。奈良県師範学校附属の幼稚園・小学校を卒え、大正一四年（一九二五）四月、宮武は奈良県立奈良中学校（現県立奈良高校）へ入学するが、そこで最初の蒐集癖が切手に対し爆発することとなる。「中学時代の切手蒐集熱は異常なまでに昂じていたと聞く」[9] という回想の一端は、宮武家資料の「蒐集用古郵券直輸入商」林勇スタンプ商会の封筒内に収められた、使用済み葉書の料額印面コレクションからも窺えるが、第六章でも参照した乾健治編『大和蒐集家人名録』を見ると、宮武の興味はそれに止まらなかったようである。同書は、文字通り近代「大和の蒐癖人物志」（はしがき）だが、宮武もコレクターの一人として掲載されており、「蒐集物の名」の項には「古銭、古墨、絵葉書、切手、切符、語学に関する書籍」、「蒐集の範囲」には「古今東西にわたり、すこぶる洽汎なり」、「蒐集品の珍品」には「皇朝銭十二文、至元通宝」とある。[10] 少年時代に芽生えた「モノ」を集めることへの熱意――やがてそれは無形の「知」へと及ぶこととなる。エスペラントである。

何故この時宮武の知的好奇心の対象が文学や芸術などではなく、ザメンホフが一八八七年に『国際語―序文と全教程―』により提示した人工語であったのか、その理由は定かではない。ただ、大正八年（一九一九）に日本エスペラント学会が創立され、学校や地域を基盤とするエスペラント普及運動が当時上昇期にあったことは間違いなく、[11] 宮武の中学校の友人は、「「エスペラント語をやってみないか」と、一度か二度君よりすすめられた事があり、世界共通語である等と、詳しい説明を受けました」「彼はエスペラント語の勉強に熱中していて、私もすすめられた事が何回かあった」[12] と証言している。しかし彼らは興味を示さず、「一年位で大体エスペラントをマスターした」[13] という宮武であったが、中学時代は同好の士を得るのに苦労したようである。そうした雌伏の時を経、昭和五年（一九三〇）三月に宮武は奈良中学を卒業、ラジオの組み立てへの興味から大阪の無電学校へ通う[14] が間もなく辞め、同年四月天理外国語学校馬来語部（本科）に入学する。

天理外国語学校は、大正一四年二月、海外布教のための人材養成を目的として創設され、支那・蒙古・馬来・印度・西（スペイン）・英・露・仏・独・伊・朝鮮の一一語部が置かれた。[15] 該語部への入学により、宮武はマレー語研究の基礎を築くことになるのだが、それについては後述することとしよう。さて、天理外語で本格的に言語（学）を学ぶ中で、宮武のエスペラントへの熱意は黙し難いものとなったようで、奈良外科病院副院長加藤宣道、観世流謡曲師範を父にもつ田村復之助らと先年創設していた奈良エスペラント会（以下奈良エス会と略）の活動に、本腰を入れ始める。後に宮武と共著をものすことになる新聞記者・写真家の北村信昭[16]は、丁度その頃友人と『プロレタリア・エスペラント講座』（鉄塔書院、昭和五〜六年）をテキストにエスペラントを学び始めたが、その回顧によると、奈良エス会の会員勧誘はかなり大胆に行われたようである。

> その頃〔昭和五年〕、奈良図書館の閲覧室で、石黒修氏のエス語の初歩的な独習書などをかりて、一人で学習していると、ある日の帰途、図書館の玄関口まで追うようにして、つけて来た一人の青年に呼びとめられた。エスペラントを学習しておられるようだが、西御門〔奈良市西御門町〕の宮武方に「奈良エスペラント会」を置き、週一、二回、日をきめて夜七時から学習しているからと、参加を求められた。大阪から奈良へ来ていた田村復之助君という青年であった[17]。

このようにして会員を増やしつつ、宮武の主宰により学習会を開いていた奈良エス会は、昭和五年（一九三〇）一〇月に謄写版雑誌『EL NARA』[18]を創刊する。同誌は「奈良エスペラント語研究会《（ママ）》の機関雑誌として又一般言語の研究発表機関として」【一―一】刊行され、会則第四条に「ロハニテ本会ニ於テ適当トミトムル者ニ限リ配布ス」（【四―一】。以下圏点原文ママ）と決められていた[19]。印刷は、その後宮武の著作を多く担当することになる同胞社――同じ馬来語部に在籍していた吉川清太郎が代表を務める――が請け負っている。謄写版とは言え、無料で機関誌を配ると言うのであるから、会員に「適当トミトムル者」を加えても、さほど大所帯ではなかったことは、容易に想像出来るであろう。宮武の手になると思われる第五号（昭和六年九月）の「民話応用　奈良県エスペランチスト悪評記」によると、宮武以外の会員は前出の加藤・田村・北村に加え、電灯会社勤務の鈴木克英、元小学校教員の早味ひさ子、奈良中学教員森三郎[20]、パラオから天理教校への留学生エラケツ、郡山中学教員笹谷良造らという顔触れであった。このうち全八号の主な寄稿者は、宮武（全号）、森（一、三〜六）、田村（一〜四）、北村（二、三、五〜

八）の四名で、第八号以外は宮武が編集したが、時には自ら鉄筆を揮い、一〇〇円もの懸賞をかけたエスペラントのクイズを出すなどして、手作りの雑誌を通じて奈良エス会を盛り立てて行こうとしたのである。

主たる書き手四人のうち、田村は「貿易と国際語」【一】において、日本で学習機関が充実していない商業英語を国際貿易で使用するよりも、見本市などヨーロッパ商業界で実用化されているエスペラントを使うべきとして、商業学校でのエスペラント教授も提唱し、第三・四号ではラテン・英・仏・西語とエスペラントとの語彙比較をするなど、会員中「エス語わ一番よく出来た」(21)【五―四】ため、初期の同会を牽引した。宮武の母校奈良中学の英語教師である森は、「世の言語学者の等しく推賞して止まない名著」【三―一三】であるアメリカの言語学者ブルームフィールド L. Bloomfield の *An Introduction to the Study of Language*（London: G. Bell, 1914）を抄訳し、連載している。

2　社交か思想運動か

田村・森の二人に対し、会運営の中心であった宮武・北村の著作には前掲「民話応用 奈良県エスペランチスト悪評記」のような戯文も含まれるが、それらを除いてエスペラントに関する論のみを見てみよう。まず北村は「エスペラントとその歴史的役割」【二】において、「言霊」的言語崇拝観念を否定し、「言語はそれを使駆し、実用する人間によつて生かされる」（三頁）という考えから、

世のあらゆる既成の国語。全人類を包む多くの自然発生語。長い年代を経て、様々に染り、歪み、或は覆はれてゐた言語。それらの言語を徹底的に科学的批判・解剖を計る、他のよごれざる（支配されざる）言葉は無いか。有る!!　エスペラントだ【二―三～四】。

と高らかに宣言する。また「エスペラントの浮游性」【三】では、日本のエスペラント界の勢力図を希望社(22)、プロ

レタリア・エスペラント（以下プロ・エスと略）講座、日本エスペラント学会の三巴と分析し、エスペランチストは「エスペラントの精神を現時の発展しつゝある社会的状勢を通して適確に認識し、阿片的溺愛者流への、よき近視眼鏡的役割の逐行《ママ》者であらねばならない」（三〜四頁）として、現実社会に根を下ろしたエスペラントのあり方を提唱した。

こうした北村のプロ・エス運動に共鳴するような姿勢——用語も「科学的批判」「階級」などを鏤める——に対し、宮武は「エス雑誌でなかなかエス語の事おかかないので珍らしい「エルナラ」お、インチキ雑誌の一種みたいに思つている奴がいるが、本誌は **Noma Esperanto** の最高権威で、決してインチキでわない」【五—一】と、**Noma Esperantisto**＝「単にエスペランチストと称してエスペラントグルーポを社交機関とする部類」（同）を以て自認し、次の第六号（昭和六年一二月）では「ロンピスト（破壊主義者）の宣言」（一頁）と題して怪気炎をあげている。

近時インテリと称する不徹底なるイデオロギーに浸りて浅薄なる理論お知れるも、実行能力と特殊技能お有せざる失業的存在いちぢるしく増加せり。現今世にはゞかる講談社会主義者・机マルキスト先生等皆此の部類にして、エスペラント語お以て世界平和お確立せんとする人道主義者また然り。そもそも自己の手に負えざる事に手お出すわ之れ馬鹿の初めなり。実行し得ざる寝言のかけらお喋々喃々大語する者わ、世お乱し人お惑すの甚しきものなれば、すべからく自から死お選びて失業者お救済せば、これこそ誠の人道主義と言うべし。（後略）

このように切って捨てる彼が、プロ・エス運動に共感する筈もなく、北村の「エスペラントは、その拡大運動それ自身が国際的平和運動であると同時に単に各国人が、その非科学的な自国語を、それによつて再批判することのみをもつてしても、絶大な意義を有する」（前掲「エスペラントとその歴史的役割」四頁）といった主張などは、全く肯んぜられないものであったろう。宮武のエスペラント観は、「エスペラントは言語である。単なる言語なのである。従つてそれが言語である以上フアッシズムの宣伝にも、商店の広告にも使用されるだらうが、エスペラント語其のものは本質的には如何なる思想をも含んでいないのである」[23]という言葉に集約されており、初学者に「今直ちにエス語を実用性のあるものと思つておやりになるのであつたならばお止めなさい。若しそうでなく、たゞ趣味性の満足を目的としておやりになるならば、喜んで教へてあげませう」（「エス語に於ける通有性」【六―一一】）と諭す会員鈴木克英の姿勢に、むしろ理解を示している。従って、エスペラントの実用性についても、「芸術に、宗教に、大衆の間に根を置く」（北村前掲「エスペラントの浮游性」四頁）ことにより得られるとは考えておらず、「もし我々が外国に旅行せんとする時、先づエスペラントを話す人々の名前の書いてある名簿をくる、そして自分のこれから行こうとする地方の会員に一本の手紙を出してさえおけば、もうそれで我々は迷子になる心配がない」[24]という趣味人同志がピンポイントで繋がること、そういうことこそを実用性と捉えているのである。

　このように、奈良エス会を社交機関と見て運営する宮武のもとには、昭和五年（一九三〇）一〇月に自転車世界一周の途上で立ち寄ったルシアン・ペレール Lucien Péraire（フランス）を皮切りに、昭和七年三月にカール・マイエル Karl Maier（ドイツ）、同年六月にはヨゼフ・マヨール Josef Major（ハンガリー）らが訪れ、諸外国のエスペランチストとは交流がもたれた。しかし、宮武の「奈良エス会近況」【八】によると、会員自体の学習会等への参加状況は、だんだん悪くなっていたようである。会の発起人であった医師加藤宣道は会場である宮武家の近所だが滅多に出て来ず、会社員鈴木克英は退会して登山に専念。熱心だったもう一人の発起人田村復之助は大阪に帰って謡曲師になり、家庭教師で忙しい奈良中学教員森三郎は五月からまだ一回も出席していない。「北村君だけは暇だから大抵欠かさず出て来る」（九頁）が、印刷屋の吉川清太郎は時々しか来ないし、郡山中学教員の笹谷良造は、尼辻から郡山に引っ越した後一向に出て来なくなってしまった、という。それら従来会員の不振を埋めるべく、天理外語のある山辺郡丹波市町から五人、奈良女子高等師範学校（現奈良女子大学）の生徒ら五人の gesamideanoj《同志》が加わったが、その生徒の中に、後に中国国民党中央宣伝部で抗日放送に従事し、「嬌声売国奴」(『都新聞』昭和一三年一一月一一日付)と呼ばれる長谷川テルがいた。

明治四五年(一九一二)三月、土木技師の次女として山梨県に生まれた長谷川は、東京府立第三高等女学校(現都立駒場高校)を経て、昭和四年奈良女高師へ入学する。旅行や奈良の古寺歴訪を楽しんでいた長谷川が、同級生長戸恭とともに、新劇・文学・エスペラントの愛好者を集めた文化サークルを学内に作ったのは、昭和七年六月ごろのことであった。[25] 同月、彼女たち五人は宮武のもとを訪れる。

去る六月四日より女高師生がエス語の講習を僕の所にもちかけて来た。大阪外語の浅井〔恵倫〕先生と相談の上、女の子は偉らそうなことを言つているが何も知らないから余りむつかしい本を使わない方が良いだらう。と言うので井上〔万寿蔵カ〕さんの初等エスペラント読本を使用する事にした。実際やつて見ると恐ろしく熱心で前言を取消さねばならなくなつた(前掲「奈良エス会近況」九頁)。[26]

このような若く熱心な学生を得て、奈良のエスペラント界が活況を呈して行くかと思われた矢先の同年九月、長谷川と長戸は当局に逮捕される。奈良合同労働組合や全国農民組合全国会議奈良県評議会といった労働・農民運動団体と接触した廉で、八月末の県内活動家大検挙の煽りを食ったのである。[27] 二人は一〇〜二〇日ほどで釈放されたが、女高師は退学処分となり、奈良エス会は若い力を失ってしまう。こうしたプロレタリア文化運動の弾圧を契機とするエスペラント白眼視の状況に加え、同年一一月宮武が肋膜炎に罹患したことは、奈良エス会の活動を失速させるに充分であった。昭和一四年(一九三九)四月に『エスペラントゴ　ガキ　ニッポンゴ　ブンポー *Japana Gramatiko por Esperantistoj*』(岡崎屋書店)を刊行し、第二七回日本エスペラント大会に参加、同年一一月には日本エスペラント学会より「高等学力認定証」を授与されるなど、その後も宮武自身はエスペラントの学習・研究を続けるが、研究会が活気を取り戻すことはなかったようである。

第二節　パラオ語

1　エラケツとの出会い

「奈良中学在学当時からエキゾテイックな事物に対して非常な憧れを抱いていた」と告白する宮武は、自らがのめり込んだ「エキゾテイック」な趣味を切手蒐集、絵葉書コレクション、エスペラント研究と順に記しているが、天理外語に入学してから始まった「語学道楽」の筆頭として、「パラオ語の研究」を挙げている。[28] このパラオ語への熱意は、当時創刊したばかりの『EL NARA』にも飛び火し、前節では触れなかったが、第二〜四号での「パラオ　ゴ　ケンキュー」（パラオ語の語彙・発音・文法等の概説。第二号のみ「パラウ」と表記）の連載という形で結実している。またパラオの民話や神話等を、日本エスペラント学会の機関誌『LA REVUO ORIENTA』や天理外語学芸部の『心光』という雑誌に寄せる[29]など、奈良エス会を主宰しながら、パラオ語やパラオの文化への興味を強めていった。最終的には、こうした天理外語入学以降の「語学道楽」がエスペラントを圧倒したことも、奈良エス会が開店休業状態となった大きな原因の一つと思われるが、その発端となるパラオ語へ触れる契機となったのは、前節にも登場したパラオからの留学生エラケツとの出会いであった。

昭和四年（一九二九）九月の『大阪毎日新聞』奈良版で来寧を知り[30]、天理外語へ通う途上でしばしば見掛けた、パラオ・コロールの首長を父にもつエラケツ Ngirakedと、宮武が初めて言葉を交わしたのは、同五年一〇月のことであった。

昭和五年十月二十五日の夜外語生の外国語劇が天理教館で催され、其の時私が楽屋で紛装[31]してゐる所へ同君がヒヨッコリやって来たので早速彼をつかまえ松岡静雄氏の『パラウ語の研究[31]』で覚えた唯一のパラオ語『ガヅ』と言うのを持ち出し、『パラオ語で人の事をガヅ（Khadu）と言うか』と尋ねた。すると同君は『違う、人の事をハドと言うんだ』と答えたのが二人の知り合になつた最初で其の翌日の夕方私はエラケツ君を自分の家に連れて来て夕食を共にしながら色々南洋の話やパラオ語を聞かせて貰つた[32]。

パラオを含む赤道以北のドイツ領南洋諸島は、大正三年（一九一四）第一次世界大戦に参戦した日本に占領され、約八年の軍政を経た同一一年、国際連盟からの委任統治地域として正式に日本領土となった。ミクロネシアへは、海軍による占領の後、風土文物・風俗習慣や人種・言語などを調査すべく医学者・人類学者・民族学者らが赴き、文部省専門学務局編『南洋新占領地視察報告』（同、大正五年）や松岡静雄『ミクロネシア民族誌』（岡書院、昭和二年）といった成果が得られた[33]が、「海のない古都奈良に生をうけた二人の青年」である宮武と北村も、エラケツとの出会いにより「激しく南の海洋を憧憬する」こととなり、パラオの研究へと惹かれていった[34]。

北村より一足先にエラケツと知り合った宮武は、毎日天理小学校で漢字の勉強をしている彼を訪ねてパラオの伝説・民話・民謡を聞き取り、その断片を前述の如く『LA REVUO ORIENTA』などに発表したほか、語彙・会話文をも多く収めた『パラオ叢書』（昭和六年一〇月〜七年二月）をエラケツとともに編集し、自ら謄写版で発行した。そして昭和七年二月、それら約一年間の聞き取り資料を纏め、全て和訳して刊行したのが『南洋パラオ島の伝説と民謡』（東洋民俗博物館。以下『伝説と民謡』と略）である。その「はしがき」には、

エラケツ君の父君が酋長であつた関係上、君わ他の同年輩の誰よりも沢山色々な話お聞かされていた。彼わ長男でわないけれども、酋長の息子として文字に記されていない自分達の村の種々な伝説お覚えていると言う事が、将来何れかの村の酋長とならないとも限らない此の若い有力者のなさねばならないつとめでもあつたのだ。そんなわけで彼わ非常に豊富に種々な話お覚えていた。

とあるが、同書の構成は、「伝説」「童話」「民謡」と「雑」、そして末尾にエスペラントによる抄訳がくる、というものであった。また「序」には、出版元である東洋民俗博物館の館長九十九豊勝より、「史実に次ぐ民族の過去の事実を物語る伝説は各民族のもつ特殊的伝承であつて、此の伝説から多くの貴重なる土俗学的・人種学的・考古学的の発見を我々に持ち来らすものである」と期待が寄せられている。

2　「土俗趣味家」への「堕落」

『伝説と民謡』の「伝説」には、母に焼き殺されて海に倒れた巨人の骸がパラオ島となった、という「パラオ島の起源」や、宮武が「勿論此の話わあてにならないが一寸面白い」（三一頁）とする、漂流したパラオ人が日本人の祖先となった話（「日本人の祖先」）など――後者は日本統治下に入って以後脚色されたものであろう――があるが、やはり山・木や鳥といった自然や動物にまつわるものと、人間味あふれる神々が躍動する話が主である。「童話」には、日本と違って蟹がずる賢い「猿と蟹の話」、最後はともに富を得る「二人の貧しい姉弟の話」など、お伽噺風のものが収められている。これら民話が非常に類型的であるのに対して、「民謡」「雑」には種々特徴的な点が見られる。まず「民謡」の方では、右の「童話」とは異なり作者が判明している最近のものが目立ち、宮武はこれらを、大正以降中山晋平らにより盛んに創作された、ある特定の土地のための歌謡と同じく「新民謡」と呼んでいる。そのうちの一つ、「二人共寝の其の時に／子守が子供抱く如く／私のからだにからまつた」という艶めかしい詞を持つ、「アマツトルの謡」の註釈を見てみよう（伏せ字原文ママ）。

此の謡の作者わ×××と言う男で、かつて東京の電機学校に入学せんとして来朝したが、学力不足で不許可となり、其の上日本で或る女郎に入れあげ、文無しになつて国に帰れず困つていた時、折良く日本に観光に来た親類の者に金お貰つてパラオに逃げ帰り、国に帰ると前の失敗にめげず早速日本名おシズコと言う美人でわあるが浮気で有名だつたパラオ娘にひつかかり、その時の事お自ら歌つたもので、南洋でわ有名な新民謡である（六三頁）。

このほか、同じく男女の情交を歌った「ともねの謡」、契りを交わしたドイツの学者を恋う「私の恋の耳飾お捧げた我等のドクトルの帰国お歌える謡」も明確に近代のものであるが、「雑」にも現代民話と言ってよい話がいくつか含まれている。例えば「阿呆につける薬」は、エラケツの叔父が独領時代、兵隊として赴いたマレーで製法を学んだという薬を、「コロール公学校の同級生で、学校お落第しかけていた奴に飲ませたら一辺に級長に昇進した」（九九頁）というファンタジーである。「雑」のそれ以外は、「シャマンの話」や「禁忌の話」のように信仰・習慣などの紹介が主であるが、その中にも性風俗にまつわる「女の体から水お出した男の話」「アル・メゴルの話」がある。前者は、宮武が「南洋のドン・フアン」（九六頁）と呼ぶ元燐鉱会社の人夫頭が駆使する、「女の体から水お出す」（九五頁）不思議な術を、ドイツの研究者が調査にやって来た話で、後者は、戦争に負けた村の若い女性が、バイという集会所に連行されてアル・メゴルと呼ばれ、さまざまな業務に従事するという制度を取り上げている。このアル・メゴルについて宮武は、「其の女と性交する事わ許されなく、唯踊其の他の相手として遊ぶだけだから女中兼芸者、ダンサー・女給の如きもの」（八二頁）というエラケツの説を引き、「男と遊んで関係したい（な）と言う事わ一寸信用出来ないし又、性的享楽が唯一の娯楽である島民にわ、一寸聞えない話でわないか？」（八三頁）と疑義を呈しながらも、前出の松岡静雄『パラウ語の研究』の如く、多様な仕事をこなす彼女たちを「娼婦と訳することわ一寸気の毒」（八二頁）としている[35]。

このように、同書が新旧の性民俗を積極的に取り上げたものとなった要因[36]としては、発行者九十九豊勝の影響が考えられる[37]。九十九は昭和三年（一九二八）菖蒲池畔に開いた東洋民俗博物館に、「土俗学資料」、殊に「エロ的資料一切」を蒐集[38]した人物で、蒐集家三田平凡寺が作った奇人連合「我楽他宗[39]」に倣ったような「日本我楽他宗奈良別院」を主宰して、県内好事家の一つの中心となっていたが、宮武は同別院の「第四番札所 性洞山食人寺」を称し(40)、九十九宅などで開かれる日本土俗学会（九十九主宰）の会合にも参加する程であった。こうした交流が、『伝説と民謡』における性民俗資料の採集へと繋がったと思われる。『伝説と民謡』は、刊行から二年弱後の昭和八年一一月、エラケツから聞き取った話のパラオ語テキストやパラオ語彙、簡単な会話例文を増補し、『宮武正道報告第一輯 ミクロネシヤ群島パラオの土俗と島語テキスト』（以下『報告第一輯』と略）と改題の上自費出版された。『報告第一輯』の中で、上篇の「神話・伝説・童話の部」「民謡の部」「雑の部」は、一部追加と削除（話自体がなくなったり註釈が簡素になったりしている）があるものの、『伝説と民謡』の内容をほぼ踏襲しており、下篇「パラオ語テキストの部」こそが、「将に亡びんとする南洋群島の土語を出来る丈け機会を捉えて之を採集し将来に残すと同時に之を言語学的に研究して見よう」（四頁）という「はしがき」の趣旨に合致する部分と言えるであろう。

しかし、松岡静雄『パラウ語の研究』やSalvator Walleser, *Palau Wörterbuch* (Hongkong: Typis Societatis Missionum ad Exteros, 1913) を参照して、ノートにエラケツの話を書きためているうち、宮武の心境に変化が生じてきたことも、同じ「はしがき」は示している。

最初はパラオの言語を研究するつもりでいたものが何時の間にやら話の方に興味をひかれ出し、一々パラオ語で話して貰つて之を書き取り更に訳するのが面倒で、公学校の主席で卒業後法院の通訳をやつていた同君の流暢な日本語で南洋の神話伝説を聞かせて貰つて之を書き取る方が面白くなり、最初の目的であつた言語研究が姿を隠し、最悪な方法を取る土俗趣味家に堕落してしまつた（『報告第一輯』二〜三頁）。

このように、パラオでは「性的享楽が唯一の娯楽」（前掲『伝説と民謡』八三頁）といったオリエンタリズムによる表象は多少あるものの、当初はパラオ語という言語のみに向いていた宮武の視線は、その奥にあるパラオの土俗へも向かうようになっていた。つまり、彼のエキゾティシズムの対象が、人工の国際語エスペラントから、同じ「言語」である土着の民族語・パラオ語のみならず、一度はパラオの土俗という民族文化へと広がったのである。ただそれと同時に、「私は地方の謂所《ママ》郷土研究家の様に無智な民衆から資料を搾取しておき乍ら自分が一廉の研究家でもある様に自己陶酔に陥つて居ようと言うのではない」（『報告第一輯』四頁）と言うように、これ以上土俗研究の深みにはまらぬよう強く自戒していたことは、注意しておかねばならない。

第三節　マレー語

1　新聞・雑誌の「生キタマレー語」

『伝説と民謡』と『報告第一輯』の合間、昭和七年（一九三二）七月に宮武は、「奈良に残る土俗、名物などのあまり知られてゐないところを得意の筆で著はした」『奈良茶粥』（山本書店）を刊行し、新聞広告でも「土俗研究家」と称されるようになっていた。(41) しかし、ともにエラケツからパラオの話を聞き取った北村信昭が、『南洋パラオ諸島の民俗』（東洋民俗博物館、昭和八年一一月）の刊行を期に、ミクロネシアの民俗や生物へと熱中していくのに対し、宮武は「語学道楽」の宗旨を変えることはなかった。天理外語の馬来語部は、大正一四年（一九二五）の開校当初、「馬来語ハ甚ダ簡単デ僅カノ間ニ学修スルコトガ出来ルノデ本校ニ於テモ第二学年及第三学年ニ於テ毎週数時間ヲ課スルノミニシテ、他ハ兼修タル英語ヲ多ク教授スルコトニシマシタ」と「入学志願者心得」に謳うほど長閑な環境であったようだが、(42) そんな該部に在籍する宮武が、専修するマレー語に本格的に取り組み始める大きな契機となったのが、昭和七年七月から八月にかけてのジャワ・セレベス（スラウェシ）島旅行である。「言語と土俗研究」（二七頁）(43) に加え、奈良市と東洋民俗博物館の嘱託——前者は大和蚊帳南洋輸出の可能性の調査を委嘱——

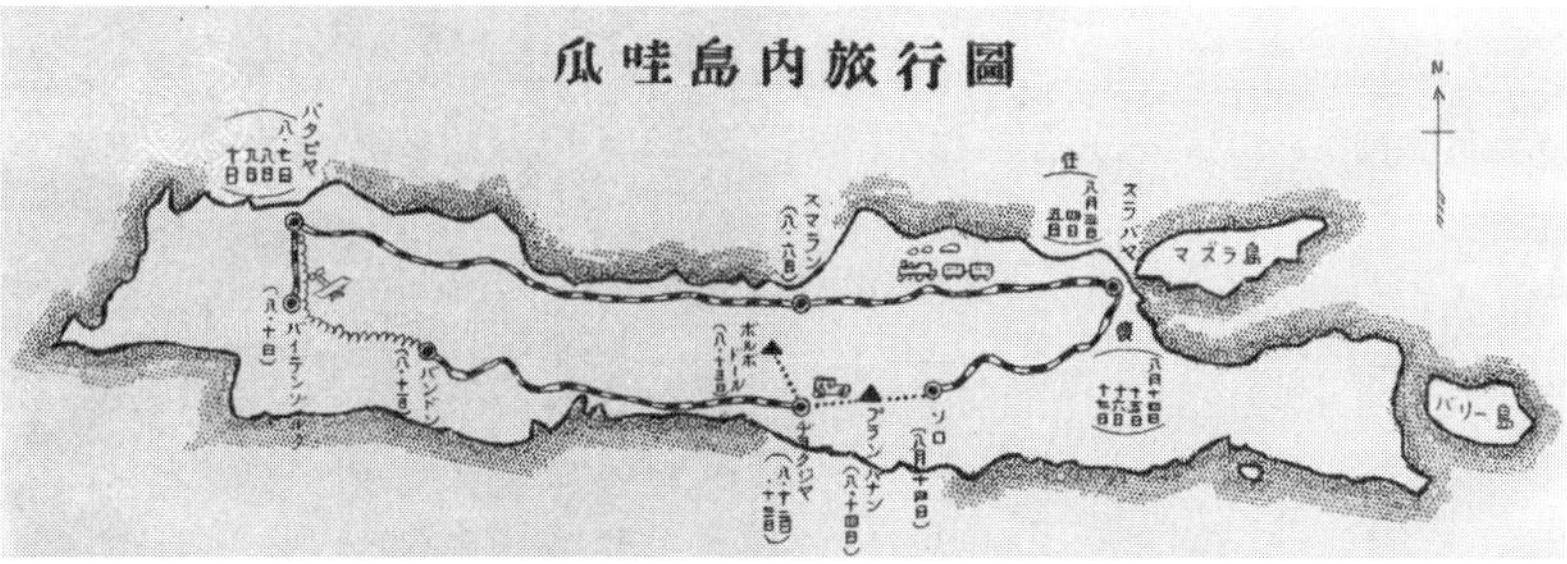

図１　ジャワ島旅程図（『爪哇見聞記』）

という肩書きを帯び、七月二一日、宮武は森田宇三郎奈良市長・九十九豊勝東洋民俗博物館館長たちに見送られ、神戸港を出発した。沖大東島、ミンダナオ島（フィリピン）を通過し、セレベス島のマカッサルに入港したのは、八月一日のことである。「あやぶみながら話す馬来語が、大抵通じるのでゆかい」（七頁）になり、経済的に最大勢力である「支那人の本屋があつたので一寸のぞいて見ようと中に入った」（九頁）ら、日本人と分かって怒鳴りつけられた該地を離れ、翌々日の三日にはジャワ島のスラバヤに到着した。

　スラバヤからは鉄道と飛行機を使って、スマラン〜バタヴィア〜バンドン〜ジョグジャカルタ〜ソロ（スラカルタ）と回り、八月一四日に再びスラバヤへと戻って、一七日にスラバヤを出港、二九日に神戸港へと帰着している。ジャワ島内では、寺院群のあるボロブドゥールやプランバナンといった名所を巡るほか、南洋協会商品陳列所（スラバヤ）を訪れて、形状が異なるため「奈良蚊帳の輸出は目下の所では駄目」（二二頁）という評価を聞いたり、参拝すれば子供が授かるという女握り《マノフィカ》の形が鋳付けられた大砲（バタヴィア。扉図版）を調査したりと、嘱託された仕事をこなした。しかし、宮武にとってより重要だったのは、現地住民との交流であろう。まず宮武は、スマランにエスペランチストのリエム・チョン・ヒーを訪ね、夜市の案内などの便宜を受けている。

　蒼白いそして細長い、支那人インテリとして充分な恰好の二十八九才位の青年が出て来て、すこぶる愛想よく未知の友を迎えてくれた。お互に国際語エスペラントを話す事が出来ると言う唯それだけの理由で。奥に通されてエスペラント語で互に語り合つた。今まで遇つた事も文通した事すらもない、一介の日本人旅行者を、日支間の紛争等を全く度外視して、十年の知己の如くにもてなし、何のわだかまりもなく語り合う事の出来るのは全く国際語エスペラントのゆえなのだ（二四〜二五頁）。

「全く度外視」したか否かはさて措き、宮武はバタヴィアでもエスペランチストと交流したが、現地のオランダ語新聞の報道によれば、「当蘭領東印度に於けるエスペラント界の不振はいたく氏〔宮武〕を失望せしめていたものゝ如くであつた」（五二頁）という。

もう一つ注目すべきは、バタヴィアの新聞社経営者たち、殊に『ビンタン・ティムール *Bintang Timur*』主幹パラダ・ハラハップ **Parada Harahap**（一八九九〜一九五九）との出会いである。八月一〇日に社を訪れた宮武に対応したハラハップは、「非常な親日家で、僕が馬来語で話しかけるとすつかり驚ろき、且つ喜んで、社内を見て呉れと言つて工場を見せてくれた」（三四頁）。後にインドネシアから日本への留学生派遣を積極的に後押しすることになる[44]ハラハップは、この時の「来年日本へ行く積り」との言の通り、翌昭和八年（一九三三）一一月、商業視察団一行を率いて来日、東京で訪日を支援した南進論者の石原廣一郎（石原産業海運合資会社代表）らと接触した後[45]、一二月一二・一三日に奈良の宮武を訪ねている。宮武家で謡曲・仕舞による歓迎を受けた[46]ハラハップは、南洋見聞談をマレー語で『ビンタン・ティムール』に寄稿する約束をバタヴィアを訪れた宮武から取り付けていたが、ここ奈良でも別の件、「マレー語書き日本文法」書の刊行を依頼している[47]。それに応えて執筆・自費出版されたのが、『宮武正道報告第二輯　馬来語書キ日本語文法ノ輪廓 *'Ilmoe Bahasa Nippon jang Ringkas*』（昭和一〇年五月）である。「本書は売る為に作つたのではありませんから、南洋人で真面目なる日本語の研究者には部数の許す限り進呈したい」（「出版の挨拶」）とする同書は、日本式ローマ字の発音と日本語の品詞を解説する四〇頁ほどの小冊子であったが、これを皮切りに宮武のマレー語研究の成果は、続々と発表されていく。

続いて世に送られたのは、語彙に関わるものであった。この頃結婚した妻のタツヱが、「語学（主に東南アジア）の勉強……と言っても彼のは現地の新聞を購入して独学で辞書を頼りに勉強するのです」[48]と回顧しているように、宮武が最も重視したのは現代のマレー語、中でも新聞・雑誌に用いられているマレー語であった。『マレー語現代文ト方言ノ研究』は、昭和一一年三月、大阪外国語学校馬来語部南洋研究会から雑誌『図南』第九号付録として刊行されたが、その謄写版冊子で宮武は、

マレー語ノ文法ワ一見シタ所実ニ簡易デアル。簡易ト云ウ点カラ云エバ『エスペラント語』ノ文法ヨリモ更ニ簡単デアロウ。ケレドモマレー語ガ依然トシテ難解デアルコトワ誰レヨリモ諸君自身ガ充分御承知ノ事デアロウ。何ト言ウテモ三年間学ンデモ新聞ノ三面記事一ツロク様読メナイト云ウ事実ガ証明シテイルノダカラ致シ方ガナイ。シカラバ文法ガ簡単デアルニモカカワラズ難解デアル理由ワ如何？『純粋ノマレー語法ニ従ワズ、各人マチマチノ語法トソレゾレ勝手ナ単語ヲ採用スル』カラデアル（「前書キ」）。

として、華僑・オランダ人・ジャワ人などが自らの母語の語法・語彙を持ち込み、恰も「ゴモクズシ」の観を呈するインドネシア[49]のマレー語を腑分けして、「接続詞が増えた」等の現代マレー語文の特徴を明らかにし、「支那語」「オランダ語」「バタビヤ方言」等に由来する新語彙を「小辞典」という形で紹介している。

『マレー語現代文ト方言ノ研究』は、拓殖大学・天理外語ほかより多数の注文を受けて残部がなくなるほどの好評を博したため、宮武は「更ニマレー語新聞中ニ出テ来ルオランダ語ヤ支那人マレー語トシテ用イラレル特種ナ単語及ビ主ナル略語等」を集め、「小辞典」部分を増補してまるまる一冊にした『続篇　マレー語現代文ト方言ノ研究』（昭和一一年七月）を刊行した。[50]また昭和一三年一〇月には、それら正続二冊の辞典部分を併せて増補した『マレー語新語辞典』（同校馬来語部南洋研究会）までもが作られたが、新聞・雑誌を読む道具に特化したものである他

に、この三冊に共通するのは、『馬来―日本語字典』（南洋協会台湾支部、昭和二年）への不満である。この辞書は、陸軍将校平岡閏造と大阪外語の教員であったバチー・ビン・ワンチク Bachee bin Wanchik の手になるもので、同書から受けた恩恵に鑑み、宮武は平岡・ワンチクを「我が国マレー語界の恩人」[51]と讃える一方、彼らが底本にした Richard James Wilkinson, *An Abridged Malay-English Dictionary* (Kuala Lumpur : Printed at the F. M. S. Govt. Press, 1908) が「〔マレー〕半島マレー語の小辞典であるから東印の出版物に使用される単語が随分欠けてゐる」[52]ため、これだけでは「小学校ノ読本スラ満足ニ読メナイ」[53]と手厳しい。出版社社長の求めに応じて上梓した『日馬小辞典 *Kamoes Bahasa Nippon-Indonésia*』（岡崎屋書店、昭和一三年六月）も、現地の新聞雑誌から「蘭領印度デ現在使ワレツツアル単語」、つまり「生キタマレー語」約六〇〇〇語を収集して編集したものであり、「古文ヤ古典ニノミ使用サレル様ナ語ハ全部之ヲハブイタ」という[54]。

2 「南方の言語政策」

このように、宮武のマレー語語彙収集・辞書編纂は、当初インドネシアで発行される新聞・雑誌を読むという「実用性」を念頭に行われた。そうした中で、「南進国策もやうやく具体化して来た」と序にある『続篇 マレー語現代文ト方言ノ研究』が刊行された翌月の昭和一一年（一九三六）八月、五相会議（首相・陸相・海相・外相・蔵相）で決定された「国策ノ基準」により、「南方海洋殊ニ外南洋〔現在の東南アジア島嶼部〕方面ニ対シ我民族的経済的発展ヲ策」すことが定められる。そして、第二次近衛内閣下の同一五年七月に決定された「世界情勢ノ推移ニ伴フ時局処理要綱」では、「対南方施策ニ関シテハ情勢ノ変転ヲ利用シ好機ヲ捕捉シ之カ推進ニ努ム」（第一条）と謳われ、同年八月松岡洋右外相が記者会見の席上「大東亜共栄圏」の確立という外交方針を打ち出す[55]。『マレー語新語辞典』以降は、『南洋文学』（弘文堂書店、昭和一四年五月）を除き、マレー語に関して目立った著作のなかった宮武であったが、『最新ポケット マレー語案内』（大阪商業報国聯盟、同一六年六月）を刊行した半年後、アジア・太平洋戦争が勃発するに及んで、その著書の「実用性」には別の方向が加わることとなる。昭和一七年三月、最近著『最新ポケット マレー語案内』の増補版（大和出版社刊）の序に、宮武は次のように記している。

日本万歳（hidoep《ヒドウップ》 nippon《ニッポン》）

本書は昨年（昭和十六年）六月帝国南進の声に応じ日本人南洋発展の為め商業組合中央会大阪支部並びに大阪府商業報国聯盟（末光秀夫氏）の委嘱により書いたものであるが、大東亜戦争の勃発により改め《ママ》軍用語を加へ今般大和出版社の需めにより拡く一般に普及する様発売した。常にポケットにしのばせ必要に応じ取り出して使用される様特に型を少さくした。小冊子ながら幾分でも皇軍将士並びに海外発展者のお役に立てば幸である。

同書は発音・単語・文法・会話の四篇に分かれているが、前掲『日馬小辞典』末尾の会話例文にはなかった、「軍用会話」「宣撫」という項が会話篇にはある。「どの方向に敵兵は逃げたか?」「知りません」「知つて居る者が居るか?」「いません」「居ります」「連れて来い!」「承知しました」という一連の「軍用会話」や、「宣撫」の「日本軍はインドネシヤ人を和蘭人から解放してやる」「諸君は東洋人だ」「我々も同じ東洋人だ」「我等は共同して白人と戦かはねばならぬ」などは、同書の刊行と同じ月に日本軍により軍政が布かれたインドネシアでは、確かに「実用性」の高い例文であろう。こうした研究・著作の潜在的「実用性」はより早くから評価されていたらしく、昭和一五年一一月に創立された「南方要員」養成機関である興亜協会[56]は、「大東亜共栄圏建設の大方針に従ひ、南方諸国の研鑽及び南方諸民族との提携、親好に必枢なる諸事業の一つ」として刊行計画を立てた、「南方語に関する諸文献」の第一弾[57]として、宮武の手になる『コンサイス馬来語新辞典 *Kamoes Baroe Bahasa Indonesia-Nippon*』を出版する。同書は『馬来語広文典』（岡崎屋書店、昭和一五年）・『現地活用 馬来語会話』（蛍雪書院、同一七年）などの著作がある拓殖大学教授宇治武夫と、東京外語講師ラデン・スジョノ Raden Sudjono の校閲を受けているが、この前後から宮武の名声は関東でも広がってきたようで、同じく東京外語の講師である薗田顕家とは、「正しいマレー語を以て日常の用を弁じ進んでは日本文化の精華を彼等に伝へ得る程度にまでマレー語の学力を独修によつて与へよう」[58]という意図の下、『標準マレー語講座』をともに著している。その薗田と編纂主任――編纂部員にはかつての天理外語での師佐藤栄三郎の名が見える――を務め、既刊英・馬・蘭語辞典を総訳出した上に現代新語を六〇〇〇加え、「語数十万世界最大」と謳う[59]外務・大東亜省推薦書『標準馬来語大辞典 *Kamoes Bahasa Merajoe* (*Indonesia*) ~*Nippon jang Lengkap*』を完成させたのは、昭和一八年七月のことであった。

右のように、日本の南進政策が確立するに伴い、マレー語自身の「実用性」が一層高まったことに加え、宮武自身が積極的に南方関与を試みた部分がある。それは言語政策である。元来宮武は、『伝説と民謡』では言語学者保科孝一の『言語学講話』(宝永館、明治三五年)を模範とする発音式仮名遣い(助詞「は・へ・を」を「わ・え・お」とし、字音仮名遣いを棒引きにする)を採用し[60]、『EL NARA』第一号(昭和五年一〇月)の「言語学上より見たるカナ字」では、「漢字の不便は言ふ迄もないが、之が廃止にあたつて上下の人々は讃《ママ》成を志すにひきかへて、中位の連中がえらそうに反対をするのである。なる程漢字を廃止してカナ文字にすれば一時は不便に違ひないが、なれるとずつと便利になるのである」(五頁)と漢字廃止論を唱えるなど、内向きの「国語」表記に関しては、積極的に発言してきた[61]。それが外向きの「日本語」、つまり宮武の場合「南方の言語政策」[62]へと繋がるのは、『ヤシノアジ』(カナモジカイ、昭和一七年六月)の頃からのようである。同書は、昭和一一年(一九三六)にマレー半島・インドネシアの風俗習慣・伝説などを集めて刊行(カナモジニッポンシャ)した同名書を、「イマ　ダイトウア　キョウエイケン　ノ　アタラシイ　ケンセツノ　トキニ、スッカリ　カキアラタメテ　カナノ　ヨミモノトシテ」カナモジカイから出した[63]ものだが、留学生等が漢字を憶えられないことを理由に漢字廃止を訴える話が、全体の四分の一を占めるようになっている。その中の一つ「ワタクシノ　シッテ　イル　漢字」では、長らく神戸に在住しているが一五の漢字しか知らないというインドネシア人バクリーの例を採り上げ、次のように主張している（三頁）。

モハヤ　ニッポンゴ　ワ　ニッポンジン　ノミノ　コトバデワ　ナイ．　ヒロク　トウア　ミンゾクノ　アイダデ、アサカラ　バンマデ　トリカワサレル　コトバナノ　ダ．　ワレワレワ　ココニ　オイテ、アジヤ　ミンゾクノ　タメニモ、ニッポンゴ　ヲ　シナ　ノ　モジデ　カキアラワサナイ　ヨウニ　シタイ　モノデ　アル

ここに至り、コウベカタカナセンターの機関誌『カタカナジダイ』に「トツクニ　ノ　ウワサバナシ」を連載して世界の新聞から得た情報を紹介し、第一四号（昭和一四年八月）からは同誌の編集も担当していた宮武の「日本語」表記論は、「カナモジ表記された、聞いて解る日本語を「共栄圏」内に広めよう」というカナモジカイの方針[64]と、親和性を持ったように見える。しかし、宮武がより強く主張したのは、マレー語のローマ字表記の改革であった。宮武は昭和一八年四月刊行の『南洋の言語と文学』（湯川弘文社。以下『言語と文学』と略）において、まずインドネシアで使用されている一四もの言語を掲げ、その中にはジャワ語・スンダ語のような、それらを母語とする人口が多い[65]「土着言語」もあるが、会話の容易さ、オランダ占領後の普及度、異民族間使用の利便性などから、「東印度の共通標準語としては過去に於てもマライ語一本槍であり、将来ともこのマライ語一本槍を続行して行くのが便利」（一七～一八頁）としてマレー語の優位性を認め、「数千人の通用者しかない少数の民族語が東印度の共通標準語たるマライ語に圧倒されるのも当然のことであり、且つ喜ぶべき現象であろう」（四六頁）とまで述べている。そして次の段階として、「我々の南方の言語問題を研究する人々の緊急なる事業はこのマライ語のローマ字の統一であらねばならぬ」（二〇～二一頁）と考えた宮武は、これまでインドネシア人により考案された三つの「東印度マライ語ローマ字改良案」（英国式採用案、日本留学生式案、エジャアン・ヌサンタラ式案[66]）が全て立ち消えとなっていたことを受け、「大東亜式ローマ字案」を考案する。

この宮武による案は、「旧勢力の一掃のためには英式、蘭式ともに之を一掃して、真に大東亜式なるローマ字綴を採用するのが有意義」（一〇八頁）との考えに基づき、マレー語の英式（マレー半島）・蘭式（インドネシア）ローマ字を統一しようと提案されたもので、英式の j（蘭式の dj）を dy、英 ch（蘭 tj）を ty、英 sh（蘭 sj）を sy の如く日本式ローマ字と同様に改める他は、蘭式ではなく英式を準用するものである。[67] 宮武は同書に登場するマレー語をこの大東亜式で表記し、「この式に対する大方の批判をねがつてやまない」（一一一頁）と反響を期待したが、どうもこの方式は日本もしくはインドネシアで普及しなかったようである。日本においては、宮武らによりこの三ヶ月後に刊行され、語数世界最大を謳う前出の『標準馬来語大辞典』からして綴字を全て蘭式に依っているため、大東亜式を採る『言語と文学』中のわずかな単語さえ引くことができず、インドネシアでは前出三案ですらパラダ・ハラハップほかの民族主義者からは全く支持されなかった[68]上に、従来エリート教育がオランダ語により行われてきたという事実を考え合わせると、内外ともに大東亜式が広まる余地はなかったと思われる。「従来の政治的な行きがかりにより英式、蘭式と分けられていた綴字法[69]」が、「政治的な行きがかり」により大東亜式に統一される可能性は、もとよりかなり低かったと言わざるを得ないであろう。

おわりに

大東亜式のプロトタイプである「東亜式ローマ字」案が掲載された『大東亜語学叢刊 マレー語』（朝日新聞社、昭和一七年四月）において宮武は、マレー語圏（図2）の広さについて、

現在マレー半島、北ボルネオおよび東印度（スマトラ、ボルネオ、セレベス、ジヤバ、其他）でニユーギニヤ、テルナテ、テイドレ島等の土着人の固有言語を除いた他は全部インドネシア語系〔インドネシア語派〕である。

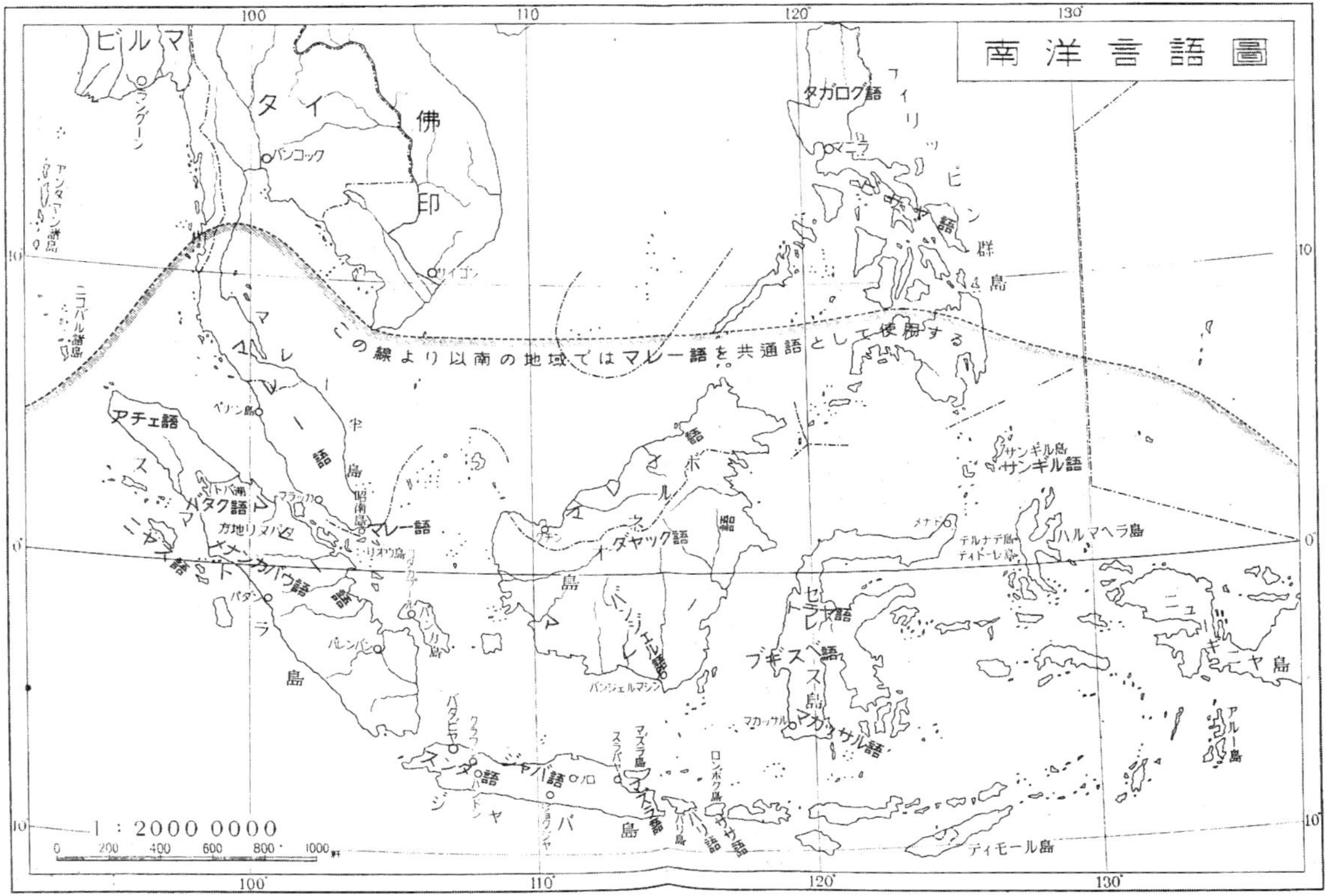

図中の言語名は土着民が母語として話してゐる言語を示す。これらの言語はみなインドネシヤ語族に属する。したがつて図中マレー語とあるは、それを母語として生れながら話す地域を示すのであつて、各土着民の母語以外第二の言語として南洋一帯にマレー語が用ひられてゐることを忘れてはならぬ。例えばジャバ島にはマレー語は母語としてではないが、共通語としてはもちろん通用する。スマトラ島の北東海岸、ボルネオ島海岸は全部母語としてのマレー語。スンダ語はバンドンを中心とする。その他ジャバ島一帯がジャバ語。バンジエル語はバンジエルマシンの上流地方。

図2　南洋言語図（宮武正道『大東亜語学叢刊 マレー語』朝日新聞社、昭和17年4月。キャプションは原図のもの）

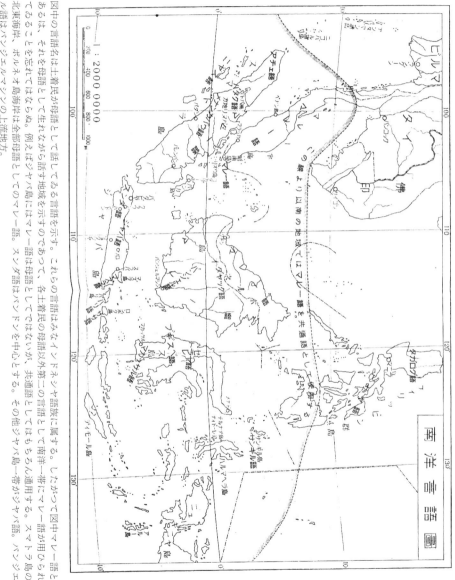

ニューギニヤやテルナテ等の言語はインドネシヤ系ではなくとも、其地方の土着人でかなり知識のある連中はマレー語を話す。そればかりでなくオーストラリヤ近海のアルー島其他真珠貝採取地でもやはりマレー語が共通語として使用されてゐる。従つてマレー語は現在南洋のエスペラント語と言ひうるのである（六頁）。

と述べ、「マレー語はエスペラント語と同様の国際語の一種であつて、他の民族言語とは全く違つた所がある」（序）としている。宮武の中で、エスペラントとマレー語は、「国際語」という定義により結びついていたようである。また前掲『言語と文学』では、「現在マライ語はマライ半島及び東印度の共通語（エスペラント）となつてゐる」（八六頁）という表現も見られる。

既出の如く「それが言語である以上フアッシズムの宣伝にも、商店の広告にも使用されるだらう」と述べ、「そのなかにいかような考え方をも吸収してしまう」[70]エスペラントの「中立性」を看破していた宮武は、エスペラント自体へ思想や主義が持ち込まれることを嫌悪したが、旧宗主国や華僑などの言語が流入して「ゴモクズシ」の観を呈するマレー語に、日本語という具材を混ぜ込むことには、同じ「国際語」という定義の下、実に無頓着であったようである。

綴字の統一とともに必要なことはマライ語にない言葉を補充することである。マライ語では必要な語であつて無いのが沢山ある。例えば推薦するというが如き語がない。従つて出版文化協会推薦書籍などとはいえない。従来こんな場合マライ半島では英語、東印度ではオランダ語をまぜてどうにか用を足していた。今後はこの種の言葉は日本語になり推薦書はキタブ・スイセン（kitab suisen）といったことになるのであろうか？[71]

『言語と文学』出版後も、後のインドネシア初代大統領スカルノ Sukarno が昭和一八年（一九四三）一一月に来寧した際は通訳を担当し、奈良県よりマレー語担当の通訳事務を嘱託される（同一九年七月）など、宮武へのマレー語専門家としての待遇は続いたが、「昭和十九年、世を挙げて馬来語熱が昂揚しているとき、宮武君は『今頃から馬来語などやり始めても何にもならぬ』とうそふいて」、タガログ語の辞書編纂に取り掛かっていたという。[72]宮武家資料には、辞書編纂のため石濱純太郎から借用した Charles Nigg, *A Tagalog English and English Tagalog Dictionary* (Manila: Fajard, 1904) の写真複製が、確かに保存されている。しかし、それが未だ完成しない昭和一九年八月一六日、元来蒲柳の質であった宮武は自宅で病死し、三二年の生涯を閉じる。宮武が「にぶき良心」によって、タガログ語やジャワ語――昭和一三年『ジャバ語文法概略』を編集――といった東南アジアの民族語の研究へと邁進する姿勢の根底にあったのが、切手蒐集と同じエキゾティシズムに過ぎないとしても、大東亜共栄圏内では「現地ニ於ケル固有語ハ可成之ヲ尊重スル」という方針を一度打ち出した帝国日本にとっては、その営為は実に都合よく映ったであろう。[73]「今日でいうノンポリであったらしい」[74]と評され、かつて「ジャワで日本人資本のマライ語の新聞社を始めたい」[75]という夢を持っていた「語学道楽」宮武を、戦時の社会は「マライ語の先生」と認めて離さず、表舞台から退場させることはなかったのである。[76]

註

(1) 宮武タツヱ編『宮武正道 追想』同、一九九三年、五頁。
(2) 同右、三九頁。
(3) オーストロネシア語族に属し、マラッカ海峡地域の交易・宗教活動などに用いられたマレー語は、マレーシア・インドネシアの独立後、両国の国語となった。本章では引用部分を除き、英語読みの「マレー語」を用いた。
(4) 宮武の業績について、『近代日本言語史再考―帝国化する「日本語」と「言語問題」―』(三元社、二〇〇〇年)などでほぼ唯一学術的に言及している安田敏朗も、宮武を「マレー文化・文学の研究家」(安田『帝国日本の言語編制』世織書房、一九九七年、四四〇頁)としている。
(5) 大和タイムス社、一九七二年、六四九～六五二頁。近代大和の人物について、同書に学ぶところは多い。
(6) 「土俗」及び「土俗学」という言葉の定義については、第六章註8を参照。宮武は昭和戦前期に刊行された自らの著作物において、研究対象が国内外のいずれのものであるかを問わず「土俗」「土俗研究」という語を用いており、本章でもその使用法に従った。

（7）北村信昭『エラケツ君の思い出』ミクロネシア民俗会、一九五四年、一〇頁。

（8）この御前能については、宮武鶴斎『薪御能記』（同、昭和一三年。天理大学附属天理図書館所蔵）を参照。

（9）宮武タツヱ編、前掲書、一六～一七頁。

（10）乾健治編『大和蒐集家人名録』山本書店、昭和七年、五三頁。

（11）大島義夫・宮本正男『反体制エスペラント運動史』三省堂、一九七四年、一五八頁。

（12）宮武タツヱ編、前掲書、五八・六一頁。

（13）同右、四〇頁。

（14）宮武正道『奈良茶粥』山本書店、昭和七年七月、三〇頁。

（15）天理大学五十年誌編纂委員会編『天理大学五十年誌』同大学、一九七五年、五九～六六頁。

（16）北村の略歴については、浅田隆「奈良大学図書館「北村信昭文庫」II 北園克衛初期詩篇補遺ならびに北村宛諸氏書簡」（『総合研究所所報（奈良大学総合研究所）』第一五号、二〇〇七年三月）を参照。

（17）宮武タツヱ編、前掲書、三九～四〇頁。

（18）『EL NARA』第一号、昭和五年一〇月、一頁。以下本章で出典が『EL NARA』（宮武家資料）の場合、【号（―頁）】の如く示す。各号の刊行年月は以下の通り。第一号―昭和五年一〇月、二号―同五年一二月、三号―同六年四月、四号―同六年六月、五号―同六年九月、六号―同六年一二月、七号―同七年三月、八号―同七年七月。

（19）「適当トミトムル者」には、エスペラントで「GLEICHENIA―unu el la kauzoj de mia ESPERANTISTIGO―」【七】を寄稿した日本エスペラント学会大阪支部の川崎直一、「解り易いノートの整理の積り」【四―二一】で独習しているアラビア語の文典について書いた天理外語の馬来語教師佐藤栄三郎、といった人たちが該当すると思われる。

（20）長谷川テルらの検挙事件（後述）の後、昭和九年頃『EL NARA』は宮武の個人誌として復活するという（『LA REVUO ORIENTA』第一五年第九号、昭和九年九月、二七〇頁）が、現物が確認できなかったため、本章では奈良エス会の機関誌としての時期のみを対象とする。

（21）エスペラントとパラオ語に最も熱意を注いでいた頃の文章では、宮武はこのような発音式仮名遣い（第三節2及註60に詳述）

を用いていることが多い。

（22）社会教育家後藤静香が大正七年に設立した労資協調を説く修養団体で、昭和五年にエスペラントを導入し、雑誌『Esperanto Kiboŝa』を刊行した（田中貞美・峰芳隆・宮本正男共編『日本エスペラント運動人名小事典』日本エスペラント図書刊行会、一九八四年、四六頁）。

（23）宮武正道『爪哇見聞記』同、昭和七年一一月、二五頁。同書は「ジャワ」を全て「瓜哇」と誤記しているが、ルビを一々付すことはせず、正しい表記に改めた。

（24）同右。

（25）長谷川の生涯については、家永三郎責任編集『日本平和論大系』17（日本図書センター、一九九四年）の宮本正男「長谷川テルの生涯とその時代―編者まえがき―」と「長谷川テル年譜」を参照。

（26）エスペラント学習開始時の様子を、長谷川も姉に手紙で知らせている（利根光一『テルの生涯』要文社、一九六九年、一〇六頁）。

　このごろ、五人ほどでエス語を始めました。先生は寄宿の近所の人。天理外語学校の生徒でまだ青二歳、少少たよりないけど我慢してます。とてもお坊ちゃんで愉快なんです。あたし達を目の前において『女の子』を連発し、女の子はエスペラントも初歩しかやれやしないだろうとかなんとか言うから、発奮して大いに勉強してやろうと思うんですけれど、やっぱり少し面倒くさくって……でも大いにやるつもりです。

（27）大山峻峰「長戸恭と長谷川テル」前掲『日本平和論大系』17、二一一〜二一五頁。

（28）宮武正道、前掲『爪哇見聞記』、自序。

（29）前者の第一二年第七〜九号（昭和六年七〜九月）に「Popol-Rakontoj kaj Popol-kantoj de Palau-Insulo（パラウ島の口碑と民謡）」を載せ、後者（天理大学附属天理図書館所蔵）の第三号「南洋漫談」（昭和七年三月）で「蟹と鼠との話」を紹介している。

（30）本章では当時の呼称に従ったが、「一寸日本人に言いにくいので通称として此の Ngiraked お少し転化《（訛）》せしめて、エラケツと称する様になつた」（『南洋パラオ島の伝説と民謡』東洋民俗博物館、昭和七年二月、はしがき）と宮武が書いているように、本来「エラケツ」とはパラオ語の読みの正確な反映を期した表記ではない。

（31）柳田国男の実弟であり、かつて海軍将校であった民族学・言語学者松岡静雄は、一九二〇〜三〇年代にかけて、ミクロネシア関係書、特に『チャモロ語の研究』（郷土研究社、一九二六年）・『パラウ語の研究』（同、一九三〇年）・『ヤップ語の研究』（同、一九三一年）など、該地の言語についての著作を多く発表した（坂野徹『帝国日本と人類学者　一八八四—一九五二年』勁草書房、二〇〇五年、三六六～三六七頁）。

（32）Ngiraked 氏述・宮武正道訳編『宮武正道報告第一輯　ミクロネシヤ群島パラオの土俗と島語テキスト』宮武正道、昭和八年一一月、一～二頁。同書は二〇〇五年龍渓書舎からの復刻版あり。

（33）人類学を中心とした、ミクロネシアの学術的調査・研究の流れについては、坂野徹前掲書の第六章に詳しい。

（34）北村信昭、前掲書、自序。

（35）松岡が同書で「メノル」を「巫娼」、「アルメノル」を「娼婦」と訳している（三五七頁）のに対し、人類学者の長谷部言人は『過去の我南洋』（岡書院、昭和七年）において「娼婦ではなく、この制度は寧ろ未婚女子の教養上必要と認められてゐた」（七三頁）としており、宮武は長谷部説をより妥当と見ている。

（36）昭和七年二月二〇日付の『大阪毎日新聞』奈良版でも、「巻末には南洋諸島の性に関する文字多し」と紹介されている（宮武家資料）。

（37）九十九については、第六章第二節1も参照。

（38）乾健治編、前掲書、三一頁。

（39）三田平凡寺と我楽他宗については、山口昌男『内田魯庵山脈—〈失われた日本人〉発掘—』（晶文社、二〇〇一年）を参照。

（40）『THE GARAKUTA』第七号、昭和六年九月、「入宗とニュース」（宮武家資料）。

（41）『大阪毎日新聞』奈良版、昭和七年七月三一日付（宮武家資料）。『奈良茶粥』は、奈良で初めてアイスクリームを売った人、初めてカフェーを営業した人、という奈良近代の「はじめて物語」や、茶粥・鹿といった奈良名物についての文章から成る小冊子。北村信昭からの聞き書きが多い。

（42）山沢為次編『開校十年誌』第一冊、天理外国語学校、昭和一〇年、六三頁。ただし、昭和三年一月の学則改正により、専修語学の馬来語教授は第一学年から週一〇時間割当てられるようになり、宮武の入学した昭和五年以降もその体制が維持された（同校各年学則）。

（43）宮武正道、前掲『爪哇見聞記』、二七頁。以下本項において、ジャワ・セレベス島旅行に関し、同書を出典とする場合は、このように頁数のみを括弧内に示す。

（44）後藤乾一『昭和期日本とインドネシア』勁草書房、一九八六年、四八四頁。

(45) 同右、四九三〜四九四頁。
(46)『大和日報』昭和九年三月二一日付（宮武家資料）。
(47) 宮武正道『宮武正道報告第二輯 馬来語書キ日本語文法ノ輪廓 *'Ilmoe Bahasa Nippon jang Ringkas*』同、昭和一〇年五月、「出版の挨拶」。
(48) 宮武タツヱ編、前掲書、「はじめに」。
(49) 宮武の著作では、「(蘭領) 東印 (度)」「蘭印」「マレー群島」のいずれかが同地の呼称として用いられていることが多いが、本章では引用を除いてインドネシアに統一した。
(50) 宮武正道『続篇 マレー語現代文ト方言ノ研究』大阪外国語学校南洋研究会、昭和一一年七月、「マエガキ」。
(51) 宮武正道『大東亜語学叢刊 マレー語』朝日新聞社、昭和一七年四月、一五頁。マレー半島出身のワンチクは、大正三〜一〇年に東京外語で教壇に立った後、同一一年から大阪外語の教師（〜昭和一三年）となって天理外語にも出講しており、宮武はその教えを受けていた（同編集委員会編『大阪外国語大学70年史』同刊行会、一九九二年、二八二頁。天理大学五十年誌編纂委員会編、前掲書、八四頁）。
(52) 宮武正道、前掲『大東亜語学叢刊 マレー語』、一四頁。
(53) 宮武正道編『マレー語新語辞典』大阪外国語学校馬来語部南洋研究会、昭和一三年一〇月、序。
(54) 宮武正道編『日馬小辞典』岡崎屋書店、昭和一三年六月、序。
(55)「国策ノ基準」策定以降の流れは、矢野暢『「南進」の系譜』（中央公論社、一九七五年）の一四六〜一六一頁参照。
(56) 興亜協会については、後藤乾一前掲書の第五章を参照。
(57) 財団法人興亜協会編、宮武正道著、宇治武夫・ラーデン＝スジョノ校閲『コンサイス馬来語新辞典 *Kamoes Baroe Bahasa Indonesia-Nippon*』愛国新聞社出版部、昭和一七年三月、「本辞典刊行の辞」。
(58) 薗田顕家・宮武正道『標準マレー語講座』第一巻、横浜商工会議所、昭和一七年一一月、「著者序文」。
(59) 統治学盟編『標準馬来語大辞典 *Kamoes Bahasa Merajoe* (*Indonesia*) 〜*Nippon jang Lengkap*』博文館、昭和一八年七月、序。この序には、同書は「時の外務大臣松岡洋右閣下の慫慂に依り統治学盟が編纂に着手し」たとあるが、宮武タツヱ前掲書の「はじめに」にも、「松岡外相の秘書のK〔外交官の加瀬俊一カ〕という人が東京から来て、マレー語大辞典を出版致したく東京外大に話したら奈良の宮武の協力がなければ役に立つ辞典が書けぬとの事、是非協力して欲しい」と依頼され、宮武は喜んで引き受けた、という事情が記されている。
（60）宮武正道、前掲『南洋パラオ島の伝説と民謡』、「はしがき」追記。例えば同追記では、「本書にわ固有名詞の後にわ言語の発音お示すことにしたが、其のローマ字の使用法について少しばかり説明しておこー」のように表記されている。
（61）日本語の簡易化という動きについては、安田敏朗前掲『帝国日本の言語編制』の第四部第三章を参照。
（62）宮武はそのままのタイトルの論文を、雑誌『太平洋』第五巻第七号（昭和一七年七月）に発表している（安田敏朗、前掲『近代日本言語史再考―帝国化する「日本語」と「言語問題」―』、六四頁）。
（63）宮武正道『ヤシノ　ミズノ　アジ』カナモジカイ、昭和一七年六月、「ハシガキ」。カナモジカイは、大正九年実業家山下芳太郎が結成した仮名文字協会を前身とするカナの国字化を訴える団体で、同一一年より機関誌『カナノヒカリ』を刊行した（平井昌夫著・安田敏朗解説『国語国字問題の歴史』三元社、一九九八年、二三六～二三七頁）。
（64）安田敏朗、前掲『帝国日本の言語編制』、三六九頁。カナモジカイは、日本及び植民地での「国語」と普及用の簡易化されたものとを分けて考える点で、「内外分離」派団体の一つと言える（安田敏朗『「国語」の近代史―帝国日本と国語学者たち―』中央公論新社、二〇〇六年、一六一頁）。
（65）南方年鑑刊行会編『南方年鑑　昭和十八年版』（東邦社、昭和一八年）に掲載されている「種族別人口統計表（一九三〇年度国勢調査）」によると、ジャワ族（ジャワ語）は二六八四万人でジャワ全島の人口の三分の二を占め、同じくジャワ島のスンダ族（スンダ語）は八四六万人を数える（八四二～八四五頁）。
（66）英国式採用案は、昭和九年頃マレー語新聞『プワルタ・デリー』（スマトラ島メダン）が唱えたもので、蘭式表記のoeを英式表記のuに変えるところから始め、最終的には全ての綴りを蘭式から英式に改めようとする案。日本留学生式案は、昭和一〇年頃大阪帝国大学工学部に留学していたスティビヨ・チョコロセンチコ（チョコロノロ）により提唱され、在日インドネシア留学生の支持を得たもので、労力を節約した「純粋のインドネシア式」という点を売りとし、蘭式のtjをc、djをj、ngをq、njをv、jをy、oeをuとする案。エジャアン・ヌサンタラ式案は、スナリオ・スナリオウィジョヨが昭和一二年三月発行の文学雑誌『プージャンガ・バルー』（ジャカルタ）に発表した、蘭式のtjをc、djをj、chをq、oeをu、wをv、ksをx、jをy、auをwとする案である（宮武正道『南洋の言語と文学』湯川弘文社、昭和一八年四月、九七～一〇七頁）。
（67）同右、一〇七～一一一頁。
（68）同右、一〇六頁。

(69) 同右、二〇頁。
(70) 安田敏朗、前掲『近代日本言語史再考―帝国化する「日本語」と「言語問題」―』、二八〇頁。
(71) 宮武正道、前掲『南洋の言語と文学』、八六～八七頁。
(72) 北村信昭、前掲書、二五頁。石濱純太郎も、宮武のタガログ語辞書編纂に言及している(宮武タツヱ、前掲書、四～七頁)。
(73) 安田敏朗、前掲『「国語」の近代史』、一五〇～一五一頁。
(74) 宮本正男、前掲「長谷川テルの生涯とその時代」、一二頁。
(75) 宮武正道・左山貞雄編『インドネシヤ・バルー―新生東印度人の叫び―』湯川弘文社、昭和一九年一月、序。
(76) 宮武には『南洋文学』(弘文堂書房、昭和一四年五月)や『マライ語童話集』(愛国新聞社出版部、昭和一八年九月)などマレー文学に関する著作もあるが、本章では詳しく触れることができなかった。これらについては別稿を用意したい。

あとがき

数年前、もう長らく付き合いのある奈良の知人が、メールでのとあるやり取りの最後にこう言った。

「そうです。大和はこわいところです」

どのような話の流れだったのか、今では詳らかに憶い出すことはできないが、この文句を目にした時、ある面奈良の生き字引のようなこの方にしてそうなのか、と一本橋から地獄の底を覗くような眩暈を感じたことを、よく覚えている。これまで何回も登場して頂いている高田十郎先生に、最後もう一度だけご登壇を願うと、彼も『奈良百題』（青山出版社、昭和一八年〈一九四三〉）の最終話に「奈良は妙なところ」という文章を残している。古い布目瓦がいくらでも出る畑の中で「平気で大根や葱を作つて食つてゐる奈良人は、一種妙な贅沢民族といふ者かも知れない」（三四一頁）とした後、高田は実に身につまされるエピソードを紹介する。

我々一派の同志の間で、昨昭和九年から奈良郷土会といふのを組織し、月々例会を開いて、見学と談話会とを、隔月交互にやつてゐる。最近に奈良女子高等師範学校の教授某氏が、人を介して入会の希望を通じてきた。其理由といふのが面白い。奈良では何か古い事を云はなければ、人間のやうに云はれない、だから我々の会にでも入つて、チト学問をしたいと云ふのである（三四二頁）。

高田は最後「何にしても、名所旧蹟・遺物史蹟がいろ〳〵の形で物をいふ。実際奈良は妙な所である」（三四四頁）とのんきに締めているが、「こんなん落ちてたわ」と鎌倉期の瓦をお師さんが境内から拾って来られるような環境で日々調査をしている身としては、右の某教授の気持ちは痛いほど分かる。私も大和のなかで職に就き、好古の瘴気が立ち上る沼地に片足——まだ片足だけだと思っている——を突っ込んでしまっているため、本書の並み居るコレクターたちのように大した「モノ」を所有する訳ではないが、現場においてその洪水に遭遇する機会も徐々に増えつつあるからである。気が付けば、古書市で商家の大福帳を買い、廃寺址では瓦片を探してしまう自分がいる。

こうした「モノ」の世界の見取図を描くべく、本書、殊に第三章を世に問うたのであるが、同章末尾に書いたように、骨董商や写真師といった人々を中心とするネットワークについては、まだ充分明らかにすることができなかった。描き残したものは多いと言わざるを得ないが、そこは宮武の言う「にぶき良心」——喜田貞吉も論文の間違いは本で直せばよいと頼もしいことを書いている——で突き進むこととした。結果、今もその残り香が消えない現場の、よりキナ臭い雰囲気を描くことができたのではないかと思う。諸子の評価を待ちたい。

本書は、京都大学に提出した博士論文「大衆社会の到来と「郷土」大和」を核とするが、その後に得られた知見により多くの箇所において書き改められ、書き下ろしも含めた新稿が追加されている。それぞれの初出は以下の通り（付録を除き、初出時とタイトルは同じ）。

序章　書き下ろし
第一章　高木博志編『近代日本の歴史都市—古都と城下町—』思文閣出版、二〇一三年
第二章　書き下ろし
第三章　『日本史研究』第五二五号、二〇〇六年五月
第四章　『人文学報』第八九号、二〇〇三年一二月
第五章　『ランドスケープ研究』第七一巻第五号、二〇〇八年三月
第六章　久留島浩・高木博志・高橋一樹編『文人世界の光芒と古都奈良—大和の生き字引・水木要太郎—』思文

第七章　書き下ろし
第八章　『史林』第九四巻第一号、二〇一一年一月
付録　「宮武正道宛軍事郵便―インドネシア派遣兵士と言語研究者―」『天理大学学報』第二三七輯、二〇一四年一〇月

＊　　＊

芥子の咲き乱れる原っぱにある古墳に登って遊んでいたら鎌を持った墓守に追いかけられ、人魂を見た酔っ払いはドブにはまって死に、小学校の友達は肥壷に落ちて胃を洗滌される。こうした虚実皮膜（康芳夫）の話――しかし酔っ払いの死因はどうして分かったのか――を私にたくさん聞かせたのは母だった。近所に住む意地の悪い婆さんがうなされて死んだ跡を見たら布団が焦げていたとか、祖母の家の土地をだまし取った四兄弟が全員疱瘡で死んだとか、私が長ずるに従い、それらの話の元ネタが分かってくるのだが、恐らく母は祖母から聞いたものの多くを、あまり疑問に思わずに私に語ったのだろう。そんな母に私が集めた面白い噺を聞かせる番がようやく回ってきた訳だが、すでに七回忌も過ぎ、少し遅きに失したようだ。再訪したがっていた青の洞門も結局行かれなかった。

「なんか、あんたの文章は難しいねえ」と抜き刷りを渡すたびに口にしていた亡母に代わり、本来本書を最も深く味わって欲しかった人間を、今夏再び見送ることになった。父である。ふるさと神戸を愛し、阪急（電鉄）好きの平家びいきという、果てしなく分かりやすい志向を前面に押し出す母と違い、長崎県の五島列島で育った父は、東京の大学に通い、若い頃同地で少しサラリーマンを経験したということ以外、自らの過去を多く語らなかった。運送業の一線から退いても相変わらず体力自慢で、配達区域の地図が詳細まで頭に入った父を連れて「京都市元学

生下宿マップ」なんてものを作ったら楽しいだろうなあ、などと夢想していたが、それも果たせなくなった。頭にあった地図は取り出せない。痛恨の極みである。祖父も曾祖父も炭鉱で働き、鉱山町崎戸で生まれた父は、もう一度生まれた町を見てみたかったようだが、ともに行くことは叶わなくなった。遺品整理の際、浦和で出版社を一年ほど経営していたという履歴を記した書類が出て来たので、そちらには行ってみるつもりだ。本書は誰よりも冥界の二人に捧げたい。

父の影響で高校では野球三昧（中学校では何故か囲碁将棋部だった）、中・高時代あわせて「敦煌」と「ミスター・ベースボール」しか劇場で観たことのなかった私と比べて、京都大学文学部で会った友人たちは、すでに映画を観まくり、本を読みまくり、音楽を聴きまくっていた（シネマ研究会の友人に連れられて、最初に観に行ったのが「ソナチネ」）。私のその後の生活スタイルを形づくるのに大きな影響を与えた、そんな学部時代の友人は、大学をはじめ研究所や高校など近い業界で働いていて、今でもゆるやかな付き合いを保っている。今回付録のマレー語をチェックしてくれたのも、その中の一人である東方孝之君（ジェトロ・アジア経済研究所）である。記して謝意を表したい。

英文でも専攻するのかなあ、と他人ごとのように考えていた私が何となく進んだ国史学研究室に、ちょうど赴任して来られたのが高橋秀直先生であった。高橋さんはシャイな方だったし、こちらは跳ねっ返りで天の邪鬼の若造だったから、女優のメイクのあり方やテレビドラマに見る「教頭悪人説」など宴席での話は強烈に印象に残っているのだが、一人の研究者としてまともに議論した覚えがないのも、これまた痛恨事である。ゼミで井上毅に続いて選ばれた井上馨という材料をどう料理するのか、実際に見てみたかったと、今にして思う。その学問の凄さに気付いたことを、少し前にしみじみと語ってくれた同窓の谷川穣君も、専門に進学して得られたかけがえのない友人である（最初の飲み会で長い付き合いになりそうだと分かった）。私と同じくスポーツ好きで、テレビっ子だ。

学部で一回、院で一回の一旦停止を経て、三度目の干支を迎える前にどうにか職を得ることができたのが、京都大学人文科学研究所であった。そこでは高木博志・岩城卓二両氏の班に配属され、岡山・仙台・熊本・金沢など、研究会や現地見学でいろいろなところへ連れて行って頂いた。この時の経験が、講義などで話のネタになることも多く、私にとっては非常に貴重な蓄積となっている。長らく成果（単著）が出せない私を心配して、石見銀山の夜に岩城さんから掛けてもらった言葉は忘れられない。現在の職場に移ってもう五年目になるが、昨年度で定年退職された谷山正道先生にも、学生を引率して行った旅行の宿で、毎年のように成果発表を促された。周りに心配を掛け過ぎて申し訳なく思う。

本書で最も古い原稿は、修士論文がもととなった第四章だが、その構想・執筆段階から現在に至るまで、つまり私の研究人生のほぼ全期間を通じてお世話になっているのが、旧県立奈良図書館におつとめであった山上豊さんである。山上さんは、私が海のものとも山のものともつかぬ若輩の頃から、一貫して親切に接して下さった。図書館の後に移られた奈良市立史料保存館にある宮武家資料のことを教えて下さったのも、山上さんである。これまでのご厚誼については、まことに感謝に堪えない。史料の閲覧という点では、保存館の桑原文子さん、奈良県立図書情報館の佐藤明俊さん、春日大社の松村和歌子さんと元権宮司の岡本彰夫さん、奈良文化財研究所の吉川聡さんたちにもお世話になっている。研究室の先輩でもある吉川さんとは、唐招提寺等の調査でご一緒する機会も多く、山上さんも委員をつとめる十津川村史でも顔を合わせている。学部生の頃は、これほど縁ができるとは思わなかった。

柳沢文庫での史料調査時には、現在文化庁の平出真宣君のお世話になったが、彼や中川未来君など、後輩の活躍に刺激を受けることも多い。直接の後輩ではないが、学会で知り合った長尾宗典さん、河野有理さんたち自分より年若の研究者と話していると、やはり頭のできの違う人はいるのだなあとしみじみ思ったりもする。言ってみても詮無いことであるが、酒飲んで夜遊びして、おお雪がまぶしいねえ、なんて帰り道で馬鹿なことを言っている場合ではなかったのではないかと。その他、元同僚である菊地暁さんの守備範囲の広さには感心するし、神谷昌史さんからは今でも知らない映画や、聴いたこともない音楽を教えてもらったりもする。博論の審査もして頂いた吉川真司さんのパワフルな活動にはいつも驚かされるが、まだまだ一緒に卓を囲めるよう健康には気を遣って頂きたいものである。大層ではあるが、このようないろいろな人との関わりがあって、本書があると思っている。

最初の単著が遅いと、それまでにお世話になった人が多くて大変で、どれだけ書いても誰かを漏らしている気がするのであるが、本書を世に出すに当たっては、編集を担当して下さった飯田建さんの後押しが非常に大きかった。肥後和男のワークショップで初めてお目に掛かる、という謎の経緯で知り合った飯田さんは、その時点で私の書いたもののほとんど（全て？）に目を通して下さっていて、それらを一書にまとめることを盛んに慫慂された。その時私が一番嬉しかったのは、近業の方を評価して下さったことである。自分が本を編むに当たっては、比較的評価されていた業績の中で提示したテーマを中心にしなければいけないのでは、と凝り固まって動けなくなっていた（そしてそのテーマからはどんどん興味がなくなっていた）私の頭の中が解きほぐされ、諸論をどうにか一つにまとめ上げることができたその淵源は、おそらくこの飯田さんの一言にある。気が早いが、飯田さんとは次の本についても少し話をしている。楽しみでならない。

最後に簡単だが家族にも感謝したい。私の書くものが、その中からどんどん青臭さが抜け、地に足が着いたものとなって来ているとしたら、それはあなたたちとの日常生活の賜です。かけがえのない毎日を、ありがとう。

本書は天理大学からの出版助成を受けて刊行された。記して感謝申し上げたい。

二〇一七年一〇月

黒岩康博

著者紹介
黒岩康博（くろいわ やすひろ）
1974年 京都市生まれ。2004年 京都大学大学院文学研究科博士後期課程研究指導認定退学。京都大学人文科学研究所助教を経て、2014年より天理大学文学部歴史文化学科講師。博士（文学）。専門は社会・文化・娯楽を主とする日本近代史。
主要業績に、本書に収められた論考のほか、関野貞日記研究会編『関野貞日記』（翻刻・註解。中央公論美術出版、2009年）、茨木市史編さん委員会編『新修茨木市史』第3巻　通史Ⅲ（共著。茨木市、2016年）、などがある。

好古の瘴気
——近代奈良の蒐集家と郷土研究

2017年11月30日　初版第1刷発行

著　者————黒岩康博
発行者————古屋正博
発行所————慶應義塾大学出版会株式会社
〒 108-8346　東京都港区三田 2-19-30
TEL〔編集部〕03-3451-0931
〔営業部〕03-3451-3584〈ご注文〉
〔　〃　〕03-3451-6926
FAX〔営業部〕03-3451-3122
振替　00190-8-155497
http : //www.keio-up.co.jp/
装　丁————岡部正裕（voids）
印刷・製本——亜細亜印刷株式会社
カバー印刷——株式会社太平印刷社

Printed in Japan　ISBN 978-4-7664-2480-5

索引

事項

あ行

か行

さ行

た行

な行

は行

ま行

や行

ら行

わ行・アルファベット

人名

あ行

か行

さ行

た行

な行

は行

ま行

や行

ら行・わ行・アルファベット

文献リスト

史料

暁鐘成『西国三十三所名所図会（版本地誌大系）』臨川書店、2001 年
秋里籬島『大和名所図会（版本地誌大系）』臨川書店、1995 年
東牧堂（武）『南山余録』民友社、明治 45 年（1912）
足立源一郎・小島貞三・辰巳利文『古美術行脚　大和』アルス、大正 12 年（1923）
飯田恒男編『大和唐古石器時代遺物図集』飯田松次郎、昭和 4 年（1929）
池田弥三郎・野間光辰・水上勉監修、平井良朋編『日本名所風俗図会 9　奈良の巻』角川書店、1984 年
乾健治編『大和蒐集家人名録』山本書店、昭和 7 年（1932）
乾健治「大和の童謡」『土の香』第 11 巻第 2 号、昭和 9 年（1934）2 月
犬養孝『万葉の風土』塙書房、1956 年
犬養孝「故辰巳利文氏への弔辞」『奈良県観光』第 321 号、1983 年 8 月
岩城準太郎『大和の国文学』天理時報社、昭和 19 年（1944）
上田三平『史跡を訪ねて三十余年』小浜市立図書館、1971 年（初版 1950 年）
上村六郎・辰巳利文『万葉染色考』古今書院、昭和 5 年（1930）
益軒会編『益軒全集』巻之七、国書刊行会復刻、1973 年（初版：益軒全集刊行部、明治 44 年〈1911〉）
江見清風編『万葉植物園植栽目録』万葉植物園、昭和 8 年（1933）10 月
王寺町史編集委員会編『新訂王寺町史』資料編、王寺町、1990 年
大井重二郎『万葉集大和歌枕考』曼陀羅社、昭和 8 年（1933）
大井重二郎『万葉大和』立命館出版部、昭和 17 年（1942）
大野晋・大久保正編集校訂『本居宣長全集』第 18 巻、筑摩書房、1973 年
大屋徳城『鮮支巡礼行』東方文献刊行会、昭和 5 年（1930）
大屋霊城「二つの花苑都市建設に就いて（上）」『建築と社会』第 9 輯第 12 号、大正 15 年（1926）12 月
大屋霊城『計画・設計・施工　公園及運動場』裳華房、昭和 5 年（1930）
大屋霊城「万葉植物名彙」『名所旧跡』第 3 巻第 1 号、昭和 5 年（1930）2 月
奥野健治『万葉大和志考』同人会、昭和 9 年（1934）
海後宗臣編『日本教科書大系　近代編』第 3 巻、講談社、1962 年
海後宗臣編『日本教科書大系　近代編』第 7 巻、講談社、1963 年
春日神社編『春日神社記録目録』同、昭和 4 年（1929）
春日神社社務所編『春日神社文書』第 1、同、昭和 3 年（1928）
鎌田敬四郎『天平の文化』朝日新聞社、昭和 3 年（1928）

神木亮『鳶の屋歌集』同、昭和 7 年（1932）
川井景一選編『大和国町村誌集』第 1～15 巻、愛国館、明治 24 年（1891）
川崎直一『現代オランダ語文法』三省堂、昭和 19 年（1944）
喜田貞吉「史跡の研究に就て」『史跡調査委員会報（大阪府）』第 3 号、大正 5 年（1916）8 月
喜田貞吉「学窓日誌」『民族と歴史』第 6 巻第 2 号、大正 10 年（1921）8 月
北島葭江『万葉集大和地誌』関西急行鉄道株式会社、昭和 16 年（1941）
北畠治房『倉梯山廼凩』佐伯定胤、明治 38 年（1905）
北畠治房『伊勢国司源顕能伝略』北畠神社、大正 4 年（1915）
北畠治房『古蹟弁妄』同、大正 4 年（1915）。謄写版
京谷康信編『かたぎり』同、昭和 4 年（1929）
京谷康信編『片桐といふ処』同、昭和 5 年（1930）
『近畿地方古墳墓の調査一』日本古文化研究所、昭和 10 年（1935）4 月
久保田辰彦『いはゆる天誅組の大和義挙の研究』大阪毎日新聞社、昭和 6 年（1931）
栗原信充編『先進繍像玉石雑誌』椀屋喜兵衛、天保 14 年（1843）序（国立国会図書館デジタルコレクション）
慶應義塾大学語学研究所編『世界の言葉』慶應出版社、昭和 18 年（1943）
小池安右衛門著・小口伊乙解説『諏訪北山民謡集―附・祭礼と農家の構造―』岡谷書店、1982 年
鴻巣盛広『万葉集全釈』第 1～6 冊、広文堂、昭和 5～10 年（1930～35）
国書刊行会編『菅政友全集』同、明治 40 年（1907）
国府種徳編『奈良大極殿阯保存会事業経過概要　附事業計数報告』奈良大極殿阯保存会、大正 12 年（1923）
小島貞三『大和巡礼　史蹟と古美術』大和史蹟研究会、昭和 5 年（1930）
小島憲之・木下正俊・東野治之校注・訳『万葉集（新編日本古典文学全集）』1～4、小学館、1994～1996 年
『古蹟調査特別報告第三冊　慶州金冠塚と其遺宝』朝鮮総督府、大正 13 年（1924）
後藤守一「高橋健自博士略伝」『考古学雑誌』第 19 巻第 12 号、昭和 4 年（1929）12 月
「故評議員大屋博士履歴」『造園雑誌』第 1 巻第 2 号、昭和 9 年（1934）6 月
「婚姻習俗特集」『旅と伝説』第 6 巻第 1 号、昭和 8 年（1933）1 月
阪口保『万葉集大和地理辞典』改造社『短歌研究』附録、昭和 10 年（1935）
崎山卯左衛門「ハジメノ言葉」『輝く郷土史』第弐巻伝説之部（後篇）、昭和 6 年（1931）7 月
崎山卯左衛門「述懐」『輝く郷土史』第参巻俗信篇、昭和 6 年（1931）7 月
崎山卯左衛門「大和の話」『旅と伝説』第 5 巻第 12 号、昭和 7 年（1932）12 月

崎山卯左衛門『中和郷土資料』森島書店、昭和 8 年（1933）
崎山卯左衛門「島根山古墳出土の車輪石」『考古学』第 4 巻第 1 号、昭和 8 年（1933）1 月
崎山卯左衛門「慈明禅寺の考察」『史迹と美術』第27号、昭和8年（1933）2月
崎山卯左衛門「我村の正月遊び」『童心』第 68 号、昭和 8 年（1933）2 月
崎山卯左衛門「大和の伝説と野神さん」第 6 巻第 4・5 号、昭和 8 年（1933）4・5 月
崎山卯左衛門「有井池出土の弥生式並びに祝部式土器」『考古学』第 4 巻第 5 号、昭和 8 年（1933）5 月
崎山卯左衛門「行事と童心（二）」『童心』第 71 号、昭和 8 年（1933）5 月
崎山卯左衛門「地黄観音堂の研究」『ドルメン』第 2 巻第 8 号、昭和 8 年（1933）8 月
崎山卯左衛門「大和の変つた行事」『旅と伝説』第 6 巻第 10 号、昭和 8 年（1933）10 月
崎山卯左衛門「言葉の遊戯」『童心』第 78 号、昭和 8 年（1933）12 月
崎山卯左衛門『隠れたる大和の行事奇習名物を訪ねて』土俗趣味社、昭和 9 年（1934）
崎山卯左衛門「真菅校郷土教育施設の一般《(斑)》」『奈良県教育』第 253 号、昭和 9 年（1934）5 月
崎山卯左衛門「伝説童話」『童心』第 88 号、昭和 9 年（1934）10 月
崎山卯左衛門「大和中曾司の石器時代遺跡」『奈良県教育』第 259 号、昭和 9 年（1934）11 月
崎山卯左衛門「高取城址門前の石人像について」『旅と伝説』第 7 巻第 11 号、昭和 9 年（1934）11 月
崎山卯左衛門「小子部螺贏《(ママ)》の遺跡伝説地之考究」『奈良県教育』第 262 号、昭和 10 年（1935）2 月
崎山卯左衛門「郷土行事と民間信仰」『奈良県教育』第 264 号、昭和 10 年（1935）4 月
崎山卯左衛門「大和の奇祭二・三」『旅と伝説』第 8 巻第 10 号、昭和 10 年（1935）10 月
崎山卯左衛門『大和史話』大和郷土史研究会、昭和 12 年（1937）
崎山卯左衛門「郷土教育に就いて」『奈良県教育』第 296 号、昭和 12 年（1937）12 月
崎山卯左衛門「郷土室経営十ヶ年の回顧（一）」『大和』第 12 巻第 2 号、昭和 13 年（1938）2 月
崎山卯左衛門「郷土室経営十ヶ年の回顧（二）」『大和』第 12 巻第 3 号、昭和 13 年（1938）5 月
佐佐木信綱『万葉漫筆』改造社、昭和 2 年（1927）
佐佐木信綱「万葉博物館建設私見」『早稲田文学』第 253 号、昭和 2 年（1927）

2月
佐佐木信綱・新村出編『万葉図録 文献編 地理編』靖文社、昭和15年（1940）
志賀重昂『日本風景論』政教社、明治27年（1894）
『史蹟精査報告第二　平城宮阯調査報告』内務省、大正15年（1926）
渋谷隆一編『都道府県別資産家地主総覧　奈良編』日本図書センター、1991年
ジャワ新聞社編『ジャワ年鑑』同、昭和19年（1944）
「新沢村石器時代遺跡報告」『奈良県史蹟名勝天然紀念物調査会　第拾回報告』奈良県、昭和3年（1928）
審美書院編『東洋美術大観』第1〜15冊、同、明治41年（1908）〜大正7年（1918）
『薄田泣菫全集』第2巻、創元社、1984年（同社昭和14年〈1939〉版の復刻）
関野貞研究会編『関野貞日記』中央公論美術出版、2009年
『続奈良県金石年表（第五回奈良県史蹟勝地調査会報告書別冊）』奈良県、大正7年（1918）
第五回内国勧業博覧会奈良県協賛会編『大和引路誌要』同、明治36年（1903）
大日本軍政部・爪哇軍政監部編、倉沢愛子編解題『日本語教科書（南方軍政関係資料9）』龍溪書舎、1993年
大日本百科辞書編輯部編『工業大辞書』第1〜8冊、同文館、明治42年（1909）〜大正2年（1913）
高木市之助『日本文学の環境』河出書房、昭和13年（1938）
高田十郎編『法隆寺現存金石文年表（国史普及会叢書第一）』国史普及会、昭和6年（1931）
高田十郎編『法隆寺金石文集（夢殿叢書第三）』鵤故郷舎、昭和10年（1935）
高田十郎『奈良百題』青山出版社、昭和18年（1943）
高田十郎『随筆民話』桑名文星堂、昭和18年（1943）
高田十郎『随筆山村記』桑名文星堂、昭和18年（1943）
高橋健自編『朝鮮鐘写真集』考古学会、明治43年（1910）
高橋盛孝『北方諸言語概説』三省堂、昭和18年（1943）
竹井十郎『最新馬来語速習』太陽堂書店、昭和10年（1935）
竹井十郎『最新日馬辞典』太陽堂書店、昭和18年（1943）
田島志一編『真美大観』第1〜20冊、日本（仏教）真美協会、明治32〜41年（1899〜1908）
辰巳利文『大和万葉地理研究』紅玉堂書店、昭和2年（1927）
辰巳利文『大和万葉古跡巡礼』紅玉堂書店、昭和5年（1930）
辰巳利文『大和雑記』紅玉堂書店、昭和5年（1930）
辰巳利文編『万葉集論考』素人社、昭和7年（1932）
田中義成「賀名生皇居の址」『歴史地理』第4巻第3号、明治35年（1902）3月
田中義成「古蹟巡覧小記（一）」『古蹟』第2巻第2号、明治36年（1903）2

月
田村吉永『天誅組の研究』中川書店、大正 9 年（1920）
地図資料編纂会編、岩田豊樹・清水靖夫解題『明治・大正　日本都市地図集成』柏書房、1986 年
朝鮮総督府編『朝鮮古蹟図譜』第 4 冊、同、大正 5 年（1916）
朝鮮総督府編『朝鮮金石総覧』上・下、同、大正 8～12 年（1919～23）
朝鮮総督府内務部地方局編『朝鮮寺刹史料』上・下、同、明治 44 年（1911）
次田潤『万葉集新講』成美堂書店、大正 10 年（1921）
次田潤『改修万葉集新講』上巻、成美堂書店、昭和 10 年（1935）
『帝国議会衆議院議事速記録』25、東京大学出版会、1981 年
天平文化記念会編『天平文化綜合展覧会目録』朝日新聞社、昭和 3 年（1928）
天理外国語学校編『天理外国語学校一覧』昭和十五年度、同、昭和 15 年（1940）
東京大学史料編纂所編『東京大学史料編纂所史料集』同、2001 年
東京帝室博物館編『日本埴輪図集』上、歴史参考図刊行会、大正 9 年（1920）
統治学盟編『標準馬来語大辞典 *Kamoes Bahasa Merajoe*（*Indonesia*）～*Nippon jang Lengkap*』博文館、昭和 18 年（1943）
と、が（署名）「歌枕に就て」『史蹟名勝天然紀念物』第 1 巻第 13 号、大正 5 年（1916）9 月
豊田八十代編『奈良の年中行事』奈良明新社、大正 8 年（1919）
豊田八十代『万葉植物考』古今書院、昭和 6 年（1931）
豊田八十代『万葉地理考』大岡山書店、昭和 7 年（1932）
仲新・稲垣忠彦・佐藤秀夫編『近代日本教科書教授法資料集成』第 11 巻、1982 年
中岡清一『大塔宮之吉野城』吉野叢書刊行会、昭和 12 年（1937）
仲川明・森川辰蔵編『奈良叢記』駸々堂書店、昭和 17 年（1942）
奈良県編『大和志料』奈良県教育会、大正 3～4 年（1914～15）
『奈良県宇智郡誌』奈良県宇智郡役所、大正 13 年（1924）
奈良県北葛城郡役所『大和北葛城郡史』上巻・下巻、同、明治37～38年（1904～1905）
『奈良県磯城郡誌』奈良県磯城郡役所、大正 4 年（1915）
『奈良県史蹟勝地調査会報告書』第 1 回、奈良県、大正 2 年（1913）
『奈良県史蹟勝地調査会報告書』第 2 回、奈良県、大正 3 年（1914）
『奈良県史蹟勝地調査会第四回報告書』奈良県、大正 6 年（1917）
奈良県師範学校編『奈良県師範学校五十年史』同、昭和 15 年（1940）
『奈良県高市郡寺院誌』高市郡役所、大正 13 年（1924）
『奈良県高市郡志料』奈良県高市郡役所、大正 4 年（1915）
奈良県高市郡真菅校郷土室編『大和真菅村中曾司遺跡遺物図録』同、昭和 9 年（1934）
奈良県庁編『大和人物志』同、明治 41 年（1908）
奈良県童話聯盟・高田十郎編修『大和の伝説』大和史蹟研究会、昭和 8 年

（1933）
『奈良県南葛城郡誌』奈良県南葛城郡役所、大正 15 年（1926）
奈良県山辺郡教育会編『大和山辺郡史』上・中・下、同、大正 2〜5 年（1913〜16）
奈良県吉野郡役所編『奈良県吉野郡史料』同、大正 8 年（1919）
奈良文化財研究所編『明治時代平城宮跡保存運動史料集―棚田嘉十郎聞書・溝辺文四郎日記―』同、2011 年
南方調査室監修・武富正一著『馬来語大辞典』欧文社、昭和 17 年（1942）
南方年鑑刊行会編『南方年鑑　昭和十八年版』東邦社、昭和 18 年（1943）
西田直二郎「神泉苑」京都府編『京都府史蹟勝地調査会報告』第 7 冊、京都府、大正 15 年（1926）
「入宗とニユース」『THE GARAKUTA』第 7 号、昭和 6 年（1931）9 月
長谷部言人『過去の我南洋』岡書院、昭和 7 年（1932）
塙保己一編『群書類従』第 29 輯、続群書類従完成会、1977 年 3 版 3 刷（初版昭和 7 年〈1932〉）
久松潜一著作集刊行会編『久松潜一著作集』第 2 巻、至文堂、1968 年（初出：『日本文学　風土と構成』紫乃故郷舎、1948 年）
平井昌夫著・安田敏朗解説『国語国字問題の歴史』三元社、1998 年
藤田亮策「朝鮮古文化財の保存」『朝鮮学報』第 1 輯、1951 年 5 月
堀内竹蔵「発刊の辞」『童心』第 1 号、昭和 2 年（1927）6 月
松岡静雄『チャモロ語の研究』郷土研究社、大正 15 年（1926）
松岡静雄『パラウ語の研究』郷土研究社、昭和 5 年（1930）
松岡静雄『ヤップ語の研究』郷土研究社、昭和 6 年（1931）
万葉三水会編『万葉集研究年報』第 4 輯（昭和 8 年度）、岩波書店、昭和 9 年（1934）
万葉三水会編『万葉集研究年報』第 11 輯（昭和 15 年度）、岩波書店、昭和 17 年（1942）
『万葉集古義』第 9「枕詞解／名所考」国書刊行会、大正 2 年（1913）
『万葉展覧会解題目録』石川県図書館協会、昭和 6 年（1931）
水木要太郎校閲、阪田購文堂編輯部著『小学大和誌』阪田購文堂、明治 33 年（1900）
水木要太郎『大和巡』第五回内国勧業博覧会奈良県協賛会、明治 36 年（1903）
宮武鶴斎『薪御能記』同、昭和 13 年（1938）　天理大学附属天理図書館所蔵
宮武正道「Popol-Rakontoj kaj Popol-kantoj de Palau-Insulo（パラウ島の口碑と民謡）」『LA REVUO ORIENTA』第 12 年 7〜9 号、昭和 6 年（1931）7〜9 月
宮武正道『南洋パラオ島の伝説と民謡』東洋民俗博物館、昭和 7 年（1932）
宮武正道『奈良茶粥』山本書店、昭和 7 年（1932）
宮武正道『爪哇見聞記』同、昭和 7 年（1932）

宮武正道「南洋漫談」『心光』第3号、昭和7年（1932）3月
宮武正道訳編・Ngiraked氏述『宮武正道報告第一輯　ミクロネシヤ群島パラオの土俗と島語テキスト』宮武正道、昭和8年（1933）
宮武正道『宮武正道報告第二輯　馬来語書キ日本語文法ノ輪廓 *'Ilmoe Bahasa Nippon jang Ringkas*』同、昭和10年（1935）
宮武正道『マレー語現代文ト方言ノ研究』大阪外国語学校馬来語部南洋研究会『図南』第9号附録、昭和11年（1936）
宮武正道『続篇　マレー語現代文ト方言ノ研究』大阪外国語学校南洋研究会、昭和11年（1936）
宮武正道編『日馬小辞典 *Kamoes Bahasa Nippon-Indonésia*』岡崎屋書店、昭和13年（1938）
宮武正道編『マレー語新語辞典』大阪外国語学校馬来語部南洋研究会、昭和13年（1938）
宮武正道『エスペラントゴ　ガキ　ニッポンゴ　ブンポー *Japana Gramatiko por Esperantistoj*』岡崎屋書店、昭和14年（1939）
宮武正道『南洋文学』弘文堂書房、昭和14年（1939）
宮武正道『最新ポケット　マレー語案内』増補版、大和出版社、昭和17年（1942）
宮武正道『大東亜語学叢刊　マレー語』朝日新聞社、昭和17年（1942）
宮武正道著、財団法人興亜協会編、宇治武夫・ラーデン＝スジョノ校閲『コンサイス馬来語新辞典 *Kamoes Baroe Bahasa Indonesia-Nippon*』愛国新聞社出版部、昭和17年（1942）
宮武正道・薗田顕家『標準マレー語講座』第1巻、横浜商工会議所、昭和17年（1942）
宮武正道『ヤシノ　ミズノ　アジ』カナモジカイ、昭和17年（1942）
宮武正道『標準マライ語第一歩』青木学修堂、昭和17年（1942）
宮武正道「南方の言語政策」『太平洋』第5巻第7号、昭和17年（1942）7月
宮武正道『南洋の言語と文学』湯川弘文社、昭和18年（1943）
宮武正道『マライ語童話集』愛国新聞社出版部、昭和18年（1943）
宮武正道「最近のマライ語」『民族学研究』新第1巻第11号、昭和18年（1943）11月
宮武正道・左山貞雄編『インドネシヤ・バルー――新生東印度人の叫び―』湯川弘文社、昭和19年（1944）
宮本又次「明治から大正へ移り変る大阪の風俗」錦城出版編輯部編『随筆大阪』錦城出版社、昭和18年（1943）
『明治期帝国議会　貴族院委員会会議録』19、臨川書店、1995年復刻
『明治三十八年　通常奈良県会会議録』奈良県、明治39年（1906）
森口奈良吉『春日神社小志』春日神社、大正12年（1923）
森口奈良吉編『春日神社金石銘表』官幣大社春日神社、大正14年（1925）

森口奈良吉編『官幣大社　春日神社大鑑』官幣大社春日神社、大正 15 年（1926）
森口奈良吉『鳥見霊時考／吉野離宮考』木原文進堂、昭和 4 年（1929）
森口奈良吉「万葉園創設略記」『名所旧跡』第 3 巻第 1 号、昭和 5 年（1930）2 月
森口奈良吉『丹生川上と鳥見霊時（附吉野離宮）』小川郷史蹟顕彰会、昭和 14 年（1939）
森本ミツギ「編輯所日記」『考古学』第 4 巻第 9 号、昭和 8 年（1933）11 月
森本六爾「大和に於ける史前の遺跡（一）～（三）」『考古学雑誌』第 14 巻第 10～12 号、大正 13 年（1924）7～9 月
森本六爾「編輯者言」『考古学』第 4 巻第 1 号、昭和 8 年（1933）1 月
保井芳太郎「施鹿恩寺及平隆寺考」『やまと』第 1 巻第 2 号、大正 12 年（1923）6 月
保井芳太郎・大和史学会編『南都七大寺古瓦紋様集』鹿鳴荘、昭和 3 年（1928）
保井芳太郎著・斎藤忠監修『大和古瓦図録』第一書房復刻、1985 年（初版大和史学会、昭和 3 年〈1928〉）
保井芳太郎著・斎藤忠監修『大和上代寺院志』第一書房復刻、1985 年（初版大和史学会、昭和 7 年〈1932〉）
保井芳太郎『家蔵　郷土研究史料図書目録　大和之部』同、昭和 7 年（1932）自序。謄写版
保井芳太郎編『保井家古文書目録』大和史学会、昭和 15 年（1940）
山本章夫『万葉古今動植正名』山本規矩三、大正 15 年（1926）
『保田与重郎全集』第 9 巻、講談社、1986 年
『保田与重郎全集』第 21 巻、講談社、1987 年
『柳田国男全集』第 13 巻、筑摩書房、1998 年
柳田国男「随筆民話序」高田十郎『随筆民話』桑名文星堂、昭和 18 年（1943）
柳田国男「故郷七十年」『柳田国男全集』第 21 巻、筑摩書房、1997 年（初版のじぎく文庫、1959 年）
柳田国男「地名の話」『柳田国男全集』第 8 巻、筑摩書房、1998 年（初出：『地学雑誌』第 24 年第 288 号、大正元年（1912）12 月
柳田国男「民謡の今と昔」『柳田国男全集』第 4 巻、1998 年（初出：早川孝太郎編『能美郡民謡集』郷土研究社、大正 13 年〈1924〉、「序」）
山沢為次編『開校十年誌』第 1 冊、天理大国語学校、昭和 10 年（1935）
与謝野晶子「読書難」『読売新聞』大正 14 年（1925）4 月 20 日付
吉田宇太郎解説『大和新沢石器時代遺物図集解説』菅原教育会、大正 13 年（1924）序
米崎清美『蜷川式胤「奈良の筋道」』中央公論美術出版、2005 年
早稲田大学史資料センター編『大隈重信関係文書』4、みすず書房、2008 年
和田軍一「日本古文化研究所」黒板博士記念会編『古文化の保存と研究―黒板

博士の業績を中心として―』同、1953年
和辻哲郎『古寺巡礼』岩波書店、大正8年（1919）
和辻哲郎『風土―人間学的考察―』岩波書店、昭和10年（1935）

「石崎勝蔵関係資料」（個人蔵）
『厳橿』第1～117号、厳橿社、昭和6年（1931）3月～16年（1941）1月
「今西文庫」（奈良県立図書情報館所蔵）
『大阪朝日新聞』
『大阪朝日新聞』大和版・奈良版
『大阪毎日新聞』奈良版
『輝く郷土史』創刊号年中行事篇・第弐巻伝説之部（後篇）・第参巻俗信篇・第五巻方言篇、昭和6年（1931）7・9月（柳沢文庫所蔵）
『カタカナジダイ』（コウベカタカナセンター）
『官報』
「北畠家譜」（奈良県立図書情報館所蔵「北畠男爵家関連資料」）
「北畠治房関係史料」（天理大学附属天理図書館所蔵）
『郷土研究』第1期、第1巻第1号～第4巻12号、大正2年（1913）3月～6年（1917）3月
「棚田嘉十郎関係資料」（奈良文化財研究所所蔵）
「辰巳利文関係書類」（辰巳宛書簡、夏季講座関係書類等。奈良県立図書情報館所蔵）
『帝国古蹟取調会会報』『古蹟』
『童心』第1～163号、昭和2年（1927）6月～16年（1941）1月
→『童話大和』第1～34号、昭和16年（1941）2月～19年（1944）2月
『寧楽』第1～16号、寧楽発行所、大正13年（1924）12月～昭和9年（1934）7月
『なら―高田十郎雑記―』第1～57号（全3冊）、クレス出版、2004年
『奈良県教育』
奈良県庁文書（奈良県立図書情報館所蔵）
『奈良県風俗誌』（奈良県立図書情報館所蔵）
『奈良県報』
『奈良文化』第1～30号、大正11年（1922）2月～昭和11年（1936）6月
「万葉植物園関係史料」（春日大社所蔵）
「溝辺文四郎関係資料」（個人蔵）
「宮武家旧蔵資料」（奈良市立史料保存館）
『大和志』第1巻第1号～第11巻第6号、大和国史会、昭和9年10月～19年6月（1934～1944）
『大和日報』
「大和国添下郡佐紀村誌」（奈良文化財研究所所蔵）

『大和万葉古跡写真』全 50 枚（奈良女子大学附属図書館所蔵）
「大和万葉古跡写真解説」（奈良女子大学附属図書館所蔵、昭和 7 年〈1932〉12 月。謄写版）
『EL NARA』第 1～8 号、昭和 5 年（1930）10 月～同 7 年（1932）7 月

参考文献

単行書

浅田隆・和田博文編『古代の幻―日本近代文学の〈奈良〉―』世界思想社、2001 年
明日香村史刊行会編『明日香村史』下巻、同会、1974 年
賀名生村史編集委員会編『賀名生村史』同刊行会、1959 年
阿部洋『「対支文化事業」の研究―戦前期日中教育文化交流の展開と挫折―』汲古書院、2004 年
天野忠幸編『松永久秀―歪められた戦国の“梟雄”の実像―』宮帯出版社、2017 年
家永三郎責任編集『日本平和論大系』17、日本図書センター、1994 年
伊藤純郎『郷土教育運動の研究』思文閣出版、1998 年
伊藤純郎『柳田国男と信州地方史―「白足袋史学」と「わらじ史学」―』刀水書房、2004 年
稲岡耕二編『万葉集事典（別冊国文学第 46 号）』学燈社、1993 年
犬養孝・山内英正『犬養孝揮毫の万葉歌碑探訪』和泉書院、2007 年
猪俣良樹『日本占領下・インドネシア旅芸人の記録』めこん、1996 年
今尾文昭・高木博志編『世界遺産と天皇陵古墳を問う』思文閣出版、2017 年
上田長生『幕末維新期の陵墓と社会』思文閣出版、2012 年
内田和伸『平城宮大極殿院の設計思想』吉川弘文館、2011 年
畝高七十年史編纂委員会編『畝高七十年史』奈良県立畝傍高等学校、1967 年
浦西和彦・浅田隆・太田登編『奈良近代文学事典』和泉書院、1989 年
王寺町史編集委員会編『新訂王寺町史』本文編、王寺町、1990 年
『近江の歴史家群像』栗東歴史民俗博物館、1998 年
大阪外国語大学 70 年史編集委員会編『大阪外国語大学 70 年史』大阪外国語大学 70 年史刊行会、1992 年
大島義夫・宮本正男『反体制エスペラント運動史』三省堂、1974 年
大西源一『北畠氏の研究』北畠顕能公六百年祭奉賛会、1960 年
大貫茂著、馬場篤植物監修『万葉植物事典　普及版』クレオ、2005 年
岡野友彦『北畠親房―大日本は神国なり―』ミネルヴァ書房、2009 年
改訂橿原市史編纂委員会編『橿原市史』上巻、橿原市役所、1987 年
片桐洋一編『歌枕を学ぶ人のために』世界思想社、1994 年

勝原文夫『農の美学―日本風景論序説―』創論社、1979年
河上邦彦・菅谷文則・和田萃編『飛鳥学総論（飛鳥学第1巻）』人文書院、1996年
九州国立博物館編『全国高等学校　考古名品展』図録、同、2014年）
「郷土」研究会編『郷土―表象と実践―』嵯峨野書院、2003年
北村信昭『エラケツ君の思い出』ミクロネシア民俗会、1954年年
倉沢愛子『日本占領下のジャワ農村の変容』草思社、1992年
久留島浩・高木博志・高橋一樹編『文人世界の光芒と古都奈良―大和の生き字引・水木要太郎―』思文閣出版、2009年
小泉顕夫『朝鮮古代遺跡の遍歴―発掘調査三十年の回想―』六興出版、1986年
国立歴史民俗博物館編『収集家100年の軌跡―水木コレクションのすべて―』同、1998年
後藤乾一『昭和期日本とインドネシア』勁草書房、1986年
後藤乾一『近代日本と東南アジア』岩波書店、2010年
齋藤智志『近代日本の史蹟保存事業とアカデミズム』法政大学出版局、2015年
坂野徹『帝国日本と人類学者　一八八四―一九五二年』勁草書房、2005年
佐藤健二『風景の生産・風景の解放―メディアのアルケオロジー―』講談社選書メチエ、1994年
佐藤健二『柳田国男の歴史社会学―続・読書空間の近代―』せりか書房、2015年
佐藤卓己『『キング』の時代―国民大衆雑誌の公共性―』岩波書店、2002年
重森弘淹・田中雅夫責任編集『日本写真全集』8「自然と風景」、小学館、1987年
品田悦一『万葉集の発明―国民国家と文化装置としての古典―』新曜社、2001年
鈴木廣之『好古家たちの19世紀―幕末明治における《物》のアルケオロジー―』吉川弘文館、2003年
鈴木良・山上豊・竹末勤・竹永三男・勝山元照『奈良県の百年』山川出版社、1985年
成城大学民俗学研究所編『〈増補改訂〉柳田文庫蔵書目録』同、2003年
千田稔『風景の構図』地人書房、1992年
高木博志『近代天皇制の文化史的研究―天皇就任儀礼・年中行事・文化財―』校倉書房、1997年
竹永三男『近代日本の地域社会と部落問題』部落問題研究所出版部、1998年
田中貞美・峰芳隆・宮本正男共編『日本エスペラント運動人名小事典』日本エスペラント図書刊行会、1984年
『丹後郷土資料と永浜宇平』京都府立丹後郷土資料館、1984年

九十九豊勝『蓀　黄人句歌集』東洋民俗博物館、1971年
天理大学五十年誌編纂委員会編『天理大学五十年誌』同大学、1975年
外池昇『幕末・明治期の陵墓』吉川弘文館、1997年
徳田浄・徳田進『上代文学新考（研究選書23）』教育出版センター、1980年
利根光一『テルの生涯』要文社、1969年
長尾宗典『〈憧憬〉の明治精神史―高山樗牛・姉崎嘲風の時代―』ぺりかん社、2016年
中川泉三没後七〇年記念展実行委員会編『滋賀県内五館共同企画・中川泉三没後七〇年記念展　史学は死学にあらず』同事務局、2009年
永島福太郎『奈良県の歴史』山川出版社、1971年
中塚明編『古都論―日本史上の奈良―』柏書房、1994年
長野重一・飯沢耕太郎・木下直之編『日本の写真家』別巻「日本写真史概説」、岩波書店、1999年
中野目徹『政教社の研究』思文閣出版、1993年
永嶺重敏『雑誌と読者の近代』日本エディタースクール出版部、1997年
奈良教育大学創立百周年記念会百年史部編『奈良教育大学史―百年の歩み―』奈良教育大学創立百周年記念会、1990年
奈良県議会史執筆委員会編『奈良県議会史』第1巻、奈良県議会、1991年
奈良公園史編集委員会編『奈良公園史』第一法規出版、1982年
奈良市史編集審議会編『奈良市史　自然篇』吉川弘文館、1971年
奈良市史編集審議会編『奈良市史』通史四、奈良市、1995年
奈良国立文化財研究所編『平城宮跡保存の先覚者たち―北浦定政を中心として―』同、1976年
日本史研究会・京都民科学歴史部会編『「陵墓」からみた日本史』青木書店、1995年
野村純一・三浦佑之・宮田登・　吉川祐子編『柳田国男事典』勉誠出版、1998年
羽賀祥二『史蹟論―19世紀日本の地域社会と歴史意識―』名古屋大学出版会、1998年
橋爪紳也『海遊都市』白地社、1992年
秦郁彦『南方軍政の機構・幹部軍政官一覧 *Japanese Military Administration of South East Asia* 1941–45 : *Organization and Personnel*』南方軍政史研究フォーラム、1998年
幡鎌一弘『寺社史料と近世社会』法蔵館、2014年
樋口忠彦『景観の構造―ランドスケープとしての日本の空間―』技報堂出版、1975年
樋口忠彦『日本の景観―ふるさとの原型―』春秋社、1981年
飛田範夫『日本庭園の植栽史』京都大学学術出版会、2002年
平泉澄監修『北畠親房公の研究』日本学研究所、1954年

福田アジオ・新谷尚紀・湯川洋司・神田より子・中込睦子・渡邊欣雄編『日本民俗大辞典』下、吉川弘文館、2000 年
藤井稔『石上神宮の七支刀と菅政友』吉川弘文館、2005 年
藤森栄一『森本六爾伝―弥生文化の発見史―』河出書房新社、1973 年
仏教史学会編『仏教史研究ハンドブック』法蔵館、2017 年
法隆寺編『定胤長老遺墨』同、1966 年
松本三喜夫『柳田「民俗学」への底流―柳田国男と「爐邊叢書」の人々―』青弓社、1994 年
宮武タツヱ編『宮武正道　追想』同、1993 年
村田治郎『法隆寺の研究史（村田治郎著作集 2)』中央公論美術出版、1987 年
『明治の図書館―里内文庫と里内勝治郎―』栗東歴史民俗博物館、1991 年
茂木雅博『天皇陵の研究』同成社、1990 年
森蘊『日本庭園史話』日本放送出版協会、1981 年
森蘊『庭園（日本史小百科 19)』近藤出版社、1984 年
安井眞奈美編『出産・育児の近代―「奈良県風俗誌」を読む―』法蔵館、2011 年
安田敏朗『帝国日本の言語編制』世織書房、1997 年
安田敏朗『近代日本言語史再考―帝国化する「日本語」と「言語問題」―』三元社、2000 年
安田敏朗『「国語」の近代史―帝国日本と国語学者たち―』中央公論新社、2006 年
柳沢文庫'10 年新春企画展示「明治 30 年代～大正期の平城宮跡保存運動」解説資料、2010 年
矢野暢『「南進」の系譜』中央公論社、1975 年
山口昌男『内田魯庵山脈』晶文社、2001 年
山崎しげ子編・高橋襄輔写真・大川貴代文『奈良大和路の万葉歌碑』東方出版、1998 年
大和タイムス社編『大和百年の歩み』社会・人物編、同、1972 年
大和タイムス社編『大和百年の歩み』文化編、同、1971 年
山根幸夫『東方文化事業の歴史―昭和前期における日中文化交流―』同、2005 年
葭田真澄『丹生川上神社と森口奈良吉翁』丹生川上神社、1975 年
由谷裕哉・時枝務編著『郷土史と近代日本』角川学芸出版、2010 年
李孝徳『表象空間の近代―明治「日本」のメディア編制―』新曜社、1996 年
和田萃『飛鳥―歴史と風土を歩く―』岩波新書、2003 年
和田萃・安田次郎・幡鎌一弘・谷山正道・山上豊『奈良県の歴史』山川出版社、2003 年

論文

浅田隆「奈良大学図書館「北村信昭文庫」II　北園克衛初期詩篇補遺ならびに北村宛諸氏書簡」『総合研究所所報（奈良大学総合研究所）』第15号、2007年3月

荒井庸一「雑誌『郷土研究』」柳田国男研究会編著『柳田国男伝』三一書房、1988年

飯島吉晴「解説　山中共古の人と学問」山中共古『共古随筆』平凡社、1995年

石井公成「大東亜共栄圏に至る華厳哲学―亀谷聖馨の『華厳経』宣揚―」『思想』第943号、2002年11月

石井庄司「昭和二年八月開催の奈良文化第一回臨地講習会の思い出」『万葉（奈良県立橿原図書館）』第10号、1980年3月

井原今朝男「栗岩英治『栗岩英治日記』―新しい地方史像をもとめて―」『信濃』第42巻第7号、1990年7月

内田和伸「古代遺跡の履歴と風景―国分寺・国分尼寺跡と宮跡の近世・近代―」『研究論集』X（奈良国立文化財研究所学報第58冊）奈良国立文化財研究所、1999年12月

内田好昭「近代日本と拓本収集―高田十郎の拓業をめぐって―」久留島浩・高木博志・高橋一樹編『文人世界の光芒と古都奈良―大和の生き字引・水木要太郎―』思文閣出版、2009年

海原靖子「中村家の人びと―中村純一寄贈文書にみる―」研究代表者吉川聡『東大寺図書館所蔵中村純一寄贈文書調査報告書』平成21年度～平成25年度科学研究費補助金基盤研究B「南都における廃仏毀釈後の資料動態に関する調査研究」研究成果報告書第1冊、2014年

大久保正「『万葉集』の研究史」和歌文学会編『和歌文学講座』第12巻、桜楓社、1970年

大久保正「万葉集の自然と風土」上代文学会編『万葉地理の世界』笠間書院、1978年

太田浩司「二人の地方史研究家―地方史研究の自立と史料保存をめぐって―」『歴史科学』第142号、1995年9月

「大屋徳城博士略年譜」『大屋徳城著作選集』第10巻、国書刊行会、1988年

大屋幸世「追悼雑誌・文集あれこれ（25）―大屋霊城―」『日本古書通信』第831号、1998年10月

大山峻峰「長戸恭と長谷川テル」家永三郎責任編集『日本平和論大系』17、日本図書センター、1994年

岡島永昌「保井芳太郎のコレクション形成とその背景」久留島浩・高木博志・高橋一樹編『文人世界の光芒と古都奈良―大和の生き字引・水木要太郎―』思文閣出版、2009年

岡田米夫「神宮・神社創建史」神道文化会編『明治維新神道百年史』第2巻、同、

1966年
岡塚章子「明治期の美術写真出版物―『国華』『真美大観』『Histoire de l'Art du Japon』を中心に―」『美術フォーラム21』第4号、2001年
表智之「近世における「南都」と「古京」」久留島浩・高橋一樹編『国立歴史民俗博物館　共同研究「水木コレクションの形成過程とその史的意義」2001年度～2003年度研究成果要旨集』国立歴史民俗博物館、2004年
表智之「明治初頭期における古物趣味の持続と転回―鈴木廣之『好古家たちの19世紀』によせて―」『美術研究』第386号、2005年6月
北村信昭「桑風荘主人抄―“万葉地理”育ての親・辰巳利文氏とその周辺―」『奈良県観光』第112号、1966年3月
木下直之「世の途中から隠されていること12　本日休館・近日開館」『IS』第76号、1997年6月
工藤尚子「宮武正道とインドネシア語研究―軍事郵便を中心として―」『インドネシア　言語と文化』第23号、2017年6月
倉沢愛子「解題」同編『治官報・KAN PO』附巻、龍渓書舎、1989年
久留島浩「水木コレクションを読み解くために」国立歴史民俗博物館編『収集家100年の軌跡―水木コレクションのすべて―』同、1998年
小林恵美「奈良県児童文化研究―奈良県童話連盟初期機関紙「童心」にみられる連盟史ならびに総目次―」『国語教育学研究誌』第19号、1997年10月
小林三郎「実証的研究一筋の梅原末治」明治大学考古学博物館編『市民の考古学2　考古学者―その人と学問』名著出版、1995年
小林丈広「『平安通志』の編纂と湯本文彦―十九世紀末京都における「知」の交錯―」明治維新史学会編『明治維新と歴史意識』吉川弘文館、2005年
小林丈広「平安遷都千百年紀念祭と平安神宮の創建」『日本史研究』第538号、2007年6月
早乙女雅博「新羅の考古学調査「一〇〇年」の研究」『朝鮮史研究会論文集』第39集、2001年10月
清水正之「論客　大屋霊城―初代の緑の都市計画家―」『ランドスケープ研究』第60巻第3号、1997年1月
鈴木栄樹「旧彦根藩士西村捨三における〈京都の祝祭〉、そして彦根」丸山宏・伊従勉・高木博志編『近代京都研究』思文閣出版、2008年
高木博志「近代における神話的古代の創造―畝傍山・神武陵・橿原神宮、三位一体の神武「聖蹟」―」『人文学報（京都大学人文科学研究所）』第83号、2000年3月
高橋潔「関野貞を中心とした朝鮮古蹟調査行程――九〇九年（明治四二年）～一九一五年（大正四年）―」『考古学史研究』第9号、2001年5月
田中琢「遺跡遺物に関する保護原則の確立過程」小林行雄博士古稀記念論文集刊行委員会編『考古学論考』平凡社、1982年
田村吉永「柳田先生の思い出」『定本柳田国男集』別巻第4、筑摩書房、1964

年、月報
角田拓朗「『国華』の確立―瀧精一・辰井梅吉体制下の模索―」『美術フォーラム21』第28号、2013年
「都市計画Who was Who」『都市計画』第144号、1987年3月
中井精一「『奈良県風俗誌』からみた近代奈良方言」変異理論研究会編『20世紀フィールド言語学の軌跡―徳川宗賢先生追悼論文集―』同、2000年
西垣晴次「自治体史編纂の現状と問題点」『岩波講座　日本通史』別巻2、1994年
西村実則「法隆寺・佐伯定胤と渡辺旭海―仏典の伝統的研究と原典研究―」『大正大學研究紀要』第100輯、2015年3月
羽賀祥二「郷土史の誕生」『いま、歴史資料を考える』名古屋大学文学部史学科、1999年
橋爪紳也「大屋霊城の「花苑都市」構想について」『昭和六三年度　第二三回日本都市計画学会学術研究論文集』、1988年11月
「長谷川テル年譜」家永三郎責任編集『日本平和論大系』17、日本図書センター、1994年
広瀬繁明「朝鮮の建築・古蹟調査とその後の〈文化財〉保護―一九〇九年から一九一二年の関野貞の調査成果より―」『考古学史研究』第10号、2003年10月
『まほろば』第14号（森口奈良吉翁特集)、1970年8月
丸山宏「『史蹟名勝天然紀念物』の潮流―保存運動への道程―」復刻版『史蹟名勝天然紀念物　解説・総目次・索引』不二出版、2003年
丸山宏「「帝国古蹟取調会」の軌跡―機関誌『帝国古蹟取調会会報』と『古蹟』―」『古蹟』解説・総目次・索引、不二出版、2011年
宮本正男「長谷川テルの生涯とその時代―編者まえがき―」家永三郎責任編集『日本平和論大系』17、日本図書センター、1994年
村角紀子「審美書院の美術全集にみる「日本美術史」の形成」『近代画説』第8号、1999年
森川辰蔵「高田十郎先生」『まほろば』第16号、1973年3月
山田浩之「近世大和の参詣文化―案内記・絵図・案内人を例として―」『神道宗教』第146号、1992年3月
吉井敏幸「コレクター水木要太郎の周辺」国立歴史民俗博物館編『収集家100年の軌跡―水木コレクションのすべて―』同、1998年
吉井敏幸「水木要太郎と大和郷土史研究」久留島浩・高木博志・高橋一樹編『文人世界の光芒と古都奈良―大和の生き字引・水木要太郎―』思文閣出版、2009年
吉川聡「平城宮跡保存運動のはじまり―石崎勝蔵関係資料から―」『奈良文化財研究所紀要2012』2012年6月
吉野秋二「神泉苑の誕生」『史林』第88巻第6号、2005年11月
若井敏明「皇国史観と郷土史研究」『ヒストリア』第178号、2002年1月

付録　インドネシアからの手紙
――兵士と言語研究者――

解題

この付録では、昭和戦前期の言語研究者宮武正道に宛てられた、「南方」からの軍事郵便を紹介する。奈良市の老舗製墨業「春松園」を生家とし、奈良中学校・天理外国語学校馬来語部（本科）に学んだ後は、生涯在野にありながらエスペラント・パラオ語・マレー語・ジャワ語・タガログ語などを研究した宮武の業績全般については、本書第8章で詳しく述べたが、ここで採り上げる史料は、それら諸語のうち、マレー語に関するインドネシア（ジャワ・スマトラ）からの手紙（軍事郵便）である。残念ながら、作戦上機密のためかいずれの葉書にも消印は押されておらず、日付や詳細な部隊所在地についての記載もないが、全て昭和17年(1942）3月に日本軍がオランダ軍を降伏させ、インドネシアに軍政を施行した後のものであり、検閲済みである（以下、領土としてはインドネシア、言語としては当時の日本における呼称であるマレー語を用いる)。ここでは「宮武家資料」（奈良市立史料保存館所蔵）に遺されたインドネシアよりの軍事郵便全62通のうち、前後関係の不明な続きもの（の一部）等を除いた48通を翻刻した（補遺として、工藤尚子「宮武正道とインドネシア語研究―軍事郵便を中心として―」〈『インドネシア 言語と文化』第23号、2017年6月〉参照)。

世の軍事郵便の多くは、兵士と家族・親戚・友人等とを結ぶものである。しかし、奈良市立史料保存館にある宮武宛のものを見ても、差出人と宮武との関係性ははっきりしない。ただ内容から判断するに、宮武と同じく天理外語に学んだ者、もしくは宮武が大阪や奈良で講師をつとめたマレー語講習会の受講生であった兵士から送られたもの、という可能性が高い。宮武の言語としてのマレー語に関する著作は、昭和11年3月の『マレー語現代文ト方言ノ研究』（大阪外国語学校馬来語部南洋研究

会刊行）を皮切りに、

『続篇 マレー語現代文ト方言ノ研究』（昭和11年7月、大阪外国語学校南洋研究会）
『日馬小辞典』（同13年6月、岡崎屋書店）
『マレー語新語辞典』（同年10月、大阪外国語学校馬来語部南洋研究会）
『最新ポケット マレー語案内』（同16年6月、大阪商業報国聯盟）
『コンサイス馬来語新辞典』（興亜協会編。同17年3月、愛国新聞社出版部）
『大東亜語学叢刊 マレー語』（同年4月、朝日新聞社）
『標準マレー語講座』Ⅰ～Ⅲ（薗田顕家と共著。同年11月～同18年3月、横浜商工会議所）
『標準マライ語第一歩』（同17年12月、青木学修堂）
『高等マライ語研究―方言と新聞―』（同18年2月、岡崎屋出版）
『標準馬来語大辞典』（統治学盟編。同年7月、博文館）

などが、死の前年まで矢継ぎ早に刊行された。書簡1、2、16―2、27―2、31―1・2にある「日馬（辞典）」とは『日馬小辞典』の、書簡1の「マレー語研究二部」とは『マレー語現代文ト方言ノ研究』の正続2編のことと思われる。

本書第8章「おわりに」でも少し触れたが、いわゆる「大東亜共栄圏」の総合的政策指針を検討する大東亜建設審議会（昭和17年2月官制公布）は、同年5月21日に「大東亜建設ニ処スル文教政策答申」を決定しており、その「大東亜諸民族ノ化育方策」中の「言語ニ関スル方策」は、

現地ニ於ケル固有語ハ可成之ヲ尊重スルト共ニ大東亜ノ共通語トシテノ日本語ノ普及ヲ図ルベク具体的方策ヲ策定シ尚欧米語ハ可及的速ニ之ヲ廃止シ得ル如ク措置ス

と謳っている（安田敏朗『近代日本言語史再考―帝国化する「日本語」と「言語問題」―』三元社、2000年、62～63頁）。この方針と、現地住民の「民度」や政治的・文化的レベルが低いとの当初よりの認識（後藤乾一『近代日本と東南アジア』岩波書店、2010年、190～191頁）とが相まって、インドネシアにおける現実の言語政策は、日本語の普及を軸としつつマレー語（「固有語」）へも配慮するという構図となった。このことは、ともに表記法に最もこだわった宮武の視点とはずれがあるものの、日本語の教科書や読み物により日本語を教育し、普及させようという兵士の姿と、宮武の著作、殊に辞書が役立っていることへの謝意という形で、宮

武宛軍事郵便全体から窺うことができる。

また、手紙の具体的内容からも分かるように、彼ら兵士は知識の一方的な享受者ではなかった。ヤマナカシン（山中鎮）と安積一男は、現地の新聞・雑誌を「生きたマレー語」の収集を目指した宮武へと送っており、特に最も多くの便りを寄せた安積は、ジャワで発行された新聞・雑誌・辞書を託送しつつ盛んに『日馬小辞典』の増補を求め、その材料となりそうな新語を次から次へと紹介して来ている。特に書簡33～38に明らかなように、それらの新語は兵事に関するものが多く、日本語がマレー語化したものも見られる。安積は日本語が「流行」し、旧宗主国の言語であったオランダ語を駆逐しつつある、と無邪気に喜んでいるが、安田敏朗『「国語」の近代史―帝国日本と国語学者たち―』（中央公論新社、2006年）によると、実際インドネシアにおいては初等教育の段階で大規模な日本語の普及がなされた訳ではなく、むしろ個人差・地域差の大きかったマレー語が日本軍政の教育体系により広まったという（156～160頁）。

おそらく安積が報告した軍事に関する用語は、軍政の下日本語が最も浸透しやすい分野であったのだろう。またマレー語の綴りに関しては、安積は宮武の考案した「大東亜式」（本書第8章第3節2参照）ではなく、全て蘭式で書いている。前述のような外征の興奮に伴う誇張や、研究者の主唱する言語政策と現実との齟齬はあるものの、「化育方策」中に含まれる重要な「南方」の言語に関する知識が、現地に駐屯する兵士と言語研究者との交渉によって日々いかに練り上げられていくかを示すものとして、この軍事郵便は非常に貴重であると言えよう。

宮武正道宛軍事郵便（差出人別）

〈凡例〉　手紙は書簡3（宮武正道・御一同様宛）を除き、全て奈良市西御門町（8番地）の宮武正道宛で、「軍事郵便」「検閲済」の印がある。消印がないことにより、発信年月からする配列は極めて不完全なものとなるため、差出人別にその内容の類似性を考慮して並べ、各書簡冒頭に差出人所在地と氏名を記した。書簡10、14、16、20、27、31、36、37の枝番（1～3）は、各2・3通の内容が連続しているため、同じ親番を用いている。句読点は筆者が適宜付し、踊り字のくの字点は開いた。またヤマナカシンからの手紙は全てカタカナで表記されていたが、読みやすさを考慮して、書簡5の一部を除き漢字平仮名まじり

の表記にあらためた。抹消などによる判読不明は■で表し、見せ消しは抹消線、字句の挿入は〇を用いて示した。

伊藤幸一

書簡1［絵葉書］

スマトラ派遣冨《(富)》[(1)]第四〇八四部隊杉村隊　　伊藤幸一

［本文］

内地では青葉の空に鯉のぼりの泳ぐ季節で、殊に奈良の此頃は変つたとは申せ、自然の移り変りは以《(依)》然前の俤を見せてゐる事でせう。当地は年中夏の連続で、毎日相変らずマンデー《(mandi)》[(2)]をやつてゐます。

今日御恵送の御著日馬辞典《(日馬小辞典)》[(3)]とマレー語研究二部到着、直に拝見。誠に御好意感謝ゐたします。実は数日前貴著のコンサイス馬日新辞典[(4)]を求めた折とて、その上日馬辞典が入手し丁《(重)》宝致しました。

余暇を見ての生かじりではナカナカ思ふ様に進歩いたしません。此処でも部隊で天理の先輩中平氏[(5)]がマレー語の教育をやつてゐます。貴兄の多年に亘る御努力の結果として、次々に出される著書の成功は当然の事と敬意を表します。新辞典に新聞語と熟語を今少しつけがへて頂けば、なほ数倍の偉力を発揮する事と思ひます。御好意重ねて御礼申上ます。川崎さん[(6)]近頃如何してますか。先日飯田夫人からの知らせで、飯田も日染を退かれ自営せられた由。何れまた後便致しますが、貴兄も近況御知らせ頂けば幸甚です。但しお返事はスマトラ派遣冨第四〇五〇部隊山田隊宛にお願ひいたします。

---

(1)「冨《とみ》」は、スマトラ全島を占領統治した第25軍に付された兵団文字符。

(2) 水浴のこと。

(3)『日馬小辞典 *Kamoes Bahasa Nippon-Indonésia*』（昭和13年6月、岡崎屋書店）は、出版社社長の求めに応じて上梓され、古典・古文ではなく当時新聞・雑誌で用いられていた「生きたマレー語」約6,000語を収録。

(4)『コンサイス馬来語新辞典 *Kamoes Baroe Bahasa Indonesia-Nippon*』（興亜協会編。昭和17年3月、愛国新聞社出版部）のことで、同書の収録する約6万語には、新聞・雑誌から収集したインドネシアにおける現代マレー語数千語が含まれる。

(5) 天理外国語学校馬来語部本科第4回卒業生（昭和6年3月）の中平政春のことヵ（天理外国語学校編『天理外国語学校一覧』昭和十五年度、同、昭和15年11月、96頁）。

(6) 書簡2にも登場するエスペランティスト川崎直一のことヵ。

書簡 2［絵葉書］

スマトラ派遣　富第四〇五〇部隊山田隊　　伊藤幸一

［本文］

お便りありがたく拝見いたしました。日馬辞典《（日馬小辞典）》は前便で入手御礼のお返事差上ておきました。お蔭で便利いたします。最近お仕事が忙しい由、御同慶に存じます。日頃の御精励が今芽を出して来たものと思ひます。切角御奮斗を祈ります。

チユルダス《（Tjerdas）》から出てゐる本の名を知り度ひです。あなたの英馬は見ました(7)。川崎さんのオランダ語の本出たそうですね(8)。朝日の大東亜叢書(9)はその後どれ迄出ましたか。僕の今使つてゐるのはタダシイニツポンゴの巻一―三です(10)。なかなか暇がなくて思ふ様に進みません。

自《（時）》節柄御自愛を祈ります。

松本正雄

書簡 3［絵葉書］

スマトラ派遣　淀四〇七七(11)部隊揃田隊　　松本正雄

［本文］

皆々様には御変り御座ゐませんか。御伺ひ申上げます。小生も相変らず奮斗至《（ママ）》して居りますれば、乍他事御安心下さいませ。先達ては有難う

(7)　チユルダスはスマトラ島メダンの出版社ヵ。宮武が著したという英馬辞書については不明。

(8)　川崎直一は、Etsko Kruisinga, *A Grammar of Modern Dutch*（London : G. Allen & Unwin, 1924）を翻訳した『現代オランダ語文法』（三省堂、昭和 19 年）を上梓している。

(9)　大東亜共栄圏内諸言語の知識を得るため、「実用的にして言語学的、平明にして高い水準、入門書にして新しい研究」（羽田亨「序」）という編纂方針の下に出版された、大東亜語学叢刊（朝日新聞社）のことであろう。宮武の『マレー語』は昭和 17 年 4 月に刊行された。

(10)　『正しい日本語 *TADASHII NIPPON-GO*（*STANDARD NIPPON-GO*）』は、立正大学教授 S・及川著、昭和 17 年 9 月クアラルンプール軍宣伝班 Gun Senden Han, Kuala Lumpur 刊行の日本語教科書（全 1 巻）だが、「巻一―三」とあるので、ジャワの大日本軍政部 Dai Nippon Gunseibu 編『ニッポンゴ』巻一・二（同年）、軍政監部 Gunseikanbu 編『日本語』巻三（同 18 年）の誤りヵ。

(11)　「淀四〇七七」は第 4 師団（大阪）野砲兵第 4 聯隊（信太山）の通称号。第 4 師団は昭和 18 年 9 月動員され、スマトラ防衛強化のため第 25 軍に編入された。

御座ゐました。休日にはポケツトの友として原住民と会話の研究を至して居ります。今日此頃では大分上手になりました。

日常には不自由を感じませんのも一重に御厚志の賜と感謝して居ります。余暇には松塚の方へも御来駕下されは幸甚。尚幸子も喜ぶ事と存じます。

先は近況まで。

ヤマナカ　シン（山中鎮）

書簡4

スマトラ北部、東海岸州政庁(12)気付、

鉄道局　　ヤマナカ　シン

［本文］

3月2日のお葉書頂きました。いつもお忙しい中を恐れ入ります。北スマトラ新聞も送るように、アジネゴロ氏に頼みましょう(13)。世界で一番大きな馬来語の字引、標準馬来語大辞典(14)、まだこちらには来ておりません。あなた様のコンサイス馬来語新辞典は沢山ありますが、日馬小辞典が少なく、日本人もインドネシア人も困っております。

特にインドネシア人には、日馬でカタカナだけのがよいと思います。こちらには余り新しい印刷の本や雑誌は見掛けません。心掛けてはおきますが…近頃は内地との間、馬来語でもよいことになりました。ドシドシ日本を紹介するものをお送り下さいませんか。私の友達マワルディ・アンワルの両君が、早速葉書を差し上げました。

何卒よろしくお願い致します。

御礼まで。

---

(12)　スマトラの東海岸政庁はメダン Medan にあり、内地で鉄道局技師として働いていた山中は、昭和17年9月に現地へ赴任した（秦郁彦『南方軍政の機構・幹部軍政官一覧 *Japanese Military Administration of South East Asia 1941–45: Organization and Personnel*』南方軍政史研究フォーラム、1998年）。

(13)　アジネゴロ Djamaluddin Adinegoro（1904～1967）は西スマトラ生まれの作家・ジャーナリストで、『プワルタ・デリ *Pewarta Deli*』や *Sumatera Shimbun*（一時 *Kita-Sumatera-Shimbun* と題）の主筆をつとめた。

(14)　『標準馬来語大辞典 *Kamoes Bahasa Merajoe*（*Indonesia*）～*Nippon jang Lengkap*』（統治学盟編。昭和18年7月、博文館）は、既刊英・馬・蘭語辞典を総訳出した上に現代新語を6,000加え、収録語数10万で「世界最大」と謳う、外務省・大東亜省推薦書。

書簡 5

スマトラ北部、東海岸州政庁気付、

鉄道局　　ヤマナカ　シン

［本文］

ワタクシ　ワ　インドネシヤ　ジン　デス　ナマエ　ワ　アンワル　デス［　　墨　抹　　］ニ　イマス

ワタクシ　ワ　ニッポンゴ　オ　マナブ　コト　ガ　スキ　デス．シカシ　ヨイ　コトバ　ノ　ホン　ガ　アリマセン　デスカラ　イロ　イロ　ノ　ニッポン　ノ　ホン　オ　ソシテ　ソノ　ホン　ワ　カタカナト　インドネシヤ　デ　カイテ　アル　ノ　オ　オネガイシマス．ソノ　ホン　ノ　ネダン　ワ　ホン　ガ　ツイタナラ　ハライマス．

アナタ　ワ　インドネシヤ　ノ　ヒト　ビト　ガ　ヨクシツテ　イマス　ソシテ　インドネシヤゴ　ワ　ジョーズー　トユーコト　モ．ソレ　デスカラ　コノ　テガミ　オ　アナタ　ニ　オクリシマス．ソレ　カラ　ホン　ワ　ホカ　ノ　トモダチ　モ　タクサン　ホシイデス．

ドゥゾ　オネガイ　イタシマス．

サヨナラ．

アンワル（署名）

天高く馬肥える、快い秋となりました。古い都奈良の秋を思い起こし、遙かにあなた様のご健康とご発展を祈っております。

前の手紙でお話しました通り、こちらはインドネシア人の読み物に飢えております。この上に書いた「アンワル君」は、真面目な立派な、また進んだ考えを持った私の友達です。何卒彼の願いを聞き届けてやって頂きたいと思います。先ずはお願いまで。

上の文は彼自身で打ったものです。機械は内地から持って行った活字を植えかえたものです。

書簡 6

スマトラ北部、東海岸州政庁気付、

鉄道局　　ヤマナカ　シン

［本文］

10 月末にお差し出しの葉書、2 通とも昨日頂きました。お忙しい中を有り難うございました。何分にもこちらはインドネシア人の読み物がないので、どうか 1 日も早く頂きたいと思っております。あなた様の字引

は、こちらではただ一つの道案内として、どこでも重宝しております。11月頃からこちらの新聞ムラティ（北スマトラ新聞社発行の子供新聞）を新聞社から送らせております。これにカタカナ欄を設けましたので、ご覧願いたいと思います。

また今はこちらの空いてるライノタイプ[15]を、カナ文字に改造することを試みております。また『ヒカリ』8月号にお書きの「馬来語かな書き案」は、大変参考になりました[16]。まだよく分からぬ私が、こう申すのは甚だ生意気ですが、ライノを直した経験から、下線のラ行[17]はやはり「ラ゚」の如き文字を使った方がよくはないかと思います。また駅名を直した時に、「ガ」は「ンガ」にすることにしました。
さよなら。

安積一男

書簡7

ジャワ派遣　治一六〇二[18]部隊（ふ）　安積一男

［本文］

マライ語参考書、日本語参考書など沢山出版されをり候ため、お届け仕る可く候。
（一）昭南にて日馬英三ヶ国の辞書も出でをり候。
（一）また馬馬辞典も有之候。

其の他は会話程度に候。内地へ帰られる方に当地発行の新しい本を三冊お届け致しをき候間、御査収被下度、何分通信以外は種々の制限あるため、いつも貴方より結構なものをいたゞくのみにて恐入りをり候。敬白

書簡8

ジャワ派遣　治一六〇二部隊（ふ）　安積一男

（15）linotypeはアメリカで発明された欧文用の鑄植機。活字を1行分ずつ鑄造できるため、新聞・雑誌の組版に大いに利用された。
（16）『ヒカリ』はカナモジカイの機関誌『カナノヒカリ』のことで、宮武はその第264号（昭和18年8月）に「マライゴ ノ カナガキ アン」を発表、マレー語の地名などをカナ表記する際の試案を示している。
（17）l（エル）を用いた音節のこと。
（18）「治《おさむ》一六〇二」はジャカルタに置かれ、ジャワ全島を管轄した第16軍軍政監部の通称号。

［本文］
日本語熱と共に現住民の殊に青少年層に於て日馬辞典の要望益々切に見受けられ候。竹井十郎氏著の類似本[19]も有之候も、忽ち売切れに候。
事情の許す限り単語を豊富にして日馬辞典を発行被下度お願ひ申上候。当地発行辞書類も托送致し度く存じをり候。敬白

書簡 9

ジャワ派遣　治一六〇二部隊（ふ）　安積一男

［本文］

其の後益々御多忙のことゝ推察仕り候。現地新聞等何とか入手致しをられ候や。お伺い申上候。内地へ帰られる人に幸便を求めてお届け仕る可く候。

「日馬小辞典」その後増補致しをられ候や。新語は勿論のこと、色々と其の後変りをることに候へば、何卒語数をうんと増加なし被下度候。

上原訓蔵教授も日馬辞典を書かれた筈に候[20]。新著有之候はゞ何卒御恵送賜はり度く候。

先づは右御通信まで。敬白

書簡 10—1

ジャワ派遣　治一六〇二部隊（ふ）　安積一男

［本文］
拝復　10月15日のお便り落手。パンジープスタカ（雑誌名）[21]は内地へ帰られる人に托します。
華僑新聞（馬来語版）は当地にては唯一種のみ[22]ですが、之も持つ

（19）在ジャワ経験もある、インドネシア研究家にして南進論者の竹井十郎（明治14年～昭和24年）は、『最新馬来語速習』（太陽堂書店、昭和10年）・『最新日馬辞典』（同、同18年）などのマレー語に関する著作を刊行した。

（20）上原訓蔵は東京外国語学校でマレー語を学んだ後、潮谷商会バタビヤ支店長・南洋郵船ジャワ駐在員、東京外国語学校・拓殖大学教員を経て、当時陸軍教授。上原の「日馬辞典」とは、昭和19年8月刊行の『上原日馬新辞典』（晴南社）のことヵ。

（21）*Pandji Poestaka* は、オランダ政府の図書局 Balai Poestaka から出されていた、週2回刊行のマレー語雑誌。

（22）華人を主な読者層とし、中華ナショナリズムを掲げるジャワのマレー語有力紙には、1910年創刊の『新報 *Sin Po*』と1923年創刊の『競報 *Keng Po*』があった。

て帰つて貰います。

事情の許す限り当地の原《（ママ）》地の新聞など内地へ持帰つて、馬来語研究者及びその必要ある人の参考に致したく存じますが、個人的な考へで管見の人も時々あつて残念です。大がかりな研究などもジヤンジヤン公表されたらどんなに幸福でせう。

［書簡 10―2 へ続く］

書簡 10―2

ジヤワ派遣　治一六〇二部隊（ふ）　安積一男

［本文］

日馬小辞典が 12,000 語になつた由、新版を御恵送願います。上原氏のものはきつと出版されるでせう。上原氏の講座[23]は絶対好評。

貴信の日附の書き方が 18、10、15 となつてゐるので、うれしく存じました。小生いつも 18（年）10（月）（15 日）の順序に書くのですが、先日たまたま現地の若い者に（年）（日）（月）だと一寸言はれたので、この書き方は色々ある旨説明しましたが、昔の避《（癖）》で仲々直らぬらしいです。

バチー先生[24]、日語学校々長をしてゐられますが、御存知ですか。また書きます。敬白

書簡 11

ジヤワ派遣　治第一六〇二部隊ふ　安積一男

［本文］

当地の官報の件、近日中に知人にて内地に帰る人あるやも知られず候間、託送仕る可く候。貴稿中にマライ語官報云々の記事あり[25]、実はとんだ申訳もないことを致したと、実は心中悔いをり候。

綴字法については、お説の通り公文の時は面倒にて弱るものに候[26]。

（23）　昭和 17 年に刊行された『標準上原マレー語』全 4 巻（晴南社）のことヵ。

（24）　マレー半島出身の Bachee bin Wanchik は、大正 3～10 年に東京外国語学校で教壇に立った後、翌大正 11 年から昭和 13 年まで大阪外国語学校の教師をつとめて、天理外国語学校にも出講しており（天理大学五十年誌編纂委員会編『天理大学五十年誌』同大学、1975 年、84 頁）、宮武はその教えを受けていた。

（25）　「当地の官報」「マライ語官報」とは、ジャワ軍政監部が発行した『治官報』（昭和 17 年 12 月～不明。月刊）と *Kan Po*（同 17 年 8 月～20 年 9 月。月 2 回刊行）のことヵ。前者は日本語で、後者はマレー語で軍政下の法令や軍当局の通達をまとめたもの（倉沢愛子「解題」同編『治官報・KAN PO』附巻、龍渓書舎、1989 年）。

早く統一が望ましい次第に候。敬白

書簡 12

ジャワ派遣　治一六〇二部隊（ふ）　安積一男

［本文］

拝復　十一月三十日の御来信入手仕り候。スカルノ氏御案内なされた[27]こと丶存じてをり候。書籍「世界の言葉」[28]本日有難く入手仕り候。当地よりは小包目下発送不可能の由、単行本新刊もお届け出来不申残念に候。

吉澤君宜しく御指導賜はり度く候。語学などは寧ろ日本で勉強した方が有効で能率的だと信じてをり候。

先づはお礼まで。敬白

書簡 13

ジャワ派遣　治一六〇二部隊ふ　安積一男

［本文］

拝復　一月六日の来信入手仕り候。マライ語大辞典の■刊行[29]をおよろこび申上候。貴著に依り恩恵を受ける者の多いことを邦家のためにうれしく存じをり候。

『世界の言葉』も有難く入手致しをり候。十八号の件何とか入手出来る可く候。

先づは取不敢お祝い旁々お礼まで。敬白

書簡 14—1

ジャワ派遣　治一六〇二部隊（ふ）　安積一男

［本文］

拝復　本日御来信有難く入手仕り候。貴著馬来語大辞典は当地方では

---

(26)　綴字法に関しては、宮武は『南洋の言語と文学』（湯川弘文社、昭和 18 年 4 月）において、「旧勢力の一掃のためには英式、蘭式ともに之を一掃して、真に大東亜式なるローマ字綴を採用するのが有意義」（108 頁）との考えに基づき、「大東亜式ローマ字案」を考案している（本書第 8 章第 3 節 2 参照）。

(27)　宮武が奈良を訪れた Sukarno の通訳をつとめたのは昭和 18 年 11 月 25 日。

(28)　慶應義塾大学語学研究所編『世界の言葉』（慶應出版社、昭和 18 年 10 月）は、大東亜共栄圏及び枢軸国を中心とした世界の言語を、初学者に紹介する書。マレー語は南進論者で同大学教授の松本信廣が解説。

(29)　前掲『標準馬来語大辞典』の刊行は昭和 18 年 7 月。

唯今小生の他に知る者もないらしく、もつとおくれて到着かと被存候。

活字の見よい点、内容の豊富な点に於て、英語熟語中辞典（斉藤秀三郎著）(30)を髣髴させ、又他面世界的躍進の途上にある大日本帝国の眼まぐるしい情勢

［書簡 14—2 へ続く］

書簡 14—2

ジヤワ派遣　治一六〇二部隊（ふ）　安積一男

［本文］

展開に対し、時事マライ文には余りにもうようよした曲者が多く、当地に働く者の困難は想像以上に御座候も、この実際的必要の満足せしめ得るものは、全く貴著の他に無之感謝旁々お祝ひ申上候。

昭和十一年七月発行の「マレー語現代文と方言の研究」(31)を併せ見て感慨無量に御座候。敬白

書簡 15

ジヤワ派遣　治一六〇二部隊ふ　安積一男

［本文］

本日は馬来語大辞典並びに民族学研究（貴稿最近のマライ語(32)）有難く入手仕り候。当地にはこの辞典は未着らしく、いつも乍らの御厚意に深く感謝致しをり候。早速毎頁を繰つて豊富な単語、親切な説明振りに見入りをり候。先づは取不敢お祝まで。敬白

書簡 16—1

ジヤワ派遣　治一六〇二部隊（ふ）　安積一男

［本文］

三月十七日のお便り有難く入手仕り候。博文館の貴著大辞典及び北方諸言語概説(33)など確かに入手、厚くお礼申上候。

---

(30)　文字通り多くの熟語を収録した斎藤秀三郎『熟語本位英和中辞典 *Saito's Idiomological English-Japanese Dictionary*』（初版大正 4 年）は、昭和 11 年岩波書店より増補新版が刊行されている。

(31)　昭和 11 年 7 月に発行されたのは、『続篇 マレー語現代文ト方言ノ研究』の方である（冒頭解題参照）。

(32)　「最近のマライ語」（『民族学研究』新第 1 巻第 11 号、昭和 18 年 11 月）は、前書きにおいて、「或る種の日本語系の単語がマライ語の中に多く用いられる様になつた点と、敵性英蘭語系の借用語が純粋マライ語に変えられようとする傾向にある点が著しく目立つ」（13 頁）としている。

南方言語では、松岡静雄氏及び最近売出しの柳田国男氏（お二人とも兄弟にて）などは、川一本向ひの同郷の人々に候[34]。

御依頼の件承知仕り候。原地民のための日本語独習或は参考書は全く同感にて

［書簡16—2へ続く］

書簡16—2

ジヤワ派遣　治一六〇二部隊（ふ）　安積一男

［本文］

日馬辞典《（日馬小辞典）》（貴著の）でも皆んなに行渡れば幸甚に候。

日本語で書いた言語学書、発音学の参考書など二三参りをり候も、原住民にはまだまだ程度高きものに候。ここ数日間現原住民の劇団を連続にて参観仕り候。従つて皆様にもお便りもなまけた訳に候。

書簡17

ジヤワ派遣　治第一六〇二部隊ふ　安積一男

［本文］

内地も愈々暑くなつたことに候。相変らず御研究のことゝ被存候。

甚だ勝手乍ら「南方諸言語概説[35]」御恵送賜はり度くお願い申上候。「北方諸言語概説」知人連に見せたる処、何とかして南方のものが読みたいとの希望にて、貴兄に折入つてお願い申上候。敬白

---

(33) 関西大学教授高橋盛孝の『北方諸言語概説』（三省堂、昭和18年12月）は、当時の日本では認知度の低かったパレオ・アジア語（ウラル・アルタイ語族に属さない北アジア言語の総称）と北米諸語を取り上げた、「国語叢書」中の1冊。

(34) かつて海軍軍人であった民族学・言語学者の弟松岡静雄の南方言語に関する業績については、本書第8章第2節を参照。民俗学者の兄柳田国男は、大正10〜12年に国際連盟常設委任統治委員会委員をつとめ、南洋群島の委任統治に関する意見を発表しており、土井八枝『土佐の方言』（春陽堂、昭和10年5月）に寄せた序文には、「土佐はとにかくにジとヂとを言ひ分ける等の二三の長処によつて、一時はメナンカバウの馬来語と同等な、外部の信望を博して居た国である」（『柳田国男全集』第13巻、筑摩書房、1998年、170頁）という表現が見られる。兄弟の郷里は兵庫県神東郡田原村辻川（現神崎郡福崎町西田原）。

(35) 後にジャワ語・マカッサル語の文法書を邦訳する仁平芳郎の『南方諸言語概説』は、前掲『北方諸言語概説』末尾の「国語叢書刊行予定」中にその名が見られるが、実際に刊行されたか否かは不明。

書簡 18

ジヤワ派遣　治一六〇二部隊ふ　　安積一男

［本文］

インドネシア人のための日本語の参考書御計画中とのこと、一日も早く書肆に現はれんことを希望致しをり候。一本が上梓に至るまでには相当の苦労と被存候。

先日お届けの本に依り『胡同』といふ語がコタ《(kota)》（町）といふ語に関係あるを知り、面白く感じ候。ギリヤク語の■xotton（町）がコタと同意義の由、全く愉快に候[36]。敬白

書簡 19

ジヤワ派遣　治一六〇二部隊ふ　　安積一男

［本文］

所謂名女優が大東亜各地の衣装で一人々々無舞台に現はれて、正前でくるりと一廻り申《致》して体のしなのよさを見せてくれる訳です。今晩上演した■《歌》劇団は尤も第一流ですが、女優の台詞なども仲《(ママ)》々上手で、拡声器を通じてきこえる声の内には、丁度大阪あたりで歌舞伎を観てゐる様にさへ申《(ママ)》はれます。二三観た後でまた書きます。敬白

書簡 20—1

ジヤワ派遣　治一六〇二部隊ふ　　安積一男

［本文］

今晩当地の歌劇を見物。

丁度差向いに中央参議院[37]の〇〇〇〇氏他お歴々の士ばかり。

軈て名歌手の「憧れの上海」とかいふ一寸古い流行歌[38]の独唱。声量など万《(ママ)》点。顔も脚も白い日本人の様な歌姫。唯黙つてきいてゐると、シヤンハイといふ可きがシヤムハイとンが両唇音にはつきりきこえて一

(36)　前掲『北方諸言語概説』に、「ギリヤクの xotton（町）は蒙古の xoton で北京の何々胡同といふ町名もそれから来てゐる」（172 頁）とある。

(37)　昭和 18 年に設置が発表された、「最高指揮官に直隷し、その諮問に答申或は建議する」ジャワ軍政の最高諮問機関。議員 43 名のうち 23 名を最高指揮官が任命、18 名は州参議会または特別市参議会で各 1 名ずつ互選、残り 2 名はジョクジャ・ソロ両侯の推薦。議事は出席議員の過半数で決定し、会議は 3 ヶ月に 1 度が基本（ジャワ新聞社編『ジャワ年鑑』同、昭和 19 年 7 月、28 頁）。

(38)　「上海 憧れの上海」と歌う昭和 13 年 11 月発売の「上海航路」（西條八十作詞・竹岡信幸作曲・奥山貞吉編曲、松平晃歌）のことヵ。

寸惜しい処でした。

［書簡 20―2 へ続く］

書簡 20―2

　ジヤワ派遣　治一六〇二部隊ふ　　安積一男

［本文］

　サンディワラ ヌサンタラ《(Sandiwara Nusantara)》(39)といふ劇団に招かれ、タンダマタ《(Tanda Mata)》（かたみとでも訳す可きか）といふ劇を観《(鑑)》賞仕り候。

　台詞に使はれる言葉は先づ先づ普通語にて、用語も難解なものは一語もなく、ビンタンスラバヤ《(Bintang Surabaya)》劇団(40)などに較べて余りにも大衆的なものに候。

　俳優が台詞に全力をとられてゐる如く、見て観衆がはらはらするような所作事に全くうんざり仕り候。所謂脚色といふのが悪いので、全体として纏まりがなく、研究を要するもの多々ある様に見うけられ候。

［書簡 20―3 へ続く］

書簡 20―3

　ジヤワ派遣　治一六〇二部隊ふ　　安積一男

［本文］

　美しい歌姫が日本の唄をやつてくれ候も、顔の割に声量もなく、節まはしもまづくて、もつと彼女等に日本語の発音或は声学といつたものを教へてやる必要があるとつくづく感じ候。口を扁平に開いて彼女等が『あ』と歌ふので、変なものに相成申候。masoekan の場合は、ma の「あ」と kan の「あ」とは発音が違つてゐて、寧ろ masoeken と書くのが自然の成行きかと被存候。尤もマスッケンとは発音もされをらず候。敬白

書簡 21

　ジヤワ派遣　治一六〇二部隊（ふ）　　安積一男

［本文］

---

(39)　サンディワラは軍政の下復活した現代大衆演劇のこと。同語は前掲『標準馬来語大辞典』には「劇」として掲載されているが、「インドネシア島嶼群」を包括的に指すヌサンタラという語は、同辞典や南方調査室監修・武富正一著『馬来語大辞典』（欧文社、昭和 17 年 4 月）には記載がない。

(40)　ビンタン・スラバヤは、軍政により映画製作の道を断たれた実業家フレッド・ユンが昭和 17 年 9 月に組織した、総員 75 名を抱える最大の移動劇団（猪俣良樹『日本占領下・インドネシア旅芸人の記録』めこん、1996 年）。

“Haroewanis”《(Haroem Manis)》[41]といふ新劇が上演され候。兵隊にならぬ男には結婚をせぬと恋人が一寸口論をするが、豈はからんや男は義勇軍の将校候補者だつたため、目出度し目出度しといつた筋書。

台詞中 tiga saudara monjét 三匹の兄弟猿といふ言葉を使つて曰く、見ざる・きかざる・言はざるのモエツトが三つで兄弟といつたシヤレ。防喋《(諜)》標語に候も、このまゝのマライ語が或は当地に於て流行語と成るかも不被計候。敬白

書簡 22

ジヤワ派遣　治一六〇二部隊ふ　　安積一男

［本文］

最近随分と馬来語も東洋的なものが多く、文字の読めぬ様な子供でも映画の影響で alhamdoelillah（感謝）といふ言葉をよく耳にする様に相成り申候。以前ならダンキューウェル《(Dank je wel)》とやつてゐた処でせう[42]。アラビヤ語など甚だしく多く、学術語又は普通の言葉は日本語が多く代言されてゐます。電話なども交換嬢の方から Toean mau kjoeho？（急報ですか）と尋ねられる位です。敬白

書簡 23

ジヤワ派遣　治一六〇二部隊（ふ）　　安積一男

［本文］

先日或病院にて原住民の看護婦に用事を頼むのに、何と言つて呼びかけようかと迷い申候。zuster（看護婦）といふのも時局柄面白くなく、baboe（バブー、英語の説明にては看護婦といふ意味にて、nurse との説明あるものも有之候）では失礼と思つて[43]、日本語で看護婦さんと呼びかけると、よろこんで参り候。聞く所によると、看護婦と呼ばれることが大変な彼女等の誇りと説明をきゝ、意を強くうれしく存じ候。敬白

書簡 24

ジヤワ派遣　治一六〇二部隊（ふ）　　安積一男

［本文］

（41）　haroem は香り、manis は甘いの意。

（42）　alhamdoelillah はアラビア語由来のマレー語。ダンキューウェルはオランダ語。

（43）　zuster はオランダ語。baboe はジャワ語でメイドの意。

Tokeikikai sjoerisjo（統計機械修理所）と解するのが正解と先日判明仕り候。大きな板硝子に Tokei（トケイ）と文字が書いてあり、次の別の一枚には kikai（キカイ）と相成りをり候ため、時計修理を依頼して大きな恥をかき申し候。

何分日本語が大流行で、従来の西欧語がジャンジャン日本語に変化しつゝあり、体操するといふ動詞も子供が bertaiso と申して、態々 ber を附加する次第に候。
何しろ目抜きの通りの店のこととて、同様の失錯は多かる可く。

書簡 25

ジャワ派遣　治一六〇二部隊（ふ）　安積一男

［本文］

拝啓　貴著「標準マライ語第一歩」の第七頁の御説明に依る NG の発音は、関西地方では普通にある音かと思はれます[44]。次の如く耳に聞こえますが如何ですか。

例へば	正月	sjōngatsoe	(sjogatsoe ではなく)
	南月	nan-ngetsoe	(nan-getsoe ではなく)
	新潟	nii-ngata	(nii-gata ではなく)
	人間	nin-ngen	(nin-gen ではなく)
	経済学	keizai-ngkoe	(keizaigakoe ではなく)

関東方面は ng の鼻音は難しいのではないでせうか。敬白

書簡 26

ジャワ派遣　治一六〇二部隊ふ　安積一男

［本文］

大阪弁は「てにをは」を使ふことも少なく、敬語法の種類も非常に少く語彙も貧弱。東京弁は微細な感情の陰翳まではつきり痒い処へ手が届く様だと。

又大阪弁は言葉と言葉との間を此方の推量で情味を酌みとらねばならぬ隙間がある。従つてある意味で単純で軽卒《（ママ）》であり投げやりである。而もこのぼやけた曖昧な調子の中に又動かせぬ特質もある云云と宮本又次氏（九大助教■助教授）の随筆にあります[45]が、マライ語にも多分大

(44)　インドネシアの新聞に材料を採った入門書である宮武『標準マライ語第一歩』（青木学修堂、昭和 17 年）には、「ng　此の音は日本語にはない。ンとグとを一緒にした様な音で、英語の king の ng と同じ音」（7 頁）とある。

阪弁の様な分子が○思《○ある様に》へますが、如何ですか。

書簡 27—1

ジヤワ派遣　治一六〇二部隊（ふ）　安積一男

［本文］

拝啓　当地の綴字法も多少変化しました。御参考まで。

Boelan1,（Djanoeari）　一月
Itjigatsoe

Boelan2（Pebroeari）　二月
Nigatsoe

Boelan3（Maart）　三月
Sangatsoe

Boelan4（April）　四月
Sigatsoe

Boelan5（Mei）　五月
Gogatsoe

Boelan6（Djoeni）　六月
Rokoegatsoe

Boelan7（Djoeli）　七月
Sjitjigatsoe

Boelan8（Agoestoes）　八月
Hatjigatsoe

Boelan9（September）　九月
Koegatsoe

Boelan10（Oktober）　十月
Djoegatsoe

上記の如く一月も三様の言い方・書き方があり、イチガツ・ニガツと日本語がそのまゝ日用使用されています(46)。

（45）「大阪弁は言葉と言葉との間を」から「曖昧な調子の中に」までは、経済史家宮本又次の「明治から大正へ移り変る大阪の風俗」（錦城出版編輯部編『随筆大阪』錦城出版社、昭和 18 年 6 月）のほぼ正しい引用（281 頁）だが、それに続く原文は「商業語として動かせぬ特質がある」（同頁）であり、少しニュアンスが異なる。

（46）前掲『標準マライ語第一歩』では「一月　Januari　ヤヌアリー」とのみ書かれており、「月の名は全部オランダ語を使用」（14 頁）とされている。

［書簡 27―2 へ続く］

書簡 27―2

ジヤワ派遣　治一六〇二部隊ふ　　安積一男

［本文］

Boelan11（Nopember）　十一月
Djoe-itjigatsoe

Boelan12（Desember）　十二月
Djoe-nigatsoe

こんな消足は既に御承知のことゝ存じます。当地の方言の様なものをつとめて御通信申上げます。雑誌新聞は何とかしてお届け致します。その筋の方におききしてみませう。日馬辞典《（日馬小辞典）》増補は（内容）なさいませんですか。お礼旁々御通信まで。敬白

書簡 28

ジヤワ派遣　治一六〇二部隊ふ　　安積一男

［本文］

先日鹿といふ単語を mendjangan が余り使用されぬ様なことを書送り候も、或る日或る処にて鹿をさして kidang と申したる処、mendjangan だと原住民が申しをり候。鹿の大小など絶対的でないからに候。兎に角訂正致しをき候。

水道のパイプが《を》結合することもやはり kawin（結婚する）するなど申しをり候。大きいパイプと小さいパイプでは kawin 出来ぬなど申しをり候。敬白

書簡 29

ジヤワ派遣　治第一六〇二部隊ふ　　安積一男

［本文］

マライ語で牛蒡といふ単語は如何に候や。東部の大都会で長く料理業をせる人に聞きたるに曰く、lobak hitam（牛蒡、即ち黒き大根）で可なりと答へられたり。早速使用せるも不明、結果は不可。現住民は不解の顔に候。

又三十年当地で農業せる人にきくに、牛蒡はゴボーにて可なりと。但し当地方にては原住民は解し得ず候。英語を解する者、蘭語を解する者多しといへども、burdock 又はklis《（klit）》（何れも牛蒡の意）(47)分らざるが如し。日本の特産らしく候。敬白

書簡 30

ジャワ派遣　治第一六〇二部隊ふ　　安積一男

［本文］

街頭で拾つた話。

甲「この件について是非相談があるから来て欲しい」

乙「忙がしくて行けません云云」

甲「それでは私には考へがある」saja ada pikir

とやつた処は如何に候や。万一忙がしくて来てくれぬなら、私にも考へが（ピキル）あるといふのでせう。其の後は御判断被下度候。こんな赤毛唐も毎日多いことに候。敬白

書簡 31—1

ジャワ派遣　治一六〇二部隊ふ　　安積一男

［本文］

（1）身の明りをたてる　といつた熟語の訳も、次回貴著日馬辞典《(日馬小辞典)》には追加被下度候。memperlihatkan dia poenja kebenaran ではどうかと思はれ候も、精々かゝる類を追加して完璧を期し下され度く候（日馬辞典第二頁）

（2）垢ぬけのしたる　といふ語も同様に候。垢ぬけのした女などの場合、唯 bagoes だけでは余り簡単にて、perlente（perlentai が正しいのでせうが）などの語も耳に致し候。

（3）明るい　は貴著には terang のみに候も、…に明るい（mengetahoei）…に明るい人（pintar）などは必要かと愚考仕り候。敬白

［書簡 31—2 へ続く］

書簡 31—2

ジャワ派遣　治一六〇二部隊ふ　　安積一男

［本文］

（4）対手（貴著 2 頁）　lawan の他に、自分と一緒に仕事する者（orang jang bekerdja sama-sama）即ち kawan といふ語も対手といふ意味には難かしきものに候や。

（5）あがる　makan（食べる）minoem（飲む）もやはり日本語にてはあがると言う可く。

（6）あける（貴著日　馬《(日馬小辞典)》第二頁）

（47）　burdock は英語、klit はオランダ語。

穴をあける　membikin loebang 又は mengbor《membor》 等は如何。
行数をあける　一行あけて書くといふ意味で merongak
家を空ける　dikosongkan roemah

書簡 32

ジヤワ派遣　治第一六〇二部隊ふ　　安積一男

［本文］

ベチヤ《becak》[48]に乗る　最新語では naik D. R. K デーエルカーと申しをり候。D. R. K は略語にて、或る組合の名前がベチヤの代名になつた訳に候。何時かは derka などとなまるかも知れず候。

剥製にする　上陸当時はこの言葉にも弱り候。ベツ甲を剥製にしてくれと言ふのに実に弱り候。minta bikin setjara hidoef《hidoep》ではピンと来ぬらしく、結局こちらがまけて minta opret と頼んだものに候。先日は革屋の小僧にトアンはハクセイ（日本語で）希望かと負かされ申候。この方は負けよい訳に候。敬白

書簡 33

ジヤワ派遣　治第一六〇二部隊ふ　　安積一男

［本文］

自爆　最近当地の新聞に堂々とジバク（djibakoe）と一号活字で見出しが出る程に相成候。Pahlawan Nippon Berdjibakoe（日本の勇士自爆す）と Ber 等の接頭詞が附いてをり候。

憲兵　最近はカントール《kantor》 ケンペイ[49]と言へば憲兵隊、harga Kempei は《ママ》（憲兵値段即ち正当価格の意味でせう。内地に於ては㊧㊎等と言はれものでせう）。こんなに使用致されをり候。憲兵の訳語（marechausse, polisi marechausse《marechaussee》, gendarme, polisi militer）はカンポン《kampong》に於てもケンペイと言はれるのが普通に候[50]。敬白

書簡 34

ジヤワ派遣　治一六〇二部隊（ふ）　　安積一男

［本文］

---

(48)　ベチャは人や物資を有料で運ぶ三輪の自転車タクシー。1930 年代ごろから台数が増え、70 年以前の大都市では主要な短距離交通機関であった。

(49)　カントールは事務所・役所の意。

(50)　marechaussee, gendarme はオランダ語由来。カンポンは村の意。

新語の部に属するもので、忠霊堂[51]がそのまゝ Tjoereido と日刊新聞に使用されをり候も、説明不十分、認識不足のため Tjoereido と言つてもピンとこぬ輩もあるらしく候も、当然日本語そのまゝ誰の頭にも記憶せねばならぬ。

新語にて、その下に訳或は説明的に “Gedoeng soetji”tempat menjimpang《(menjimpan)》 aboe pahlawan NIppon（日本の勇士の遺骨安置の聖堂）とでも書いては如何と考へをり候。勿論私案にてお笑いまで。敬白

書簡 35

ジヤワ派遣　治一六〇二部隊（ふ）　　安積一男

［本文］

兵隊に関する語についても、最近の傾向は次の如くに候。

1―serdadoe＝旧政府のもので、俸給に対して自分のサービスをするのがこの言葉だとして、余り使用されず

2―peradjoerit＝日本の武士にも似たるもので、土民はプラジユリットと呼ばれるのを名誉に致しをり候

3―Heiho＝兵補[52]。これも同様、ソルダドウ《(serdadoe)》[53]と呼ばれるより直接ヘイホと呼ばれるが無上の光栄

4―Barisan soekarela＝義勇軍

5―Pembela Tanah Air＝郷土防衛隊[54]

（4・5）尤も彼等の誇りを持つものにて候

兵隊といふ意味にてソルダドウといふ言葉は、日を追ってすたれ気味かと被存候。敬白

書簡 36―1

ジヤワ派遣　治一六〇二部隊（ふ）　　安積一男

［本文］

我々が日常会話する時に、もう或る特殊の社会ではことさらに馬来語

---

(51)　昭和 17 年、シンガポール（昭南）のブキテマ Bukit Timah 高地に建てられた昭南忠霊塔のことヵ。

(52)　ジャワ防衛兵力の不足を補うべく採用され、日本軍の各種部隊内に編入された、独身インドネシア青年の兵。

(53)　ソルダドウはポルトガル語由来のジャワ語。

(54)　ジャワ防衛義勇軍（Pasoekan Soekarela）Tentara Pembela Tanah Air（略称 PETA）は、米・英・蘭に対して「郷土」を防衛すべく、幹部を含め全てインドネシア人で編制された民族軍。昭和 18 年 10 月に募集が開始された（倉沢愛子『日本占領下のジャワ農村の変容』草思社、1992 年、322～334 頁）。

を使用する必要のないものも相当出て参り申候。若い者にくどくどしく言ふより次の様な語は日本語がピンと頭にくるらしく候。

1―教練　kyōren（latihan）　各個教練　latihan perseorangan
2―射撃　syageki（menembak）　伏射　neuti《nemti》（又は menembak tiarap とも言はれ候）

（続く）

［書簡 36―2 へ続く］

書簡 36―2

ジヤワ派遣　治一六〇二部隊（ふ）　安積一男

［本文］

又当地の郷土防衛義勇軍（Bōei giyūgun）は部隊（butai）小隊（syō-tai）中隊（tyutai）などの軍隊語(55)も仲々堂に入つたものに候。

綴字法に就いては次の如くまだ行はれをり候。

	甲の印刷	乙の印刷
最高指揮官	Saiko Sikikan	Saikoo Sikikan
州	Sjoe	syu 又ハ syuu
第一〇〇〇	Dai Ichi 又は Dai Ⅰ	Dai-iti
軽機関銃	本日までローマ字綴りを見ず	Kei Kikanzy

其の他は大体これにてお察し被下度候。敬白

書簡 37―1

ジヤワ派遣　治第一六〇二部隊ふ　安積一男

［本文］

日本語がそのまゝ使はれてゐるもの二三御照《ママ》会まで。

1―指導官　Sidookan（Pendidik）
2―部隊長　Butaityoo（Kepale《Kepala》 Pasoekan）
3―部隊　Butai（Pasoekan）
4―将校　Syookoo（Opsir）
5―委員　Iin（Anggota Panitia）
6―週番士官　Syuuban-Sikan（Opsir Piket minggoean）

---

(55)　日本軍との混同を避けるため、実際の PETA では中隊・小隊の代わりに、中団・小団の語を用いた（倉沢愛子、前掲書、328 頁）。

又民間でも配給、官報、薬局、石鹸などと日用品までがそのまゝ日本語になつてゐるので大いに気を強くしてゐます。

［書簡 37—2 へ続く］

書簡 37—2

ジヤワ派遣　治第一六〇二部隊ふ　　安積一男

［本文］

大阪のもうかりまっかに関係のある言葉二三お届けします

会計経理業務

Pekerdjaan-pekerdjaan

Perhitoengan dan Keoeangan

会計経理検査　Pemeriksaan Perhitoengan dan Keoeangan

経理官　Pendjabat《(Pedjabat)》 Keoeangan 又は Keirikan

被服　barang pakaian

補給廠　Kantor Pengisian Barang-Barang 又は Hokyuusyoo

処分する　tindakan

廃品処分　tindakan bagai sampah

現金出納簿　Boekoe Pengeloearan dan Penerimaan Kas 又は Boekoe-Kas

書簡 38

ジヤワ派遣　治第一六〇二部隊ふ　　安積一男

［本文］

手榴弾 ｛Teryūdan 又は grenat《(granat)》 tangan

手榴弾投擲　melempar Teryūdan

擲弾筒　Boeloeh pelempar grenat 又は Tekidantō

軽機関銃（軽機）Keikikanzyū 又は Senapan《(Senapang)》-mesin-ketjil

連続点射　renzoku tensya 又は tembakan rénténgan teroes

軽機の射撃法の一つで、瞬間に現はれた有利な目標又は近距離の密集目標などに向つて射撃する方法です（軍隊関係の人ならよく知つてゐます）

書簡 39

ジヤワ派遣　治第一六〇二部隊ふ　　安積一男

［本文］

1—segi tiga　三角形

2—segi tiga toempoel　鈍角三角形
3—segi tiga lantjip　鋭角三角形
4—segi-tiga jang sama kakinja　二等辺三角形
5—segi tiga jang sama sisinja　正三角形

この戦争以来我々の生活にも大変化が来たように、当地の言葉も頓に変化仕り候。また必要の言葉も種々変化した訳にて軍事、産業など殊に著しいものがあり~~ます~~又面白いものに候。アルキメデスの原理など余り必要でもなかつたであろうものが、日常生活の境にまで這入つて参り候。敬白